新法科·法学核心课程系列教材

华东政法大学
教材建设和管理委员会

主　　任　郭为禄　叶　青
副 主 任　罗培新　韩　强
部门委员　虞潇浩　杨忠孝　洪冬英
　　　　　屈文生　陆宇峰
专家委员　王　迁　孙万怀　杜素娟
　　　　　佘素青　任　勇　钱玉林

本书受上海市高水平地方高校（学科）建设项目资助

Legal Logic
(2nd Edition)

法律逻辑
（第二版）

主　　编　缪四平
主要撰稿人（按姓氏拼音为序）
　　　　　杜文静　段世磊　缪四平　周君

北京大学出版社
PEKING UNIVERSITY PRESS

图书在版编目(CIP)数据

法律逻辑/缪四平主编. —2 版. —北京:北京大学出版社,2024.4
ISBN 978-7-301-34924-3

Ⅰ. ①法… Ⅱ. ①缪… Ⅲ. ①法律逻辑学 Ⅳ. ①D90-051

中国国家版本馆 CIP 数据核字(2024)第 058459 号

书　　　名	法律逻辑（第二版）
	FALÜ LUOJI（DI-ER BAN）
著作责任者	缪四平　主编
责 任 编 辑	姚文海　张宇溪
标 准 书 号	ISBN 978-7-301-34924-3
出 版 发 行	北京大学出版社
地　　　址	北京市海淀区成府路 205 号　100871
网　　　址	http://www.pup.cn　新浪微博:@北京大学出版社
电 子 邮 箱	zpup@pup.cn
电　　　话	邮购部 010-62752015　发行部 010-62750672　编辑部 021-62071998
印 刷 者	三河市博文印刷有限公司
经 销 者	新华书店
	730 毫米×980 毫米　16 开本　25.75 印张　504 千字
	2012 年 5 月第 1 版
	2024 年 4 月第 2 版　2024 年 4 月第 1 次印刷
定　　　价	98.00 元

未经许可，不得以任何方式复制或抄袭本书之部分或全部内容。
版权所有，侵权必究
举报电话：010-62752024　电子邮箱：fd@pup.cn
图书如有印装质量问题，请与出版部联系，电话：010-62756370

明德崇法　华章正铸

——华东政法大学"十四五"规划教材系列总序

教材不同于一般的书籍,它是传播知识的主要载体,体现着一个国家、一个民族的价值体系,是教师教学、学生学习的重要工具,更是教师立德树人的重要途径。一本优秀的教材,不仅是教师教学实践经验和学科研究成果的完美结合,更是教师展开思想教育和价值引领的重要平台。一本优秀的教材,也不只是给学生打下专业知识的厚实基础,更是通过自身的思想和语言的表达,引导学生全方位地成长。

习近平总书记深刻指出:"当代中国的伟大社会变革,不是简单延续我国历史文化的母版,不是简单套用马克思主义经典作家设想的模板,不是其他国家社会主义实践的再版,也不是国外现代化发展的翻版,不可能找到现成的教科书。"新时代教材建设应当把体现党和国家的意志放在首位,要立足中华民族的价值观念,时刻把培养能够承担民族发展使命的时代新人作为高校教师编写教材的根本使命。为此,编写出一批能够体现中国立场、中国理论、中国实践、中国话语的有中国特色的高质量原创性教材,为培养德智体美劳全面发展的社会主义接班人和建设者提供保障,是高校教师的责任。

华东政法大学建校70年以来,一直十分注重教材的建设。特别是1979年第二次复校以来,与北京大学出版社、法律出版社、上海人民出版社等合作,先后推出了"高等学校法学系列教材""法学通用系列教材""法学案例与图表系列教材""英语报刊选读系列教材""研究生教学系列用书""海商法系列教材""新世纪法学教材"等,其中曹建明教授主编的《国际经济法学概论》、苏惠渔教授主编的《刑法学》等教材荣获了司法部普通高校法学优秀教材一等奖;史焕章研究员主编的《犯罪学概论》、丁伟教授主编的《冲突法论》、何勤华教授与魏琼教授编著的《西方商法史》及我本人主编的《诉讼证据法学》等教材荣获了司法部全国法学教材与科研成果二等奖;苏惠渔教授主编的《刑法学》、何勤华教授主编的《外国法制史》获得了上海市高校优秀教材一等奖;孙潮教授主编的《立法学》获得"九五"普通高等教育国家级重点教材立项;杜志淳教授主编的《司法鉴定实验教程》、何勤华教授主编的《西方法律思想史(第二版)》和《外国法制史(第五版)》、高富平教授与黄武双教授主编的《房地产法学(第二版)》、高富平教授主编的《物权法讲义》、余素青教授主编的《大学英语教程:读写译(1—4)》、苗伟明副教授主编的《警察技能实训教程》等分别入选第一批、第二批"十二五"普通高等教育本科国家级规划教材;王立民教授副主编的《中国法制史(第二版)》荣获首届全国优秀教材二等奖。1996年以来,我校教师主编的教材先后获得上海市级优秀教材一等奖、二等奖、三等奖共计72项。2021年,由何勤华教授主编的《外国法制史(第六版)》、王迁教授主编的《知识产权法教程(第六版)》、顾功耘教授主编的《经济法教程(第三版)》、王莲峰教授主编的《商标法学(第三版)》以及我本人主编的《刑事诉讼法学(第四版)》等5部教材获评首批上海高等教育精品教材,受到了广大师生的好评,取得了较好的社会效果和育人效果。

进入新时代,我校以习近平新时代中国特色社会主义思想铸魂育人为主线,在党中央"新工科、新医科、新农科、新文科"建设精神指引下,配合新时代背景下新法科、新文科建设的需求,根据学校"十四五"人才培养规划,制定了学校"十四五"教材建设规划。这次的教材规划一方面力求巩固学校优势学科专业,做好经典课程和核心课程教材建设的传承工作,另一方面适应新时代的人才培养需求和教育教学新形态的发展,推动教材建设的特色探索和创新发展,促进教学理念和内容的推陈出新,探索教学方式和方法的改革。

基于以上理念,围绕新文科建设,配合新法科人才培养体系改革和一流学科专业建设,在原有教材建设的基础上,我校展开系统化设计和规划,针对法学专业打造"新法科"教材共3个套系,针对非法学专业打造"新文科"教材共2个套系。"新法科"教材的3个套系分别是:"新法科·法学核心课程系列教材""新法科·法律实务和案例教学系列教材""新法科·涉外法治人才培养系列教材"。"新文科"教材的2个套系分别是:"新文科·经典传承系列教材"和"新文科·特色创新课程系列教材"。

"新法科"建设的目标,就是要解决传统法学教育存在的"顽疾",培养与时代相适应的"人工智能+法律"的复合型人才。这些也正是"新法科"3套系列教材的设计初心和规划依据。

"新法科·法学核心课程系列教材"以推进传统的基础课程和核心课程的更新换代为目标,促进法学传统的基础和核心课程体系的改革。"新法科"理念下的核心课程教材系列,体现了新时代对法学传统的基础和核心课程建设的新要求,通过对我国司法实践中发生的大量新类型的法律案件的梳理、总结,开阔学生的法律思维,提升学生适用法律的能力。

"新法科·法律实务和案例教学系列教材"响应国家对于应用型、实践型人才的培养需要,以法律实务和案例教学的课程建设为基础,推进法学实践教学体系创新。此系列教材注重理论与实践的融合，旨在培养真正能够解决社会需求的应用型人才；以"新现象""新类型""新问题"为挑选案例的标准和基本原则，以培养学生学习兴趣、提升学生实践能力为导向。通过概念与案例的结合、法条与案例的结合，从具体案件到抽象理论，让学生明白如何在实践中解决疑难复杂问题，体会情、理与法的统一。

"新法科·涉外法治人才培养系列教材"针对培养具有国际视野和家国情怀、通晓国际规则、能够参与国际法律事务、善于维护国家利益、勇于推动全球治理体系变革的高素质涉外法治人才的培养目标，以涉外法治人才培养相关课程为基础，打造具有华政特色的涉外法治人才培养系列教材。

"新文科·经典传承系列教材"以政治学与行政学、公共事业管理、经济学、金融学、新闻学、汉语言文学、文化产业管理等专业的基础和主干课程为基础，在教材建设上，一方面体现学科专业特色，另一方面力求传统学科专业知识体系的现代创新和转型，注重把学科理论与新的社会文化问题、新的时代变局相联结，引导学生学习经典知识体系，以用于分析和思考新问题、解决新问题。

"新文科·特色创新课程系列教材"以各类创新、实践、融合等课程为基础，体现了"新文科"建设提出的融合创新、打破学科壁垒，实现跨学科、多学科交叉融合发展的理念，在教材建设上突破"小文科"思维，构建"大文科"格局，打造具有华政特色的各类特色课程系列教材。

华东政法大学2022年推出的这5个系列教材，在我看来，都有如下鲜明的特点：

第一，理论创新。系列教材改变了陈旧的理论范式，建构具有创新价值的知识体系，反映了学科专业理论研究最新成果，体现了经济社会和科技发展对人才培养提出的新要求。

第二，实践应用。系列教材的编写紧密围绕社会和文化建设中亟须解决的新问题，紧扣法治国家、法治政府、法治社会建设新需求，探索理论与实践的结合点，让教学实践服务于国家和社会的建设。

第三，中国特色。系列教材编写的案例和素材均来自于中国的法治建设和改革开放实践，传承并诠释了中国优秀传统文化，较好地体现了中国立场、中国理论、中国实践、中国话语。

第四，精品意识。为保证系列教材的高质量出版，我校遴选了各学科专业领域教学经验丰富、理论造诣深厚的学科带头人担任教材主编，选派优秀的中青年科研骨干参与教材的编写，组成教材编写团队，形成合力，为打造出高质量的精品教材提供保障。

当然，由于我校"新文科""新法科"的建设实践积累还不够丰厚，加之编写时间和编写水平有限，系列教材难免存在诸多不足之处。希望各位方家不吝赐教，我们将虚心听取,日后逐步完善。我希望,本系列教材的出版,可以为我国"新文科""新法科"建设贡献华政人的智慧。

是为序。

华东政法大学校长、教授　叶　青
2022年8月22日于华政园

理性是法律的生命

作为一门科学的逻辑,既古老又年轻。它来源于古希腊的形式逻辑、中国先秦的名辩学、古印度的因明学等;它历史悠久、源远流长,今日依旧朝气蓬勃、充满活力,与现代社会发展息息相关。

逻辑是思维的灵魂。学生时代,囿于自己的知识结构、人生阅历、社会经验等因素,总觉得逻辑是"疏离于生活""不接地气"。随着学术研究的深入、工作实践的探索、生活阅历的增长,逐渐认识到逻辑包罗万象、含义深刻、意义重大。应该说,人类的一切思维活动和知识领域都要应用逻辑,做任何事情都离不开逻辑。正如金岳霖先生所言:"没有逻辑,我们的生活十分沉重,以致几乎是不可能的。""逻辑对生活、认识和哲学是必不可少的……如果我们要认识我们所在的世界,我们就必须有逻辑。"尽管世界存在多元差异,个人的思维方式有所不同,但人们正确思维必须遵守的准则及规律都是一致的,逻辑是一门普适性的科学,因而具有全人类性。

逻辑精神是科学精神和民主法治精神的基本要素。法律逻辑是建构法学学科体系的重要基础,是培养法律思维能力的重要工具。它兼具知识性与技能性、普适性与专业性,能帮助我们更好地认识事物,探求新知,明辨是非,正本清源。法律逻辑的价值重在应用,事实上"法律研究和适用法律,均要大量地依靠逻辑"。法律逻辑必然且必须成为政法院校学生应具有的基本素养,是知识学习和思维训练的重要内容。

法律逻辑在法学教育中不可或缺。如何将法律逻辑研究成果应用于培养高素质法治人才,这既是一个现实问题,也是一个值得探讨的理论问题。多年来,华东政法大学在开展通识教育实践中,始终把法律逻辑作为重要的通识教育课程之一。

经过多年教学积累,缪四平教授于2012年出版了高等学校法学教学系列教材《法律逻辑》,深受学界同行和学生好评。经过十余年的教学实践,在原先教材基础上,缪四平教授与法律逻辑教研团队通力合作,编写了这部新版《法律逻辑》教材。新教材吸收近年来国内外法律逻辑研究的最新成果,借鉴国内较有影响力的逻辑教材的宝贵经验,在保留华政原有特色的基础上,对教材编写做了积极有益的探索。既体现了华政学科专业特色,又力求在传统学科专业知识体系上实现现代创新和转型,注重把学科理论与新的社会文化问题、新的时代变局相联结,引导学生学习经典知识体系,用于分析和思考新情况、解决新问题。譬如,在教材普适性方面,《法律逻辑》并不只是法学专业学生的基础教科书,更是写给所有专业学生的通识教科书,作者通过自身工作领域的例证来帮助所有学生掌握逻辑的基本原则;在编写方式方法上,也尽可能兼顾到各类学生可能面对的各种逻辑知识的实际需要;在实训应用方面,将逻辑学与法学教学有机交叉融合,科学且有针对性地训练和强化学生的逻辑思维能力和实际应用能力。

缪四平教授嘱我阅读书稿为其作序,深感不能胜任又不能辜负信任,遂认真了解教材编写和修订过程,谈点学习体会,以此表达对缪四平教授和法律逻辑教研团队的敬意。缪四平教授是逻辑学专业出身,研究生毕业后一直在华政逻辑教研室任教,他30多年来潜心法律逻辑教学实践,积累了丰富的教学经验,多次获评学校"我心目中的最佳教师"称号。缪四平教授和法律逻辑教研团队长期坚持立足教学实践,不断总结法律逻辑领域教学研究的宝贵经验,积极为学生提供更契合时代、更符合专业学习要求的教学资料,知行合一,真正把逻辑求真精神融入在教书育人的生命中。

"理性是法律的生命。"致敬那些不停探索、理性思索的人们。自励之,共勉之。

是为序。

华东政法大学教授、博士生导师

郭为禄

2022 年 11 月于华政园

目 录

第一章 绪论 ·· 1
  第一节 逻辑学的对象与性质 ··· 1
  第二节 法律逻辑的内容与意义 ··· 20

第二章 逻辑基本规律 ··· 28
  第一节 同一律 ··· 29
  第二节 矛盾律 ··· 34
  第三节 排中律 ··· 41

第三章 非形式逻辑 ··· 47
  第一节 定义 ·· 47
  第二节 论证 ·· 58
  第三节 论辩 ·· 75
  第四节 谬误 ·· 103

第四章 命题逻辑 ·· 113
  第一节 复合命题 ··· 113
  第二节 复合命题推理 ·· 158
  第三节 命题演算 ··· 181

第五章 词项逻辑 ·· 199
  第一节 词项 ·· 199
  第二节 直言命题 ··· 213
  第三节 直言直接推理 ·· 223
  第四节 三段论 ·· 229
  第五节 关系推理 ··· 244

第六章　模态逻辑 ································· 251
第一节　模态逻辑概述 ····························· 251
第二节　模态推理 ······························· 256
第三节　规范推理 ······························· 262

第七章　归纳逻辑 ································· 268
第一节　归纳推理 ······························· 268
第二节　密尔五法 ······························· 275
第三节　类比推理 ······························· 289
第四节　溯因推理 ······························· 295
第五节　统计推理和概率 ··························· 299
第六节　假说方法 ······························· 303

第八章　法律逻辑 ································· 316
第一节　法律推理 ······························· 317
第二节　事实推理 ······························· 336
第三节　法律论证 ······························· 352
第四节　法律概念 ······························· 379

主要参考文献 ···································· 400

后记 ·· 402

第一章 绪 论

法律逻辑是法律人的法律思维方法与逻辑，是逻辑学的理论和方法在法律中的应用。法律逻辑与逻辑学的关系，其实是应用学科与基础学科的关系，亦即应用学科与理论学科的关系。逻辑学是理论学科，法律逻辑是应用学科。因此，法律逻辑是以逻辑学的理论、原理及方法为基础，结合法律思维实际，将逻辑学理论和方法运用于立法、司法和执法过程当中，从而为法律人在法律思维过程中的法律论证和法律推理服务的。

因此，法律逻辑离不开逻辑学，法律逻辑是逻辑学的应用。欲学习和领会法律逻辑，必先学习和掌握逻辑学。没有逻辑学的基本理论作为工具，也就不可能开展法律逻辑研究。有鉴于此，我们这本法律逻辑教材，必须首先介绍逻辑学知识和原理，为法律逻辑的学习和研究提供必要条件。同学们学习法律逻辑，也必须下功夫首先学好逻辑学，掌握逻辑学的理论和方法。在此基础上才可以跨入法律逻辑的殿堂，开启学习法律逻辑的进程。没有扎实的逻辑学功底，就不可能学好法律逻辑。这也是本教材将逻辑学基础知识放在前面，此后再引入法律逻辑教学内容的根据所在。

接下来，分别对逻辑学的对象与性质、法律逻辑的内容与意义作概括性介绍。

第一节 逻辑学的对象与性质

一、逻辑学的对象

（一）"逻辑"的含义

"逻辑"一词由英文 logic 音译而来。logic 源于古希腊文 λσγoς（逻各斯）。古希腊文 λσγoς 原意是指言辞、思想、理性、规律、尺度等。在日语中，"逻辑学"译作"论理学"。古代西方学者用"逻辑"指称研究推理论证的学问。虽然亚里士多德是西方逻辑之父，但他并没有使用"逻辑"一词指称研究推理论证的学问，他通常用"分析"或"分析学"表示他关于推理的理论。据史料记载，斯多亚学派使用过"逻辑"一词，认为它包括论辩术和修辞学两部分。逍遥学派和古罗马的西塞罗则比较正式地使用了"逻辑"一词,但古罗马学者更多地采用"论辩术"(dialectica)表示包括逻辑学和修辞学的学科。欧洲中世纪的逻辑学家有时用"logica"、有时用"dialectica"表示逻辑学。直到近代,西方学者才通用"logike""logique""logic"等表示逻辑学这门科学。

西方逻辑早在明代就开始传入中国。起初,中国人按照先秦学术传统来理解西方的"logic",不同学者分别将其翻译为"名学""辩学""名辩学""理则学"和"论理学"等。明朝李之藻(1565—1630年)与人合作翻译了葡萄牙人所写的一部逻辑学讲义,译为《名理探》。清朝末年,一些学者翻译了西方逻辑著作,如《辩学启蒙》《穆勒名学》等。严复是将"logic"译为"逻辑"的第一人,但他本人未加提倡与推广,继续选用"名学"作为其译著的书名,譬如其翻译的《穆勒名学》。直到20世纪30年代,国内学者陆续加入逻辑大讨论,在讨论中,其他译名相继式微,"逻辑"这一音译与意译合而为一的译名才在国内学者之间逐渐流传开来,并最终获得通用,成为标准译名。1949年后,除了我国台湾地区还有个别学者沿用其他译名,大陆学者基本上统一采用"逻辑"或"逻辑学"作为学科名称。

在现代汉语中,"逻辑"是个多义词。它主要有以下四种含义:

一是指称客观事物的规律。例如,"新生事物不可战胜,腐朽的东西终究灭亡,这是事物发展的逻辑。"这里的"逻辑"是指事物发展的规律。

二是指称某种理论、观点或说法。例如,"康德的先验逻辑是一种思辨哲学。""强权即公理,这就是霸权主义者所奉行的逻辑。"前面的"逻辑"是指一种哲学理论,后文的"逻辑"是指一种说法或观点。

三是指称思维的规律或推理的规则。例如,"某篇文章逻辑性强""某个说法不合逻辑"等。这里的"逻辑"是指思维的规律或推理的规则。

四是指称逻辑学或逻辑知识。例如,"大学生应该上逻辑课""在一般人的印象中,逻辑很难学"等。这里的"逻辑"是指逻辑学这门学科。

逻辑作为一门学科的名称,通常也有狭义和广义的理解。狭义的逻辑就是研究推理有效性的科学。有人认为逻辑就是"必然地得出",按这种理解,逻辑就是研究演绎推理有效性的科学。广义的逻辑是研究思维的形式、规律和方法的科学。本书就是从广义上来定义和理解逻辑的。

(二)逻辑学的对象

本书采用大逻辑观,从广义上理解逻辑,即逻辑学是研究思维的形式、规律和方法的科学。按照这种理解,逻辑学的研究对象就包括下列三个方面:

(1)思维的形式

在理解思维的形式之前,先要理解思维基本形式。

辩证唯物主义认识论认为,人的认识是人脑对客观世界的反映,是基于实践基础上由感性认识逐步上升到理性认识的深化过程。而思维则是认识由感性认识上升到理性认识阶段的产物。作为理性认识产物的思维，是人脑对现实间接、抽象、概括的反映。这种反映的结果便是形成概念、做出判断、进行推理和论证。概念是反映对象特有属性的思维形式，判断是对对象做出断定的思维形式，推理是由已知知识推出一个新知识的思维形式。概念、判断、推理是人的认识由感性认识上升到理性认识的标志，就此而言，人们通常将概念、判断、推理称作思维基本形式。

作为逻辑学研究对象的思维的形式，亦称思维的逻辑形式，不同于思维基本形式，是指思维形式诸要素之间的联结方式。下面作具体分析。

首先，概念是思维形式的组成要素，若干个概念便可以构成一个命题[①]，而命题则具有形式结构，这种形式结构经过抽象，便得到命题形式。请看例①三个例子：

  例① 所有科学家都是知识分子。
  所有金属都是导电体。
  所有商品都是劳动产品。

例①中的具体内容各不相同，但它们都是由概念组成的命题，这些命题若将其中与内容有关的概念部分如"科学家""知识分子""金属""导电体""商品""劳动产品"去掉，剩下来的部分都有共同的形式。这共同的形式就是：

  所有……是……

若把"所有"后面的概念（如"科学家""金属""商品"）用大写字母"S"代替，"都是"后面的概念（如"知识分子""导电体""劳动产品"）用大写字母"P"代替，则上述三个命题共同具有的形式结构即逻辑形式就是：

  所有 S 是 P

这就是上述三个命题的命题形式，即思维的逻辑形式，简称思维的形式。

其次，命题也是思维形式的组成要素，若干个命题可以组成一个更为复杂的命题（即复合命题），也可以组成一个推理，而复合命题和推理同样具有形式结构，这种形式结构经过抽象，便得到（复合命题的）命题形式和推理形式。请先看例②三个复合命题的例子：

  例② 如果庄稼长得好，那么阳光充足。
  如果物体摩擦，那么物体会生热。

[①] 命题是陈述事物情况的思维形式，对事物情况的陈述或者为真或者为假，即命题具有真假性。而判断则是实际断定为真或为假的命题。判断与命题不同，区别在于：命题未必经过断定，只有被断定了的命题才是判断。在逻辑学中，一般不要求做出断定，只要求做出陈述，故现代逻辑只谈命题，不讲判断。

如果寒潮到来,那么气温要下降。

上面三个复合命题各自内容不同,但它们都是由肢命题组成的复合命题,这些复合命题若将其中与内容有关的肢命题部分如"庄稼长得好""阳光充足""物体摩擦""物体会生热""寒潮到来""气温要下降"去掉,剩下来的部分都有共同的形式。这共同的形式就是:

如果……那么……

若把"如果"后面的肢命题(如"庄稼长得好""物体摩擦""寒潮到来")用小写字母"p"代替,"那么"后面的肢命题(如"阳光充足""物体会生热""气温要下降")用小写字母"q"代替,则上述三个复合命题共同具有的形式结构即逻辑形式就是:

如果 p 那么 q

这就是上述三个复合命题的命题形式,即三个复合命题的逻辑形式。

接下来再看两个推理的例子:

例③ 如果张某是作案人,那么张某具有作案时间,
张某没有作案时间,
所以,张某不是作案人。

例④ 如果 17 是偶数,那么 17 就能被 2 整除,
17 不能被 2 整除,
所以,17 不是偶数。

上面两个推理各自内容不同,但它们都是由若干个命题组成的推理,这些推理若将其中与内容有关的肢命题部分如"张某是作案人""17 是偶数"用小写字母"p"表示,"张某具有作案时间""17 能被 2 整除"用小写字母"q"表示,则上述两个推理具有共同的形式。这共同的形式就是:

如果 p 那么 q,非 q,所以,非 p

这就是上述两个推理的推理形式,即上面两个推理的逻辑形式。

通过以上分析可以看出,思维的形式亦称思维的逻辑形式,它是从内容不同的命题或推理中经过逻辑抽象得到的形式结构,譬如上面获得的三个逻辑形式:

所有 S 是 P
如果 p 那么 q
如果 p 那么 q,非 q,所以,非 p

上述形式中,"S""P""p""q"可以代表不同的内容,即可以将不同的内容代

入进去,也就是说,在逻辑形式中,"S""P""p""q"是可以变化的,即可以根据需要代入不同内容,故将其称为逻辑变项,简称变项。与变项对应,在逻辑形式中,还有不随思维具体内容变化而发生改变的部分,如以上形式中的"所有……是……""如果……那么……""所以",在相同逻辑形式中保持不变的部分称为逻辑常项,简称常项。任何一种思维的逻辑形式都是由逻辑常项和变项两部分组成的。其中,逻辑常项决定着逻辑形式的类型和性质,是区分不同逻辑形式的唯一依据。需要注意的是,在上述变项中,大写字母"S""P"只能代入概念,故称之为概念变项。小写字母"p""q"只能代入命题,故称之为命题变项。

逻辑学所讨论的逻辑形式就是上述两种形式,其一为命题形式,其二为推理形式。需要说明的是,逻辑学主要研究推理形式,命题形式的讨论其实是为研究推理形式服务的。

有人认为,逻辑学是研究推理和论证的。其实,这种说法不够准确。

逻辑学讨论推理和论证,实际上并不关心推理和论证的思维内容,而是从具体推理和论证当中抽象出它们的逻辑形式,对其逻辑形式加以研究,从中区分出正确的形式与不正确的形式、有效形式与无效形式,并总结出区分的方法和规则。下面举例说明。

有人论证如下:"马克思主义是不怕批评的,因为马克思主义是科学真理,而科学真理是不怕批评的。"

这个论证包含如下三段论推理:

  例⑤ 科学真理是不怕批评的,
    马克思主义是科学真理,
    所以,马克思主义是不怕批评的。

逻辑学并不具体讨论这个三段论推理的结论是否正确,那是逻辑学之外其他学科关心的问题。逻辑学关心的是,这个推理的结论是不是从两个前提中必然推出的,换言之,逻辑学追问的是,这个推理所具有的推理形式,能否保证由真实的前提必然推出真实的结论。如果这个推理的形式能够保证由真前提必然推出真结论,这样的推理形式就是正确的推理形式,逻辑上称之为有效形式,简称有效式。如果这个推理的形式不能保证由真前提必然推出真结论,即这个推理的形式由真前提有可能推出假结论,则这样的推理形式就是不正确的推理形式,逻辑上称之为无效形式,简称无效式。逻辑学的主要任务就是区分有效式和无效式,并找出区分的方法和规则。

上面这个三段论的推理形式是有效式,其形式可以表示为:

  所有 M 是 P
  所有 S 是 M

所以所有 S 是 P

对于有效推理形式而言,只要代入具体内容后其前提均为真,那么其结论就绝不可能为假。上面这个推理形式属于有效式,便是如此,只要代入真前提,推出的结论必为真。

但是人们在实际论证过程中,并不总是运用有效推理形式,时常会自觉或不自觉地运用无效推理形式进行论证。下面就是一个常见的论证例子。

某中学一位班主任老师正在劝说某位同学要学好外语,哪知,老师刚刚说完,这名同学就立刻回复老师说:"我又不想当翻译,何必学好外语?"结合当时语境,这名同学的反问句其实相当于如下的陈述句:"我不想当翻译,所以我不需要学好外语。"这个论证其实是省略三段论,这名同学省略了三段论的一个前提"凡想当翻译的人都是需要学好外语的人"。这名同学的三段论其实是这样的:

例⑥　凡想当翻译的人都是需要学好外语的人,
我不是想当翻译的人,
所以我不是需要学好外语的人。

这个推理的形式为:

所有 M 是 P
所有 S 不是 M
所以所有 S 不是 P

上面这个推理形式就属于无效推理形式。运用这个形式就不能保证由真前提必然推出真结论,换句话说,这个形式由真前提有可能推出假结论。譬如,我们用代入法来加以验证。不妨假定,S 代入"猫",M 代入"老虎",P 代入"哺乳动物",现在将代入结果书写出来,就是下面这个推理:

例⑦　所有老虎都是哺乳动物,
所有猫不是老虎,
所以所有猫不是哺乳动物。

代入后所获得的这个推理,前提均为真,但结论为假,就是说,上面那个推理形式经过代入验证后发现,该形式由真前提可以推出假结论,换句话说,上面那个推理形式不能保证由真前提必然推出真结论,这样的推理形式属于无效式。逻辑学的对象虽然有三个,但最主要的研究对象仍然是推理形式。准确地说,逻辑学主要研究区分有效推理形式和无效推理形式的方法及规则。这是我们在学习逻辑学时必须重点加以关注的内容。

(2) 思维形式的规律

思维形式的规律即逻辑规律,是在研究思维形式基础上总结概括出来的,是思维形式之间客观的必然联系的正确反映。

逻辑规律分为基本的逻辑规律和非基本的逻辑规律。

基本的逻辑规律,是指在研究思维的逻辑形式基础上总结出来的保证思维确定性的同一律、保证思维无矛盾性的矛盾律、保证思维明确性的排中律三大规律(有的教科书指四大规律,将充足理由律也列入其中)。基本的逻辑规律是普遍地适用于各种类型的思维形式,体现了任何人进行思维活动时都必须遵守的最起码的逻辑要求的规律。基本的逻辑规律在日常语言中经常称为逻辑基本规律。本书亦采用日常语言中的惯用法,将"基本的逻辑规律"改称"逻辑基本规律"。

现代学者认为,三大逻辑基本规律即同一律、矛盾律、排中律(简称"三律")是逻辑系统所赖以建构的最基本的指导法则,由它们所决定的认知规范就成为最基本的思维规范。由同一律所决定的同一规范,其主要作用在于保证思维的确定性,要求人们在特定语境中所使用的概念和命题必须保持确定的意义,不能混淆概念或转移论题。由矛盾律所决定的不矛盾规范,其主要作用在于保证思维的一致性或无矛盾性,要求人们不能同时肯定具有矛盾关系的命题,从而使得思维保持前后一贯,避免自相矛盾。由排中律所决定的排中规范,其主要作用在于保证思维的明确性,要求人们不能同时否定具有矛盾关系的命题,而必须承认矛盾命题中必有一真,不能模棱两可。

在建立现代形式系统过程中,同一律、矛盾律和排中律在不同的形式化系统内表现为系统的内定理,这些内定理在系统内的作用往往是有限的。这也是现代逻辑中不再将"三律"称之为逻辑基本规律的缘由。但形式系统的构造原则同样离不开由"三律"所决定的认知规范。此外,传统逻辑的"三律"在现代逻辑形式系统之外,即在日常思维和非形式论证中,都具有十分重要的作用,可以说是人们的日常思维与非形式论证须臾不能离开的。所以,我们仍将逻辑基本规律作为本教材开篇重要内容首先加以介绍。将三大逻辑基本规律放在具体逻辑分支之前介绍,理由有二:一是"三律"对教材后面介绍的所有逻辑分支都有重要作用,也就是说,对非形式逻辑、命题逻辑、词项逻辑、模态逻辑、归纳逻辑和法律逻辑都将发挥作用,也是所有这些逻辑分支都必须遵守的认知规范;二是"三律"并非任何一个具体的逻辑分支所独有,因而不宜将其放置在后文任何一个具体的逻辑分支当中,应当将其独立加以介绍,以表明其作为逻辑基本规律的地位。

传统逻辑中还曾经有人将"充足理由律"并列作为逻辑基本规律"第四律"。但并未被学界普遍接受,因为充足理由律的内容是为论断(或论题)提供充足理由,即论证时提供的理由必须满足两条要求:一是理由要真实,二是理由要充分。

这与上述逻辑基本规律的性质截然不同。它是对实际推理尤其是对实际论证的一种总体性规范要求，故将其放置在介绍论证的章节之中，更符合人们日常实际思维的认知规范和价值要求。

非基本的逻辑规律是指适用于某一种思维形式的特殊规律，传统逻辑将这些规律称为逻辑规则，这些特殊规律在各个逻辑分支内部普遍存在，如德摩根定律、蕴涵定义律、析取引入律等。我们学习逻辑，就是要重点掌握这些逻辑规律，让这些逻辑规律为我们有效推理和正确论证提供可靠根据。

（3）思维的方法

逻辑学研究对象还包括思维的方法，又称简单逻辑方法。它是人们在思维过程中所形成的明确概念、进行推理和论证的方法。如明确概念的定义、划分、限制和概括方法，探求因果联系的方法，进行证明和反驳的方法，提出科学假说的方法等。这些简单逻辑方法与思维的逻辑形式及逻辑基本规律之间存在密切联系，也是广义逻辑学所研究的对象。

（三）逻辑学的类型

关于逻辑学的类型，是一个学术性很强也颇具争议的问题。德国逻辑学家亨利希·肖尔兹早在1931年出版的《简明逻辑史》开篇就专章论述了"逻辑类型"。肖尔兹在书中肯定逻辑不止一个类型，亚里士多德开创的逻辑属于逻辑的第一个类型，它与后世的符号逻辑（又称数理逻辑）同属于形式逻辑，而17世纪英国哲学家培根《新工具》提倡的"归纳"和德国哲学家康德提出的"先验逻辑"，以及其后黑格尔著作《逻辑学》所阐述的"逻辑"，应该是一种"新的逻辑类型"。肖尔兹将形式逻辑之外的"逻辑"叫作"非形式的逻辑"，并将其看作"归属于科学论而又同形式逻辑不同的东西"[①]。

本书不作严格的学科分类，只是从普通读者了解逻辑概貌的角度对逻辑学的主要类型进行简单概括的介绍。

推理可以分为必然性推理和非必然性推理（非必然性推理通常又称作或然性推理）。按现代逻辑观点，必然性推理是指前提真结论必然真的推理，也称作演绎推理。完全归纳推理也属于前提真结论必然真的推理即属于演绎推理，除完全归纳推理外的一般归纳推理和类比推理、溯因推理等均属于或然性推理，或称广义上的归纳推理。如此一来推理便分为演绎推理和归纳推理两类。与此相对应，逻辑也就分为演绎逻辑和归纳逻辑。

演绎逻辑是研究必然性推理的逻辑。推理的必然性是指推理的有效性，即演绎推理中推理的形式正确，能从真前提必然得出真结论；或者说，不论前提与结论真实与否，只要结论为前提的合取所蕴涵，该推理就是有效的。前文例⑤的

[①] 参见〔德〕亨利希·肖尔兹：《简明逻辑史》，张家龙译，商务印书馆1977年版，第20页。

推理形式就是有效推理形式,即:

  所有 M 是 P
  所有 S 是 M
  所以所有 S 是 P

属于有效推理形式,也就是由真前提必然推出真结论的推理形式。

  另一类推理则是非有效推理,也就是形式不正确的推理,它不能保证从真前提必然推出真结论。前义例⑦的推理形式就是非有效推理形式,也就是无效推理形式,即:

  所有 M 是 P
  所有 S 不是 M
  所以所有 S 不是 P

属于无效推理形式,也就是由真前提有可能推出假结论的推理形式。

  上面例⑦这个推理的两个前提都是真的,而结论却是假的。如果把前提"所有猫不是老虎"改为"所有天鹅不是老虎",结论"所有天鹅不是哺乳动物"则为真实的。很明显,同样的形式结构,前提都是真实的,结论的真假却不同。就是说这个推理的推理形式不是有效的,原因就在于这样的形式结构不能由两个真前提必然推导出真结论,也就是说即使结论真实,由于不是从真实前提中必然推出的,其推理形式也是无效的。换言之,演绎推理的前提能否必然推出结论,推理是否有效,关键在于推理的形式结构,而不在于其内容,更不取决于人们的主观意志。又如:

  例⑧ 只有这个数能被 2 整除,这个数才能被 6 整除;
  15 不能被 6 整除;
  所以,15 不能被 2 整除。

  即使这个推理的前提与结论都是真实的,这个推理也是错误的,因为推理的形式结构不正确,也就是从两个真前提的合取不能必然推导出真结论。该推理结论为真只是偶然的,它不是从真前提中必然推出的。假如例⑧的前提与结论稍作改变,将第二个前提"15 不能被 6 整除"改为"14 不能被 6 整除",则结论"14 不能被 2 整除"就成为假的了:

  例⑨ 只有这个数能被 2 整除,这个数才能被 6 整除;
  14 不能被 6 整除;
  所以,14 不能被 2 整除。

  这表明例⑦所具有的推理形式是无效形式。而前文例⑤所具有的形式结构

即该推理的推理形式是有效推理形式,即:

> 所有 M 是 P
> 所有 S 是 M
> 所以所有 S 是 P

是有效推理形式。不论代入何种内容,只要前提为真,其结论一定为真。也就是说,上面这个推理形式不论前提与结论真实与否,由于推理的形式结构是正确的,结论是从两个前提的合取必然推出来的,因此,这样的推理就是正确的推理形式即有效推理形式。上面不正确的推理形式就是无效推理形式。

通过对推理形式的研究,将推理形式区分为有效推理形式和无效推理形式,并总结出区分的方法和规则,这样的逻辑就是演绎逻辑。总之,演绎逻辑是通过研究推理形式来区分有效式与无效式的科学。因此,演绎逻辑又称为形式逻辑。本书后面介绍的命题逻辑、词项逻辑、模态逻辑属于演绎逻辑即形式逻辑。

形式逻辑有传统形式逻辑和现代形式逻辑之分。传统形式逻辑包含演绎逻辑与归纳逻辑,但现代形式逻辑只研究演绎逻辑,不再讨论归纳逻辑。现代逻辑成为研究演绎推理有效性的学科。

归纳逻辑是主要讨论前提和结论之间具有或然性联系的推理和方法的学科。或然性推理是前提(证据)对结论(假说)只提供了一定程度支持的推理。或然性推理包括:归纳推理、溯因推理、类比推理。

归纳方法是指从文艺复兴时期发展起来的,建立在观察、实验基础上的逻辑方法。这些方法包括:探求因果联系的方法(排除归纳法)和假说—演绎法(假说方法)。也就是本书在归纳逻辑部分所介绍的密尔五法(穆勒五法)和假说方法。

归纳推理不同于演绎推理。因为演绎推理都是必然性推理,而归纳推理(包括类比推理、溯因推理)是结论不为前提所蕴涵的推理,即前提真结论或然真的推理,所以归纳推理不再采用有效性对其加以评价。归纳逻辑采用支持程度和归纳可靠性来评价归纳推理。一个归纳推理的前提(证据)对结论(假说)提供了强的支持,或者说,前提(证据)与结论(假说)具有强支持关系,当且仅当前提真而结论假是不大可能的,也就是说,如果前提真,那么结论很可能是真的;否则,我们就说这个推理的前提不是强支持结论的,或者说,前提和结论没有强支持关系。一个归纳推理是归纳可靠的,当且仅当这个推理的所有前提是真的并且前提对结论具有强支持关系。现代归纳逻辑在对归纳推理做形式化、数量化研究的基础上,引进概率概念,构造出不同的概率逻辑系统,测度归纳推理前提对结论的支持度,这就使归纳推理的可靠性大为提高。

除了演绎逻辑和归纳逻辑外,到了 20 世纪中叶,又出现了"非形式逻辑"(informal logic)。由于非形式逻辑与批判性思维的兴起有关,两者相伴而行,讨论的问题也多有交叉,故有"非形式逻辑与批判性思维"这一说法。

亚里士多德被称为西方逻辑创始人同时也是所谓"大逻辑"传统开创者。他将逻辑视为一切科学的工具,其研究领域几乎涉及人类思维各个方面。他讨论了广泛的逻辑问题如概念、范畴、直言命题、模态命题、直言三段论、模态三段论、证明的理论与方法、论辩与修辞、谬误及其反驳、思维规律等。19世纪末以前的逻辑教学一直延续着这种"大逻辑"传统。但在19世纪末数理逻辑创立之后,特别是20世纪上半叶随着数理逻辑快速发展,原有的"大逻辑"传统渐被边缘化,逻辑教学中占主导地位的是形式化的数理逻辑。但是这种逻辑教学方式也逐渐暴露出不足和缺陷,譬如对一般大学生来说,他们学习逻辑的目的是要有助于其日常思维,但符号化的数理逻辑与人们日常思维的关系就没那么直接、明显,并且又难学。在这种情况下,逻辑教师和学生一样,都觉得有必要对逻辑教学予以改革,有人甚至提出了这样的口号,逻辑教学应该"与人们的日常生活相关,与人们的日常思维相关"。首先是在北美,进而在世界范围内出现了一种开设批判性思维课程并出版批判性思维教材的"新浪潮",他们办有国际性杂志,经常召开相关国际会议,这方面的论著与教材如雨后春笋般涌出。美国哲学学会制定的哲学教育大纲指出,主修哲学的学生可以学两种逻辑课程,一是符号逻辑,二是批判性思维。假如一名主修哲学的学生不打算以哲学为业,则他选修"批判性思维"足矣。目前,在美国大学尤其是哲学系,开设"批判性思维"课程的已超过40%。

需要说明的是,与传统的逻辑教学有所不同,批判性思维重点关注的,是如何识别、构造特别是评价实际思维中各种推理和论证的能力。更具体地说,它要求给出一个人信念或行动的各种理由,分析、评价一个人自己的推理或论证以及他人的推理或论证,设计、构造更好的推理或论证。其核心理论包括定义理论、论证理论、谬误理论。批判性思维中也有形式推理部分,只不过其技术化程度相对较低。本书所讲的"非形式逻辑"则是其中的非形式部分。目前,批判性思维已经成为美国许多能力型测试如GRE、GMAT、LSAT、MBA、MPA等逻辑推理部分的理论基础。

当然,严格说来,非形式逻辑和批判性思维还不能画等号。虽然非形式逻辑与批判性思维都十分关注实际的论证,这是它们的共同点,所以会出现讨论问题的交集。但是二者在论述的角度和强调的重点上有差异:非形式逻辑不再讨论推理形式或论证形式,属于非形式的逻辑,它是以经验的、用自然语言表述的以实际论证为对象,重心和基点在于对实际论证的一般进程的明确认识、抽取与建构。批判性思维则不是从正面去识别、抽取、重建论证,而重点是对论证作多方的、反思性的分析与考察。简言之,非形式逻辑关注的是实际论证,批判性思维关注的是思维的训练。

非形式逻辑作为有别于形式逻辑的逻辑分支,更注重于论证的分析、评估和重构以及对谬误的研究。虽然目前还没有公认的一致的定义,但"非形式逻辑作为一门清晰明确的学科已经达成共识",根据斯坦福哲学百科全书的观点,谬误理论、修辞学和论辩术是非形式逻辑的三大理论来源。① 美国学者柯匹和科恩共同编撰,被美国及世界其他国家数百所大学选用的《逻辑学导论》教材,在第13版中就有"非形式逻辑"篇,内容包括语言和定义、谬误。② 鉴于论证(或论辩)已成为非形式逻辑主要内容,故本书将非形式逻辑的内容概括为定义、论证、论辩、谬误。

二、逻辑学的性质和作用

(一)逻辑学的性质

一门科学的性质是由其研究对象决定的。逻辑学的主要对象是由概念、命题所构成的推理或论证,特别是其中的推出关系。根据逻辑学的研究对象,逻辑学具有全人类性、工具性、基础性和规范性。

(1)全人类性

各民族使用的语言可以不同,但各种语言所表达的推理或论证的形式是相同的,推理、论证所遵循的规律、规则是相同的,评估论证和论辩的方法、步骤和标准也是相同的。

尽管人类社会有阶级性,但不同阶级的成员在运用概念、命题去进行推理或论证时,却要运用共同的推理形式,且要遵守共同的推理规则或规律,还以相同的方法、步骤、标准和规则去分析、评估论证和论辩。换言之,推理和论证的内容可以有阶级性或民族性,但是,命题形式和推理形式是没有阶级性和民族性的。思维的载体即语言具有民族性,但推理、论证的规则或规律、评估论证和论辩的方法、步骤、标准和规则是没有民族性的。可以说,逻辑学是没有民族性和阶级性的,逻辑学具有全人类性。

(2)工具性

逻辑学作为一门工具性学科,它是人们认识客观世界的工具,即用以提出问题、分析问题和解决问题的工具。同时它也是人们交流思想、进行思维创新与批判思考的必备工具。

逻辑学关注推理或论证的规律、规则,主要研究推理前提对结论的支持程度,研究论证的结构和论辩的规则等。通过这种研究,逻辑学能够帮助人们从已

---

① 参见熊明辉:《非形式逻辑的对象及其发展趋势》,载《中山大学学报》(社会科学版)2006 年第 2 期。
② 参见〔美〕柯匹、〔美〕科恩:《逻辑学导论》(第 13 版),张建军等译,中国人民大学出版社 2014 年版。

有的知识推出新的知识,成为人们间接地、能动地认识世界的工具,且在分析和讨论问题时成为人们分析和评估论证、论辩的工具。逻辑学从创立时始,就被人们当作工具性的科学。亚里士多德的逻辑理论被汇编为《工具论》,培根把自己研究归纳法的著作称为《新工具》,现代逻辑更被运用于各门科学技术,特别是运用于电子计算机和信息技术中,成为推动现代科学技术发展的强有力工具。

(3) 基础性

逻辑学是一门基础性学科。在联合国教科文组织编制的学科分类中,逻辑学是与数学、天文学和天体物理、地球科学和空间科学、物理学、化学、生命科学并列的七大基础学科。逻辑学是列在"知识总论"下的一级学科。在该组织的"科学技术领域的国际标准命名法建议"中,将逻辑学列为众学科之首。《不列颠百科全书》则将其列为五大学科的第一位。[①]

逻辑学理论在其他学科那里被当作是普遍适用的基本原则和方法。任何一门学科都是由概念、命题、推理、论证所构成的思想体系。任何学科都要运用概念、命题去进行推理、论证,从而构成一个完整、严密的知识体系。逻辑原则和方法为这些思想体系或知识体系的建立铺平道路。逻辑学是各门学科建立的基础,是各门学科迈向真理殿堂的台阶。因此,基础性是逻辑学最主要的性质。

(4) 规范性

逻辑学对思维的研究是着眼于形式结构的。它通过揭示思维形式的规律、规则告诉人们,具有什么样的逻辑形式的思维才是正确的思维,从而使人们自觉地掌握其规律,将它与思维内容相结合以正确反映客观现实、有效表达和交流思想。例如,懂得了"并且"与"或者"的不同逻辑含义,就不至于混淆使用;知道了"如果……那么……"与"只有……才……"的区别,所表达的相应命题才会符合客观实际。只有严格遵守规则,推理才是有效的,论证才有逻辑性。否则,思维就会混乱,交际就会失败。正是在这样的意义上,逻辑学具有很强的规范性,被称为"思维的语法"。

需要注意的是,从逻辑规律引出的逻辑要求和逻辑规则,都是人们进行正确思维和成功交际必须遵循的规范。既然是规范也就不是不可违反的。只不过,一旦违反了逻辑规律的要求或逻辑规则,其思维就不再是正确的思维。逻辑规律的要求及规则是用来区别推理的有效性或者归纳支持程度的准则,是区别"好"的论证和"不好"的论证的方法和原则。就推出关系而言,遵守了逻辑规律要求或逻辑规则的推理形式就是有效的或者归纳强的,没有遵守逻辑规律要求或逻辑规则的推理形式就是非有效的或者归纳弱的。就论证和论辩而言,逻辑学是关于说理规则的科学,遵守了论辩规则的论证就是"好"的论证,没有遵守论

---

① 参见彭漪涟、马钦荣主编:《逻辑学大辞典》,上海辞书出版社2004年版,第3页。

辩规则的论证就是"不好"的论证,甚至是谬误或诡辩。因此,强调逻辑学的规范性,养成自觉遵守逻辑规律要求及规则的习惯,提高思维的正确性和表达的准确性,避免思维混乱,这也是提高个人素养的一个重要方面,必须引起足够的重视。

（二）逻辑学的作用

逻辑学作为基础科学,是推动人类文明进步的动力,是促进科学技术发展的源泉,也是人类产生新发明、新技术的先导。逻辑学是人类认识世界、获取和表达知识、进行推理和论证、扩展和修正知识的工具,是人们正确思维和有效交际的理论。逻辑学作为求知和求真的工具,更是人类理性精神的体现。因此,逻辑学是社会理性的支柱,是构建和谐社会、建设法治社会的方法论基础。

（1）逻辑学在科学发展中的作用

在人类历史长河中,逻辑学成为推动人类文明进步的动力和促进科技发展的源泉。古代人类历史上第一个真正意义的科学即著名的欧几里得几何学,就是根据五条公理通过演绎推理建立起来的科学体系;近代自然科学的典范即公认的牛顿力学,就是以观察与实验为基础,运用推理和数学演算构建起来的理论体系;现代科学特别是信息科学与计算机科学,就是以现代逻辑为理论基础建立起来的庞大学科群。对此著名物理学家爱因斯坦曾指出:"西方科学的发展是以两个伟大成就为基础的,那就是:希腊哲学家发明的形式逻辑体系（在欧几里得几何学中）,以及通过系统的实验发现有可能找出因果关系（在文艺复兴时期）。"[①]

现代逻辑先驱莱布尼兹提出了"思维演算"和"普遍语言"的设想,阐述了计算与受规则控制之推理的本质联系。自德国学者弗雷格创立历史上第一个逻辑演算（命题演算和谓词演算）后,经过多位学者努力,尤其是英国数学家图灵创建"图灵机理论",并对可计算理论即算法理论做了深入研究,在人类历史上第一次提出了著名的计算机理想模型,从而为电子计算机的设计提供了理论基础,并由此开创了人工智能新时代。今天,逻辑学正在人类科学大道上阔步前行,继续探究知识获取、知识表达以及对知识的推理、扩展和修正的方法与模型,以推动计算机科学与人工智能进一步发展。

（2）逻辑学在个人成长中的作用

首先,学习逻辑学有助于人们正确认识事物、探寻新结果、获得新知识。诚如英国经济学家凯恩斯在《论概率》一书开篇所言:"我们的知识,部分是直接获取的,部分是由推理论证得到的。"[②]然而,通过观察、实验等方式直接获取的经验知识总是有限的。若以有限的经验,往往无法应付无穷的世界,更难以掌握事

[①] 《爱因斯坦文集》第1卷,许良英、范岱年编译,商务印书馆1976年版,第574页。

[②] See J. M. Keynes, *A Treatise on Probability*, MacMillan, 1921, p. 3.

物本质与规律。所以在认识世界和科学研究中,人们必须学会推理论证,通过推理论证来获取、表达、更新和创造知识。所以说逻辑学是获得科学认识的工具。

其次,学习逻辑学有助于提高人的思维能力与表达能力,进行正确思维和成功交际。逻辑学有助于人们更为清晰和明确地组织、交流思想,进行成功交际。概念清晰、明确,判断准确、恰当,推理和论证有逻辑性,是人们进行正确思维和成功交际必须具备的能力和素养。掌握逻辑学知识与技能,有助于人们避免思想的冲突或混乱,建立起条理清晰、结构严密、前后一致的理论体系。在人际交往中,如何有效地表达自己的思想,这对成功交际来说至关重要。只有学会语法、修辞和逻辑,才能使思想成为有条理的和可以理解的东西。就此而言,逻辑是人生必须学会的"三艺"(语法、修辞、逻辑在古代西方被尊称为"三艺",即人生必须掌握的三项基本技能)之一。

最后,学习逻辑学有助于人们揭露谬误和驳斥诡辩。在思想争论过程中,不仅会有谬误还会有诡辩。诡辩就是故意地或有意地否定正确观点或为错误主张辩护。诚如黑格尔所言,诡辩是一种似是而非的论证,就是以任意的方式,凭借虚假的根据,或者将一个真的道理否定了,弄得动摇了,或者将一个虚假的道理弄得非常动听,好像真的一样。逻辑学是关于有效推理和正确思维的学问,因此,它就成为思想分析与思想批判的工具,成为揭露谬误和驳斥诡辩的不可或缺的手段。正如金岳霖所言,"它是思想的剪刀,……它排除与它们标准相反的思想",那些不符合逻辑的思想都会"由于触到逻辑这块礁石而沉没"。[①] 掌握这些逻辑法则,有助于人们发现和揭露谬误、识破和驳斥诡辩。黑格尔曾经说道:"当一个人自诩为能说出理由或提出根据时,最初你或不免虚怀领受,肃然起敬。但到了你体验到所谓说出理由究竟是怎样一回事之后,你就会对它不加理睬,不为强词夺理的理由所欺骗。"[②]不但不会为其诡辩所迷惑,而且能够揭露它、打击它、消灭它。

(3) 逻辑学的社会功能

逻辑学是社会理性的支柱,逻辑精神最典型地体现了人类理性精神。逻辑学是以求知求真作为自己的精神追求的,因而逻辑精神体现了社会理性精神。民主、科学和法治是现代社会追求的目标,实现民主、科学和法治必须建立在逻辑学倡导的理性精神基础之上。学习逻辑学,不仅要学习逻辑学中的概念和原理、方法和技巧,还要培养逻辑的眼界和意识,更重要的是培养逻辑的观念和精神。求知求真是逻辑精神的要旨。崇尚理性,反对迷信和盲从,需要高举起逻辑学的理性精神的旗帜。民主、科学和法治是现代社会本质特征。民主需要论证,

---

① 参见金岳霖:《逻辑》,生活·读书·新知三联书店1961年版,第259页。
② 〔德〕黑格尔:《小逻辑》,贺麟译,商务印书馆1980年版,第264页。

科学需要论证,法治需要论证。因而体现人类理性精神的逻辑学是构建现代社会的方法论基础。

2002年7月22日,在北京大学举办的记者招待会上,牛津大学校长卢卡斯说:当你上大学的时候,要时刻注意有三个目标要实现,其一要学会怎样去推理,从而可以顺利地解决你从来没有遇到过的问题;其二就是当你做错事情时,你应该知道怎么去处理;最后就是一定要使你的心灵发生变化,使你的思维方式发生变化。如果上过大学,心灵还没有改变,那么,大学就算白上了。①

在第三届中外大学校长论坛上,已有600年历史的比利时鲁汶大学校长马克·韦尔威纳提出,"有独立的批判精神,能够引发'社会辩论',这应当成为大学另一个重要功能。"他认为,大学必须坚持传统且锐意创新,必须保持独立性,且承担传播知识、创造知识和追求真理的职责。他特别强调追求真理,因为这是大学精神的回归,是推动人类文明和社会进步的核心所在。在追求真理过程中,体现学校创新精神的表现形式就是推动社会辩论。马克·韦尔威纳告诉记者,大学有责任就社会公众关心的问题引发辩论和反思,比如新技术、新能源、生态环境问题、移民、人类学、社会公正、伦理道德、穷国与富国关系问题等。大学在研究、解决这些问题中扮演着重要角色,通过辩论与反思引领社会朝至真至善至美的方向前进。②

上述两位国外大学校长的主张,典型地体现了逻辑学求知求真的理性精神。我们今天学习逻辑学,建设社会主义现代化强国,更应高举起逻辑学理性精神的旗帜,更好地发挥逻辑学的社会功能,服务于民主、法治建设和创新型国家建设。

三、逻辑学的发展简史

逻辑学作为一门科学,既古老又年轻。说逻辑学古老,是指它历史久远,源远流长;说它年轻,是说传统逻辑与数学结合产生数理逻辑即现代逻辑诞生才不过区区百余年,现代逻辑充满朝气正在蓬勃向上发展。因此,从历史上看,逻辑学的发展可以区分为传统逻辑和现代逻辑两个阶段。

(一)逻辑学的三大传统

中国古代逻辑、印度逻辑和古希腊逻辑并称为古代世界三大逻辑传统。中国古代逻辑与古印度逻辑虽然都各自取得了相当大的成就,但毕竟尚处于朝向揭示抽象逻辑形式的发展过程中,尚未达到发达程度的形式逻辑。相比之下,以古希腊逻辑为先河的西方逻辑学却得到了长足的发展。故我们首先介绍西方逻辑学发展。

---

① 参见于建:《上大学要实现三个目标心灵不改变大学算白念》,载《北京晚报》2002年7月22日。
② 参见杨晨光、唐景莉、沈祖芸:《大学有责任推动社会辩论》,载《中国教育报》2006年7月20日。

西方逻辑学发源于公元前 6 世纪至公元前 5 世纪的古希腊。公元前 4 世纪,古希腊思想家亚里士多德在总结前人研究成果的基础上,研究和解决了作为认识真理工具的推理论证有效性的问题,对逻辑的形式研究做出了开创性贡献,成功地构造了一个初级的演算系统。亚里士多德被公认为西方逻辑学创始人,史称"逻辑之父"。他在其著作《工具论》中第一次全面、系统地论述了传统形式逻辑的主要内容,提出了有关范畴(词项)、命题、三段论、论证和谬误等一系列重要论述和思想。他在其主要哲学著作《形而上学》中,第一次提出了作为逻辑基本规律的矛盾律和排中律的内容,同时也涉及同一律。亚里士多德所创立的逻辑学,逻辑史上称为古典的或传统的形式逻辑("形式逻辑"这一称呼是 17 世纪的康德提出的)。亚里士多德建立起来的"大逻辑"框架,表明在其后十几个世纪中占统治地位的逻辑教学体系即"概念→命题→推理→论证→谬误及其反驳→逻辑基本规律",在他那里已成雏形。但他的主要贡献还是以直言命题为对象、以三段论理论为核心的词项逻辑理论。该理论奠定了西方逻辑学的理论基础。

在亚里士多德创立的逻辑理论基础上,古希腊的麦加拉—斯多亚学派(约前 4—2 世纪)研究了亚里士多德逻辑中欠缺的有关假言命题、选言命题、联言命题等属于复合命题的问题,研究了由这些命题所组成的各种推理的形式及其规律,从而奠定了命题逻辑的基础。

在欧洲中世纪,形式逻辑作为一门独立学科也得到了发展。这时期的逻辑学家进一步研究了词项理论(包括对范畴词与非范畴词、指代理论的研究),创立了推论的学说,并对麦加拉—斯多亚学派的命题逻辑做了深入研究。在近代,法国的阿尔诺与尼科尔(法国郊外"波尔—罗亚尔"修道院修士)根据法国哲学家笛卡尔的哲学、逻辑和方法论观点,于 1662 年出版了《逻辑学或思维术》一书(通称《波尔—罗亚尔逻辑》)。该书分为概念、判断、推理和方法四篇,多次再版,成为欧洲近代逻辑范本。这可以看作传统形式逻辑或传统演绎逻辑的主要代表作之一。

17 世纪开始,由于实验自然科学的兴起,归纳方法的研究被提上重要议事日程。英国哲学家培根创立了归纳逻辑。他认为,逻辑学应当是发现的工具和发明的工具,但亚氏逻辑不是发现的逻辑,不是发明的逻辑,不能发现科学原理。因此,应当有一种新的逻辑作为科学的工具。培根系统阐述了以"三表法"和"排斥法"为核心的归纳方法,奠定了古典归纳逻辑的基础。为了与亚氏的演绎逻辑相区别,培根将自己的归纳逻辑称为《新工具》。此后,赫舍尔、惠威尔等人继续发展了培根的归纳逻辑思想。尔后,英国学者穆勒(亦译密尔)集归纳逻辑之大成,在其名著《演绎和归纳的逻辑体系》(严复译作《穆勒名学》)中,总结了培根等人的成果,并将探求因果联系的归纳方法系统化,提出了著名的"求因果五法",史称"密尔五法",进一步丰富和发展了培根等人的归纳逻辑,并首次明确地把归纳引入逻辑体系,使之与演绎逻辑并驾齐驱,成为传统逻辑体系中的重要组成部分。①

中国先秦逻辑亦称"名辩学"(或名学、辩学),以名、辞、说、辩为主要研究对象,其代表人物有邓析、孔子、惠施、公孙龙、墨翟及其后学荀子、韩非等。其中墨翟(约前468—前376)及其弟子形成墨家学派,曾风靡于整个战国时期,在逻辑学上成就最高。

《墨经》是后期墨家的创作,包括《经上》《经下》《经说上》《经说下》《大取》和《小取》六篇。《墨经》讨论了"名",即"以名举实","名"的种类有达名、类名、私名,形貌之名和非形貌之名,兼名和体名等。也讨论了"辞",即"以辞抒意","辞"的种类有"合"(直言命题)、"假"(假言命题)、"尽"(全称命题)、"或"(特称命题)、"必"(必然命题)、"且"(可能命题)等。但《墨经》论述的重点在"说"与"辩"。"以说出故","说,所以明也。""说"就是提出理由或根据(即所谓"故",相当于论据)来论证某个论题。"辩,争彼也。辩胜,当也。"意思是说,双方就相互矛盾的论题展开辩论,结果其中一方在辩论中获胜,这是符合客观实际的。例⑨是《墨经》关于"辩"的一个总体说明:

例⑨　夫辩者,将以明是非之分,审治乱之纪,明同异之处,察名实之理,处利害,决嫌疑焉。摩略万物之然,论求群言之比。以名举实,以辞抒意,以说出故。以类取,以类予。有诸己不非诸人,无诸己不求诸人。(《小取》)

这段话前半部分是介绍说辩的目的与功用,后半部分是介绍说辩的方法与原则。《小取》中谈到七种具体论式:或、假、效、辟、侔、援、推;《经说》中说到过"止"。"推"和"止"主要用于反驳,其他五种均同时适用于"说"与"辩"。

古印度逻辑主要指正理论和因明。它起源于古印度的辩论术,在形成和发展中,逻辑学与认识论始终是结合在一起的。正理论的发展包括古正理和新正理。因明是佛家逻辑专称,其中"因"指推理的根据、理由,"明"指知识、智慧,"因明"就是关于推理、论证的学问。因明的体系是建立在古正理的基础上的,分为古因明和新因明。古因明中有所谓的"五支作法",由宗(论题)、因(理由)、喻(例证)、合(应用、适合)、结(结论,即论题)五个部分组成。例如:

例⑩　宗:声是无常。

因:所作性故。

同喻:若是所作便是无常,犹如瓶、盆、碗、缶等。

---

① 参见〔英〕约翰·斯图亚特·穆勒:《逻辑体系》(一),郭武军、杨航译,上海交通大学出版社2014年版。

合：声亦如是，是所作性。

结：故声无常。

异喻：若非所作便为常住，犹如空等。

合：声不如是，是所作性。

结：故声无常。

新因明是对五支作法的改革，将其简化为三支作法。例如：

例⑪　宗：此山有火。

因：此山有烟。

同喻：凡有烟处皆有火，犹如厨房。

异喻：凡无烟处皆无火，犹如江河。

因明中的五支作法和三支作法，显然属于推理或论证形式。除推理理论外，印度逻辑中还有"过论"（谬误论）等逻辑内容，且十分丰富。印度的因明理论随佛教传入中国，在唐朝及我国西藏地区都曾经产生过积极的影响。

不过，在实际的历史进程中，中国先秦逻辑和古印度逻辑都曾有中断，因而未能进入世界逻辑发展主流。唯有肇始于古希腊的西方逻辑具有相对完整的历史，它后来成为世界逻辑发展的主流，现代逻辑就是以它为基础发展而来的。

（二）现代逻辑学的发展

现代逻辑的先驱是德国哲学家、逻辑学家、数学家莱布尼兹。他明确地提出了两个思想：建立如同数学符号一样的"普遍的符号语言"来表达人类思维中的概念、命题和推理；通过"理性演算"，把推理变成计算。这两个思想，奠定了现代逻辑的基础。

在1879年发表的《概念文字》中，德国逻辑学家弗雷格建立了历史上第一个一阶逻辑的演算系统。这个逻辑系统标志着现代逻辑的诞生，弗雷格因此被称为现代逻辑的创始人。

1910至1913年，英国哲学家、逻辑学家罗素和怀特海共同完成的三大卷《数学原理》，总结了以往数理逻辑的成果，发展和完善了一阶逻辑。1929年，德国学者哥德尔（K. Gödel, 1906—1978）证明了一阶逻辑的完全性，从而使数理逻辑得到全面确定。

20世纪30年代，在逻辑学史上相继取得了具有划时代意义的三大成果：第一项是1931年哥德尔提出的不完全性定理，它证明凡包括初等数论在内的一致的形式系统都是不完全的，提出了形式系统的局限性，揭示了认识的局限性，对数学基础研究及数理逻辑现代发展产生了重大影响，被称为"数学与逻辑发展史上的里程碑"；第二项是波兰逻辑学家塔尔斯基于1933年建立的逻辑语义学，他区别了元语言与对象语言，对现代逻辑的关键概念"是真的"（即真谓词）做出了科学定义,具有深远的逻辑意义;第三项是1937年由英国数学家、逻辑学家图灵提出的"图灵机理论",在历史上第一次建立了计算机应用的理论模型,标志着人工智能时代的到来。上述三大逻辑成果对现代科学发展具有极其广泛而深远的影响,同时进一步开拓了现代逻辑发展的方向和范围。

经过一百多年的发展,现代逻辑已经成为一门包括经典逻辑和非经典逻辑分支学科众多的科学理论,并且在哲学、语言学、伦理学、法学以及计算机科学、信息科学等领域得到了广泛运用。

第二节 法律逻辑的内容与意义

一、法律逻辑的兴起

(一)国外法律逻辑的兴起与发展

在法律与法学发展的历史长河中,人们很早就重视逻辑在法律领域中的运用。正如西方逻辑史家黑尔蒙所言,三段论的逻辑形式早在古埃及和美索不达米亚的司法判决中就已经有所运用了。古巴比伦的《汉谟拉比法典》也是用逻辑的对立命题与省略三段论的方式来宣示法律规则的。[1] 随着逻辑在法律领域中的运用越来越广泛,就有学者开始关注法律与逻辑的关系,并进行探索,这就开始了法律逻辑的早期研究。这一研究可以追溯至文艺复兴时期英国大诗人亚伯拉罕·弗劳斯1588年出版的著作《法律人的逻辑》(The Lawiers Logike)。他说:"我没有理由认为法律与逻辑不应当是最亲密的朋友,因此最好认为它们是。……我在我们的法律中寻找逻辑,而且我认为我已经找到了它。"[2] 自18世纪下半叶以来,以边沁、奥斯汀、凯尔森为代表的早期分析法学家们运用逻辑工具对法律中的问题进行了研究和探讨。进入20世纪,随着现代逻辑的诞生和逻辑学的快速发展,更多学者关心起逻辑学与法学(法律)的关系,并对法律逻辑发生了兴趣。20世纪50年代以后,越来越多的学者关注法律逻辑问题,他们普遍认为,法律研究和法律适用均要大量地依靠逻辑,强调要将逻辑学原理应用于法学和法律工作的实际,对法律领域的推理与论证进行研究。譬如新分析法学、社会法学、现实主义法学也都积极运用20世纪现代逻辑的工具和成果,对法律体系和司法过程进行详尽的分析和研究。

在此背景下,国外学界创立了法律逻辑学科。先后建立了以亚里士多德三段论逻辑和斯多亚学派命题逻辑等传统逻辑为主要内容的法律逻辑体系,以及以一阶逻辑等现代逻辑内容为基础的法律逻辑体系。其中影响较大的首推德国

---

[1] 转引自《中国逻辑思想论文选(1949—1979)》,生活·读书·新知三联书店1981年版,第5页。
[2] 参见熊明辉:《论法律逻辑中的推论规则》,载《中国社会科学》2008年第4期。

学者克卢格于 1951 年出版的《法律逻辑》(*Juristische Logik*)。① 克卢格的《法律逻辑》在德国及欧洲大陆产生了深远影响,从而引发了人们对在普通逻辑之外是否存在"特殊的法律逻辑"的争论。② 随后更多学者加入探索法律逻辑的行列,并出版了一些法律逻辑著作。譬如,波兰学者齐姆宾斯基于 1959 年出版了《法律应用逻辑》(*Practical Logic*),③ 奥地利学者塔麦洛于 1969 年出版了《现代法律逻辑纲要》(*Outlines of Modern Legal Logic*)、于 1978 年又出版了《现代逻辑在法律中的应用》(*Modern Logic in the Service of Law*),④ 魏因伯格于 1970 年出版了《法律逻辑学》(*Rechtslogik*)等著作。这些著作主要探讨如何将经典逻辑应用于法律领域之中,并做出了开拓性贡献。20 世纪 70 年代,随着广义模态逻辑和道义逻辑的发展,学者们对法律规范推导进行了新的逻辑刻画与研究。他们借鉴冯·莱特和安德森的道义逻辑与规范逻辑的研究成果,在经典逻辑系统中引入规范算子,对经典逻辑系统进行扩充,建立法律规范的逻辑系统。

　　起初,西方法律逻辑是从大陆法系国家兴起的。开始是德国,随后波及欧洲大陆其他国家如奥地利、法国、比利时等。但法律逻辑显然不是民法法系所独有的方法和工具,判例法系同样需要法律逻辑的方法和工具。因此,法律逻辑的研究同样也在英美法系国家如美国、英国、加拿大、澳大利亚等逐步兴起并快速发展。英美法系国家的法律逻辑研究更多的是在法律推理(legal reasoning)的名义下进行的,但也有一些学者采用了法律逻辑(legal logic)这个通用名称。

　　西方国家研究法律逻辑的工具和方法,主要采用了亚里士多德创立的传统形式逻辑和以数理逻辑为主体的现代形式逻辑。此外还有一些学者注意到法律推理与法律论证的特殊性,同时也看到形式逻辑特别是现代形式逻辑在处理法律推理和法律论证上的不足和局限,主动采用新兴起的非形式逻辑作为工具诸如新修辞学、论辩学、谬误学等对法律推理和法律论证进行探究,开启了法律逻辑研究的新视野,并取得了一些新成果。譬如,1958 年,英国学者图尔敏在《论证的运用》一书中,针对法律领域的逻辑应用问题,构造了一个不同于"前提—结论式"的著名论证评价模型,这个处理理性论证规则的论证分析模型被称为"图尔敏模型"。又如,佩雷尔曼与其合作者泰提卡在 1958 年出版了至今仍影响巨大的著作《新修辞学》。1960 年,佩雷尔曼在《形式逻辑与法律逻辑》一文中提出了这样的问题:"在讲法律逻辑时,除了形式逻辑之外,有没有别的特殊逻辑存

---

① 参见〔德〕克卢格:《法律逻辑》,雷磊译,法律出版社 2016 年版。
② See Joseph Horovitz, *Law and Logic: A Critical Account of Legal Argument*, Springer-Verlag Wien, 1972, pp. 16—24. 中译本参见〔以〕约瑟夫·霍尔维茨:《法律与逻辑:法律论证的批判性说明》,陈锐译,中国政法大学出版社 2015 年版,第 7—14 页。
③ 参见〔波〕齐姆宾斯基:《法律应用逻辑》,刘圣恩等译,群众出版社 1988 年版。
④ 参见〔奥〕伊尔玛·塔麦洛:《现代逻辑在法律中的应用》,李振江等译,中国法制出版社 2012 年版。

在?"他的回答是,单是非形式逻辑就可以被认为是特殊的法律逻辑。因此,与图尔敏一样,出于对形式逻辑在法律论证评估中的不信任和不满意,佩雷尔曼提出了自己的论证评估理论体系——新修辞学,而且这一思想至今仍影响着法律论证理论研究。[1] 还有德国学者阿列克西,1978年出版了一本在西方法学界影响深远的著作《法律论证理论》,该书的副标题是《作为法律证立理论的理性论辩理论》。阿列克西认为,既然任何陈述或命题的理由、基础或根基都是可以提出疑问和批评的,那么论证就显得十分重要。而所谓论证,简单地讲,就是举出理由(证立或证成)支持某种主张或判断。任何(包括法律上的)正确性标准的寻求都必须要经过论证。这种论证表现为对规范性命题的证立或证成过程。这就是法律论证理论。[2]

(二) 中国法律逻辑的起步与进展

中国的法律逻辑与西方国家相比,明显存在起步晚、起点低等特点。具体说来,我国法律逻辑研究大致可分为三个阶段:20世纪70年代末一些逻辑学者基于逻辑的应用,开始对法律逻辑予以研究,这一时期的特点是应用形式逻辑的原理、原则来解说司法实例。自20世纪90年代起,一些法学家在法学研究由立法中心主义转向司法中心主义的背景下,开始关注法律逻辑,主要是对形式法律逻辑,尤其是对司法三段论进行批判与反思,强调法律推理中的实质方面。但是,由于理解过于宽泛,这个时期的法律逻辑并未能同一般方法论、修辞学等在本质上区别开来,因此对于究竟什么是法律逻辑、从什么角度来研究法律逻辑等问题人们并没有从根本上弄清楚。进入21世纪以来,国外法律逻辑著作在我国大量翻译出版,从而大大开阔了人们的眼界,我国法律逻辑研究也随之走向多元化。其中非形式逻辑视角成为国内法律逻辑研究重点,受到国内逻辑学界和法学界众多学者的认可,也成为我国法律逻辑发展的一个新的生长点。总的说来,我国法律逻辑研究在新世纪取得了长足的进步,但依然处于初创阶段,与国外相比还有较大提升空间。

二、法律逻辑的内容

(一) 法律逻辑就是形式逻辑在法律中的应用

法律逻辑就是形式逻辑在法律中的应用的观点,一直是关于法律逻辑研究的主流观点。不仅在我国法律逻辑起步时该观点就是我国学界的主流观点,而且即使在西方国家同样有不少学者坚持此种法律逻辑观。

国内发行量较大的高等学校法学教材《法律逻辑学》就是持有此种法律逻辑

---

[1] 参见熊明辉:《诉讼论证》,中国政法大学出版社2010年版,第52—55页。
[2] 参见〔德〕阿列克西:《法律论证理论》,舒国滢译,商务印书馆2019年版。

观的著作。该书在我国较早地提出了"法律逻辑"概念,并对法律逻辑研究内容作了如下说明:

> 法律逻辑学是一门应用性质的形式逻辑分支学科,这门科学也可以叫作"法律逻辑"或"法学逻辑"。法律逻辑学并不是法学的一个部门……由于法律逻辑学是一门应用性质的形式逻辑分支学科,它的任务在于把形式逻辑一般原理应用于法学和法律工作的实际,探索在法律领域应用形式逻辑的具体特点,因此,法律逻辑学并没有与传统形式逻辑不同的特殊对象,研究的还是属于思维领域的现象。①

同样,德国学者克卢格也持有上述法律逻辑观。克卢格在《法律逻辑》中强调,"(形式)逻辑在法律科学框架内同样具有决定性意义,这一点不容置疑",并认为,"我们在下文中说的是法律逻辑,这一点不应被理解为作者代表了这样一种观点:存在着一种自洽而特殊的法学的逻辑,它在根本上有别于其他科学分支的逻辑,并遵守自己的法则。"克卢格主张,"假定存在拥有自身法则的特殊逻辑,是不容许的"。所以,在克卢格看来,如果法律科学与其他另一科学领域"所运用的法则不同,那么这只能被理解为,从一个科学的前提(公理)出发并借助于对所有科学都同等有效的逻辑法则推导出的定理与那些从其他科学的前提出发所推导出的定理不同。两者的区别不在于所运用的逻辑不同,而在于它们赖以出发的前提不同。而正是不同的前提决定了具体科学的差异。下面要说的法律逻辑(juristische logik),指的不是拥有特殊法则的逻辑,而尤指的是适用于法律科学的(普通)逻辑"。"因为法律科学是从确定的特殊前提出发的,因此,被运用的逻辑并非整个逻辑及其所有的法则,而只是其中的一部分,……如果在法学中适用的只是逻辑的一部分,那么将这部分理论及其在法律对象领域的运用称为法律逻辑就是有意义的。"②

法律逻辑就是形式逻辑在法律中的应用的观点,确实有一定的代表性,且从理论上也难以驳倒或者加以否定,因此它在国内外十分流行且比较普及。但是,在此需要特别说明的是,法律逻辑的确是逻辑在法律中的应用,但绝非简单应用,也不宜将形式逻辑添加上法律例证后即可戴上"法律逻辑"的帽子。虽然国内不少取名"法律逻辑"的教科书,采取的往往就是传统形式逻辑加上法律例证的模式,这被学界戏称作"戴帽子法律逻辑",但是这其实并非真正的法律逻辑。这种"带帽子法律逻辑"在国内曾经较为流行,我们在国家图书馆藏书目录中检

---

① 吴家麟主编:《法律逻辑学》,群众出版社1983年版,第1—4页。
② 〔德〕克卢格:《法律逻辑》,雷磊译,法律出版社2016年版,第6—7页。

索出的"法律逻辑"多数属于这样的法律逻辑著作。

然而,我们今天所需要的法律逻辑教材显然不应是这类"戴帽子法律逻辑"教材。新编法律逻辑教材必须汲取"法律逻辑就是逻辑在法律中的应用"这一基本观点,这是毫无疑问的。就是说,在新编法律逻辑教材中,形式逻辑与非形式逻辑的基本内容必须完整准确地加以阐述,从而为法律中的逻辑应用打下扎实的基础。但是,作为一本法律逻辑新教材,我们当然不应就此止步,而要继续前行,就是说,有了逻辑的基础知识,接下来应该重点阐述逻辑在法律中的具体应用问题。这就是本教材的新意所在和特色之处。

(二)法律逻辑重点关注法律推理、事实推理和法律论证

法律逻辑是逻辑在法律中的应用。既然如此,法律逻辑必须探讨逻辑在法律(法学)领域中的应用问题。根据德国学者克卢格的设想,既然逻辑在法学领域应用广泛,总是一般谈论法律逻辑就很少见,"人们只是将这一术语用于逻辑之法律适用领域这个更狭隘的部分,只是在法律发现理论的框架内才会谈论一般意义上的法律逻辑。只有在这里,人们才会来讨论它的问题。法律发现被理解为将既有的制定法规定适用于给定的事实(法律案件)的过程。……法律发现涉及推断,而对这种推断进行逻辑分析恰恰应属于法律逻辑的任务。假如人们遵从这种语言用法,那么就可以确定:法律逻辑是适用于法律发现框架之形式逻辑规则的理论。"[①]

克卢格上述对法律逻辑研究内容的描述和界定,对我们颇有启发。我们同样认为,法律逻辑的主要任务在于探讨法律发现过程中的推理或论证,也就是今天所说的法律推理与法律论证,这是我们对克卢格法律逻辑学说的继承和发扬。但有两点需要说明:一是除了法律推理和法律论证之外,事实推理及法律概念同样是法律逻辑必须讨论的内容;二是将法律逻辑限定为"形式逻辑"显然已不适合时代发展的特点和趋势,今日法律逻辑研究的工具除了形式逻辑之外,必须加上非形式逻辑,而且非形式逻辑在法律逻辑研究中已经占据主导地位。

综上所述,新编法律逻辑教材在介绍形式逻辑与非形式逻辑基础知识之后,将以上述逻辑工具来探讨法律适用中的法律推理、事实推理、法律论证及法律概念问题,从而揭示法律思维形式、规律和方法,为推进依法治国促进法治建设提供论辩工具和智力手段。

[①] 〔德〕克卢格:《法律逻辑》,雷磊译,法律出版社2016年版,第8—9页。

三、法律逻辑的意义

（一）对逻辑研究与法学研究的理论意义

法律逻辑是一门逻辑学与法学的交叉学科。首先，法律逻辑是逻辑学的一个分支，因为它是以逻辑学的方式解答法律中的问题的；其次，法律逻辑同时又是法学的一个分支，因为它解答的都是法的基本问题。可以预见，随着法律逻辑研究不断深化和日益拓展，人们既可以丰富逻辑学研究新领域，也同样能够开拓法学研究新天地。因此开展法律逻辑研究将会有力地促进逻辑科学与法律科学的进一步发展，从而深化人们对逻辑与法学及二者关系的理性认识。

法律逻辑是一门基础性、工具性学科。它是法律研究、法律制定、法律解释、法律适用不可或缺的工具，在法律研究和法律工作中得到广泛运用。诚如《牛津法律指南》所指出的："法律研究和适用法律均要大量地依靠逻辑。在法律研究的各个方面，逻辑被用来对法律制度、原理、每个独立法律体系和每个法律部门的原则进行分析和分类，分析法律术语、概念，以及其内涵和结论，它们之间的逻辑关系。……在实际适用法律中，逻辑是与确定某项法律是否可适用某个问题，试图通过辩论说服他人，或者决定某项争执等因素相关联的。"[1]法律逻辑不研究自然现象及其规律，不提供任何自然法则即事实真理的知识，它主要研究法律推理与论证及其规律、规则与方法，主要解决法律推理与法律论证的合理性与正当性问题，揭示的是有关法律思维规则的准则，提供的是法律推理与法律论证的模式、规则与方法的知识。因此，法律逻辑研究是对逻辑学与法学研究内容的丰富与拓展。

（二）对立法工作的指导意义

法律逻辑研究对立法工作具有三方面的指导意义：

首先，法律逻辑对论证的研究对立法工作具有重要意义。在现代法治社会，要提出一个法律草案，起草者首先必须对立法目的、适用范围、指导思想和原则、基本制度和具体规范等问题展开调查，获得比较详细的立法资料，同时还要对制定该项法律的依据以及立法的必要性和可行性等问题进行分析和论证。这些分析和论证体现了决策的科学化和民主化。此外，还有立法听证制度和立法机关的审议辩论，它们都是立法前期论证的重要环节。听证过程实际上是立法理由论证的过程。而立法机关的审议辩论主要是运用论辩推理对赞成和反对立法草案的理由进行辩论的过程。这个辩论过程就像律师通过辩护或辩论试图影响陪审团一样，对法律制定者的判断和决策起着重要影响作用。

其次，法律逻辑对规范的分析为立法工作提供了可靠依据和技术手段。实

---

[1] 〔英〕戴维·M.沃克：《牛津法律大辞典》（中译本），光明日报出版社 1988 年版，第 562—563 页。

际上,现代规范逻辑或道义逻辑对规范模态的逻辑分析,揭示了基本规范算子"应当""允许""禁止"的基本含义及其逻辑蕴涵关系,为立法者选用恰当的规范算子制定合适的法律规范文件提供了可资利用的强大技术手段。同时,由于法律逻辑深刻揭示了基本规范算子背后蕴涵的逻辑关系,这就为准确拟定法律规范提供了真实可靠的依据。

最后,法律逻辑揭示的逻辑系统的一致性和完全性也为法律体系的融贯性和完备性提供了可资借鉴的模型。现代逻辑都是经过逻辑证明的严格的逻辑系统,这样的逻辑系统同时具备系统的一致性和完全性。这方面的研究成果同样适用于法律逻辑系统,因而对整个国家建立完备的法律体系具有重要指导意义。

(三) 对司法、执法工作的指导意义

法律逻辑研究为实际部门的法律工作者提供了具体而明确的规则和方法,对实际的司法和执法工作具有十分重要的指导意义。学习逻辑或者更准确地说,学习法律逻辑,提高法律人或法律工作者的法律逻辑素养,增强其运用法律推理和法律论证的技能,将促进法律的实施并树立起法律的权威,从而推动我国司法和执法朝着公平公正的目标继续前进。

法律逻辑对法律工作者的重要性已经得到公认。不少学者对此都有明确的阐述。例如,波兰学者齐姆宾斯基指出:"逻辑基本知识已成为法律科学取得进步的先决条件",是"现代法律工作者越来越不可缺少的"。[①] 美国学者博登海默也明确指出:"形式逻辑是作为平等、公正执法的重要工具而起作用的。它要求法官始终如一地和不偏不倚地执行法律命令。"[②] 而法律逻辑的中心问题在于法律推理和论证,这正是法律工作者必备的技能,诚如英国学者麦考密克所言:"我们需要法律的技术人员,能干和有想象力的技术人员。但是,要成为这样一个技术人员,其任务就是要仔细研究技术。在律师们的技术当中,主要的就是进行正确的推理和有力的论证的技术。"[③] 美国法学家富勒说得更加明白:"教授法律知识的院校,除了对学生进行实在法规和法律程序方面的基础训练以外,还必须教导他们像法律工作者一样去思考问题和掌握法律论证与推理的复杂艺术。"[④]

综上,我们希望这本新编法律逻辑教材对训练和提高法学专业学生的法律推理和法律论证能力,培养和锻造更多卓越法律人才,并为其从事法律研究和法律工作打下坚实的基础。

---

① 〔波〕齐姆宾斯基:《法律应用逻辑》,刘圣恩等译,群众出版社1988年版,英文版导言。
② 〔美〕博登海默:《法理学》,邓正来译,中国政法大学出版社1999年版,第496—497页。
③ 〔英〕尼尔·麦考密克、〔奥〕奥塔·魏因贝格尔:《制度法论》,周叶谦译,中国政法大学出版社1994年版,第131页。
④ 〔美〕博登海默:《法理学》,邓正来译,中国政法大学出版社1999年版,第507页。

思考题

1. 逻辑学的研究对象是什么?
2. 什么是逻辑常项和变项?
3. 什么是有效的推理形式?
4. 逻辑学是一门什么性质的学科?
5. 逻辑学在科学发展史上具有什么作用?
6. 学习逻辑学有什么意义?
7. 法律逻辑是怎么产生的?
8. 法律逻辑主要讨论什么问题?
9. 结合个人未来发展,谈谈研究和学习法律逻辑的意义。

练习题

课程视频

拓展阅读书目

1. 〔英〕斯泰宾:《有效思维》,吕叔湘、李广荣译,商务印书馆2008年版。
2. 〔英〕威廉·涅尔、〔英〕玛莎·涅尔:《逻辑学的发展》,张家龙、洪汉鼎译,商务印书馆1985年版。
3. 张家龙:《数理逻辑发展史:从莱布尼兹到哥德尔》,社会科学文献出版社1993年版。
4. 郭桥:《逻辑与文化》,人民出版社2006年版。
5. 宋文坚:《逻辑学的传入与研究》,福建人民出版社2005年版。

第二章 逻辑基本规律

人们在正确地进行逻辑思维时,既要正确运用各种逻辑方法和推理形式,还要遵守最基本的思维法则,这就是逻辑思维的基本规律,简称逻辑基本规律。

逻辑基本规律是关于思维形式的基本规律,是人们正确运用各种思维形式的法则的抽象、总结和概括。通常认为逻辑基本规律有三条,即同一律、矛盾律和排中律,简称"三律"。遵守"三律"及其相应的思维规范,是正确思维的基本要求。

之所以将同一律、矛盾律和排中律称作逻辑基本规律,主要是因为:

第一,同一律、矛盾律和排中律普遍适用于概念、命题、推理和论证,因而对各种思维形式都是普遍有效的逻辑法则。正是从"三律"规范的普遍适用性而言,将其称为逻辑基本规律。而其他的逻辑规律或规则,如充足理由律、德摩根定律、三段论规则、复合命题推理规则等,它们仅仅适用于与之相应的思维形式,如充足理由律仅适用于论证、德摩根定律只适用于肢命题为联言命题或选言命题的负命题等,因而不能将其称为逻辑基本规律。

第二,任何正确的思维都应当具有确定性、无矛盾性和明确性。思维的确定性、无矛盾性和明确性反映了正确思维最基本的逻辑特性。同一律、矛盾律和排中律的主要作用就在于保证思维的确定性、无矛盾性和明确性。具体说,同一律的作用在于保证思维的确定性,矛盾律的作用在于保证思维的无矛盾性,排中律的作用在于保证思维的明确性。因而,同一律、矛盾律和排中律自然成为贯穿整个思维活动过程的基本规律。凡是正确的思维,都必须遵循"三律"所确立的思维规范,从这个意义上将"三律"称为思维的逻辑基本规律。

逻辑基本规律是思维规律,而非客观世界本身的规律。客观世界本身并不存在是否遵守同一律、矛盾律和排中律的问题。但同一律、矛盾律和排中律又不是与客观现实毫不相干的纯粹的自由想象物。它们作为逻辑规律虽然只在人的思维活动中起作用,但却都是客观世界中一定的方面、关系和规律的反映。也就是说,事物总是不断变化发展的,但在一定的变化发展阶段上,当事物没有发生根本性质的改变即处于相对静止状态时,事物便具有相对的质的规定性和量的稳定性。在这种规定性和稳定性的状态下,一事物才成其为该事物,一事物才规定了自身并且得以和其他事物相区别,所以抽象地看,就是事物 A 是事物 A 即 A→A。在同样的状态下,任何事物都有自己特殊的规定性,因此,当 A 事物为 A 事物时,则 B 事物为 B 事物,而 C 事物为 C 事物……,此时,相对于 A 而言,B、C 事物都属非 A 事物,所以,当某个事物属 A 事物时则不可能属非 A 事物,抽象地看即¬(A∧¬A)。同样,在此状态下,每一事物既然有其质的规定性和量的稳定性,那么任一事物就一定有其归属,如果不是属 A,则就是属¬A,抽象地看即 A∨¬A。因之,逻辑基本规律是客观事物运动规律亿万次地反映到人脑中来,经过人们不断概括和总结后提出的关于正确思维的最一般的规律。

人们能反映、认识它们,并在思维实际中加以运用,但不能改变或废除它们。一旦人们违反了这些规律的要求,思维便要发生混乱。逻辑基本规律作为思维规律,虽然不是客观世界本身的规律,但它们既不是先验的,也不是人们约定俗成的。逻辑基本规律是一定的客观事物的运动发展规律在人们主观意识中的反映,因而是有其客观基础的。

人的思维要正确地反映客观对象,就必须遵守逻辑基本规律的要求,自觉地用逻辑基本规律的要求来规范自己的思维活动,从而保证我们的思维活动能正确有效地进行。反之,若不遵守逻辑基本规律的要求,就不可能有正确思维。因为遵守逻辑基本规律的要求是任何正确思维的必要条件。这就是说,任何思维只有当它遵守了逻辑基本规律的要求,具备了确定性、无矛盾性和明确性,才可能是正确思维。

接下来就分别介绍同一律、矛盾律和排中律。

第一节 同 一 律

一、同一律的内容和要求

(一)同一律的内容

同一律的内容可以表述为:

在同一思维过程中,每一思想与其自身是同一的。

同一律的公式是:"A 就是 A"。这个公式也可以用数理逻辑的符号表示,即:

$$A \rightarrow A$$

公式里的"A"表示任一思想,或者说表示任一概念或命题。"A 就是 A"即表示同一思维过程中每一概念、每一命题的自身都具有同一性。就是说,在同一思维过程中,每一个概念、每一个命题的内容都是确定的,是什么内容就是什么内容。

例如,在同一思维过程中,"立功表现"这个概念就是"立功表现"这个概念,其内容是确定的,绝不会时而是这个内容(指对司法机关尚未掌握的犯罪行为的检举揭发),时而又是与此完全不同的其他的内容(例如在部队里立过功)。同样,在同一思维过程中,"甲方未履行先前与乙方签订的合同"这个命题的内容也是有确定性的,它绝不会时而是这样的内容(未完全履行合同),时而又是另外的内容(完全未履行合同)。

从逻辑的真假值来说,"A→A"表示,如果 A 是真的,则它是真的;如果 A 是假的,则它是假的。就是说,其真假值是相等的。当然,我们不能将其机械地理解为前后两个概念或两个命题的语词或语句形式完全相同,而应从思想内容的同一上加以把握。这样才能真正领会同一律内容的要旨。

(二) 同一律的要求

根据同一律的内容,逻辑学家对人们正确思维提出了相应的逻辑要求,即:

> 在同一思维过程中,任一概念或任一命题都必须保持自身的同一。

所谓概念必须保持自身同一,是指在同一思维过程中所使用的概念必须有确定的内容,一方面其内涵和外延应是明确的,另一方面要在确定的内涵和外延基础上来运用概念,不能随心所欲地改变已确定的概念的内涵和外延。例如,在我国刑法中,"犯罪未遂"和"犯罪中止"等法律概念,其内涵和外延都有严格和明确的规定,任何人在运用这些概念时只能始终在法律所严格规定的同样的内涵和外延的意义上来使用,不能随意加以改变。又如,对我国刑法中的"抢劫罪"这个概念,其内涵是指以非法占有为目的的,通过暴力、胁迫或者其他方法劫走公私财物的行为;其外延是指凡具有上述特有属性的一切行为。我们在使用这个概念的时候,就必须保持其内涵与外延的确定性,不能在另外的意义上使用这个概念。

所谓命题必须保持自身同一,是指在同一思维过程中,一个命题的断定应该是确定的、清楚的。命题肯定什么就肯定什么,否定什么就否定什么,不能时而断定此,时而断定彼。在同一思维过程中,应保持命题断定上的前后一致性,即始终是在原来意义上运用同一命题,而不能随心所欲地改变其意义。例如,我们写文章、发表演讲、讨论问题等,都应围绕同一个主题(命题)进行,并且这个主题(命题)还应该是清楚确定的。有人文章写得很长,但却"下笔千言,离题万里"。有人在讨论会上发言天南海北无所不谈,可听众却如同坠入云雾而不知其所云。这种种表现实质上是整个思维活动没有一个统一的核心,而从逻辑上讲,就是命题没有保持同一性。

同一律要求尽管是直接对概念和命题的要求,但不能因此认为对推理和论证这些思维形式同一律就不起作用了。推理和论证是由一定的概念所组成的命题构成的,遵守同一律要求是使推理有效和论证成立的基本条件之一。很难设想,假如连概念都未能保持同一,这样的推理和论证还能够有效并使人信服。例如下面这个人的推理便是如此。这样的推理既是无效的,作为论证也不能令人信服:"他正实施犯罪时,主动中止了犯罪,所以,他是犯罪未遂。"这段话中把"犯罪中止"和"犯罪未遂"这两个不同概念当作同一个概念使用,这是错误的,违反了同一律的要求,因为从法律上看,"犯罪中止"和"犯罪未遂"是有原则区别的,它们是内涵和外延不同的两个概念,应予区别,既然混淆了概念,其推理不正确,论证自然无法让人信服。

同一律要求人们在同一思维过程中使每一思想与其自身保持同一,不管人们对此认识与否、承认与否,它都对正确思维起规范作用,这是由同一律的客观性和必然性所决定的。因此,正确的思维必须遵守同一律,任何思想如果违反同一律要求,那么思想就是不确定的,也就不能正确反映客观事物,这样的思想也就必然是混乱的。

二、违反同一律要求的逻辑错误

在思维活动中,如果违反了同一律的要求,不在同一思维过程中保持概念和命题的同一,就会犯逻辑错误。违反同一律要求的逻辑错误有以下两种:

(一)混淆概念或偷换概念

混淆概念或偷换概念的特点是:把两个不同的概念混淆起来,当作相同的概念使用,并用其中一个概念代替已被使用的另一概念。

混淆概念或偷换概念的表现为:在同一思维过程中,随意改变已被使用概念的内涵和外延。也就是说,在同一思维过程中,一会儿在这个意义上使用概念,一会儿又在另外的意义上使用概念,而不是在同一个意义上使用概念,没有保持思想自身的同一性。

例如,有人在文章中这样写道:"变是绝对的,不变是相对的。在改革开放形势下,我们每个干部都在变。只有坚持开放,密切联系群众,才能永远保持不变。"上面这段话中,一连用了几个"变",但使用时显得较为混乱,前两个"变"是指事物的发展变化,第三个"变"指的是变好或变坏,而第四个"变"是专指变坏。这段话中的"变"字,一会儿在一个意义下使用,一会儿又在另一个不同的意义下使用,因而没有保持概念的前后同一。正因为这样,这段话读后令人摸不着头脑,从而产生了思维上的混乱。可见,在同一思维过程中,为了保证思维的同一,必须在同一意义下使用概念,不能违反同一律的要求。

混淆概念或偷换概念又表现为:在同一思维过程中,把同一语词在不同语境中所表达的不同概念混为一谈。汉语中的多义词在不同场合往往可以表达不同概念。在特定语境中,多义词只能用来表达确定的某个概念。如果在不同语境中使用多义词,很可能会混淆语词的不同含义,犯混淆概念或偷换概念的逻辑错误。在三段论中比较常见的"四概念"(四词项)错误,就是这类逻辑错误的代表。

  例① 鲁迅的小说不是一天能读完的,
    《孔乙己》是鲁迅的小说,
    所以,《孔乙己》不是一天能读完的。

  上述例①推理中出现在两个前提中的"鲁迅的小说"其实分别表达了两个不同的概念。就其同一语词所表达的概念种类而言,前者表达集合概念(集合词项),后者表达非集合概念(非集合词项)。这样的推理即使两前提都真,也无法保证推出必真结论。因为它违反了同一律要求,没有保持概念的同一性,犯了混淆概念或偷换概念的错误。

  (二) 转移论题或偷换论题

  转移论题或偷换论题的特点是:在同一思维过程中,无意或有意地改变原来命题的断定内容,扩大或缩小原命题的断定范围,或者用一个与原命题不同的命题来取而代之。

  转移论题或偷换论题的表现为:在同一思维过程中,用一个相似而不同的命题代替原命题;或在论证过程中,有意或无意地改变原来提出的论题。例如,被告人李某贪污人民币数万元,在法庭上他为自己辩护说:"我贪污公款是有罪的。但我开始工作时是吃苦耐劳的,由于单位盗窃现象十分严重,我参加工作才两年时间,就目睹了好几起贪污盗窃事件。领导知道后,只是轻描淡写地批评一下,并没有追究应负的法律责任,于是我从'看不惯'发展到'看得惯'进而'跟着干',因此我的贪污是单位管理混乱,以及官僚主义所造成的。"从逻辑上分析,被告人的这段辩护违反了同一律的要求,故意用"我贪污是单位管理混乱,以及官僚主义所造成的"命题替换了"我贪污公款是有罪的"命题。显然,被告人企图通过偷换论题的诡辩手法为自己开脱罪责,逃避法律制裁。

  转移论题或偷换论题还表现为:某人在思考或谈论问题时,没有一个确定的论题,或者偏离已经确定的论题。

  例如,我们平常所说的某些人回答提问时"答非所问""顾左右而言他",写文章或讲话时"跑题"或"走题",把握不住中心,东拉西扯,不着边际,这其实都是违反同一律要求所犯转移论题或偷换论题错误的种种具体表现。

  应当指出,在日常思维中违反逻辑规律要求的错误实际上存在两种情况:一种是由于思想模糊,认识不清,尤其是缺乏逻辑素养,不善于准确地使用概念或命题来表达思想所造成的,混淆概念和转移论题的错误通常均属此类。另一种是在同一思维过程中,故意违反同一律要求所犯的错误,这类错误其实就是诡辩，偷换概念与偷换论题乃是诡辩论者常用的诡辩手法。对于无意中出现的违反逻辑规律要求的错误，我们要善意指出，帮其纠正。而对于故意违反逻辑规律要求的诡辩，我们则要及时揭露并加以驳斥。

三、同一律的作用和运用时应注意的问题

同一律的主要作用是保证思维具有确定性。思维只有具有确定性才能正确反映世界，人们也才能进行正常的思想交流。在同一思维过程中，如果人们的思维不具有确定性，所使用的概念、命题等时而是这种含义，时而是另一种含义，思维就会发生混乱。这种思维不仅不能正确认识世界，也不能正常地进行思想交流。因此，思维只有遵守同一律的要求，在同一思维过程中保持概念、命题的自身同一，使思维具有确定性，才能正确表达思想。

遵守同一律要求对于立法和执法等法律工作具有特别重要的意义。法律作为国家立法机关依照法定程序制定或认可的行为规范，由于有国家强制力作为保证实施的坚强后盾，因而在全体社会成员中具有最高的权威性，成为人人都要遵守和服从的行为准则。但是，法律要能成为指导人们行为的准则，就必须首先具有逻辑上的确定性。法律所规定的行为规则必须是确定的，即它的内容是什么就必须是什么，这就要求我们的立法工作者在制定各项法律时，对所使用的法律概念和法律规范命题都必须具有明确的含义，毫不含糊，并始终保持它的同一。同样，执法人员在实际执法过程中，也应当准确地理解法律条文，保证执法工作严格依法办事，从而保持法律规定的确定性，真正做到公正执法和在法律面前人人平等，使法律在现实社会中真正享有最高的权威性。

正确理解和运用同一律，必须注意下面几个问题：

第一，同一律要求概念、命题保持同一是有条件的，即在同一思维过程中保持同一性。

所谓同一思维过程，是指在同一时间、同一关系或同一方面对同一对象而言的。同一时间，是指思想对象处于相对稳定的阶段，这时，思想的自身是同一的。超出了同一时间，思想对象发生了质的变化，反映该对象的思想自然也要跟着发生变化，这时就不能要求该思想与以前保持同一。如昨天某个国家是民主制国家，今天发生了军事政变，成为独裁专制国家，我们对它的断定也应随之发生变化，这不能说违反了同一律的要求。同一关系，主要是指对象的同一方面。事物都是多种规定性的统一，因此事物也都有许多方面。例如，水既具有物理方面的属性，又具有化学方面的属性。物理学从物理属性方面研究水，化学从化学属性方面研究水，两者所形成的"水"的概念就有所不同。因此，在不同关系下或者着眼于不同的方面，人们所使用的概念或命题当然可以不同一，而这并不违反同一律的逻辑要求。

第二,同一律要求思想保持确定性,并不否认思想的发展变化。

同一律虽然要求思想保持确定,但并不要求反映事物的思想永远静止,停留在一个水平上。客观事物总是不断发展变化的,人的认识也相应地发展变化,反映在思维过程中,概念和命题也都是发展变化的。同一律并不否认这样的发展变化。相反,同一律从逻辑方面使得发展变化了的概念和命题在新的认识水准上确定下来。例如,"人民"这个概念反映的事物对象是发展变化着的,因而这种发展变化反映到概念中,即概念的内涵和外延也是发展变化的,因此,"人民"这个概念在不同国家或同一国家的不同历史时期,其内涵和外延是不相同的。但同一律并不否认这种不同或变化,也不具体研究这种不同或变化,它只要求在同一思维过程中,必须保持思想的确定性,不能随意变换。

第三,同一律是思维的规律,它仅在思维领域里起作用。

同一律是思维规律,仅仅在思维领域里起作用。同一律不是客观事物的规律,也不是世界观。同一律要求概念、命题与其自身保持同一,并不要求客观事物永远与其自身绝对地同一。在哲学史上,形而上学者曾经歪曲同一律的内容,把同一律说成是世界观。恩格斯指出:"旧形而上学意义下的同一律是旧世界观的基本原则:a=a。每一事物和它自身同一。一切都是永久不变的,太阳系、星体、有机体都是如此。"[①]我们必须把作为逻辑规律的同一律与形而上学的抽象同一原则区别开来。

第二节 矛 盾 律

一、矛盾律的内容和要求

(一) 矛盾律的内容

矛盾律的内容可以表述为:

在同一思维过程中,两个互相否定的思想不能同真,必有一假。

矛盾律的公式是:"A 不是非 A"。这个公式也可以用数理逻辑的符号表示,即:

$$\neg(A \land \neg A)$$

公式里的"A"表示一个思想,"非 A"表示与"A"互相否定的另一思想。"A 不是非 A"说的是 A 这个思想不是非 A 这个思想,A 和非 A 在同一思维过程中不可能都是真的。"$\neg(A \land \neg A)$"说的是 A 和 $\neg A$ 不能同真,即如果 A 真,则

[①] 《马克思恩格斯选集》第 3 卷,人民出版社 1972 年版,第 538 页。

¬A假,如果¬A真,则A假。总之,"A真并且非A也真"是不可能成立的,在A和¬A之中必有一个是假的。

在同一思维过程中,如果A与非A是两个互相否定的思想,则它们便不可能都真。例如,下列四对命题:

例② "李华是审判长"与"李华不是审判长"。
例③ "所有格式合同均有效"与"所有格式合同均无效"。
例④ "贪污罪必然是故意罪"与"贪污罪必然不是故意罪"。
例⑤ "若张三是案犯,则他有作案时间"与"张三是案犯,但他没有作案时间"。

上述四对命题,有的是反对关系(如例③、例④),有的是矛盾关系(如例④、例⑤),这些命题的具体内容尽管不同,但每对命题都包含着互相否定的思想,它们总是不能同真的,其中必有一个是假的。在分析命题间的真假关系时,总会强调指出,各种具有矛盾关系或反对关系的命题,在同一思维过程中不能同时都是真的,而这一点正是由矛盾律所决定的。

与同一律一样,矛盾律也是具有必然性和客观性的。矛盾律归根到底也是客观事物质的规定性的反映。既然任何事物都具有质的规定性,因此,一个事物是A,就不能同时又是与A相否定的别的什么,即不能又是非A,可见,在同一思维过程中,一个思想及其否定当然不能同时都是真的。从这个意义上说,矛盾律是同一律的进一步展开,它实际上是用否定的形式表示了同一律用肯定形式所表示的思想,在保证思维具有确定性方面,它们是一致的(矛盾律的公式和同一律的公式是等值的即说明了这一点)。

(二)矛盾律的要求

根据矛盾律的内容,逻辑学家对人们正确思维提出了相应的逻辑要求,即:

在同一思维过程中,对于不能同真的命题不能同时予以肯定。

矛盾律的要求从根本上说,在于排除思维过程中因同时肯定不能同真命题所蕴涵的逻辑矛盾。那么哪些命题不能同真呢?概而言之,互相矛盾和互相反对的命题都是不能同真的。例如,"这份遗嘱是有效的"和"这份遗嘱是无效的"、"甲班同学都来自法院系统"和"甲班同学都不是来自法院系统"这两组命题都不能同真。这两组命题一是矛盾关系,一是反对关系。在复合命题和模态命题中也具有这两种关系,在同一思维过程中,我们对具有这两种关系的命题皆不能同时肯定为真。

矛盾律对命题(或判断)具有制约作用,对概念、推理和论证等思维形态也同样具有规范作用。比如,在同一思维过程中,不能同时用两个互相矛盾或互相反对的概念指称同一个对象,否则就会出现逻辑矛盾,这就是矛盾律在概念方面的要求。又如,在反驳中,根据论据为真或反论题为真而确定被反驳论题为假,就是矛盾律在起作用。

二、违反矛盾律要求的逻辑错误

在同一思维过程中,如果对两个互相矛盾或互相反对的命题同时肯定为真,这就违反了矛盾律的要求。我们把这种违反矛盾律要求的错误称为"自相矛盾"。

(一)先秦"矛盾"典故的分析

汉语"自相矛盾"的"矛盾"一词,出自《韩非子·难一》中的一则寓言:

例⑥ 楚人有鬻盾与矛者,誉之曰:"吾盾之坚,物莫能陷也。"又誉其矛曰:"吾矛之利,于物无不陷也。"或曰:"以子之矛,陷子之盾,何如?"其人弗能应也。夫不可陷之盾与无不陷之矛,不可同世而立。

这则寓言是说,楚国有一卖兵器的商人,先吹嘘其防御性武器——盾是无比坚固,没有任何东西能刺穿它;接着又吹嘘其进攻性武器——矛是无比锋利,任何东西它都能刺穿。别人用"以子之矛,陷子之盾"反问他,他只得哑口无言。这个楚国商人之所以无言以对,从逻辑上分析,是因为他既说"我的盾任何东西都不能刺穿",此话实际上蕴涵着"我的矛不能刺穿我的盾",然后又说"我的矛可以刺穿任何东西",此话实际上蕴涵着"我的矛能刺穿我的盾"。而"我的矛不能刺穿我的盾"与"我的矛能刺穿我的盾"是相互矛盾的,当别人用"以子之矛,陷子之盾,何如?"反问楚国商人,他便意识到了自己话中隐含着的逻辑矛盾,也就理所当然"弗能应也",对自己话中的矛盾无法自圆其说。

既然楚国商人自我吹嘘时所说的两句话实际上蕴涵着逻辑矛盾,因而这两句话事实上不能同真(却可能同假,因为事实上这位楚国商人夸大其词的广告,或许全是虚假广告),现在楚国商人在同一思维过程中对不能同真的命题同时予以肯定,这就违反了矛盾律的要求,陷入了自相矛盾。

于此,我们不难发现,早在2000多年以前中国的韩非子就通过寓言非常形象而准确地阐明了自相矛盾(即逻辑矛盾)的实质,并阐述了矛盾律的逻辑要求,即通过明确指出"夫不可陷之盾,与无不陷之矛,不可同世而立",说明反对关系的命题不能同真,人们不能对它们同时加以肯定。假如对不能同真的反对关系命题同时加以肯定,则会陷入与这位楚国商人同样的自相矛盾之中。

自相矛盾作为违反矛盾律要求的错误,是指在同一思维过程中,对同一对象既肯定它具有某属性,同时又否定它具有某属性,或者既肯定它具有某属性,同时又肯定它不具有某属性,即对具有矛盾关系或反对关系的命题同时加以肯定,都断定为真。

（二）"自相矛盾"错误的表现

"自相矛盾"也叫逻辑矛盾，是违反矛盾律要求的逻辑错误，通常表现在对不能同真的矛盾关系命题或反对关系命题同时予以肯定。如：

例⑦ 大量服用维生素C必然对人体有益，而大量服用维生素C又必然对人体无益。

这是对互相反对的命题同时加以肯定，违反了矛盾律的要求，所以是不正确的。

违反矛盾律要求的错误，还表现在概念方面，即使用互相矛盾或互相反对的概念去指称同一对象，从而造成自相矛盾。如：

例⑧ 一年一度的中秋节是千载难逢的传统节日。

若是"一年一度"就不是"千载难逢"，这个实例用相互否定的概念去指称同一对象，因而包含了互不同真的两个思想，既肯定"中秋节是一年一度的"，同时又肯定"中秋节是千载难逢的"，即肯定"并非中秋节是一年一度的"，结果违反了矛盾律要求，造成了自相矛盾。

上述例子表明，人们在说话、写文章的时候，自觉遵守矛盾律的要求，保持思想的前后一致是极为重要的。因为任何思想或学说一旦包含了逻辑矛盾，也就失掉了逻辑性和科学性，这样的思想或学说就不可能具有说服力。各种反科学的宗教教义、唯心论体系以及错误理论，常常包含着大量不能自圆其说的逻辑矛盾。

例⑨ 有一种宗教创世说，说的是上帝在海边走着，想着怎样来创造世界。最后命令一个小鬼沉下海去，从海底拿了一块泥土上来。世界就是上帝用这块泥土创造出来的。这种说法含有明显的逻辑矛盾：上帝创世之前，应该没有世界，可是却有了海边，即有了海洋和陆地，那就是说，是有世界的。从逻辑上揭露这种自相矛盾就可看出宗教创世说的荒诞无稽。

黑格尔的辩证法认为，一切都是发展、变化的，但黑格尔自己又认为他的哲学体系已达到了顶峰，即不能再发展了。顶峰论违背了辩证法，同辩证法的发展观构成了尖锐的逻辑矛盾。

在现实生活中遇到的逻辑矛盾，并不都像上述举例那样简单，两个不能同真的命题紧紧相连，一眼便能看出。现实之中有时两个不能同真的命题前后相隔很远，若不经过推导、引申和分析，则不能看出其中包含的逻辑矛盾。

（三）特殊的逻辑矛盾——悖论

应当注意，有一种特殊的逻辑矛盾叫作悖论。所谓悖论是这样一种命题，即由该命题的真可推出它的假,并由它的假又可推出它的真。下面简要介绍悖论。

根据逻辑基本规律要求,一个命题的真值应该是确定的,不能既是真的又是假的,也不能既不真又不假。但是,的确存在着一种特殊的命题,在真假二值之间做奇异的循环,这就导致了悖论。

关于悖论的定义有很多。《中国大百科全书·哲学卷》认为,悖论是指:"由肯定它真就推出它假,由肯定它假就推出它真的一类命题。这种命题也可以表述为:一个命题 A,A 蕴涵¬A,同时¬A 蕴涵 A,A 与自身的否定¬A 等值。"

悖论的起源最早可以追溯到公元前 6 世纪。古希腊克里特岛人伊壁门尼德说了这么一句话:"所有的克里特人都是说谎者。"从这句话真可以推出它为假,但从这句话假却不能必然推出它为真。公元前 4 世纪,古希腊的麦加拉—斯多葛学派的欧布里德把它修改为:"我正在说的这句话是谎话。"这句话本身究竟是真的还是假的? 如果它是真的,它所陈述的"我正在说的这句话是谎话"成立,则可推出它是假的;如果它是假的,那么"我正在说的这句话是谎话"为假,则可推出它是真的。由此导致了真正的"说谎者悖论"的出现。

麦加拉—斯多葛学派只是发现了悖论,而如何解决这一难题,研究并不多。到了中世纪,意大利人保罗对悖论问题作了深入研究,他将悖论称为"不可解命题"。他提出的方法是通过区别悖论命题的普通含义和"精当"含义来尝试解决悖论难题。

此后,直到 19 世纪末 20 世纪初,悖论问题陷入沉寂。悖论重新引起逻辑学家和数学家的极大关注,应归因于集合论中几个著名悖论的发现:布拉里—福蒂悖论,即"最大的序数悖论";康托尔悖论,即"最大的基数悖论";罗素在研究这两个悖论时,又发现了"罗素悖论"。

罗素悖论的内容是:定义一个集合 $S:S$ 是由所有不属于自身的集合所组成的一个集合,即 $S=\{x|x\notin x\}$。那么,S 是否属于自身? 如果 $S\in S$,则根据 S 的定义,S 并不具有其元素共有的"$x\notin x$"的性质,则可推出"$S\notin S$";如果 $S\notin S$,则 S 具有该集合元素的性质,也是其中的一个元素,则 $S\in S$。罗素悖论也被称为集合论悖论。

使罗素悖论看起来更为简明的一个变形是"理发师悖论":某村只有一个理发师。他说:"我只给本村那些不给自己理发的人理发。"依据是否给自己理发,将本村的人分成两类:A 类人是自己给自己理发;B 类人让理发师给自己理发,而自己不给自己理发。那么,这个理发师给不给自己理发呢? 如果该理发师不给自己理发,那么作为 B 类人中的一员,理发师就该给自己理发,如果理发师给自己理发,那么作为 A 类人中的一员,他就不该给自己理发。[①]

[①] 参见张建军:《逻辑悖论研究引论》,南京大学出版社 2002 年版。

此后,在集合论之外又相继发现了几个悖论,其中最重要的是理查德悖论即"一切可以用有穷个字定义的实数悖论"。20 世纪 20 年代,英国数学家和逻辑学家 F.P.拉姆赛提出把悖论分为两类:逻辑悖论和语义悖论。逻辑悖论又称语形悖论,语义悖论又称认识论悖论。20 世纪 60 年代以来,悖论家族增添了新的成员,一些新的悖论如"知道者悖论"的发现,使得语用悖论或认知悖论成为悖论的第三种类型。

那么,如何解决悖论呢?不同的逻辑学家、数学家提出了各自不同的解悖方案。这方面主要成果有:罗素的类型论、塔尔斯基的语言层次论、克里普克的真理论等。对这些详细解悖方案,本书就不作介绍了,读者可参阅相关资料。

三、矛盾律的作用和运用时应注意的问题

矛盾律的主要作用是保证思维具有无矛盾性。无矛盾性是正确思维必不可少的基本条件。任何思维如果违反矛盾律的要求,出现逻辑矛盾,那就不可能正确认识现实。因此,任何科学理论都不应包含逻辑矛盾。遵守矛盾律是构造任何科学体系的起码要求。科学理论常常是在发现逻辑矛盾,并且逐步排除逻辑矛盾的过程中向前发展的。

例如,关于自由落体运动,亚里士多德曾认为:物体从空中下落时,其速度的快慢和物体的重量成正比,即物体重量越大,下降速度也就越快。这一说法在亚氏死后的 1800 多年间被物理学界公认为真理。而意大利科学家伽利略却认为这一理论有逻辑矛盾,他指出:设有两物体 A、B,而且 A 重 B 轻,按照亚氏理论,下降速度应是 A 快 B 慢。再假定,如果我们把 A、B 绑在一起即(A+B),那么这个绑在一起的物体将以哪种速度降落呢?一方面,这个速度应该小于 A 物体下落的速度,因为快速和慢速合在一起,只能是中速,中速显然小于 A 物体下落速度;另一方面,这个速度又应该大于 A 物体的下落速度,因为绑在一起的两个物体重量要比单独一个 A 物体的重量大。于是得出了自相矛盾的结论:(A+B)的下降速度小于 A 的速度,并且(A+B)的下降速度不小于 A 的速度;既然亚氏的落体学说包含逻辑矛盾,也就不能成立。伽利略通过指出亚氏理论包含着逻辑矛盾而推翻了长期统治人们思想的旧的落体学说,并通过排除逻辑矛盾重新确立了新的落体学说,即物体下落的速度与它的重量无关。这一新的落体学说通过在罗马比萨斜塔所做的著名落体实验得到证实。

遵守矛盾律的要求,可以避免思想中的自相矛盾,这是正确思维的必要条件。矛盾律作为思维规律,在立法和司法实践中也有着重要作用。在立法方面,完整的法律体系中不应有任何自相矛盾的现象存在。在法律文件、法律条文之

间彼此也不能有自相矛盾的情况出现,否则人们对法律文件、条文便无法理解。在司法工作中,也不能有自相矛盾的现象出现。例如,侦查人员提出的侦查推论如能推出互相矛盾的结论,则说明侦查工作存在失误。在审判工作中,有些证人证言前后不一致,自相矛盾,这些证言就不能同时为真,其中必有假,因而不能作为诉讼证明中的证据。

矛盾律作为逻辑工具,还可以帮助我们发现犯罪分子的思想破绽,从而打破他们的思想防线并揭露他们的罪行。一般而言,犯罪分子为掩盖罪行,总要对犯罪事实进行隐瞒或歪曲,因此他们的交代中往往会出现自相矛盾的漏洞,侦查人员及时抓住这一矛盾常常成为查清案情的突破口。总之,立法和司法工作要求思维的严密性,我们应当用矛盾律要求严格规范思维,使之确定且无矛盾,以保证思维的正确有效。

在运用矛盾律时,我们应该注意以下几方面的问题:

第一,矛盾律的规范作用是有条件的。矛盾律所说的一个思想及其否定不能同时是真的,是就同一思维过程而言的,即指在同一时间、同一关系下对于同一对象做出的论断而言的。也就是说,如果在不同时间或从不同方面对同一对象分别做出两个相反的论断,这不能说是违反矛盾律的要求。如对"喜马拉雅山高,因为它是世界第一高峰;喜马拉雅山矮,因为它在征服者的脚下"这段文字,表面上看,思想内容似乎有对立性。其实并不矛盾,因为它们是从不同方面说的,即不是在同一思维过程中。所以,不仅不包含矛盾,反而多层次多角度地反映了事物的特性。

第二,矛盾律要求在思维中避免自相矛盾,并不否认客观事物本身的矛盾。在思维中,正确运用矛盾律,就必须严格区分客观事物本身存在的矛盾和人们思想中的逻辑矛盾。逻辑矛盾是思想的自相矛盾,它既不是客观现实中存在的矛盾,也不是现实矛盾在思维中的反映。如果人们的思想正确反映客观现实中存在的矛盾,这是不会形成逻辑矛盾的。比如当我们说"任何事物都存在矛盾"时,就不能同时说"有的事物不存在矛盾",也不能同时说"所有事物都不存在矛盾",因为这是思想的自相矛盾,人们必须排除,但它毫不妨碍我们承认"任何事物都存在矛盾"这一观点。

第三,矛盾律的要求对于下反对关系的命题没有制约作用。由于下反对关系的命题是可以同真的,因而矛盾律的要求对这类可以同真的命题没有制约作用。例如,"可能 P"与"可能非 P"是下反对关系的命题,对它们同时加以肯定,并不违反矛盾律的要求。同样,在日常思维活动中,同时肯定"有 S 是 P"与"有 S 不是 P"也不违反矛盾律的要求。

第三节　排　中　律

一、排中律的内容和要求

（一）排中律的内容

排中律的内容可以表述为：

在同一思维过程中，两个互相矛盾的思想不能都假，必有一真。

排中律的公式是："A 或非 A"。这个公式也可用数理逻辑的符号表示，即：

$$A \vee \neg A$$

公式中 A 与 ¬A 是互相矛盾的，它们的逻辑值相反，这一公式表明在 A 与 ¬A 之间必有一真，不可能都假。由于 A 与非 A 穷尽了一切可能，即或者 A 真，或者非 A 真，二者必居其一，除此之外，没有第三者。

在同一思维过程中，人们对两个互相矛盾的思想必须承认它们不能同假，必有一个是真的，这也反映了排中律的客观性和必然性。处在相对的质的规定和量的稳定状态下的任何事物都规定了自身，因此，某事物如果不是 A，则一定是非 A；如果不是非 A，则一定是 A。这就决定了在 A 和非 A 两个思想中或者 A 真，或者非 A 真，二者必居其一，不可能既不是 A 真又不是非 A 真。在同一思维过程中，要使思想明确，并保持思维确定性，那么在两个不能同假的命题中必须做出明确的选择，或者肯定 A 真，或者肯定非 A 真。思维是对客观世界的反映，正确的思维应该明确地反映事物的客观归属。如果思维反映的对象此也不是，彼也不是，那就毫无认识价值可言。排中律（公式为 A∨¬A）从对命题的断定方面排除了那种既否定 A 真，又否定非 A 真的两不可的思维形态。在真值表上排中律公式是一个永真式，它与同一律、矛盾律公式在逻辑上是等值的，这表明，作为逻辑规律，它们在保证思维的确定性方面是一致的。

（二）排中律的要求

根据排中律的内容，逻辑学家对人们正确思维提出了相应的逻辑要求，即：

在同一思维过程中，对于不能同假的两个命题不能同时予以否定。

哪些命题不能同假呢？第一，具有矛盾关系的命题不能同假。例如，具有 p→q 形式的命题与具有 p∧¬q 形式的命题不能同假，具有 SEP 形式的命题与具有 SIP 形式的命题也不能同假，因为它们都是矛盾关系的命题。第二，具有下反对关系的命题也不能同假。例如，具有 SIP 形式的命题与具有 SOP 形式的命题不能同假，具有 ◇p 形式的命题与具有 ◇¬p 形式的命题也不能同假，因为它们都是下反对关系的命题。因此,在同一思维过程中,对于具有矛盾关系或下反对关系的命题都不能同时予以否定。

在同一思维过程中,我们对具有矛盾关系或下反对关系的命题不能都断定为假,必须肯定其中必有一真,这就是排中律对正确思维的要求。例如,"凡知道案情的人都有作证的义务"(SAP)与"有的知道案情的人没有作证的义务"(SOP),是两个具有矛盾关系的命题,它们不能都是假的,必须承认其中一个是真的。又如,"有的知道案情的人有作证的义务"(SIP)与"有的知道案情的人没有作证的义务"(SOP),是下反对关系的命题,它们也不能同假,必须承认其中必有一真。

需要指出的是,排中律要求在同一思维过程中,对于不能同假的两个命题不能同时予以否定,但如果两个命题具有反对关系则可以同假,因而对反对关系的命题同时否定并不违反排中律的要求。例如,对于"所有犯罪都是故意犯罪"与"所有犯罪都不是故意犯罪"这组具有反对关系的命题就可以同时加以否定,这并不违反排中律的要求。

排中律的要求对推理和论证也具有制约作用。如论证中的间接证明,先证明与原论题相矛盾的反论题为假,再推出原论题为真.这就是排中律的运用。

在思维过程中,排中律其实是矛盾律的进一步展开。矛盾律不允许思维有逻辑矛盾,指出互相否定的思想不能同真,排中律则进一步指出两个互相矛盾的思想不能同假。

二、违反排中律要求的逻辑错误

在同一思维过程中,如果将两个互相矛盾的命题皆断定为假,即对两个互相矛盾的命题同时加以否定,这就违反了排中律的要求。我们把这种违反排中律要求的错误称为"模棱两可",亦可叫作"两不可"。

"两不可"的逻辑错误,常常表现为对两个互相矛盾的命题全都否定。例如,在对某一起交通事故的处理中,有人断言"不能让司机负刑事责任,但也不能让司机不负刑事责任"。那么司机负不负刑事责任呢?这一断定让人捉摸不透。显然,上述断定对互相矛盾的命题全都加以否定,因而违反了排中律要求,犯了"两不可"的逻辑错误。

"两不可"的逻辑错误,有时还表现在对两个互相矛盾的思想断定不作明确的表态,而闪烁其词,隐匿其思想观点。例如,20世纪80年代日本文部省有些人肆意篡改历史教科书中有关日军对中国和东南亚各国的入侵历史。当记者问这些人:"当年日本的行为是侵略行为吗?"答曰"不是"。记者又问:"那么日本的行为不是侵略行为啰?"又答"也不能这么简单的说"。他们把第二次世界大战中日本对周围邻国的侵略称为"进入",企图掩盖侵略历史,但在思想的逻辑性方面明显地暴露出他们违反了排中律要求,这种模棱两可其实是在诡辩。此外,对于下反对关系的命题采取两否定的态度也属于"两不可"的错误。如对"张某可能有罪"和"张某可能无罪"这两个命题都加以否定,这也是"两不可"的逻辑错误。

应当指出,排中律只要求对两个不能同假的命题在同一思维过程中不能同时否定,但不要求对矛盾关系或下反对关系的命题非得确定哪一个为真,哪一个为假。有时候由于认识上的原因而一时不能确定什么命题真、什么命题假时,可以不表态。例如,对"小王是律师"和"小王不是律师"两个命题,如果尚不清楚何者为真,完全可以不作断定(当然不能说都假)。这并不违反排中律的逻辑要求。因此,在思维活动中,当有些思想内容超出了自己的认识或了解范围,或者当我们对一些问题尚未认识透彻,对事物的内在本质还不清楚时,不作明确的表态是可以的(譬如投票表决中选择"弃权"),这并不违反排中律的逻辑要求。

此外,对日常语言中的"复杂问语",既不做肯定回答,也不做否定回答,也不违反排中律的逻辑要求。

"复杂问语"是一种含有预设成分的问语。当这种问语含有对方没有承认或根本不能接受的预设成分时,不论对方做出肯定或者否定的回答,其结果都得承认问语中的预设成分。例如,在抗日战争期间,一天日军进攻我抗日根据地,一个日军军官刚进村,遇见一个十来岁的小孩,就问:"你们村里的八路军走了没有?"这个小孩很机灵,当即回答:"我们村里根本没有来过八路军。"日军军官的这句话就是一个"复杂问语",其中隐含着这样一个预设,即"这个村子来过八路军"。对于这句话,无论回答"走了"或"没有走",实际上都承认"村子里来过八路军"。

对于这样一种"复杂问语"不作"走了"或"没有走"的简单回答,从逻辑上说乃是无可非议的。因为"村里来过八路军,而现在走了"($p \wedge q$)与"村里来过八路军,而现在没有走"($p \wedge \neg q$)这两个联言命题并不是矛盾关系的命题,而是反对关系的命题。既然是反对关系命题,可以同假,就不受排中律制约,也就可以拒绝做出简单肯定或否定的回答。因此,对"复杂问语"不作肯定或否定的简单回答,并不违反排中律的要求。

三、排中律的作用和运用时应注意的问题

排中律的主要作用在于保证思想的明确性。思想具有明确性,才能正确地反映客观事物,也才能被人们所理解和把握。因此,遵守排中律要求是正确思维的必要条件。

在同一思维过程中,当问题归结为两个互相矛盾的思想,即面临非此即彼的情况时,人们只能在这两者之间做出选择。排中律要求人们在这两者之中承认必有一真,排除第三者存在的可能性。当然,在运用排中律时应注意问题的复杂

性。在实际思维过程中，由于对某一问题尚未深入了解，对某事件的是非还看不清楚，需要进一步作调查研究，在这种情况下可以不作明确表态，这不能说是违反排中律的要求。

排中律要求对同一情况的两个互相矛盾的思想不能持两否定的态度，这对司法工作具有重要意义。例如，司法人员在办案过程中，当需要确定某一案件是否应当立案，及某人的行为是否构成犯罪时，都应做出明确的选择，不能用一些似是而非的言辞来搪塞，或做出含糊其辞的表述。此外，在审讯工作中，还应严禁使用"复杂问语"，因为"复杂问语"包含着未经证实的预设，司法人员通过这种诱供方法引对方上当而获取的所谓"口供"其实是不可靠的。例如，"你偷车后马上销赃了，是吗？"这就是一个"复杂问语"，被问者无论回答"是"或"否"，都得承认偷过车这个暗含的预设。这种审讯，有时即使获得"成功"，其材料也并不可靠，若无其他旁证，不得作为诉讼证据。

正确运用排中律应注意下面几个问题。

1. 排中律只是在一定条件下起作用

排中律只是要求对两个互相矛盾的思想排除做出中间选择的可能性。但如果不是两个互相矛盾的思想，而是存在着第三种可能情况，那就不能要求只在两种可能中选择。例如，盗窃案客观上包括内盗、外盗和内外勾结盗三种情况。当我们分析某起盗窃案时有人既否定此案是外盗，也否定此案是内盗，就被人指责犯了逻辑错误。这其实是对排中律的误解，由于事实上可能存在内外勾结盗，排中律对此可能性并不加以否认。因此，正确运用排中律首先要辨明是否属于矛盾关系或下反对关系，排中律要求只适用于这两种关系。如果不是矛盾关系或下反对关系，就不能运用排中律。

另外，排中律与同一律、矛盾律一样，也是有适用条件的，即也是在同一思维过程中，即在同一时间、同一关系下就同一对象而言的。失去了这些条件，排中律就不起作用。

2. 排中律和矛盾律的区别

排中律与矛盾律的区别在于：

（1）两者的内容不同。矛盾律的内容是说两个互相否定的思想不能同真，必有一假；而排中律的内容是说两个互相矛盾的思想不能同假，必有一真。

（2）两者的要求不同。矛盾律的要求是对于不能同真的命题不能同时予以肯定；排中律的要求是对于不能同假的命题不能同时予以否定。

（3）违反要求后所犯错误不同。违反矛盾律要求的错误是自相矛盾，常以"两肯定"的形式出现。违反排中律要求的错误是"两不可"，常以"两否定"的形式出现。

（4）两者的适用范围不同。矛盾律适用于矛盾关系和反对关系，但不适用于下反对关系;排中律适用于矛盾关系和下反对关系,但不适用于反对关系。

(5) 两者的作用不同。矛盾律指出互相否定的命题不能同真,必有一假。它可由已知一真而推出另一必假。常常用来揭露自相矛盾思想的虚假性,矛盾律是间接反驳的依据。排中律指出两个互相矛盾的命题不能同假,必有一真。它可由已知一假而推出另一必真,因而排中律常常用来排斥居中的选择。在间接证明中,从反论题的假推出原论题的真,其逻辑根据就是排中律。

3. 排中律并不否认事物的相互转化和中间形态

排中律指出两个互相矛盾的思想不能同假,这是从思维确定性来说的,它并不涉及事物在一定条件下的相互转化和过渡性的中间形态。比如,唯物辩证法认为"在一定条件下坏事可以转化为好事",这并不违反排中律的要求,只是当思维出现"坏事可以变为好事"与"坏事不可以变为好事"的矛盾论断时,排中律才要求指出这两个论断不能同假,必有一真。至于坏事能否变为好事,排中律并不涉及,因为这是辩证法的研究范围。

排中律也不否认事物间存在过渡性的中间形态,如文昌鱼是无脊椎鱼类,介于无脊类和脊椎类之间;鸭嘴兽是卵生的哺乳类,介于爬虫类和哺乳类之间,排中律并不否认这种中间状态。如果借助排中律的逻辑思想和要求来否认事物过渡中的中间环节和事物的中介状态,这也是对排中律的曲解。

应当指出,这三条逻辑思维基本规律,就其所反映的客观真理而言,其真理性是有条件的、相对的。它们的命题形式的所谓"永真",指的是命题真假二值上的永真,但这并不意味着它们的客观真理性是无条件的、永恒的。它们作为客观真理的条件性和相对性主要表现在:第一,它们只是思维领域内的规律,只在逻辑思维领域内起作用,并不直接涉及客观事物自身是否存在矛盾、发展和变化的问题;第二,即使在思维领域里,它们的作用也是相对的,即仅仅是相对于二值逻辑而言的。不能随意夸大它们作为思维规律的作用范围。

 思考题

1. 为什么称同一律、矛盾律和排中律为逻辑基本规律?
2. 什么是同一律?同一律的逻辑要求及违反同一律要求的逻辑错误各是什么?
3. 什么是矛盾律?逻辑矛盾与事物矛盾有什么不同?
4. 矛盾律的逻辑要求及违反矛盾律要求的逻辑错误各是什么?
5. 什么是排中律?排中律与矛盾律的主要区别是什么?
6. 排中律的逻辑要求及违反排中律要求的逻辑错误各是什么?

7. 同一律、矛盾律和排中律的主要作用各是什么?

练习题

 课程视频

 拓展阅读书目

1. 〔古希腊〕亚里士多德:《形而上学》,载苗力田主编:《亚里士多德全集》第7卷,中国人民大学出版社 1993 年版。

2. 张建军:《逻辑悖论研究引论》,南京大学出版社 2002 年版。

第三章　非形式逻辑

亚里士多德是所谓"大逻辑"传统的开创者。他把逻辑视为一切科学的工具。他的著作中几乎涉及人类思维的所有方面，探讨了范围广泛的逻辑问题，例如概念、范畴问题，直言命题，模态命题，直言三段论，模态三段论，证明的理论与方法，归纳方法，论辩与修辞，谬误及其反驳，思维规律等逻辑问题。在19世纪以前的逻辑学研究特别是逻辑教学中，一直延续着亚里士多德的"大逻辑"传统。自19世纪末20世纪初开始，随着数理逻辑的创立和逐步体系化，这种"大逻辑"传统逐渐式微，取而代之的是，形式化的数理逻辑成为课堂上占主导地位的教学逻辑。但是，以数理逻辑为主导的逻辑教学方式也逐渐显露出一些不足与缺陷。因为对一般大学生来说，他们学习逻辑的主要目的是要逻辑服务于他们的日常思维。但符号化的数理逻辑与人们日常思维的关系不那么直接、明显，加之又比较难学。这样，师生们都感到有必要对逻辑教学进行改革。在这种逻辑教学"要与人们日常思维相关"的改革浪潮下，批判性思维与非形式逻辑应运而生，首先在北美，进而在世界范围内出现了一种开设批判性思维课程或非形式逻辑课程、编写相关教科书的新浪潮。非形式逻辑作为一门教学课程便在批判性思维教学的基础上逐步形成，加上一些逻辑学者的努力探索，非形式逻辑（informal logic）目前已成为一门公认的逻辑学分支，其主要内容是论证或论辩，概括说来，大致包括以下非形式内容：定义理论、论证及论辩、谬误理论。

今天的课堂逻辑教学，仍然涵盖人们日常思维的逻辑运用，故非形式逻辑的内容应该让今天的学生熟练掌握，成为他们日常思维的有用工具。

第一节　定　义

日常思维中人们的交流与沟通总是离不开语言的应用。语词作为语言的基本单位，经常与概念保持一定的联系。故人们对语言的理解往往包含着对概念的理解，这就需要搞清楚什么是概念、概念的含义及范围以及明确概念的逻辑方法。定义是常用的明确概念的逻辑方法。既然定义就是概念的定义，所以在介绍定义方法的同时，有必要对概念及概念间的关系进行简单介绍，讲完定义方法后,附带对传统的划分方法也稍作介绍。

一、定义的基本概念

(一) 定义和定义构成

1. 什么是定义

定义就是用简明的形式揭示概念内涵的逻辑方法。比如,有人问:"什么是商品?"我们就可以用下定义的方法来作出回答:

例①　商品就是用来交换的劳动产品。

这个定义揭示了"商品"这一概念的内涵。从逻辑上讲,它是简单命题;在语言上,它是精炼的语句。

再比如,对什么是刑法,我们同样可以采用下定义的方法来回答:

例②　刑法是关于犯罪和刑罚的法律。

这个定义揭示了"刑法"这一概念的内涵。

因此,定义就是揭示概念内涵的逻辑方法。

2. 定义的组成

任何定义都是由被定义项、定义项和定义联项三个部分组成的。

被定义项,即需要通过定义来揭示其内涵的那个概念。如例①中的"商品"和例②中的"刑法"就是被定义项。

定义项,就是在定义中用来揭示被定义项内涵的概念。如例①中的"用来交换的劳动产品"和例②中的"关于犯罪和刑罚的法律"就是定义项。

定义联项就是表示被定义项与定义项的逻辑关系并联结它们的概念,如例①、例②中的"就是""是"之类。在汉语中,定义联项还常用"……即……""所谓……就是……""……是指……"等来表示。

若以 Ds 表示被定义项,以 Dp 表示定义项,定义的一般形式通常是:

Ds 就是 Dp

它表示:所有 Ds 都具有 Dp 的属性,并且所有具有 Dp 属性的对象都是 Ds。由于对象情况的不同,有的定义比较简单如例①,而有的定义比较复杂如例②。

为了准确理解定义,下面先对与定义有关的几个概念进行必要的说明。

(二) 概念的内涵和外延

概念是反映思维对象特有属性的思维形式。在传统逻辑中,概念也叫作词项。本书第五章所讲的词项即相当于这里所说的概念。

概念具有两个显著的逻辑特征,即概念的内涵和概念的外延。

概念的内涵,是指反映在概念中的思维对象的特有属性。如"法律"这个概念的内涵,是指反映在法律这个概念中的"由国家权力机关制定并由国家强制力保证实施的行为规范"。

概念的外延,是指具有概念所反映的特有属性的一类对象。如"法律"这个概念的外延就是指具有"由国家权力机关制定并由国家强制力保证实施的行为规范"这一属性的所有事物组成的类(如宪法、刑法、民法、诉讼法等)。

概念在反映思维对象特有属性的同时,也就反映了具有这些特有属性的对象范围。因此,概念的内涵和概念的外延是任何一个概念都具有的逻辑特征。就此而言,逻辑学所说的明确概念实际上就是指明确概念的内涵和明确概念的外延。明确概念内涵的逻辑方法叫做定义,明确概念外延的逻辑方法叫做划分。

(三) 类和子类、属和种

1. 类和子类

与定义理论相关的另一组基本概念是类和子类。

类和子类属于概念外延间的关系,可以表述如下:

一个普遍概念的外延可以看成是一个类,组成这个类的每个成员称为这个类的分子。一个类如果包含在另一个类之中,这个类即是另一个类的子类。如图 3-1 所示,A 类对象包含在 B 类对象之中,则 A 类是 B 类的子类。

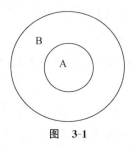

图 3-1

2. 属和种

类和子类的另一种古典描述是属和种的关系。

在传统逻辑中,通常把外延大的、包含另一概念的概念叫作"属概念",把外延小的、被包含的概念叫作"种概念"。属概念与种概念间的关系及种概念与属概念间的关系,在传统逻辑中统称为"属种关系"。属概念与种概念的区分是相对的,例如"大学生"相对于"学生"来说是种概念,而相对于"政法大学生"来说却是属概念。

属概念与种概念间的属种关系,既可以表达类与子类的关系,如"文学作品"与"小说";也可以表达类与分子间的关系,如"小说"与"红楼梦"。

上述两种关系在讲到明确概念的逻辑方法时都会用到。

二、定义的主要类型

传统定义理论将定义视为明确概念内涵的逻辑方法,按照这种定义理论,只存在一种定义,即内涵定义。但人们在日常思维及科学理论中,往往突破这种界限,将传统的定义理论加以扩充。因此,现代定义理论已将语词定义和外延定义包括在内,不再局限于内涵定义。但我们必须承认,传统的内涵定义特别是属加种差定义仍然是各种定义的基础。需要说明的是,语词定义和外延定义已无法适用传统的定义概念,因为传统的定义概念是对概念的定义,而语词定义和外延定义已经不是对概念下定义。考虑到语词定义和外延定义在日常思维及科学理论中得到广泛应用,本章也将其纳入定义理论之中,与传统的内涵定义一起加以介绍。不过,本节所介绍的定义方法和定义规则,仅限于传统的内涵定义。

(一)语词定义

语词定义就是对语词意义的标准用法或特殊用法的界定。常见的有报道性定义、约定性定义和修正性定义三种。

1. 报道性定义

报道性定义就是对语词已有用法的报道。词典对语词的定义是典型的报道性定义,故人们又习惯将这种定义称为"词典定义"。

> 例③· 羝:古汉语用词,指公羊。
>
> 蒙太奇:外来语,法语 montage 的音译,指剪辑和组合。

2. 约定性定义

约定性定义是通过约定来规定某些语词的使用含义。这种定义通常用来为冗长的叙述规定简约的表达,以便于记忆、表达和交流。

> 例④ "三农问题":是"农村问题、农业问题和农民问题"的简称。
>
> "四个自信":是"中国特色社会主义道路自信、理论自信、制度自信、文化自信"的简称。

约定性定义所规定的词义,可能只是在一段时间内的约定,日久通用之后可能会变成一个新的通用词被收入词典。

3. 修正性定义

修正性定义就是对语词已有的用法进行更严格、精确的限定,它是介于报道性定义与约定性定义之间的一种定义形式。通常也称这种定义为精确定义。

例如,以心脏停止跳动和呼吸停止作为死亡的定义和判定标准,人类社会沿袭了数千年,时至今日,英国的《牛津法律大辞典》和我国出版的《辞海》仍将心跳和呼吸的停止作为判定死亡的主要标准。1983年,美国一个由总统任命的医学

伦理委员会发表了一份报告,其中对"死亡"一词给出了如下的定义:

例⑤ 任何人遇到以下情况之一者,即为死亡:循环系统和呼吸系统的功能永久停顿;整个脑部(包括脑髓体)的所有功能永久停顿。

之所以需要重新定义"死亡",是因为只有被判定死去的人才可以捐出器官,以往所使用的脑死亡的标准不明确,不好执行,因为人脑分为大脑和小脑两部分,大脑永久性受损并不表示小脑和脑髓体不能继续正常工作。因此,"死亡"需要有一个更精确的、易于判定和操作的定义。1983年由美国这家医学伦理委员会发表的这份报告书,里面给出了这个"死亡"定义,后来被广为接受,作为判定死亡的标准。①

(二)内涵定义

内涵定义是揭示概念内涵的定义,传统定义理论所讲的定义主要是内涵定义。标准的内涵定义是属加种差定义,由于种差可以从不同的方面去找,因此属加种差定义也有不同的种类,如性质定义、发生定义、功用定义和关系定义等。

属加种差定义是具备"被定义项=种差+属"这种结构的定义。它是揭示概念内涵的标准定义方法。下面重点介绍属加种差的定义方法。

用这种方法给某一个概念下定义,首先要找出被定义项的属概念,然后将被定义项所反映的对象与同层次的种概念作比较,找出它们之间的差别(即种差),而这一种差只为被定义项所具有。例如,给"刑法"这一概念下定义,先要找出它的属概念"法律",然后将"刑法"与其他部门法作比较,找出"刑法"与其他部门法的差别,即"关于犯罪和刑罚"的法律。再把种差和属概念相加,就得到了"刑法"的定义:

例⑥ 刑法就是关于犯罪和刑罚的法律。

属加种差定义常用如下公式来表示:

$$被定义项=种差+邻近的属$$

所谓邻近的属,是指下定义时尽可能找出与被定义项比较接近的属概念,这样能够使所下的定义言简意赅。试想,如果以"行为规范"作为"刑法"的属概念,关于刑法的定义就会显得十分冗长。

由于种差可以从不同的方面去找,所以,属加种差定义也可以有不同的种类。常用的属加种差定义有如下四种:

1. 性质定义

性质定义是指以被定义项所反映的事物自身的性质作为种差的定义。前面

---

① 参见陈波:《逻辑学导论》(第4版),中国人民大学出版社2020年版,第245—246页。

对"刑法"所下的定义就属于性质定义,因为"关于犯罪和刑罚的法律"揭示了"刑法"自身的性质。

性质定义在日常生活及各门科学中得到广泛应用。

例⑦　法院是专门行使审判权的国家机关。

公司是依法设立的由法定数额的股东所组成的以营利为目的的企业法人。

哺乳动物就是以分泌乳汁喂养出生后代的脊椎动物。

2. 发生定义

发生定义是指以被定义项所反映的事物的产生或形成情况作为种差的定义。例如,"圆是在平面上绕一定点作等距离运动所形成的封闭曲线"就属于发生定义,因为该定义的种差是"在平面上绕一定点作等距离运动所形成的封闭曲线"揭示了"圆"的发生由来。再如:

例⑧　水是由氢原子和氧原子化合而成的化合物。

日食是月球运行到地球和太阳中间,月球掩蔽太阳而发生的天文现象。

3. 功用定义

功用定义是指以被定义项所反映的事物的功能或作用作为种差的定义。例如,"电子计算机是具有自动和快速地进行大量计算和数据处理功能的电子设备"就属于功用定义,因为该定义的种差"具有自动和快速地进行大量计算和数据处理功能的电子设备"揭示了"电子计算机"的功能。再如:

例⑨　温度计是用来测量大气温度的物理仪器。

居民身份证就是证明公民身份的法律证件。

4. 关系定义

关系定义是指以被定义项所反映的事物与其他事物之间的关系作为种差的定义。例如,"偶数就是能被 2 整除的整数"就属于关系定义,因为该定义的种差"能被 2 整除的整数"揭示了偶数与 2 之间的关系。再如:

例⑩　钝角是大于直角而小于平角的角。

叔叔是指与父亲辈分相同而年龄较小的男子。

可见,在定义中,属加种差定义不仅种类繁多而且应用广泛,需要重点掌握。

此外,需要注意的是,由于属加种差定义是揭示种概念内涵的逻辑方法,而范畴是一定论域中最大的属,因此,范畴不能用属加种差定义的方法来下定义。其次,由于单独概念是指称单独对象的,而单一对象的个体差异又难以用简明的形式加以概括揭示。因此一般认为,单独概念也不宜用属加种差定义方法来下定义。这也就是说，并非所有概念都可以用属加种差定义的方法来下定义的。这是属加种差定义在方法论方面的局限。

（三）外延定义

外延定义是通过列举一个概念的外延，使人们获得对该概念的某种理解和认识，从而明确该概念的意义和适用范围的逻辑方法。外延定义也是常用的定义形式。

1. 穷举定义

穷举定义就是通过列举概念全部外延对象的外延定义方法。如果一个概念所指的对象数目很少，或者其种类有限，则可对它下穷举的外延定义。例如：

例⑪　氧族元素是指氧 O、硫 S、硒 Se、碲 Te、钋 Po 五种元素。

太阳系大行星包括金星、土星、木星、水星、地球、火星、天王星和海王星。①

很显然，列举概念全部外延对象的穷举定义只适用于少数概念，因为多数普遍概念的外延对象的数目是列举不尽的。在这种情况下，通常采用例举定义。

2. 例举定义

例举定义就是通过举出一些例证以帮助人们获得关于该概念所指称的对象的一些了解的外延定义。如果一个概念的外延的对象数目很大，或者种类很多，无法穷尽列举，就需要例举定义。例如：

例⑫　中国的少数民族有藏族、维吾尔族、蒙古族、回族、壮族、土家族、苗族等。

什么是自然语言？例如汉语、英语、俄语、德语、日语、朝鲜语都是自然语言。

3. 实指定义

实指定义是我们借助于手势或者其他的非语言符号方式来说明一个概念的外延定义。如我们用手指着一台笔记本电脑，然后说，这就是"笔记本电脑"，这样以语言描述伴随着我们的手势，就构成了实指定义的一个例子。

当然，有少数概念可以用身体的其他感觉加上相应的描述来说明。例如，对于什么是交响乐，我们可以通过播放一张交响乐的光碟来告诉别人：你听，这就是交响乐。对于什么是玫瑰香味，也可以用同样的方式让人闻一闻。

实指定义很可能是人们学习语词了解概念的最初级、最原始的方法。儿童的看图识字应该是这种方法的一个延伸，我们掌握语言也是从这种方法开始的。

---

① 国际天文学联合会大会 2006 年 8 月 24 日投票部分通过新的行星定义，不再将传统九大行星之一的冥王星视为大行星，而将其列入"矮行星"。

然而,实指定义的对象毕竟是感觉把握的对象,因而实指定义具有很大的局限性。对于抽象的语词表达的思辨性的概念,如像"哲学"、"社会"这样的概念,无论你用什么身体姿势来辅助说明,人们也无法知道这些概念到底指称什么。

因此,在人们日常生活及科学研究活动中,通常是将内涵定义与外延定义合在一起使用。例如,先给出某个概念的一些或全部内涵,再列举该概念的一些或全部外延。例如:

例⑬ 基本粒子是迄今所知、能够以自由状态存在的所有最小物质粒子的统称,包括电子、中子、光子等,它们构成宏观世界的一切实物以及电磁场。

将内涵定义与外延定义合在一起使用的情形,在法律文本对法律概念所下的定义中比较多见。这方面内容请参见本书第八章的介绍。

三、定义的规则

这里所说的定义的规则是指传统的内涵定义的规则,也就是属加种差定义的规则。

要作出一个正确的内涵定义,除了掌握属加种差定义的方法外,还必须遵守如下的内涵定义规则。传统定义理论将定义的规则归纳为如下四条:

第一,定义项与被定义项的外延必须全同。

这条规则是说定义项与被定义项必须是具有全同关系的概念,因为,全同关系的概念所反映的是同一对象。只有当定义项与被定义项所反映的是同一对象,才能说"Ds 就是 Dp"或"Ds=Dp"。这条规则实际上是规定了一个前提,下定义时,不得任意改变被定义项的外延,在此前提下,才能达到揭示被定义项内涵的目的。

违反这条规则的错误是"定义过宽"或"定义过窄"。

定义过宽是指定义项的外延大于被定义项的外延。例如,"犯罪就是违法行为",如果把它作为定义,就是犯了"定义过宽"的错误。因为,并非所有"违法行为"都是"犯罪","违法行为"不仅包括"犯罪",而且包括了一些不构成犯罪的轻微违法行为等。

定义过窄是指定义项的外延小于被定义项的外延。例如,"中华人民共和国公民就是年满十八岁、具有中华人民共和国国籍的人"。如果把它作为定义,就是犯了"定义过窄"的错误,因为,未满十八岁而具有中华人民共和国国籍的人也是中华人民共和国公民。

第二,定义项不能直接或间接地包含被定义项。

给概念下定义,是用定义项去揭示被定义项内涵的。如果定义项直接或间接地包含被定义项,这就是说定义项又要用被定义项加以揭示,等于用被定义项来揭示它自身的内涵,自然达不到揭示概念内涵的目的。所以,定义项不能直接或间接地包含被定义项。

违反这条规则的错误是"同语反复"或"循环定义"。

同语反复是指在定义项中,直接包含了被定义项。例如,"法学家就是被人称为法学家的人。"如果把它作为定义,就是犯了"同语反复"的错误,因为,它的定义项直接包含了被定义项,没有真正揭示被定义项的内涵。同语反复在语言表达上表现为语词的反复。

循环定义是指在定义项中间接包含了被定义项。例如,"太阳就是白昼发光的星体",而什么是白昼呢?"白昼就是有太阳的时候",这就等于说"太阳就是有太阳时候……",犯了"循环定义"的错误。

第三,定义项必须清楚确切。

定义项是用来明确被定义项内涵的,定义项清楚确切才能起到定义的作用。反之,如果定义项含混不清,就不能明确概念的内涵。例如,"生命是通过塑造出来的模式化而进行的新陈代谢",如果把它作为生命的定义,就使人对什么是生命颇感费解,其原因就在于这样的定义,其定义项含混不清。[①]

比喻是一种积极的修辞手法,但如果用比喻来下定义,同样不能起到定义的作用。例如,"儿童是祖国的花朵"。在这一语句中,以"花朵"比喻"儿童",形象生动。但如果把它作为定义就不正确,因为,它没有揭示"儿童"的内涵。

第四,定义一般不能用否定式。

否定式定义一般指这样两种情况:一是种差为负概念;二是定义联项用"不是"等表示(否定的语句形式)。这两种情况无论哪一种都只能说明被定义项不具有某种属性,而不能揭示被定义项的内涵。例如,"直线是不曲的线""盗窃罪不是危害公共安全罪",这两个语句如果作为定义都是错误的。因为,前者只表示"直线"不具有"曲的线"的属性,但没说明直线究竟具有什么属性;后者同样没有揭示"盗窃罪"具有什么特有属性。

但是,这条规则是有例外的。倘若被定义项本身是一个负概念,则可以且常用否定式下定义。例如,"无效婚姻就是因欠缺婚姻成立的法定要件而不发生法律效力的婚姻。"这就是一个否定式定义,由于被定义项"无效婚姻"是负概念,所以,它是一个正确的定义。

上述定义规则都是针对传统的内涵定义的结构而提出的。传统内涵定义的结构为"Ds 就是 Dp"。被定义项 Ds 是已经给定的,因此给 Ds 下定义,就是要提

[①] 这是杜林给生命所下的定义。恩格斯在《反杜林论》中对这一生命定义从逻辑等方面作了分析批判。参见《马克思恩格斯选集》第 3 卷,人民出版社 1972 年版,第 119—120 页。

出恰当的 Dp,所谓恰当的 Dp 就是指 Dp 的内涵必须清晰而外延必须与被定义项 Ds 相适应。这样,一个正确的内涵定义必须遵守上面四条定义规则。

四、划分

"划分"一词通常有两种用法:一种是在将整体分成部分的意义上使用,如"划分行政区域"。另一种是在分类的意义上使用,如"划分人民内部矛盾和敌我矛盾"。逻辑学把前一种意义上的划分称为分解,只在后一种意义上使用"划分"这个词。

传统定义理论不包括外延定义,因而划分成为与定义方法并列的明确概念的逻辑方法。现代定义理论将外延定义纳入其中,外延定义具有划分方法的部分作用。但二者不能完全等同,仍有一定的区别:外延定义对概念外延的揭示更多地带有人为的因素,是一种主观的规定,这一点在法律文本中表现得特别明显,许多重要法律概念的定义采用了外延定义。而划分更多带有被动色彩,是对概念外延的客观揭示,这在科学分类中表现尤为突出。

划分方法在日常生活及工作中,更多地带有科学分类的色彩,且应用极为广泛。故本章在简单介绍了外延定义之后,仍将传统的划分方法独立加以介绍。

(一)什么是划分

划分就是揭示概念外延的逻辑方法。例如:

例⑭　犯罪分为故意犯罪和过失犯罪。
例⑮　文学作品包括小说、诗歌、散文和剧本。

例⑭⑮都是划分。例⑭揭示了"犯罪"的外延;例⑮揭示了"文学作品"的外延。

(二)划分的组成

任何划分都由划分的母项、划分的子项和划分的标准三部分组成。

划分的母项,就是外延需要明确的概念。如例⑭⑮中的"犯罪"和"文学作品"就是划分的母项。

划分的子项,就是用来揭示母项外延的若干概念。如例⑭中的"故意犯罪"和"过失犯罪",例⑮中的"小说""诗歌""散文"和"剧本",就是划分的母项。

划分的标准,就是将母项分为若干子项的根据。划分是以概念所反映的对象的某方面属性作为标准或根据。如例⑭就是以"犯罪"在主观方面的不同属性作为标准,将其分为"故意犯罪"和"过失犯罪"。思维对象各个方面的属性,都可作为划分的标准,而究竟以哪一方面的属性作为划分标准,则要由实际需要而定。

在划分中,子项都具有母项的属性,母项与子项是属种关系。划分实际上是根据一定的属性,将一属概念分为若干种概念。如把类分为若干子类,或者将类分为若干分子。这与分解有所不同。分解是将整体分为若干组成部分,而整体与部分之间的关系不是属种关系。例如,把树分为树根、树干、树枝、树叶等,就属于分解而不是划分,因为"树根""树干"等与"树"的关系不是属种关系而是全异关系。

(三) 划分的方法

常用的划分方法有一次划分、连续划分和二分法。

一次划分是对母项作一次划分后,不再划分。如例⑭⑮就是一次划分。

连续划分是在一次划分之后,又把划分后所得的子项作为母项再次进行划分,这样连续进行下去,直至满足需要为止。例如,先将"命题"划分为"复合命题"和"简单命题",再在第一次划分的基础上,又以其中的子项"简单命题"作为划分母项,再将其划分为"直言命题"和"关系命题",这一系列连续进行的划分就是连续划分。如果需要,还可以把"直言命题"作为母项,再将其划分为六种直言命题。

二分法是把母项分为两个具有矛盾关系的子项,其中一个为正概念,另一个为负概念。例如,把"战争"分为"正义战争"和"非正义战争",就是二分法。从概念的种类来看,二分法恰好是一属概念划分为一个正概念和一个负概念。二分法的特点是着重明确正概念的外延,而对负概念的外延需要在确定它的论域后才能得以明确。

(四) 划分的规则

要作出一个正确的划分,必须遵守以下几条规则:

(1) 每次划分必须按同一标准

这条规则要求,在一次划分中,一旦确定了某一划分标准,就要自始至终按这一标准进行划分。不得随意改变划分标准。如果在一次划分中,时而用这一标准,时而又用另一标准,就会使划分的子项混乱不清。

违反这条规则的错误称为"标准不一"。例如,将"法律"一次分为国内法、国际法、实体法和程序法。这一划分就犯了"标准不一"的错误。

(2) 划分的子项必须是互相排斥的

这条规则要求,划分的各子项间应为全异关系,而不能是属种关系或交叉关系。因为,如果子项间是属种关系或交叉关系,势必造成有些对象既属于这一子项,又属于另一子项。这就达不到明确概念外延的目的。

违反这条规则的错误称为"子项相容"。例如,市场上的家用电器分为进口的、国产的、高档的和低档的。这一划分就是犯了"子项相容"的错误。因为,有的进口家用电器是高档的,也有的是低档的;国产的同样有高档、低档之分。也就是说,"进口的"与"高档的"、"低档的"之间不是全异关系,而是交叉关系。

(3) 划分必须是相应相称的

这条规则要求,划分所得的各子项的外延之和必须等于母项的外延。因为,如果子项外延之和小于母项的外延,那么母项的外延就不能全部揭示出来;如果子项外延之和大于母项的外延,那么,会把不属于母项的对象当作它的子项。出现这两种情况的划分都是错误的划分。我们称前者所犯的错误为"子项不全";称后者所犯的错误为"多出子项"。例如,"复合命题分为联言命题、选言命题和假言命题",这一划分就是犯了"子项不全"的错误。因为复合命题还包括负命题。又如,"附加刑分为罚金、剥夺政治权利、没收财产和缓刑",这一划分就是犯了"多出子项"的错误,因为,缓刑不属于附加刑,它是刑罚具体运用中的规定。

第二节 论 证

一、论证概述

论辩是人的基本思维形式之一。古希腊、中国先秦和古印度逻辑思想的兴起都与当时盛行的论辩风气密切相关。人们要理性地形成、接受或放弃一个信念、做出某个决定或者选择最佳行动方案等,均要以令人信服的理由为根据,进行论证。不同主体对同一主题的论证便构成论辩。可见,论证是论辩的组成要素,论辩是论证的序列。论证与论辩之间存在密切联系。本节介绍论证,下一节再介绍论辩。

(一) 什么是论证

人们在日常生活及工作、学习当中,经常会产生意见分歧。一旦有了意见分歧就会进行论辩,论辩的一方为了说服另一方,往往会摆出各种理由支持自己的观点,或者驳斥对方的观点,这样的思维过程和表达过程,就是论证。

论证包括证明和反驳。所谓证明,就是用一个或一些已知为真的命题来确立另一个命题真实性的思维过程和表达过程。而反驳是用一个或一些已知为真的命题来确定某一个命题虚假或某一个论证不能成立的思维过程和表达过程。

例如,被告在法庭上指出:原告所持有的声称被告于1983年向原告借款3000元所留下的借条是伪造的。为了证明自己的主张,被告请来了造纸厂的工程师,这位工程师将借条对着光亮处一看,马上断定借条是假的。他指出:"这张借条的纸是1985年的产品,可是借条上签署的借款时间则是1983年。"原来,借条所用纸张上有标明生产年份的水印商标图案,外行都不知道。造纸厂的工程师在法庭上的论证过程是这样的:如果这借条是真的,那么签署日期应在1985年元旦以后(因为借条所用纸张是1985年生产的),但这借条的签署日期却是1983年(即不是在1985年元旦以后),所以,这个借条是假的。

论证作为思维过程和表达过程,其特点是在"以辞抒意"过程中,"以说出故"(《墨子·小取》)。其中的"辞"即命题,相当于论题或主张,"说"相当于推理或论证,就是说,论证是依照一些根据或理由,借助于推理来确定某一命题成立与否的思维过程和表达过程。例如下面这个论证:

例⑯ 在某个发展成熟的旅游区,旅馆老板只能通过建造更多的客房或者改善已有的客房来提高他们的利润。该旅游区的法规禁止建造新旅馆或者以任何其他的方式扩大旅馆的客容量。由于该旅游区的旅馆已经改善到最豪华的水平,达到了富有的顾客能承受的极限,因此,旅馆老板不能再提高他们的利润。

可以看出,在这个论证中,是用(1)"如果 p(旅馆老板要提高利润),那么,q(建造更多的客房)或者 r(改善已有的客房)",(2)"非 q(法规禁止建造新旅馆或扩大旅馆的客容量,即不能建造更多的客房)"和(3)"非 r(旅馆已经改善到顾客能承受的极限,即不能再改善已有的客房)",经过推理得出了结论:"非 p(旅馆老板不能再提高他们的利润)"。这里,"如果旅馆老板要提高利润,那么,建造更多的客房或者改善已有的客房""不能建造更多的客房"和"不能再改善已有的客房"是三个真实命题,通过推理,确定了"旅馆老板不能再提高他们的利润"这一命题的真实性。

日常论证存在两种情况,一是在论证过程中,论证者运用真实的命题去肯定某一论题即证实某一论题为真,这种论证通常称为立论或证明;二是论证者运用真实的命题去否定某论题即证实某论题为假,这种论证通常称为驳论或反驳。因此,日常思维中的论证通常有两个不同表现形式,即证明和反驳(立论或驳论)。

证明和反驳,各自具有其相对独立性,但是在实际思维中,它们又是相通的。因为如前所述,证明是围绕确定某一命题的真实性而展开的,与此相联系,有时我们还需要揭露、判明对立命题的虚假性,这就需要运用反驳。如逻辑规律告诉我们的两个互相矛盾的命题是不能同真也不能同假的,在论证了某一命题为假时,实质上也就判明了与这一命题相矛盾的命题的真实性。反之,当我们论证了某一命题为真时,实质上也就判明了与这一命题相矛盾的命题的虚假性。因此,证明和反驳尽管在直观表现上有些不同,但最终都是思维的论证活动,两者在同一论证过程中是统一的或相通的。

(二)论证组成

论证从其组成分析,由论题、论据和论证方式三部分组成。论证包括证明与反驳。证明的三个组成部分与论证的三个组成部分名称相同,只是反驳的三个组成部分略有不同,反驳由被反驳论题、用来反驳的论据、反驳的方式组成。下面以证明为例,介绍论证的三个组成部分。

1. 论题

论题也叫论点,是在论证中其真实性或虚假性需要加以确定的命题。它回答"论证什么"的问题。

例如,前例中"旅馆老板不能再提高他们的利润"这一命题就是论题。再如,在刑事诉讼案件审理中,人民检察院代表国家向人民法院提起公诉,指控被告人构成犯罪。其中公诉人指控"某某某犯有某某罪"便是公诉人在法庭上需要加以证明的论题。

论题可以是其真实性或虚假性在科学上已经得到确定的命题,也可以是在科学上尚未得到确定的命题。如果属于前者,那么论证过程将主要侧重于表述,即用简练、概括的方式将科学上已达成的认识成果合乎逻辑地表述出来。一般教学和宣传过程中讲述或论证的论题大都属于这类论题。如果属于后者,那么论证过程的重点就在于探求,即为一种新的假设寻求理论的和事实的根据。不难看出,由于论题有已证和未证之分,所以不同的论证在性质上存在明显差异。如数学老师在课堂上证明勾股定理,其论题就是已证命题,此属科学普及。而数学家陈景润证明哥德巴赫猜想,其论题就是未证命题,属于科学探索。选择已证或未证命题作为论题,其论证在科学上的价值不可同日而语。陈景润对哥德巴赫猜想的证明属于重大科学突破,其证明了的命题遂被命名为陈氏定理。

2. 论据

论据或称理由,是用来确定论题真实性或虚假性的且自身真实性已经得到断定的命题。如前例中的"如果旅馆老板要提高利润,那么,建造更多的客房或者改善已有的客房""不能建造更多的客房"和"不能再改善已有的客房"就是该论证中的论据。它解决"用什么命题来论证"的问题。

论据是论证的依据,一个论证只有有了真实而充足的理由(即论据)才能成立。作为论据的真实命题,可以是已被证实的关于事实的命题,如通过刑事侦查所得到的关于犯罪事实的命题,也可以是得到实践证实的科学理论、原理、公理和定义等。

论据可以分为明示论据和隐含论据。明示论据是论证者在论证中明确表达出来的论据,隐含论据是论证者结合语境或其他一些情况而省略的论据,这些省略的论据其中就涉及论证的预设。

一般而言,论据的多少是由论证论题的具体需要来确定的。在一系列的论据中,那些最先引用或直接引用的论据,叫作论证的"基本论据",而由基本论据经过推导所得到的论据称作论证的"非基本论据"。凡是论证中必不可少而又彼此独立的论据都是基本论据。对基本论据的说明,或者可以由基本论据推导出来的论据,均为非基本论据。逻辑上,对论据的这些分类,都是相对的。例如,"a

平行于 b,b 平行于 c,所以 a 平行于 c,又 c 垂直于 d,所以 a 垂直于 d。"在上述论证中,"a 平行于 b"、"b 平行于 c"和"c 垂直于 d"相对于论题"a 垂直于 d"来说,属于基本论据,但"a 平行于 c"相对于论题"a 垂直于 d"来说,则属于非基本论据。

3. 论证方式

有了论题和论据,并不等于就做出了论证。一个完整的论证过程还要求用一种方式将论题与论据有机地联系起来,以保证通过论据的引用能够判定论题的真假。这就是说,为了进行论证,除了需要论题、论据两个组成部分以外,还必须有论证方式这一重要的逻辑因素。

论证方式是论证过程中论据与论题之间的逻辑联系方式,即用论据来确定论题真假时所采用的推理形式。

如前例中,从"如果旅馆老板要提高利润,那么,建造更多的客房或者改善已有的客房"(如果 p,那么 q 或 r)、"不能建造更多的客房"且"不能再改善已有的客房"(非 q 且非 r)三个命题推出了"旅馆老板不能再提高他们的利润"(非 p)的结论。在这个论证中,其论证方式就是运用了"如果 p,那么 q 或 r,非 q 且非 r,因此,非 p"这个推理形式。也就是说,上述论证的论证方式为充分条件假言推理,其形式为"$p \rightarrow q \vee r, \neg q \wedge \neg r \vdash \neg p$"。

(三) 论证和推理的关系

论证和推理有着密切的联系。任何论证都是推理的运用,但推理并非都是论证。假如比较一下可以这样说:论证中的论题相当于推理的结论,论据相当于推理的前提,论证方式相当于推理形式。任何论证的过程都是运用推理的过程,没有推理就无法构成论证。但是,并非任何推理都是论证。这就意味着论证和推理既有联系又有区别。论证和推理的不同体现在以下三个方面:

第一,两者的思维进程不同。论证总是先有论题(相当于推理结论),然后围绕论题去找出有关的论据,并由论据推论其成立。这相当于从结论到前提的过程。而推理刚好相反,推理总是展开于从前提到结论的过程。

第二,两者的逻辑要求不同。论证是借助于断定一个或一些命题的真实性,通过逻辑推理来确定另一命题真实性或虚假性的思维过程和表达过程。它不仅要求论据与论题之间的联系是合乎逻辑的、充分可靠的,而且必定要求断定论据的真实性,否则整个论证就难以成立。即论证讲究的是形式正确与内容真实的统一。而推理仅要求判定前提与结论之间的逻辑联系即前提到结论的推出关系在逻辑上的有效性。推理仅限于形式正确,并不要求断定前提与结论本身的真实性。

第三,两者的复杂程度不同。论证往往比推理复杂。一个最简单的论证虽然可以由一个推理来完成,但复杂的论证常常由几个推理构成,而且这些推理可以是各种不同形式的推理。从这个意义上说,论证是推理的综合运用。

(四)正确论证的基本逻辑原则——充足理由原则

任何正确的思想都必须经过严密的逻辑论证才有说服力,才能收到以理服人的效果。因此,思维具有论证性就构成了正确思维的重要特征之一。思维的论证性表现为推理和论证过程中前提与结论、论据与论题之间的逻辑联系,它主要是由充足理由原则所决定的。因此,充足理由原则就成为正确论证的基本逻辑原则。

1. 充足理由原则的基本内容和逻辑要求

充足理由原则的基本内容是:在思维和论证过程中,任何正确的思想,必然有其充足理由。或者说,一个论题被确定为真,总有其充足理由。若用"A"表示论证中被确定为真的思想即论题,我们称之为推断。"B"表示用来确定推断 A 为真的一个或一组命题即论据,我们称之为理由。那么充足理由原则可以表示为:

A 真,因为 B 真并且 B 足以推出 A

这就是说,由于 B 真并且 B 能推出 A,所以称 B 是 A 的充足理由。

论证只有遵循这一原则才具有逻辑力量。就证明来说,若论题为 p,只有做到论据都是真实可靠的,而且由论据能推出 p,才能断定 p 为真。若就反驳而言,如被反驳的论题为 p,也必须做到所有证据都是真实可靠的,而且由论据能够推出 p 假,才能确定 p 不成立。

充足理由原则要求论证应当运用必然性推理,因为由论据足以推出 p 或者 ¬p,只有必然性推理才能实现这一要求,而或然性推理则不可能达到这一要求。因此或然性推理在论证中只能作为论证的辅助方式。

2. 违反充足理由原则要求的常见逻辑错误

既然充足理由原则实际上有两条逻辑要求:一是理由必须真实,二是理由必须充分。因此,违反充足理由原则要求的常见逻辑错误也是两种:一是理由不真实,二是理由不充分。具体表现如下:

第一种表现为理由不真实,即理由或论据本身是虚假的。如秦桧陷害岳飞用"莫须有"(也许有)作为证据,从根本上讲便是没有用真实性得到证实的论据进行论证。从论证的角度看,则是犯了"虚假理由"或"预期理由"的错误。

第二种表现为理由不充分,即理由和推断之间没有必然联系,从理由不能必然推出推断。如果借用推理形式来分析,便是指从理由推出推断的推理形式不正确,不是有效推理形式,因而从理由为真不能必然推出推断为真。从论证的角度看,便是犯了"推不出"的错误。

从论证与推理的联系来分析,所谓理由真实和理由充分,其实是指推理的前提真实、推理的形式有效。因而违反充足理由原则要求的错误,通常体现为或者推理的前提不真实,或者推理的形式不是有效的。因此,要遵守充足理由原则,仅仅着眼于论证是不够的,更应将关注的重心放在推理的形式是否正确有效的判定方面,这就需要加强推理形式方面知识的学习和运用。

二、证明的种类和方法

根据不同的标准,对论证可以进行不同的分类。如根据论证的目的不同,可以将论证分为证明性论证和反驳性论证(即证明和反驳);根据论证运用推理形式的不同,可以将论证分为演绎论证、归纳论证和类比论证;根据论据是否与论题直接发生联系,可以将论证分为直接论证和间接论证。我们先将论证分为证明与反驳,在证明的种类和方法中,先简要介绍演绎证明、归纳证明和类比证明,然后介绍直接证明和间接证明。后面再接着介绍反驳及其方法。

通常所说的证明是指用一个或一些已知为真的命题来确立另一个命题真实性的思维过程和表达过程。而证明的构成成分分别为论题、论据和论证方式。这与论证的构成成分名称相同。根据证明运用推理形式的不同,将证明分为演绎证明、归纳证明和类比证明。

(一)演绎证明、归纳证明和类比证明

1. 演绎证明

演绎证明是运用演绎推理进行的证明。一般认为,演绎推理是由表达一般性知识的前提推出表达个别性知识的结论的推理。因为演绎推理是必然性推理,由真的前提必能保证得出真的结论,所以演绎证明是具有必然性的证明,它往往用表达一般原理的论据来证明表达个别事实的论题。演绎证明常常借助于直言三段论来进行证明。例如,"规律是不以人的意志为转移的,经济规律是规律,所以,经济规律是不以人的意志为转移的。"这就是运用直言三段论进行的证明,所以是演绎证明。

由于本书将演绎推理理解为前提蕴涵结论的推理,因此凡是在论证过程中使用了前提蕴涵结论的推理形式的证明,都可以看作演绎证明。演绎推理的各种有效形式都可以作为演绎证明的论证方式。除了前文提到的借助于直言三段论演绎证明之外,演绎证明还可以借助于假言推理、选言推理、二难推理等来进行。

数学中定理、定律的证明一般都属于演绎证明。因为数学证明一般都是借助于演绎推理来进行的。在现代精密科学如数学各分支、力学及数理逻辑等学科中,广泛运用着"公理法"的演绎证明。这种证明的特点在于从所研究的学科中选取少量不加定义的概念作为初始概念,以初始概念为依据依次定义其他一切概念;选取少量的不加证明的命题作为公理,从公理出发并依照事先制定的基本规则依次证明该学科中一系列可以成立的命题(即定理)。用公理法进行研究和表述的科学体系称为公理系统。数理逻辑的公理系统(即由若干公理及从公理推演出的定理构成的逻辑体系)一般都是形式证明系统,其他学科的公理系统则不一定是形式证明系统,如古希腊欧几里得创立的几何系统就属于非形式证明的公理系统。

2. 归纳证明

归纳证明是运用归纳推理进行的证明。从思维进程角度看,由于归纳推理是由表达个别性知识的前提过渡到一般性知识的结论的推理,因此归纳推理的特征就在于,论据是关于特殊知识的命题,论题则是某个一般性原理的命题。归纳证明中的论据与论题的联结有两种情形,一种是完全归纳推理,另一种是不完全归纳推理。在实际论证中,特别是人文社会科学领域中运用的归纳证明,往往是通过不完全归纳推理来进行的。例如,演讲和写作中的例证法、法庭中的举证证明等,都是运用不完全归纳推理进行的归纳证明。

严格意义上的归纳证明,是指通过完全归纳推理由论据推导出论题的论证。这种证明方法在数学和逻辑学中应用较为广泛。人们通常将这种证明方法称为"分情形证明法"。例如,在证明三段论规则"两个特称前提不能得出结论"时,就采用了归纳证明。该证明实际上包含了这样一个推理:

II 组合的前提不能得出结论;
OO 组合的前提不能得出结论;
IO 和 OI 组合的前提都不能得出结论;
而 II、OO、IO 和 OI 是三段论两个特称前提的所有的可能的组合。
所以,三段论两个特称前提不能得出结论。

不难看出,上述推理实质上是一个完全归纳推理,故上述证明为归纳证明。

必须指出,从前提和结论之间联系的逻辑性质来看,由于归纳证明所使用的推理形式(即论证中的论证方式)是归纳推理,而归纳推理在一般意义上是指不完全归纳推理,它是一种或然性推理,即前提的真不能保证结论必然真。因此,在严格的证明中,用不完全归纳推理建构的证明一般只能起辅助作用,不宜独立地加以运用,应当尽可能同演绎证明结合起来加以使用,以保证证明的可靠性与说服力。至于用完全归纳推理或数学归纳法所建构的证明,由于实质上是一种前提蕴涵结论的必然性推理,所以,分别运用这两种归纳推理所建构的归纳证明,其性质类同于演绎证明,在逻辑学和数学中具有充分的说服力,是逻辑学和数学证明中的常用证明方法,具有极高的科学地位与价值。

3. 类比证明

类比证明就是通过类比推理由论据直接推导出论题的证明。类比证明的特点在于,通过两个(或两类)对象某些属性的相同或相似的比较,并根据其中一个(或一类)对象具有某种属性,进而证明论题"另一对象也具有这样的属性"。

类比证明是运用类比推理进行的证明,而类比推理的前提(即论据)与结论(即论题)之间,是不具有必然联系的。但是在说服他人接受自己提出的某个主张或观点时,类比证明具有较强的说服力,因而在科普文献及日常生活中仍然得到广泛运用。特别是在我国古代论辩中的说客,为了说服别人往往喜欢运用类比证明,从而达到成功说服他人的功效。例如,《战国策·邹忌讽齐王纳谏》中,邹忌为了证明"王之蔽甚矣"这一论题,就巧妙运用了类比证明。邹忌通过自己与徐公比美,受了妻、妾、客的蒙蔽,以小喻大,据此与治国之道进行类比,进而达到说服齐威王纳谏的论证目的。

类比证明在科学普及与说明中也常被运用。例如,天文学家用多普勒效应解释遥远星系的红移现象,其思维方法便是运用类比推理进行类比证明:

当火车由远而近,听到的汽笛音调明显升高即声波频率变高(波长变短);反之,火车远离而去音调明显降低即声波频率变低(波长变长),这一现象叫多普勒效应。光同样如此,如果发光的恒星正远离我们而去,则我们接收到的光线波长便会变长(频率变低),此即红移。20 世纪 20 年代科学家发现,星系的光谱在向长波方向移动即红移,以此说明这些星系正远离我们而去,表明宇宙在膨胀。这里运用的就是类比证明法。

类比证明在司法工作中的运用更为常见。法律类推其实就是法律适用中的类比证明。它对法官填补法律漏洞、增强裁判说服力,具有其他证明方法不可替代的作用。

(二) 直接证明和间接证明

1. 直接证明

直接证明就是根据论据的真实性,通过逻辑推理直接确定论题的真实性的一种证明方法。其特点是从论题出发,为论题的真实性提供直接的理由或论据。

直接证明中的"直接",既不是指论据只有一个(直接证明与直接推理不同),也不是说论据只有一层(如前所述,论据可以划分为基本论据与非基本论据等层次),而是说它是通过论据来直接地、而不是间接地证明论题的真实性的。例如,我们可以建构如下的直接证明:"凡是有水生生物化石的地层,都是地质史上的海洋地区。地质普查探明,喜马拉雅山脉层中遍布了珊瑚、苔藓、海藻、鱼龙等化石。因此,喜马拉雅山脉在过去年代曾被海洋淹没过。"这里我们是通过两个真实的论据"凡是有水生生物化石的地层都是地质史上的海洋地区"和"喜马拉雅山脉层中遍布了珊瑚、苔藓、海藻、鱼龙等化石"(即"喜马拉雅山脉层是有水生生物化石的地层"),运用三段论推理,合乎逻辑地直接确立了论题"喜马拉雅山脉在过去年代曾被海洋淹没过"的真实性。

前文所述分情形证明既是归纳证明也是直接证明。即当我们要证明命题 p 是真的,又知道 p 由 $p_1, p_2, \cdots, p_n$ 若干可能情形组成。这时我们可以分别证明在 $p_1, p_2, \cdots, p_n$ 下均为真,也就证明了 p 在任何情形下是真的,最后用完全归纳推理完成证明。

由于直接证明是由真实论据并通过逻辑推理直接确定论题的真实性,因此,在直接证明过程中,如果运用的是必然性推理(如演绎推理、完全归纳推理),则论据与论题之间的联系是必然的;如果证明中所运用的是或然性推理(如不完全归纳推理、类比推理),则论据与论题之间的联系是或然的。因此,为了提高证明的论证力度,我们应当尽可能地运用必然性推理进行证明。当然,论证过程中推理形式的选择,仍要根据证明的实际需要来决定。逻辑学、数学等精密科学一般要求用必然性推理进行严格证明,而物理学、历史学、法学及日常思维中的证明,则更多地运用或然性推理进行证明。

2. 间接证明

间接证明就是通过确定另一些命题的虚假性来确定论题真实性的一种证明方法。其特点在于需要借助与原论题不同的其他命题(即反论题)的虚假性这一逻辑中介才能确定论题自身的真实性。

间接证明通常采用两种方法:反证法与选言证法。

(1) 反证法是通过确定与论题相矛盾的命题(即反论题)的虚假来确定论题真实的间接证明。由于运用反证法的关键在于论证反论题的虚假性(即否定反论题的真实性),为此,最常用的是归谬法。归谬法主要有三个步骤:首先,先假定反论题(即与原论题相矛盾的命题)为真,并从中引出谬误的推断;其次,根据假言推理的否定后件式,从否定谬误的推断导出否定反论题的真实性;最后,根据排中律,从否定反论题的真实性得出论题的真实性。

所谓谬误的推断,一般包括三种情况:其一,推断本身与实际不符,或与已知的真理相悖;其二,推断本身包含逻辑矛盾;其三,推断与其所依据的假定相矛盾。从反论题引出的推断只要满足上述三种情况中的一种,就是谬误的推断,就可据此否定反论题的真实性。

运用反证法的论证过程是:

论题:p

反论题:非 p

论证:如果非 p,那么 q;非 q,所以,非非 p。根据排中律,从"非 p"假推出 p 为真。

例如,以下就是一个运用反证法进行间接证明的例子:"瞿秋白不是叛徒。如果瞿秋白是叛徒,那么他就会出卖同志或出卖党的机密。可事实上瞿秋白既没有出卖同志也没有出卖党的机密,所以瞿秋白不是叛徒。"在这个证明中,为了证明"瞿秋白不是叛徒",先假设反论题"瞿秋白是叛徒",由反论题引出了与已知的事实相悖的思想。根据充分条件假言推理规则,反论题为假,应当否定。既然反论题应当否定,那么按照排中律的逻辑要求,原论题就应当肯定。

（2）选言证法是这样一种间接证明方法,它要求列举出除我们所要证明的论题外还可能成立的其他各种不同论题,然后根据事实或推理将这些不同论题都加以否定,从而确定我们所要证明的论题的真实性。

选言证法的论证过程是:

论题:p

反论题:或者 q 或者 r(q、r 等于非 p 的所有可能情况)

论证:或者 p 或者 q 或者 r;非 q 并且非 r;所以,p

可见,运用选言证法的关键在于证明除论题 p 以外的其余可能情况均为虚假。因此,可以认为,选言证法同样是通过对反论题的否定,而论证原论题的真实性的。即 q、r 实际是除 p 以外的各种可能情况。因此 q∨r 可以看成¬p,分别否定了 q 和 r,也就是否定了 q∨r,即否定了¬p,从而也可以说肯定了 p。这也是我们将选言证法视作一种间接证明的原因。

例如,"我们对待外国先进的东西只应是有分析有批判地吸收。因为对待外国先进的东西无非三种态度:或者不加分析地一概排斥,或者不加分析地一概照搬,或者是有分析有批判地吸收。假如我们对待外国先进的东西不是有分析有批判地吸收,我们就只能或者不加分析地一概排斥,或者不加分析地一概照搬。如果我们不加分析地一概排斥,将会失去别国好的适用的东西为我所用的机会；如果我们不加分析地一概照搬,将会让不适合我国国情的东西给我们造成损失。所以,我们对待外国先进的东西只应是有分析有批判地吸收。"这一论证就是通过否定选言命题的两个选言肢,从而肯定第三个选言肢(即论题)。这里就运用了选言证法这种间接证明方法。

由于选言证法的关键是论证除我们所要证明的论题以外其余可能的论题均为虚假,因此,作为论据或理由的选言前提要尽量穷尽对象的全部可能情况,把所要证明的论题之外的其他各种不同论题一一加以否定,故选言证法实际上是相容选言推理否定肯定式的运用。

三、反驳的种类与方法

反驳是对某一具体证明过程或立论的论题的证伪。它是运用真实性已得到断定的命题去确定另一命题的虚假性或某一证明过程的不成立。由于任何一个证明都是由论题和论据通过论证方式而构成,因此进行反驳时往往可从下列三个方面入手:反驳论题、反驳论据和反驳论证方式。这就表明反驳分为三种。同时在反驳论题和反驳论据时,可以直接反驳,也可以间接反驳。这表明反驳的方法分为直接反驳和间接反驳。下面分别加以介绍。

(一)反驳论题和反驳论据

反驳论题,就是以对方论证中的论题作为反驳对象而展开的思维活动。它通过引用真实性明显的或者其正当性为人们所承认的命题,以确定对方论证中的论题虚假或不正当的反驳方法。由于论题是论证的主体,是对方论证要证明的观点,因此,证明了对方论证中的论题虚假,或者揭示出该论题荒谬,不仅可以从根本上推翻对方的论证,而且可以起到否定对方观点的作用。也只有反驳论题,才能起到否定对方观点的作用。所以,对论题进行反驳,较之对其他论证要素的反驳更具有"破"的意义。

反驳论据,就是以对方论证中引用的论据作为反驳对象而展开的思维活动。它是引用真实性或正当性明显的命题,以确定支撑对方论题的某个论据虚假或不能成立而作出的反驳。简言之,所谓反驳论据,其实就是反驳对方证明某个观点的理由。

由于论题和论据都是由命题组成的,因此反驳论题或反驳论据就表现为反驳某个独立的命题。在论辩中要论证某个命题为虚假或不成立,通常有两种论证方法,即直接论证和间接论证,故反驳论题或反驳论据的方法有两种:直接反驳和间接反驳。

1. 直接反驳

直接反驳就是从真实性已得到断定的一个或一些命题出发,用论据直接确定对方论题或论据的虚假性。在进行直接反驳时,有两种不同的方法:

其一是直接列举出与对方论题或论据相矛盾的事实命题来论证对方论题或论据的虚假性。例如,有篇科普文章对所谓"黄鼠狼是鸡的天敌"这一说法做了如下直接反驳:

例⑰ 黄鼠狼真的是鸡的天敌吗?有人做过这样的实验,在关有黄鼠狼的笼子里,第一晚放进3只活鸡和1条带鱼,黄鼠狼只吃带鱼;第二晚放进鸡、鸽子和老鼠,黄鼠狼只吃老鼠;第三晚放进鸡、鸽子,黄鼠狼把鸽子咬死……第五晚在笼中单单放进活鸡,黄鼠狼没有别的食物,只好吃鸡。为了进一步证实黄鼠狼的食性,有人从不同省份地区捉来黄鼠狼解剖,发现它胃里的主粮是鼠、蛇、鸟雀蛋、昆虫等。可见,认为"黄鼠狼是鸡的天敌",这种评价是很不公允的。

这个反驳就是引用一系列真实性的命题,直接确定"黄鼠狼是鸡的天敌"这个论题虚假、不符合事实而作出的直接反驳。

这种引用事实直接反驳的方法,也可用于反驳论据。例如,在1949年,当时的美国国务卿艾奇逊曾致信杜鲁门,大谈美国对中国的"友谊"以掩盖对中国的侵略,其论据是"用庚子赔款来教育中国学生,在第二次世界大战期间废除治外法权,以及战时和战后对中国的大规模援助等等"。毛泽东在《"友谊",还是侵略?》一文中指出,美国"参加八国联军打败中国,迫出庚子赔款,又用之于'教育中国学生',从事精神侵略";"治外法权是'废除'了,强奸沈崇案的犯人回到美国,却被美国海军部宣布无罪释放";"'战时和战后的对华援助'……帮助蒋介石杀死几百万中国人。"① 这里,毛泽东就是运用列举事实直接反驳的方法,对艾奇逊所举的论据进行了驳斥,论证了它们全是颠倒黑白的谎言与欺骗。

其二是归谬反驳,这是直接反驳的另一种方法。归谬反驳是以对方的论题或论据为前件(理由),推出一个或几个荒谬的后件(推断),然后由否定后件到否定前件,从而论证对方论题或论据的虚假性。例如,为了反驳"作文有秘诀"的论题,鲁迅驳斥说:"假使有,每个作家一定是传给子孙的了,然而祖传的作家很少见。"这是运用归谬法对论题所作的直接反驳。

归谬反驳是从被反驳论题(既可以是对方的论题也可以是对方的论据)引出荒谬的或相互矛盾的推断,进而通过否定后件否定前件以证明被反驳论题是虚假的或不成立。

归谬反驳的论证过程是:

被反驳论题:p

归谬反驳:如果 p,那么 q(q 是假的、q 是相互矛盾的……);非 q,所以,非 p

例如:

例⑱ 一位药剂师走进隔壁书店,从书架上取下一本书问店主:"这本书有趣吗?""不知道,没有读过。"店主回答说。"你怎么能卖你自己未读过的书呢?""难道你能把你自己药房里的药都尝一遍吗?"

书店老板为了反驳这位药剂师的论据"书店老板不能售卖自己未读过的图书",采用归谬反驳,即先假设这个命题是成立的,即书店老板不能售卖自己未读过的图书,假如这个命题成立,那么与此类似,则可推断出"药剂师也不能售卖自己药房里自己未品尝过的药品",言外之意,作为药剂师你药房里售卖的药品都是自己品尝过的。这显然是十分荒谬的。从而表明药剂师的论据根本不能成立。这就是一个典型的归谬反驳。

2. 间接反驳

间接反驳就是先建立一个与被反驳论题具有矛盾关系或反对关系的反论题,通过证明反论题的真实,并根据矛盾律的要求(两个互相否定的命题不可同

---

① 参见《毛泽东选集》第四卷,人民出版社 1991 年版,第 1505—1506 页。

真),从而确定被反驳论题的虚假性。

间接反驳的步骤有三：

第一,设立反论题,此反论题与被反驳论题具有矛盾关系或反对关系。

第二,独立证明反论题的真实性。

第三,根据矛盾律,由反论题的真而确定被反驳论题必假。

例如,古代曾发生这样一个案例：有一个富家的丫鬟不见了。丫鬟的父母向州衙告状。知州派一个录事参与审理此案。这个录事因过去曾经向那富家借钱遭到拒绝而记恨在心,就给那富家父子安上合谋杀害丫鬟的罪名,全都判了死刑。富人经不起严刑拷打,最后屈打成招,认了罪。州官复审也没有翻供,大家都以为案情已经查实。唯独推官钱若水对此案有怀疑,就把此案压了下来。录事侮辱他,知州催促他,他还是不加处理。十来天过去后,钱若水对知州说："我之所以把这件案子压下来,是因为派了人去寻找那个丫鬟,现在已经找到了。"丫鬟被父母认走了,富家父子也被释放了,一场冤案得以平反。①

当我们要反驳对方论题时,我们不去直接反驳它,而是先行论证与被反驳论题相矛盾或相反对的论题为真,然后根据矛盾律推出被反驳的论题虚假。这种反驳方法便是间接反驳。

钱若水对案子本身不发表评论,而是暗中派人去寻找失踪的丫鬟,丫鬟找到了,这就证明她还活着。既然人还活着,那么所谓谋杀的说法也就不攻自破。

由于间接反驳过程中,论证者的重点在于证明与被反驳论题具有矛盾关系或反对关系的反论题的真实性,故间接反驳在日常应用中又常常被叫做"独立证明法"。

（二）反驳论证方式

反驳论证方式就是指出对方在论证中违反逻辑规律要求或推理规则,论据与论题之间缺乏正确的逻辑联系,从论据推不出所要证明的论题,即揭露对方在证明过程中犯有"推不出"的逻辑错误。

例如,有人曾以美国圣地亚哥大学教授詹姆斯·莫里亚蒂发现的"石锚"为依据,提出了"殷人东渡美洲"的论断。另外,有学者对此进行了如下反驳：

例⑲ 所谓"殷人东渡"之说不可信。因为第一,中美一些科学家对"石锚"岩质的鉴定,仅仅指出它与中国沿海地区所产灰岩质地一致,没有也不

---

① 2005年平反的佘祥林案也属间接反驳,即当初认定为被佘祥林杀害的妻子张在玉事隔11年后回到家中,证明佘祥林杀害妻子纯属子虚乌有,公诉人的有罪指控、法院的有罪判决均不攻自破,遭到证伪,即佘祥林杀害妻子是一个伪命题。案情参见《佘祥林：因"杀妻"被判15年,11年后妻子死而复生,获赔几十万》,https://3g.163.com/dy/article/GVPE22TN05437O92.html。(2022年5月23日访问)。新华网、人民网、央视网等皆有相关报道,均可参考。

可能断定这些"石锚"一定产于中国……第二,莫里亚蒂论证"石锚"来自亚洲的根据之一,是亚洲有使用石制品作为船锚的考古记载。第三,有人又认为"石锚"即中国古代的"碇",从而断定这些"石锚"来自中国。这种推理方法也是不妥当的。事实上,在莫里亚蒂测算的"石锚"沉海年代,亚洲绝大多数国家和地区都处于新石器时代或铜、石并用时代,不可能排除这些国家和地区在当时航海中使用"石锚"的可能性。可见,根据"石锚"而得出"殷人东渡美洲"的结论,是难以令人信服的。

这便是针对对方的论证方式作出的反驳。第一点反驳指出,对方由论据推出论题所用的推理是这样的:"美洲发现的'石锚'(灰岩制作品)具有什么样的质地,中国沿海地区所产灰岩也具有同样的质地,所以,美洲发现的'石锚'是中国沿海地区所产灰岩。"这个论证的论证方式属于三段论,但违反三段论推理规则,犯了"中项不周延"的错误。所以从论据推不出论题。第二,"石锚"作为新石器时代船锚的石制品,不可能仅仅产自中国古代沿海地区,当时亚洲其他国家和地区也同样进入这一时代,故"石锚"即使出自亚洲,也不一定就出自中国古代沿海地区。这里同样犯了"推不出"的逻辑错误。

反驳论证方式,除采用上述这样的方法直接揭示对方论证中的推理错误以外,还可以采用归谬法来反驳。运用归谬法反驳论证方式的过程是:先假定对方论证方式正确,然后按照其同样的论证方式推导出荒谬的结论,从而迫使人们在承认论据为真的情况下,通过否定结论而不得不否定其论证方式,进而达到反驳的目的。

例如,加拿大前外交官切斯特·朗宁 1893 年出生在中国湖北,他是喝中国奶妈的乳汁长大的。后来他跟随父母回到国内,三十岁时他参加竞选省议会议员。在一次竞选辩论时,反对派抓住他出生在中国这一事实大做文章,指责他道:"你是喝中国人的奶长大的,你身上一定有中国的血统。"面对挑战朗宁反驳说:"按照这种说法,吃什么样的奶长大,就具有什么样的血统,那么,在座的人都是喝牛奶长大的,岂不是都具有牛的血统吗?"

这样的反驳表明,采用同样的论证方式既然可以由真前提推出谁也不会承认的荒谬结论,无疑也就揭示出了论证方式的荒谬。实际论证中,这样的反驳方法如果运用得当,不但生动,而且很有说服力。

需要指出的是,一个证明使用了无效的论证方式并不表明其论题或论据必然是假的,因此,驳倒了对方的论证方式并不等于就驳倒了对方的论题或论据。不过,假如对方在证明过程中犯有逻辑错误,那就表明其论题的真实性未被确立,所以驳倒了对方的论证方式,对方论题的真实性也就没有得到证明并因此成为可疑的了。这与驳倒对方的论据类似,驳倒了对方的论据,只是证明了对方论据的虚假或不成立,从论据虚假得不出论题必假,所以驳倒了对方的论据,只能说对方的论题未能得到证明,因而其真实性成为可疑的了。

在具体反驳过程中,究竟应该选择反驳论题、反驳论据还是反驳论证方式,则要根据实际需要结合语境综合加以考虑,要选择最适合的反驳方法。当然,反驳论题、反驳论据和反驳论证方式在实际运用中也不是各不相干、彼此孤立加以运用的。实际上,它们总是相互补充、相互结合使用的。在实际反驳过程中要根据具体情况加以确定。同样,对于直接反驳和间接反驳的方法,也要结合语境根据实际需要选择确定,使其在反驳过程中发挥最大的攻击力,成为反驳中摧毁对方论证的重器。

四、论证的规则

逻辑论证(不论是证实或证伪、证明或反驳),要做到正确、严密、使人信服,必须遵守一定的规则。由于论证是由论题、论据通过论证方式而构成的,因此论证的逻辑规则也就分别涉及论题、论据和论证方式三个方面。

(一)关于论题的规则

规则1:论题必须清楚、明确。

论证的根本目的是要确定论题能否成立,因此,论题是论证的中心。为了使论证正确地进行,论题必须清楚、明确。只有论题清楚、明确,论证才能目标一致,有的放矢,达到论证的效果。否则,如果论题不明确,含含糊糊,论证就会失去主题,也就无法找出适当的论据和正确的论证方式进行论证。

违反"论题必须清楚、明确"这条规则,就会犯"论旨不清"的错误。

论题必须清楚、明确,首先要求论题所涉及的概念必须清楚、明确,它应有确定的内涵和外延,应避免使用含混不清的概念,以防歧义或产生"自相矛盾"。其次,论证者本身必须明确论题的含义。只有这样,才能有的放矢地论证。否则,如果论证者对论题本身在认识上含糊不清,或是似是而非的,那么势必使整个论证从一开始就缺乏中心和方向,从而使论证离题而归于失败,即犯"论证离题"甚至"自相矛盾"的错误。最后,论证者要表达清楚,让对方正确了解自己的论题,并在整个论证过程中始终围绕论题,否则就会犯"论旨不清"的错误。例如,有两位学者对盐碱地能否种水稻发生了争论,各自都列举了一些事实来证明自己的观点,谁也说服不了谁。结果发现,双方争论中共同使用的语词"盐碱地"在含义上是各不相同的,一个说的是"已改造过的盐碱地",一个说的是"未改造过的盐碱地",这就是因概念不明确造成论题表达不明确而引起的"论旨不清"错误。

规则2:论题必须始终保持同一。

在同一论证过程中,论题必须始终保持同一,不能随意转移或改变。也就是说,整个论证过程应该针对已经确定了的论题展开,而且始终按论题本来的意义去论证。如果在一个论证过程中,不去论证开始提出的论题,而去论证与原论题不同的论题,或者看上去好像是同一个论题而实质上是另一个不同论题,这就犯了"偷换论题"或"转换论题"的逻辑错误。

"偷换论题"或"转移论题"的逻辑错误,常表现为"论证过多"或"论证过少"。

"论证过多"是指在实际论证过程中所论证的内容多于原论题所断定的内容。例如:"违法不都是犯罪。因为违法既可是违反刑法,也可是违反民法或其他法律、法规。骑车带人违法了,但并不犯罪,所以违法都不是犯罪。"这样的论证就犯了"论证过多"的错误。本来是要论证"违法不都是犯罪",结果却扩大了论证的论题范围,实际上论证的是"违法都不是犯罪"。

"论证过少"与"论证过多"正好相反,它是指在实际论证过程中所论证的内容比原论题所断定的内容要少。"论证过少"与"论证过多"一样,都是对原论题的不忠实,都是论证中常犯的"偷换论题"或"转移论题"的错误。例如,有人作了如下的论证:"地球外是有高等智能动物的。因为在苏联科学院的古生物博物馆,陈列着一具四万年前的野牛的颅骨,其额上有类似枪伤留下的痕迹。研究表明,这些呈圆洞状的痕迹是野牛生前被束状高压气体冲击而成的,但当时地球上的人类还远未掌握这种技术。可见,地球外有高等智能动物。"由于实际论证的论题是"地球外可能有高等智能动物",比需要论证的论题"地球外是有高等智能动物"要小,因而这个论证犯了"论证过少"的错误。

(二)关于论据的规则

论证的充足理由原则要求:

规则3:论据必须是已知为真的命题。

论据是论证赖以建立的支柱,真实的论据是论证有说服力的重要条件,论据虚假就会使论证失去支柱。当然,这不是说论据虚假则论题就必定虚假,但是此时论题已经无法合乎逻辑地被证明。

违反这条规则的逻辑错误主要有"虚假理由"和"预期理由"两种表现,"虚假理由"也称"虚假论据",它是指在论证过程中以虚假命题为论据所犯的论证错误。在科学史上,法国古生物学家居维叶曾经在论证他的突变理论时说,"从远古以来,地球发生过许多次周期性的大突变,每次突变后,生物全部灭绝了,而造物主又重新制造了一批生物,所以化石也都不一样。"可见居维叶的"突变论"中用了虚假论据,即"上帝创造说"。他在论证过程中犯了"虚假理由"的逻辑错误。

"预期理由"是指用真实性未得到证明的或者只是在可能性上为真但尚未在现实性上为真的命题作为论据所犯的错误。在司法实践中,若把那些尚未查证属实的材料当作证据,就犯了"预期理由"的错误。例如,对某被告人的起诉书中有这样一段文字:"案发前,被告人给其姐发出一信,要其姐'有时间最好来京一趟';又借其母名义给自己哥哥发去电报'见电速回京';还买了件深蓝色新上衣。

由此可见,被告人在案发前就准备和亲人告别,做好了杀人走绝路的打算。"这里,起诉书中对"被告人有杀人打算"的论证,由于对这些证据没有查证属实,也没有搞清楚上述行为的真实意图,便作为被告人有犯罪意图的证据,从逻辑上讲,便是犯了"预期理由"的错误。

规则4:论据的真实性不能依赖论题来证明。

论据是用来论证论题的,论题的成立是依赖真实论据确定的。因而,论据的真实性应当独立于论题之外,即不依赖论题而成立。如果论据的真实性又要依赖论题论证,那么论题与论据就互为证明根据了,最终就什么也论证不了。

违反"论据的真实性不能依赖论题来证明"的规则,就犯了"循环论证"的错误。例如,莫里哀的剧作《假病人》中有一位医生,他在回答鸦片烟为什么能够催眠的问题时说:"鸦片烟之所以能催眠,是因为它有催眠的力量。""那么,鸦片烟为什么有催眠的力量?"他又回答说:"因为它是鸦片。"这里,医生犯了"循环论证"的错误。正确的论证应该是指出鸦片中含有诸如吗啡、那可汀等成分,而这些成分具有麻醉作用,从而论证"鸦片烟有催眠的力量"。

(三)关于论证方式的规则

在论证中,论证方式是联结论题与论据的纽带,只有合乎逻辑的论证方式,才能保证从论据的真实性可靠地推出论题。论证方式是论证过程中运用的推理形式的总和,所以要使论证方式合乎逻辑,必须在论证过程中使用正确的推理形式,遵守有关的推理规则和逻辑基本规律的要求,从而保证从论据的真实性推出论题的真实性。正确论证对于论证方式的逻辑要求是:

规则5:从论据应能推出论题。

在论证中,违反论证方式的规则就会犯"推不出"的逻辑错误。在思维过程中,"推不出"的错误通常表现为下列几种情况:

第一,违反推理规则或违反逻辑规律要求。

在本书中介绍了许多推理规则及一些逻辑规律,凡违反这些规则、规律要求的论证,都犯了"推不出"的错误。例如:"一个人病了,即使吃药也是无用或者是多余的。因为如果一个人得病而不痊愈,那么吃药是无用的;如果不吃药而痊愈,那么吃药是多余的;一个人得病或者吃药而不会痊愈,或者不吃药而痊愈,总之吃药是无用或多余的。"这个论证违反假言选言推理(即二难推理)规则,其论证方式犯了"推不出"的逻辑错误。

第二,论据与论题不相干。

在论证中,有时虽然论据可能是真的,但论据的真实性与论题的真实性并不相关,二者风马牛不相及。这样,从论据的真实性当然不能推出论题的真实性。例如:帝国主义者在为自己侵略行为辩护时往往提出,被侵略国家有他的侨民。这个论据虽然是真的,但由此推不出可以对这个国家进行侵略,即论据与论题不相关。

第三,论据对论题必要但不充分,即"理由不充足"。

例如,毛泽东在《论持久战》中说过:要驳倒亡国论者,仅仅指出"敌人虽强,但是小国,中国虽弱,但是大国"是不足以使他们折服的,还必须提出其他理由,也就是说仅仅提出这种理由,对于驳倒亡国论者而树立自己的观点是"理由不足"的。可见,论据的充足性、全面性对进行正确论证有着极为重要的作用。

应该指出,如果一个论证遵守了论题、论据和论证方式方面的所有规则,则它是正确的论证,并且论题必真。如果违反了论题、论据或论证方式方面的任一规则,则论证不能成立。在论证过程中,论题被证实为假,意味着整个论证"垮台"。但是,驳倒了对方的论据,不等于驳倒了对方的论题,只证明了对方用以判定其论题真实性的理由是错误的。同样,驳倒了对方的论证方式,也不等于驳倒了对方的论题和论据,只能证明对方的论据与论题之间没有合乎逻辑的、有效的、可靠的联系,即不能由论据正确地推出论题。

第三节 论　辩

在日常生活、学习和工作中,人们往往通过论辩来为自己言论的合理性与正确性提出辩护,去劝说他人接受自己的观点,或者对自己所不赞成的他人的主张加以批评和驳斥。作为主体间一种独特的言语交际方式,论辩与逻辑论证密不可分。在本节中,我们对论辩的实质及其理想化模式、论辩的结构、论辩的规则等问题再作简要的介绍。

一、论辩概述

(一) 论辩的产生及根源

人们在认识客观事物的过程中不可避免地存在着观察问题的角度或评价事物的标准之间的差别,因此,不同主体对同一问题的认识常会产生意见的分歧或争议。一般而言,分歧与争议是不同的:分歧仅仅是指存在不同的看法,但这种不同究竟指什么,可能还没有一个确定的表现形式,分歧的双方也不见得很清楚。而争议可以说是分歧的明朗化,它有确定的表现形式,分歧双方也都清楚彼此的观点和分歧所在。

为了克服各自的片面性和局限性,消除彼此之间的意见分歧或争议,人们常常通过论辩来展开不同意见之间的争论,以便把认识引向真理。不过,需要指出的是,论辩过程中的争论并不同于日常谈话。日常谈话仅仅是参与者之间的轮番说话,相互传递信息,交流思想感情,虽然彼此间也会存在分歧,但一般不会形成相互对立的明确争议。一旦诉诸相互对立,那就从日常谈话发展成为论辩。

当然,围绕着相互对立与针锋相对的观点而进行的论辩,也不同于争吵。尽管争吵也是由分歧所引起的,但引起争吵的分歧往往不只是意见的分歧或观点的争议,还可能有利益上的不同或感情方面的差异。而且就争吵的目的看,往往不是为了求得分歧与争议的消除,而只是一种失去了理智控制的情感宣泄。

简单地说,论辩或者辩论就是一种展开于主体间的、目的在于消除争议、谋求共识的言语行为。

论辩活动自古就有。无论是中国的春秋战国时代,还是欧洲的古希腊时期以及古代印度,都曾经盛行论辩之风,并由此产生了研究论辩的学问——论辩术。它对论辩的形式、反驳的方法等方面的探索,推动了对逻辑规律的研究。对论辩的现代研究始于20世纪的60年代并已形成了一个独立的研究领域。由于论辩涉及逻辑论证、语言表达、知识积累、心理素质和道德修养等方面,是一种综合技能的言语行为,因而受到了多门学科的关注。从非形式逻辑的角度看,本书对论辩的介绍主要集中于论辩的实质及其理想化模式、论辩的结构、论辩的规则、论辩与论证的建构与评估等问题。

(二) 论辩与论证的关系

逻辑论证既是确定思想正确与否的重要途径,又是人们有根据、有说服力地表达思想的必要条件。以此为前提,一个成功的论辩总是需要参与论辩的双方借助逻辑论证来证明自己言论的合理性与正确性,或批评与驳斥自己所不赞成的他人的主张。任何论辩的过程都需要建构与评估论证,没有论证就无法构成一个成功的论辩。可以说,逻辑论证在一定意义上构成了论辩的核心。

目前论辩中所使用的论证方式,最常见的是归纳证明和归谬法(充分条件假言推理的否定后件式)。参与论辩的双方在以事实为论据证明各自观点时,常用不完全归纳推理进行证明,有时也辅之以具有生动性和形象化特点的、能提供说服力的类比证明。由于彼此对立的观点往往不具有明显的真理性(推广一点说,也指正当性、合理性等),因此难以找到论断范围更广的、对其存在蕴涵关系的一般命题,所以论辩过程中常常难以运用演绎推理来加以证明。不过,在反驳对方的主张、理由或论证方式时,则常常运用归谬法来进行鲜明有力的驳斥,使其谬误性昭然若揭。

尽管论辩与论证有着密切的联系,但两者之间仍存在着多方面的区别。

首先,作为人们消除争议谋求共识的手段,论辩是集逻辑论证、语言表达、知识积累、心理素质、道德修养等于一身的言语行为。除了思想是否具有论证性、论证是否合乎逻辑以外,语言表达是否为他人所理解、是否富于幽默感、是否具有感染力,论辩者的知识积累与文化底蕴是否深厚,心理素质是否稳定,是否尊重对手等等,都制约着论辩能否取得成功。因此,尽管逻辑论证构成了论辩的核心,但论辩决不能简单地归结为逻辑论证。

其次，论辩的目的在于消除彼此间的观点争议，因此，参与论辩的双方总是就对方的论断展开话题，受制于对方，但同时又制约对方，因为对方也必须就自己的论断展开话题。论辩所具有的这种互动性并不为逻辑论证所必然具备。一般来说，由于证明和反驳所处理的对象不必相同，两者的地位通常是相对独立的，因此，它们并不必然具有像论辩双方所拥有的那样的共同话题（在某个或某些问题上的观点争议）。

最后，论辩作为一种展开于主体间的言语行为，表明论辩是对话性的。这就是说，论辩过程（或者说，处于论辩中的证明、反驳与辩护等）往往是以提问和回答的针锋相对、相互交替为表现形式，论辩双方均力图说服对方而又努力不为对方所说服。而证明在通常情况下主要是证明自己的主张或给定的论断的真实性，无须结合反驳别人的观点或证明；反驳也主要是驳斥他人的证明过程或立论的论点，无须既破又立，因此，一般意义上的论证，即处于论辩过程以外的论证往往是独白性的。

（三）论辩的多种类型

认识对象的多样性与社会生活的丰富性，决定了人们之间可能产生意见分歧和观点争议的领域和场所是多种多样的。于是，作为消除争议谋求共识的重要途径和手段，论辩也可以相应地获得多样化的形式。

一种常见的论辩是团体（如大学生代表队）之间的辩论赛。这是一种具有固定程序、有主持人执行议定的程序和规则、有评判人员评定胜负的表演、竞技或游戏。由于它要求或试图彰显的理论的简单性、语言的精要性、攻防的流畅性、叙述的节奏性和体态的自然性等，使得它在培养大学生的综合素质方面颇受欢迎。不过，辩论赛人为确定的立场、拒绝相融的规则和仅为胜负而辩的目的，又的确使之与消除争议谋求共识的论辩不尽一致。因此，不应当在论辩与辩论赛之间简单画等号。这意味着，提倡为真理而辩论的人不必去否定辩论赛，从事辩论赛的人也不必声称自己在为真理而辩。

除了辩论赛，论辩还大量地渗透于各种学术讨论、谈判、法庭辩论等过程之中。学术讨论的目的在于追求真理，而对真理的追求总是表现为为了达成共识而展开的不同意见与观点的自由论辩。以此为前提，学术讨论中的论辩实际上是一个没有时间和空间限制的过程，也不存在宣判胜负的机构。由于学术论辩拒绝一切非此即彼的形而上学，因此，论辩双方在诉诸持之有故、言之成理的论据以维护各自立场的同时，也往往采取取长补短、相互吸收的态度来调整、修改各自的主张。

就谈判中论辩的特点而言，无论是政治谈判、商业谈判还是民间谈判等，其目的无非是缓和冲突、分配利益或协调行动。在谈判过程中，各方固然需要根据"求同存异"的原则来修正己方立场借以达成妥协，但彼此间的论辩决不仅仅是理由充分与否的较量。由于它还充满了各种谈判谋略与技巧的运用，并常常以团体的政治、经济、军事或综合实力作为论辩的基础，所以，谈判中的论辩更接近于一种谋求妥协的对话或商谈。

法庭辩论是案件审判的必经程序，是建设法治国家、维护司法公正、保障基本人权的重要手段。法庭辩论的基本原则是"以事实为根据，以法律为准绳"，诉辩双方通过摆事实、讲证据，运用法律，围绕刑事被告的行为是否构成犯罪、是否要承担法律责任，或者民事被告的行为是否违约、是否构成侵权、是否要承担相应的民事责任等而展开论辩。法庭辩论不仅有时间上的限制，而且辩论的最终结果通常不是由参与论辩的双方达成共识，而是由"第三人"如陪审团或法官作出判决。

（四）论辩的理想化模式

撇开各种形式的论辩在论辩的基础、性质、谋略、原则诸方面的差异，论辩的理想化模式究竟应该如何呢？既然不同主体在某个（或某些）问题上存在明显的观点或立场争议是论辩得以产生的前提，因此理想的论辩首先就应表现为争议的消除和共识的达成。需要指出的是，争议的消除与争议的解决不同。前者是指人们通过充分的说理来达成某种一致意见和统一认识，即获得某种共识。后者指争议在表面上可能已经停止，但争议并未消除，分歧依然存在。因为争议的解决有时是借助武力或其他办法来达到的，有时则是一方息事宁人、迁就忍让的结果，但分歧依然存在。另一方面，所谓共识的达成，或者是指论辩的一方成功地维护了自己的论点，而使另一方撤回其主张或放弃怀疑而接受对方的论点，或者是指论辩双方都放弃了各自原来的论点，而共同接受了一个在论辩过程中形成的新的观点。

通常认为论辩的理想化模式大致包括以下四个阶段：

准备阶段。双方的意见分歧达到需要解决的地步，决定通过论辩来消除彼此的分歧。双方议定论辩的方式、规则，譬如是否请仲裁人、主持人，是否确定助手，哪些人可以在论辩中发言等。

开始阶段。论辩双方表明各自的观点和主张，确定彼此的争议所在，将意见分歧转化为具体的形式。

辩论阶段。论辩双方提出各自的论题，对各自的观点进行证明和辩护，并对对方的论点或论据加以反驳。在辩论阶段，双方可以使用各种言语形式，如假设、声明、指令、表态、陈述、解释等。由于在这一阶段既会出现种种精彩的证明和反驳，也会存在种种的诡辩和谬误，因此，最主要的还是充分运用各种逻辑推理和逻辑方法，并严格遵循逻辑规律来显示辩论的论证性。

结束阶段。理想化的论辩是以争议的消除和共识的获得作为结束的标志。

二、论辩的结构

如同对论证的研究一样，非形式逻辑并不研究各种论辩过程中的具体内容，而是从形式结构的角度研究贯穿于具体论辩过程中的最一般的共同东西。就论辩的结构来说，非形式逻辑所理解的论辩结构包含两方面的内容：论辩的静态构成与动态展开。

（一）论辩的静态构成

从"论辩"的定义可以看出，任何论辩都是由辩题、立论者和驳论者三要素构成。

辩题是论辩的中心话题，它是人们在某个或某些问题上的观点争议的明确表达。辩题总是表现为两个相互对立的、不能同时为真的命题 p 和 ¬p。

一般来说，命题 p 的含义总是确定的，而作为对 p 的否定，¬p 究竟肯定的是什么则需要在论辩的开始阶段给予明确。例如，"人性本善"与"并非人性本善"是相互对立的两个辩题，但"并非人性本善"究竟主张什么还需要进一步的澄清，如它既可以指"人性本恶"，也可以指"人性本为'白板'"，等等。

另一方面，人们的意见分歧和观点争议往往根源于观察问题的不同角度和评价对象的不同标准，因而辩题通常是不具有明显真理性（推广一点说，也指正当性、合理性等）的命题。譬如，无论是对辩题"流动人口的增加有利于城市的发展"的证明还是反驳，其结果都不能简单地等同于真理或谬误。当然，对立的两个辩题在特定的情境中一般都有一方的理由更为充分，更能体现或接近于真理。就此，从逻辑上看，如果 p 和 ¬p 之间是矛盾关系，则它们既不能同真，也不能同假。于是，论辩的结果就表现为一方成功地维护了自己的论点，而使另一方撤回其主张并接受对方的论点。如果 p 和 ¬p 之间是反对关系，那么二者不仅不能同真，而且有可能同假，而论辩的结果就应是双方均放弃各自原来的论点，共同接受了一个在论辩过程中形成的新的观点。

由于不同主体的观点争议往往涉及事实、价值或政策等方面话题，因此，辩题一般区分为事实性辩题、价值性辩题和政策性辩题三种类型。

事实性辩题又叫作描述性辩题，人们对这一类型辩题的论辩主要集中于辨识主题描述的事件或行为孰真孰假的问题上。科学研究中关于某个具体问题的讨论、法庭上诉辩双方关于被告人是否做过某行为的辩论、社会上关于某种现象主要原因的讨论等所涉及的往往就是事实性辩题。例如，"光是粒子还是波""甲是否是谋杀被害人的凶手""当前我国个别城市拉闸限电的主要原因是不是缺乏发电燃煤"等。

价值性辩题又叫作规范性辩题。人们在此所关注的是何者为好、何者为坏、何者需要、何者当废以及价值大小等问题。事关伦理或道德的社会性问题一般多属于价值性辩题,如,"离婚率上升是否是社会进步的表现""安乐死是否符合人道主义精神""死刑应不应该废除"等。

政策性辩题所涉及的是一项政策或行动计划是否必要、是否可行等问题。价值性辩题与政策性辩题既有联系又有区别。在有关政策性辩题的论辩中,往往需要对作为论据或预设的某些价值性辩题展开辩论,但在有关价值性辩题的论辩中,则无须提出实现某种价值的政策或行动计划。一般而言,政策性辩题往往出现于立法、决策以及各种谈判活动之中。如"国家应不应该征收储蓄利息税""生育三孩的父母应不应该由国家提供经济上的补助"等。

论辩是人们为了消除争议谋求共识而进行的言语交际,因此,除了辩题,论辩的另一构成要素就是彼此之间存在观点争议的人。我们一般把在论辩过程中主张命题 p 的人(一方)叫作立论者,而把坚持¬p 的人(一方)叫作驳论者。在大学生辩论赛中,通常把立论者称作"正方",把驳论者称作"反方"。当然,需要指出的是,为了消除争议谋求共识,无论是立论者还是驳论者,都需要在维护己方立场的同时批驳对方的观点,因此,决不能把立论者狭隘地理解为只立论(证明)不反驳,也不能将驳论者局限于驳斥而认为无须立论。

基于上述分析,论辩就是立论者和驳论者围绕着辩题而展开的消除争议谋求共识的言语行为。

(二)论辩的动态展开

为了阐明自己主张的合理性与正确性,劝说他人接受自己的观点,或者对自己所不赞成的他人的主张加以批评和驳斥,参与论辩的双方不仅要诉诸证明、反驳等论证手段,而且在自己的观点受到他人责难时,还必须证明或重新证明己方论点的真实性或正当性,这就是辩护,法律中称作抗辩。显然,作为一种独特的言语行为,理想的论辩不仅有其静态的构成,而且还必须展开为一个由一系列的证明、反驳和辩护所组成的动态过程。

关于证明与反驳,本书前一节中已经作了详细的讨论。这里着重对辩护作简要的介绍。辩护实质上是一种特殊的反驳。一般意义上的反驳在于确定某个论题的虚假或论证过程不合逻辑。而在论辩过程中,当我方阐明完己方观点之后,如果对方反驳了我方的观点,即在我方观点的真实性或正当性受到质疑时,我方必须就对方的反驳进行反驳。这种反驳一方面是为了确定对方观点的虚假性或论证的不合逻辑性,另一方面则是旨在重新确立我方观点的真实性或正当性以及论证的合逻辑性。这种自我保护性的反驳,就是辩护。请看《庄子·秋水》中的一个例子:

例⑳　庄子与惠子游于濠梁之上。
　　　庄子曰:"鲦鱼出游从容,是鱼之乐也。"(S_1)

惠子曰:"子非鱼,安知鱼之乐?"(S_2)
庄子曰:"子非我,安知我不知鱼之乐?"(S_3)
惠子曰:"我非子,固不知子矣;子固非鱼矣,子之不知鱼之乐,全矣。"(S_4)

庄子与惠施的"濠梁之辩"是论辩的千古绝唱。在这里,S_1是庄子的论题,S_2是惠子对庄子论题的反驳,S_3则是庄子对惠子的反驳所作的反驳,也就是庄子对自己论题的辩护。而从惠子的角度看,S_2既是惠子用以反驳庄子论题的反论题,也是惠子自己的论题,S_3是庄子对惠子的反驳,S_4则是惠子对庄子的反驳所进行的反驳,即惠子对自己论题的辩护。

辩护是为了保护自己而对对方的责难进行反驳,而对方所责难的既可以是我方的论点、论据或论证方式,也可以是我方的某种行为。因此,辩护也可以看作是对对方指责的见解或行为所进行的解释,故辩护又称为辩解。借助于辩护或辩解,我方或者可以完全消除对方的责难,或者可以减少其对于我方立论所构成的威胁。

辩护具有证明和反驳的一般构成,即辩护的论题、辩护的论据和辩护的论证方式。作为自我保护性的反驳,辩护一方面应反驳对方的论题、论据或论证方式,另一方面应在反驳过程中证明或重新证明自己的论题。

把辩护这个环节引入论辩过程之后,我们可以用图 3-2 来简要地表示论辩的动态展开:

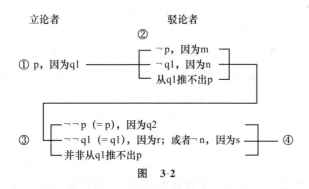

图 3-2

图 3-2 表明:在论辩过程中,当立论者进行立论①之后,驳论者可以从反驳论题、反驳论据与反驳论证方式等三个方面对立论者的立论加以反驳②。在立论者的立论因驳论者的反驳而受到质疑后,立论者必须对这种反驳进行反驳,亦即为自己的论题进行辩护③。这种辩护既是确定对方所作反驳的虚假性,也是重新确立自己论题的真实性。而这种辩护同样可以从论题、论据和论证方式三个方面着手。在立论者为自己的立论进行辩护之后,驳论者同样需要对立论者

的辩护作出反驳,即为自己的立论作出辩护④。

由此经过一系列的证明、反驳和辩护,立论者与驳论者围绕着辩题进行充分的说理,如果其间的每一步都遵守论证的基本规则以及论辩在语用和程序方面的基本原则,双方就有可能消除彼此间存在的观点争议,达成某种共识,实现论辩的目的。

三、论辩的准则

亚里士多德曾经说过:真理本身往往能胜过谬误;但是在与谬误的竞争过程中,当强词夺理的人们想让谬误取胜时,真理就必须求助于一个尽量吸引人、尽量说明真相的环境。论辩的准则就是诉求一个有利于说明真相和探寻可接受性的言语环境。

论证的规则主要任务在于约束论题、论据等命题、约束从前提到结论的命题之间的联系即论证方式;论辩的准则不仅包括对命题及命题间联系的约束,还要规制论辩主体的言语行为。正如 H. P. 格赖斯在《逻辑与会话》中提出的,不能脱离对话者的意图和语境规则以及理解的丰富结构来理解论辩中的论证。论辩中的论证分析不能忽略未表达前提就是关注语境的体现。

本书前一节中已经讨论过论证的规则,本节中的论辩准则主要约束主体的言语行为。一些类型的论辩,如大学生辩论赛、法庭论辩中,都有各自的特殊准则。本节讨论的论辩准则针对一般理性论辩行为。

追求理想的论辩结果(各主体无争议地接受某个论题)需要论辩过程中各主体为实现论辩目标而合作。论辩主体间的合作,是指每一个论辩参与者在论辩中有实现其目的的义务,同时也有与其他参与者共同实现其目的的义务。为了通过论辩消除争议,就要求各主体在检验命题的真实性或可接受性时贡献合理的论证。论辩的进程理应依诉求论证、展开论证、质疑论证或接受论证而进展。为了论辩依理性程序展开,各主体需遵守如下论辩准则:①

(一) 自由准则

该准则保障论辩主体自由地提出主张或质疑。该准则是启动论辩的基础。论辩是多主体间就争议意见分别传达和接收、处理信息的动态过程。主体的多重性和论证的互动性是论辩的基本特征,也是论辩或对话区别于独白的关键。自由准则的具体要求是:

(1) 允许论辩者提出任何主张。

(2) 允许论辩者对任何主张提出质疑。

---

① 参见王洪主编:《逻辑导论》(第2版),中国政法大学出版社2016年版,第10章。

论辩主体在论辩中应该是自由的、不受胁迫的。论辩各方都不得彼此阻止对方提出主张,也不得阻止对方提出质疑。下面两例中的论辩就违背了自由准则。

例㉑ 正方:不孝的人不能当公务员。
反方:大家都知道你并不孝敬老人,你哪有资格提倡孝道。

例㉒ 西方的两个政治家论辩妇女是否有堕胎权时,其中一方反对堕胎,理由是胎儿有生命权。另一方对此观点提出质疑,理由是妇女有权利决定是否终止妊娠。对方对该质疑的回答是:如果你采取这样的观点,你将在选举中失败。

例㉑中的反方通过指出正方的品格缺陷来试图阻止正方提出主张,如果允许反方通过这样的言语来实现其意图,就限制了正方提出主张的自由,也就不可能针对该主张展开论证或论辩。例㉒中主张反对堕胎的一方通过预测对对方不利的后果来试图阻止对方的质疑,这样的言语行为不是通过理性论证来证明自己的主张,而是阻止对方要求论证的诉求。

(二)清晰准则

论辩开始的条件是多主体间的意见分歧,但不可能期望通过一次论辩解决所有的争议。为了实现通过论证消除分歧的目的,论辩各方虽然存在分歧,但论辩主体也必须拥有共识。论辩各方必须有共享的无争议的事实、信念、价值和某些程序。只有在各主体共同承认、接受某些共同前提的条件下展开的分歧才是可以通过论证来消除的。没有双方共同认可和接受的东西,论辩各方也无法识别焦点的争议和分歧之所在。没有双方共同认可的出发点的各主体之间的争辩会永无休止地陷入论证的无穷倒退。没有共同出发点的争议型对话不是论辩而是争吵。清晰准则的具体要求是:

(1) 论辩各方的争议点必须是清晰的。
(2) 论辩各方使用语言所表达的意思必须是清晰的。

2005年发生的伊拉克前总统萨达姆·侯赛因与主审法官阿明之间的对话就没有清晰的争议焦点。基于这个对话不可能展开消除争议的论辩。

例㉓ 法官:我们需要你给出身份、姓名,然后才能听取你的陈述。我们现在要先核实你的身份。等你有必要开口时我们会让你开口。
萨达姆:你是谁?你的身份是什么?
法官:我代表伊拉克刑事法庭。
萨达姆:你们所有人都是法官吗?
法官:我们没时间讨论细节,你可以说你感兴趣的一切。

萨达姆：你知道我是谁。因为你是伊拉克人，你当然认识我。而且你知道我目前还不是很疲惫。

法官：这是司法程序，我们必须让你亲自说明自己的身份。

萨达姆：……我尊重伊拉克人民对我的选择。我拒绝回答这个法庭的问话，我保留宪法赋予我作为伊拉克总统的权利。你们很清楚这一点。

法官：这是法律程序。法官不能依赖个人认识。

萨达姆：我不承认给你们权力及委派你们的那个政府。侵略本来是非法的，而在非法的基础上诞生的一切都是不合法的。

之后，阿明法官一再要求萨达姆证实他的身份，但萨达姆一直采取不合作态度，阿明法官无奈之下，几乎泛起笑容。最后，他说："你是萨达姆·侯赛因……前任伊拉克总统。"

萨达姆翘起手指，再次打断："我没有说（自己）是前任总统……"

——萨达姆接受审判时与法官对话实录

资料来源：作者根据网络资料整理。

该对话中，萨达姆和阿明之间就没有解决争议的共识，在阿明看来，法庭的合法性是无可争议的，对话应该依照法庭合法程序进展；可萨达姆就在质疑法庭及法官本身的合法性，也不按法庭的程序展开对话。

（三）论证负担准则

为了论辩的启动和展开，准则一规定了论辩主体有提出任何主张或质疑的自由。但该自由假如不受限制，就有可能导致钻牛角尖的论辩主体机械地不停地追问"为什么"，或者不停地提出与解决争议无关的各种主张。无须提供理由而任意地提出主张或质疑，在论辩中是一件轻而易举的事。但是，在论辩中没有依据的质疑可能会引起论证的无穷倒退；同样，不做任何论证地提出主张不仅不能为争议的解决做出贡献，反而会让争议偏离正确的方向，甚至演变成无谓的争吵。在论辩中，除非论辩双方都履行了论证的义务，否则意见分歧很难在论辩中真正消除。有鉴于此，有必要对论辩主体在论辩中提出主张或提出质疑设定论证负担责任，即论辩中必须承担的义务，这就是论证负担准则。论证负担准则的具体要求是：

论辩者必须应对方请求就己方主张的内容或对对方主张的质疑进行论证，除非他能证明自己有权拒绝进行论证。

下面的两个例子很典型，例㉔中的对话主体应对方请求承担了论证责任，而例㉕中的对话主体没有承担论证责任。显而易见，例 24 通过论辩可以消除意见分歧而取得共识，但是例㉕则做不到消除分歧，最终无法达成共识。

例㉔ 中央电视台的对话栏目中曾有一期话题是"大学生创业"。节目一开始,就展开了如下学生和李开复之间的对话,基于学生的质疑,李开复针对自己的主体适格问题进行了论证——

学生:李老师,据我所知,您一直在已经成立的公司工作,并没有自己真正地去创业,我觉得今天这个创业课堂上您来当老师是不是会有一些经验上的欠缺?

李开复:我应该还是有资格的,因为我在一些非常成功的,也许是世界上最成功的创业型的公司如苹果、微软、Google 工作过,我希望可以分享一些我的经验,让中国未来也能出一个微软,出一个 Google。第二呢,我觉得我跟中国大学生还是比较接近的,他们心中的一些思想、梦想或者是疑虑,我比较清楚。但是话说回来,我也同意你的说法,如果今天只有我一位老师,那是肯定不足的,因为我没有创过业。非常幸运的,我们还有几位创业而且非常成功的老师,待会儿将和我一起站上讲台。

例㉕ 汉初两位大臣辕固生和黄生在汉景帝面前进行争论。其中黄生只提主张不做论证。黄生提出"下不能犯上"的主张,但就为什么在上者成为暴君时,臣下也不能推翻他,他却不做论证。

黄生:汤武非受命,乃弑也。

辕固生:不然。夫桀纣虐乱,天下之心皆归汤武,汤武与天下之心而诛桀纣,桀纣之民不为之使而归汤武,汤武不得已而立,非受命为何?

黄生:冠虽敝,必加于首;履虽新,必关于足。何者?上下之分也。今桀纣虽失道,然君上也;汤武虽圣,臣下也。夫主有失行,臣下不能正言匡过以尊天子,反因过而诛之,代立践南面,非弑而何也?

辕固生:必若所云,是高帝代秦即天子之位,非邪?

这时景帝说道:食肉不食马肝,不为不知味;言学者无言汤武受命,不为愚。

景帝的发言结束了双方的辩论。

实际论辩中,论辩主体往往以不同的方式逃避举证责任。为了维护自己的立场,论辩中各方主体往往将其立场表达为根本无须证明的。当他们将自己的意见当作不证自明的东西来提出时,就是在试图逃避举证责任。例如,在表达自己观点时用标识词"很明显……""不可否认……""毫无疑问……""毋庸置疑……""众所周知……"等。他们以这种方式来逃避举证责任的另一诉求是,在论辩中试图以此阻却对方提出质疑。

逃避举证责任的极端方式就是,在论辩中把举证责任转移给提出质疑的一方。譬如论辩中假如试图确立某观点的一方不对己方观点提出论证以证明其成立,反而向对方提出要求"你能证明它不成立吗"。这就是不合理地转移举证责任的典型。下面对话中的小李就在不合理地转移举证责任:

例㉖ 小李:人是由上帝创造的。
小张:你怎么证明这一点呢?
小李:那你先证明人不是由上帝创造的呀!

围绕着质疑和论证展开论辩是论辩理性展开的核心要素,而各论辩主体常常会有意无意地逃避论证举证责任,因此在论辩中合理分配各方的论证举证责任就显得尤为重要。在司法实践中,为了更好地规范法庭论辩,各国分别通过制定法律或做出相关司法解释,针对不同部门、不同类型的案件审理分别赋予特定的举证责任,确立不同的证明标准。譬如刑事审判中的"无罪推定"原则,目的在于要把证明被告有罪的举证责任分配给控方,民事审判中的"谁主张,谁举证"更体现了举证责任分配的合理性和逻辑性。

论证责任通常应该由提出主张的一方承担。当试图确立某个主张和试图质疑该主张的人之间竞争性地要求对方承担举证责任时,往往要基于所提主张的初信度以及该主张是肯定的还是否定的等方面来分配双方的论证责任。其中,某主张的初信度是指该主张与人们熟知的背景信息吻合的程度。也就是说,与人们熟知的背景信息吻合度越高,其初信度越高。论证责任应该分配给提出初信度低的主张的论辩主体。即所提主张的初信度越低,该主体的举证责任就越大。比利时哲学家佩雷尔曼在他的新修辞学理论中提出的"惯性原理"[①]对于举证责任分配具有借鉴意义。所谓"惯性原理",是指过去一度被承认的观点,若没有足够的理由就不予抛弃。佩雷尔曼认为这个原则构成了我们知识生活与社会生活稳定的基础。在其他条件相同时,举证责任应置于提出肯定主张的一方而不是提出否定主张的一方。

主体的论证责任意味着论证的义务和不论证的风险两方面。不论证的风险是指不承担论证义务的一方要承担修正、放弃自己的观点或立场的结果。

(四)真诚准则

论辩是多主体通过论证共同检验主张的真实性或可接受性的言语活动。要

---

① 制度经济学家诺斯提出的"路径依赖"理论描述了社会生活中的行为惯性,他指出:"一种现存的制度、人们的社会行为,都会具有一种类似于物理学中的'惯性',一旦采取了一种制度、实施了某种社会行为、进入了某种特定的路径,那么这种制度或行为就可能会情不自禁地产生一种惯性,对以前人们的选择和路径产生出一种依赖。"如果说诺斯只肯定了行为惯性的存在,那么 B. Wootton 则肯定了行为惯性的合理性,后者在《工资政策的社会基础》里提出了一项与既存事实有关的推定,认为无论何时何处,只有改变才需要进行论证。在此基础上佩雷尔曼提出了其惯性原理:"对于所有社会和知识分子而言,在特定时刻,对某些行为、行为人、价值和信仰的认同与接受是毫无保留、毋庸置疑的;因此,无须完成它们。这些行为、行为人、价值和信仰提供了先例、范例、确信和规范,它们间接地容许了细化批评、证成态度、立场和主张的标准。"参见杨贝:《论佩雷尔曼新修辞学法哲学及其论证理论》,中国政法大学 2005 年硕士学位论文。

求论辩主体负担论证责任是因为,提出主张的主体不仅要自己相信所提的主张,还有义务通过可让对方接受的论证向对方证明该主张。论证的作用在于将对主张的置信从提出主张的一方过渡到质疑的一方。为了实现对主张置信的顺利过渡,就要求提出主张的人不能提出连本人都不相信的主张,这就是论辩的真诚准则。真诚准则的具体要求是:

（1）提出主张的一方只能提出本人所相信的主张。
（2）提出问题的一方不能提出加载问题。

加载问题又被称为"复杂问语"。本书在第二章"逻辑基本规律"之排中律一节中探讨过这个问题。"为什么一加一大于二"这个问题的提出就违背了真诚原则的要求,因为这个问题中就包含着"一加一大于二"这个不成立的陈述。典型的加载问题是其中包含有待争议的预设。这个预设很可能是对方不能接受或不愿接受的。譬如在对方没有承认自己有偷窃行为时,就对其提问"你是怎么处理你所偷来的东西的"就是一个加载问题。

下例中原告在论辩中就违背了真诚性准则的第一条要求。

美国律师赫梅尔在一起赔偿案件中作为被告某保险公司的代理人出庭论辩时,就揭示了原告违背真诚准则所提出的主张(手臂只能举到齐耳高)——

例㉗　原告:我的肩膀被掉下来的升降机砸伤,至今右臂仍举不起来。
赫梅尔:请你给陪审员们看看,你的手臂现在能举多高?
原告慢慢地将手臂举到齐耳的高度,并表现出非常吃力的样子,以示不能再举高了。
赫梅尔:那么,在你受伤以前能举多高呢?
原告不由自主地将手臂举过了头顶,还说道:能举这么高呐!

原告的回答引起了法庭的哄堂大笑,因为原告违背真诚准则提出的主张经不住检验,甚至连他自己也不相信。

论辩中检验的是提出主体所相信的主张,连自己都不相信的主张应该由持有该主张的主体通过其他途径求证、检验。若无法让人相信,最终只能放弃,如上例中的原告。

（五）宽容准则

在论辩进展过程中各主体都需要理解对方的论证。合理的论辩还要求论辩主体以合理性的最大限度来理解对方论证。论证中往往存在假设和未明确表达的前提。由于这些未表达的假设或前提又是论证成立不可缺少的构成要件,所以在理解或质疑论证时,论辩者往往需要先对对方的论证进行解释或重构,并针对对方的假设或未予表达的前提提出质疑。宽容准则就是在解释或重构对方论证时对解释者的要求。宽容准则的要求是：

（1）在解释过程中不能脱离语境、不能违背对方意图，要朝着有利于对方观点成立的方向去解释。

（2）在重构对方论证时，要尽量站在对方立场并尽可能选择使原论证得以成立的成分来补充、重构论证。

下面就是违背宽容准则的两个论辩实例。

例㉘　正方：创作的基础是生活经验。

反方：难道写杀人还得去杀人，写妓女还得去卖淫吗？

例㉙　小张：小王很可能不喜欢乒乓球，因为他喜欢网球。

小李：你认为每个喜欢网球的人都不喜欢乒乓球？

小张：我没有那个意思，我只是认为许多喜欢网球的人都不喜欢乒乓球。

例㉘中反方在解释正方的"生活经验"时违背了宽容准则：正方所说的生活经验可以是所做，也可以是所闻所见，既可以是直接经历的，也可以是间接获取的，反方却把正方的经验限制性地解释为直接经验，并在此解释的基础上质疑正方。例㉙中小李在识别小张未予表达的前提时违背了宽容准则。假如把未予表达的前提理解为"多数喜欢网球的人都不喜欢乒乓球"，小张的论证也可以成立，但小李却把小张未予表达的前提中的量词从非全称量词"多数"夸大为全称量词"每个"。这就违反了论辩的宽容准则。

又如《艾子杂说》里介绍的下述对话就是针对"为什么"而展开的争辩：

例㉚　营丘士：凡大车之下，与骆驼之项，多缀铃铎，其故何也？

艾子：车、驼之为物甚大，且多夜行，忽狭路相逢，则难于回避，以借鸣声相闻，使预得回避尔。

营丘士：佛塔之上，亦设铃铎，岂谓塔亦夜行而使相避邪？

艾子：君不通事理，乃至如此！凡鸟鹊多托高以巢，粪秽狼藉，故塔之有铃，所以警鸟鹊也，岂以车驼比邪？

营丘士：鹰、鹞之尾，亦设小铃，安有鸟鹊巢于鹰鹞之尾乎？

艾子大笑：怪哉，君之不通也！夫鹰隼击物，或入林中，而绊足绦线，偶为木之所绾，则振羽之际，铃声可寻而索也，岂谓防鸟鹊之巢乎？

营丘士：吾尝见挽郎秉铎而歌，虽不究其理，今乃知恐为木枝所绾，而便于寻索也？

该对话中，由于营丘人不按照艾子的解释来理解特定的铃的作用，而试图以同一原因来解释大车下、骆驼颈下、塔顶上、鹞鹰尾巴下、送丧的挽郎等各处的铃,在对话中不停地混淆不同地方系铃的原因来与艾子展开对话,随着对话的展开,不断呈现各方对铃存在原因的理解分歧。营丘人在对话中表现出的不合作方式,正好说明营丘人对艾子的话语的解释违背了宽容准则。再如下例:

例㉛　父亲:你竟敢背着我抽烟,我非狠狠地处罚你不可。

儿子:爸爸,别处罚我。我向您保证,从现在起,我以后不背着您抽烟。

在父子的这段对话中,儿子把父亲所要表达的"不抽烟"解释为"不背着您抽烟"也违背了宽容准则。违背宽容准则而展开的质疑并不针对既已表达的论证,所以这样的质疑往往会导致偏离论辩争议焦点的结果。

(六) 相关准则

准则一赋予论辩主体提出主张和质疑的权利,据此论辩者有可能随时提出有关天气等问题的主张而不顾该主张与论辩所讨论的问题有没有联系;论辩者也有可能针对对方的质疑做出并无论证关联的回答。尽管实际论辩中很难完全排除与论辩内容联系不紧密的质疑或主张,但不对无关的质疑或主张作出限制就不可能围绕既争问题展开论辩,偏离既争问题的论辩不可能达到消除争议的目的。相关准则的具体要求是:

如果论辩主体提出与先前表达无关的主张或质疑,那就必须应对方的请求证明其为何要提出该主张或质疑。

《孟子·梁惠王下》中齐宣王的顾左右而言他的问答就违背了相关准则。

例㉜　孟子:您的一位大臣把妻子、儿女托付给一位朋友照顾,去楚国访问回来时,妻子儿女却挨饿受冻,对这样的朋友该怎么办呢?

宣王:应该断绝与他来往。

孟子:您的执法官员管不好他的下属,该怎么办呢?

宣王:应该将他撤职。

孟子:一个国家的政务处理不好,老百姓挨饿,该怎么办呢?

宣王顾左右而言他。

尽管宣王在孟子的最后一轮提问后也展开了对话,宣王"言他"的内容我们不得而知,但他的回答与孟子的问题之间无关是清晰可见的。

(七) 检验准则

论辩中的质疑和论证都是以互动式的论证言语对话为手段,来检验既存的知识、价值、规则等主张或观点上的缺陷的。论辩的目的在于消除争议也就是消除主张或观点上的不一致。要想实现论辩的目的,就必须要求参与论辩的各主体在论辩过程中,尽可能做到基于已经提出的质疑或论证,通过对话或论辩来消除彼此有争议的主张中存在的缺陷,缩小与对方观点的差距,直至排除彼此观点上的不一致。欲达此目的则要求各论辩主体在论辩过程中不断用对方的质疑检验己方的主张,用对方的论证检验己方的质疑。只有通过论辩主体在论辩中自觉地检验主张、修正主张等一系列双方合作行为,才能使论辩成为符合检验准则的理性论辩,只有这样的理性论辩才能最终实现论辩的目的。检验准则的具体要求是:

(1) 放弃对已被对方合理论证的观点的质疑。
(2) 修正、放弃被对方合理质疑的主张。

如果提出主张的一方已对自己的主张提供了合理的论证,另一方就应该停止对该主张的质疑。下面的言语表达显然违背了检验准则。

我不能反对你的论据,也承认你的推理正确,但我依然认为你的主张不成立。

论辩中一旦一方提出了合理的质疑,被质疑的一方就有义务修正甚至放弃既有的主张。

例如,古希腊哲学家苏格拉底与年轻人的对话之所以被称为"精神助产术",就是因为苏格拉底基于消除分歧的目的在对话中恰当提问,以此让对方主体发现并消除意见的争议或分歧。随着对话的展开,对方主体会逐步发现之前所持的意见需要修正或放弃。下面是苏格拉底(简称苏)和青年人(简称青)之间关于什么是道德的一次对话:

例㉝ 有一次,苏格拉底问一位青年人:"人人都说要做有道德的人,你能不能告诉我什么是道德呢?"

青:"做人要忠诚老实,不能欺骗人,这是大家都公认的道德行为。"

苏:"你说道德就是不能欺骗人,那么在和敌人交战的时候,我方的将领为了战胜敌人,取得胜利,总是想尽一切办法欺骗和迷惑敌人,这种欺骗是不是道德的呢?"

青:"对敌人进行欺骗当然是符合道德的,但欺骗自己人就是不道德的了。"

苏:"在我军和敌人作战时,我军被包围了,处境困难,士气低落。我军将领为了鼓舞士气,组织突围,就欺骗士兵说,我们的援军马上就到,大家努力突围出去。结果士气大振,突围成功。你能说将军欺骗自己的士兵是不道德的吗?"

青:"那是在战争的情况下,战争情况是一种特殊的情况。我们在日常生活中不能欺骗。"

苏:"在日常生活中,我们常常会遇到这种情况,儿子生病了,父亲拿来药儿子又不愿意吃。于是,父亲就欺骗儿子说,这不是药,是一种好吃的东西,儿子吃了药病就好了。你说这种欺骗是不道德的吗?"

青:"这种善意的欺骗是符合道德的。"

苏:"不骗人是道德的,骗人也是道德的,那么什么才是道德呢?"

青:"你把我弄糊涂了,以前我还知道什么是道德,我现在不知道什么是道德了。那么您能不能告诉我什么才是道德呢?"

苏:"其实,道德就是道德本身。"

苏格拉底的意思是,道德在不同的语境中有着不同的含义,不存在任何一成不变的道德概念。

在上面这个对话中,苏格拉底不断提出与青年人的主张不一致的实例来展开对话,随着对话的深入,青年人面对苏格拉底的提问,检验自己之前的主张并在回答中不断修正自己的观点,直至最后放弃自己的意见。这个青年人在对话中就遵循了检验准则。

例㉞ 唐朝初年,庐江王李瑗谋反,唐太宗李世民杀了李瑗,把李瑗的爱姬留在了身边。一天,侍中王珪与李世民谈话,见他身边侍立着一位美女,便问是谁。

李世民:这是庐江王李瑗的姬子,李瑗杀了她丈夫娶了她。

王珪:陛下认为,庐江王纳姬是对还是不对?微臣心中弄不明白所以大胆请教陛下。

李世民:杀了人,又抢了人家的妻子,是非已经十分明显,卿何必问呢?

王珪:庐江王杀人夺妻,陛下认为他不对。可是,庐江王因谋反被杀,陛下把他的妻子留在自己身边,难道陛下会做自己认为不对的事吗?

李世民听了,明白自己的做法不对,便虚心纳谏,把美女送出宫去了。

该论辩因王珪对李世民把别人的妻子留在身边持不同意见而展开。王珪通过论辩诉求李世民改变自身有争议的行为。随着对话和论辩的展开,李世民检验并修正了自己的行为,从而实现了论辩的目的,达成共识。在现实当中,达成行为的改变远比达成认知的改变困难得多,前者需要论辩主体尤其是做出改变的主体采取更多的合作方能达成。所以说,主体间合作性地通过论证表达分歧、检验主张、消除分歧,这种合作性的言语对话就是论辩。

论辩分为开始、展开和结束等阶段。论辩的准则分别针对这些阶段的论辩主体的言语行为进行约束。准则一和准则二约束论辩的开始,准则三至六约束论辩的进展,准则七约束论辩的结束。假如主体不遵循这些准则,那么论辩就不能合理地开始、展开或结束。

因受多方面条件限制,通常在论辩结束时,论辩各方未必都能真正消除彼此的分歧,同时也总会有些争议问题既不能被合理地确证也不能被合理地否证,这些问题只能被暂时悬置起来,留待下次论辩以辨明。总之,论辩的准则,仅仅是论辩得以理性展开的必要条件,或者说论辩准则是保障论辩通过论证消除意见分歧的最低要求。遵循论辩准则的论辩各方是在通过合理论证为实现论辩目的做贡献。反之,不遵循论辩准则的主体就是在阻碍或偏离合理论证以妨碍论辩目的的实现。不遵循论辩准则的论辩主体在实际论辩中就会犯种种错误,俗称论辩中的谬误,我们将在后文予以讨论。

四、论辩的评估

论辩是由论证组成的,因此在对论辩进行评估时必须首先了解论证的结构,然后通过对论证进行评估,借以对整个论辩做出正确的评估。

(一)论证的结构

论证结构,是就日常语言自然地表达出来的结构或者形态而言的,是指论证的宏观结构。这种宏观结构,与推理或者论证的微观分析是有所区别的。在讨论宏观结构时,我们往往是就日常思维中表达论证的语言而论的,而只有在必要时,我们才会分析其微观形式。

1. 简单结构

简单结构是指只有一个前提和一个结论的结构。这是最简单的论证。我们可用图 3-3 表示为:

图 3-3

试分析下文奥登的论证结构:

例㉟ 最近,有一位叫米高尔·奥登的法国医学家提出了个惊世骇俗的观点:人类的祖先理应是海豚而非猴子!因为人类和海豚的亲缘关系超过猿猴。

资料来源:林静:《研究海豚有自我意识、互相用名字称呼》,《北京科技报》2005 年 12 月 19 日。

这是一个挑战当今占主导地位的达尔文进化论的论证。根据前述论证识别技巧,我们很快就能找到论证标识词"因为"。由于"因为"是一个前提标识词,故我们很容易找出奥登论证的前提和结论,并用 A 和 C 标示出来:

例㊱ [C]人类的祖先理应是海豚而非猴子!因为[A]人类和海豚的亲缘关系超过猿猴。

这个论证就是上述简单论证的范例。

人总有一个习惯,总是要为自己的所作所为找到一个正当理由,精神病患者等非理性主义者除外。论证的一个重要功能就是给自己的抉择提供一个正当理由。

最简洁的简单结构,是自然语言中省略了前提或结论的简单结构。这时的论证仅由一个命题组成,但是很容易根据常识补充出其未予表达的前提或结论,使其恢复成为一个完整的论证。这种简洁的论证结构在公益广告用语中经常采用。例如:

例㊲ 没有买卖,就没有杀害!(保护珍稀动物公益广告)

例㊳ 司机一杯酒,亲人两行泪!(交通安全公益广告)

以上面这些提示作为前提,人们很快就能补充出结论。不过,现实生活中单独采取这种结构的论证极少。这种结构只不过是一种特别抽取出来的特例。

2. 序列结构

序列结构,亦称串行结构或线性结构,是指一个前提支持一个中间结论,且这个中间结论作为前提又支持下一个结论,如此等等(如图 3-4)。

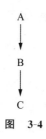

图 3-4

例如下面这段话:

例㊴ 因为[a]出现在非洲人种身上的线粒体变种最多,科学家推断,[b]非洲人种的进化史最长,这表明[c]非洲人种可能是现代人类的起源。

在上面这段话中,前提 a 已没有其他前提来支持,称为基本前提,而 b 还需要 a 来支持,即它既充当了 a 的结论,同时又充当了 c 的前提,故称为中间前提。上面这段话中明显地包含着如图 3-5 的论证结构:

图 3-5

序列结构论证的最大特征是：层层展开，让人觉得一环扣一环，无懈可击，最终达到论证效果。它是口头论证最常用的结构，让听者或读者很容易跟着论证者的思路走。

3. 收敛结构

收敛结构，又称并行结构，如图3-6，是指由两个或两个以上前提分别独立支持同一结论的结构。

图 3-6

例如，《战国策》"邹忌讽齐王纳谏"中邹忌的论证便是收敛结构：

例⑩ 邹忌修八尺有余，而形貌昳丽。朝服衣冠，窥镜，谓其妻曰："我孰与城北徐公美？"其妻曰："君美甚，徐公何能及君也？"城北徐公，齐国之美丽者也。忌不自信，而复问其妾曰："吾孰与徐公美？"妾曰："徐公何能及君也？"旦日，客从外来，与坐谈，问之客曰："吾与徐公孰美？"客曰："徐公不若君之美也。"明日徐公来，孰视之，自以为不如；窥镜而自视，又弗如远甚。暮寝而思之，曰："吾妻之美我者，私我也；妾之美我者，畏我也；客之美我者，欲有求于我也。"于是入朝见威王，曰："臣诚知不如徐公美。臣之妻私臣，臣之妾畏臣，臣之客欲有求于臣，皆以美于徐公。今齐地方千里，百二十城，宫妇左右莫不私王，朝廷之臣莫不畏王，四境之内莫不有求于王：由此观之，王之蔽甚矣。"

在这段话中，邹忌为了说服齐王纳谏，以自己不如徐公美而妻、妾、客皆赞自己比徐公美为例，说明一个人平时受到的蒙蔽有多严重，从而必须广开言路，虚心纳谏。这里，邹忌为了论证自己周围的人总是赞美自己①，给出了三个独立的理由：② 妻子偏爱自己而赞美；③ 妾害怕自己而赞美；④ 客人有求于自己而赞美。在这个论证中，前提②③和④三个分别构成了支持结论①的独立理由。

这种论证结构的好处是：让人们感觉无话可说，因为众多理由分别支持这一结论。不像序列结构那样，由于基本理由只有一个，因此，只要驳倒那个基本理由或其中一个中间理由，反驳便获得成功。在这里，由于基本理由是一个以上，因此，仅驳倒一个前提，并不等于驳倒了整个论证，必须驳倒所有前提才能驳倒整个论证。例如：

例㊶ "野人"古籍上早有记载。从周朝文献上就查出，南方土著给皇宫进贡过两头"野人"，古籍上有时间、地点、人物，记得很清楚。而楚国人将"野人"称为"山鬼"，有关"山鬼"的诗中更清楚地描写了其喜欢笑，躲在树林里，害羞，见人就逃跑等特征；《山海经》里则把"野人"叫作"貜、猩猩、狒狒"；宋熙宁年间，把"野人"叫作"反犬加雷"，因它声音很大，住在皇帝后宫40年，常惊扰宫女，但卫队又不敢逮它，它甚至还跑到妃子寝宫里去闹事。李时珍在《本草纲目》中也搜集古书清楚地记载了"野人"这个条目，不过当时是叫"狒狒、人熊、山都"。

资料来源：作者根据网络资料整理。

上例中，作者根据文献记载论证了"野人存在"，该论证的结构就属于收敛结构。因为论证"野人存在"的前提有三个，分别为周朝文献、《山海经》《本草纲目》等，假如要反驳"野人存在"的论点就必须同时论证周朝文献、《山海经》《本草纲目》等古籍中关于"野人"的记载均为假，只有这样才能驳倒上述论证。

4. 发散结构

发散结构是指一个前提同时支持两个或两个以上结论的论证结构。在实际思维中，一个前提同时支持两个或两个以上的结论是常有的事。发散结构如图3-7：

图 3-7

例㊷ 有人指着报道佘祥林平反的报纸说：佘祥林的妻子张载玉回家了，因此，法官的判决错了，佘祥林没有杀害妻子。

在上面这个论证中，我们用 A 代替"佘祥林的妻子张载玉回家了"，用 C_1 代替"法官的判决错了"，用 C_2 代替"佘祥林没有杀害妻子"。

这个论证的结构显然是一个发散结构。因为它由一个前提 A 推导出两个独立的结论 C_1、C_2。这种类似表达在我们平时说话中经常会出现。

5. 闭合结构

闭合结构，又可称为组合结构，如图3-8，是指两个或两个以上前提共同支持一个结论的结构。

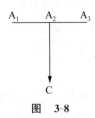

图 3-8

例㊸ 妥协的危机是存在的,但是能够克服。因为敌人的政策即使可作某种程度的改变,但其根本改变是不可能的。中国内部有妥协的社会根源,但是反对妥协的占大多数。国际力量也有一部分赞助妥协,但是主要的力量赞助抗战。这三种因素结合起来,就能克服妥协危机,坚持抗战到底。

在上面这个论证中,毛泽东为了论证结论(C)"妥协的危机是存在的,但是能够克服",提出三个前提(A_1)"敌人的政策即使可作某种程度的改变,但其根本改变是不可能的"、(A_2)"中国内部有妥协的社会根源,但是反对妥协的占大多数"和(A_3)"国际力量也有一部分赞助妥协,但是主要的力量赞助抗战",通过A_1、A_2和A_3三个前提便可以推导出结论C。

这种闭合结构在法律构成要件应用中较为普遍。譬如,我国《民法典》第657条规定:"赠与合同是赠与人将自己的财产无偿给予受赠人,受赠人表示接受赠与的合同",可见赠与合同有以下三个生效要件:(1)赠与的财物必须是属于赠与人自己所有的合法财物。赠与人赠与的财物属于国家、集体、他人或是非法所得的财物,赠与合同无效。此外,还有一种情况,如果赠与是为了逃避履行法定义务,该赠与合同无效。比如为了逃避债务把财产赠与给他人,赠与合同无效。(2)必须是基于赠与人自身意志的真实表示。赠与行为必须是赠与人自身做出的真实意思表示,而非出现受他人胁迫、乘人之危、重大误解等意思表示不真实、不自由时做出的。(3)受赠人愿意接受赠与的真实意思表示。赠与合同的成立不仅要有赠与人的真实意思表示,还要有受赠人愿意接受赠与的意思表示。如果赠与人有赠与的意思表示,但受赠人不愿意接受赠与,则赠与合同不成立。

其中,(1)、(2)、(3)三个要件是赠与合同成立不可缺少的条件,只要有一个条件不成立(如受赠人不愿意接受赠与等),该赠与合同就不成立。只有三个构成要件均成立,该赠与合同才成立。

6. 混合结构

在实际论证中,论证结构往往不是那么单一,常常是多种结构的混合体。我们通常把含有两种或两种以上结构类型的论证结构称为混合结构。

让我们看一个混合结构的例子:

例㊹ (1)医生是否有道义上的责任为无力支付医疗费用者提供免费医疗服务?当然,他们有这个责任。(2)首先,社会将绝大部分医疗工作限于医生进行。(3)因为这一限制造成的医疗垄断具有显见的经济利益,(4)所以,该职业承认向无力支付医疗费用者提供服务是其共同的责任,似乎亦为合乎情理。(5)其次,医生特定的作用也可以证明,他们有道义上的责任提供免费服务。(6)医生的职业,不能与管道修理工、汽车修理工或者其他修复无生命物体的工人相提并论。(7)与修理汽车不同,人们的健康问题生死攸关,来不得迟缓延宕,也不容讨价还价。(8)因此,医生应该恪尽职责,而医疗服务则绝非全然是赢利性商业活动的一种形式,这便是医生必须帮助无力支付医疗费用者的实质理由所在。

我们来分析一下这段话中所包含的论证要素和论证结构——

论点(主结论)(1):医生有道义上的责任为无力支付医疗费用者提供免费医疗服务。

有两个理由协同地支持这一主结论:

理由(4):医疗职业者承认向无力支付医疗费用者提供服务是其共同的责任,似乎亦为合乎情理。

理由(8):医生应该恪尽职责,而医疗服务则绝非全然是营利性商业活动的一种形式,这便是医生必须帮助无力支付医疗费用者的实质理由所在。

理由(4)得到以下(2)(3)两个子理由的协同支持:

子理由(2):社会将绝大部分医疗工作限于医生进行。

子理由(3):这一限制造成的医疗垄断具有显见的经济利益。

理由(8)由理由(5)推出、理由(5)由理由(6)推出、理由(6)由理由(7)推出。

于是,上述论证的结构可以图解为图3-9:

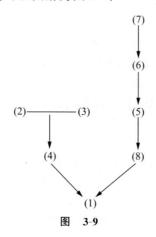

图 3-9

实际上，以上的解析过程没必要写出来，只要在段落中直接标明哪个是结论，哪些是理由，然后用相应的图解表明它们之间的结构关系就可以了。

(二) 论证的评估

评估论证的标准很多，不同学科领域有不同的论证评估标准。当然，这些不同标准之间又有共同的东西，按照英国逻辑学家苏珊·哈克的观点，有三个评估论证的标准，即逻辑标准、实质标准和修辞标准。其中，逻辑标准(logical criterion)讨论的是论证的前提和结论之间是否存在适当的联系；实质标准(material criterion)讨论的是前提和结论是否都真；修辞标准(rhetorical criterion)讨论的是论证对听众是否具有说服力、吸引力和有趣。①

就论辩与论证的评估的关系来说，由于论辩是展开于主体间的、以消除争议谋求共识为目的的言语行为，其中的证明、反驳和辩护往往是以提问和回答的相互交替为表现形式，因此，论辩过程中经常使用的评估论证的方法是一种所谓"批判性提问策略"(critical question)的评估方法。这种方法的特点就在于向论辩对手的论证提出14个批判性问题：

(1) 问题和结论是什么？
(2) 理由是什么？
(3) 哪些词句的意义模糊不清？
(4) 价值冲突和假设是什么？
(5) 描述性假设是什么？
(6) 证据是什么？
(7) 抽样选择是否典型？衡量标准是否有效？
(8) 是否存在竞争性假说？
(9) 统计推理是否错误？
(10) 类比是否贴切中肯？
(11) 推理中是否存在错误？
(12) 重要的信息资料有没有疏漏？
(13) 哪些结论能与有力的论据相容不悖？
(14) 争论中你的价值偏好如何？②

这里的问题(1)(2)(5)(6)属于论证的识别问题，其他问题都与论证的评估有关。

不难看出，上述问题中与论证的评估相关的部分，和哈克提到的三个论证评估标准可以形成对应。逻辑标准指的是推理形式及其有效性的标准，所谓前提

---

① See Susan Haack: *Philosophy of Logic*. Cambridge University Press, 1978, p.11.
② 参见〔美〕尼尔·布朗、〔美〕斯图尔特·基利：《走出思维的误区》，中央编译出版社1994年版，第13页。

与结论之间的"适当的联系"首先是指演绎的联系,也包括归纳的联系以及其他类型的联系。对于由前提到结论的推理,我们当然要关心其是否有效,这就要求论证的评估者郑重考虑逻辑形式上的问题。而实质标准则涉及论证的前提和结论的具体内容。论证都是由有具体内容的命题组成的,所以不能仅考虑形式上的问题。如果不问前提的真与假,只问推理形式是否有效,那就把论证混同于推理了,就不是在对我们实际思维中的论证进行评估了。可以说,论证的评估首先要从实质标准着手。上述问题除(1)(2)(5)(6)之外,均涉及这个问题。尽管论证是一种理性的、客观的说服活动,但也要适当考虑读者或听众的理解程度和接受程度,否则就有"对牛弹琴"之嫌,收不到说服或传播的效果,达不到论证的目的。考虑到论证的理解和说服的方面,恰恰就是论证评估的修辞标准。

1. 对论证的实质性评估

实质性评估即从论证的具体内容角度对论证进行的评估,也就是考察论证的前提和结论本身是否真实,当然也包含对隐含的假设与前提的考察。[①]

第一,确定论证中的关键性词句是否有歧义。

如果不弄清楚论证中关键性词句的含义及其在使用环境中的意义,也就无法对论证做出评估,无法确定能否接受该论证的理由和结论。现实中,有些论证者往往疏于给出关键性词语的明确定义,一些关键术语往往意义不明,歧义丛生,稍不留意即会上当。因此,在评估论证时,我们需要进行如下思维:

首先,寻找该段论证中的关键性词句,并问以下几个问题:它们通常是或可能是什么意思?它们实际上是什么意思?它们的这种用法恰当吗?然后就可以依次区分出论证中的关键性词句和非关键性词句,并对其中的关键性词语做出定义,检查该关键性词语是否可作别种解释,尤其要关注论证的论题中出现的关键性词语。总之,关键性词句的"关键",取决于这些词句对于决定论证前提对其结论的支持是否是关键性的。例如:

例㊺ 我们对待吸毒,应该像对待言论和宗教信仰一样,将其视为一种基本的权利。吸毒是一种自愿行为。没有人非得去吸毒,就像没有人非得去读某本书一样。如果州政府打算限制毒品消费,它只能对其公民强行压服——其方法类似于保护儿童免遭引诱,或限制奴隶对自己的生命实行自决。

上述论证中的关键性词语包括"吸毒""基本权利""自愿行为""限制毒品消费"以及"对其公民强行压服"等等,要对论证者的观点做出回应,决定是否接受其结论,就有必要对上述词语进行详尽说明。"吸毒"一词的意思清楚吗?不清

[①] 参见陈波:《逻辑学导论》(第4版),中国人民大学出版社2020年版,第6章。

楚。给出的论证没有给出该词的明确定义。如果吸毒仅指摄取那些并不被认为具有使人上瘾这样的作用的药物，比如大麻，那我们就更可能接受其结论；但假如吸毒包括海洛因在内，情况就会很不相同。但从上述论证中我们无法确定论证者究竟意指哪一个意思。

一般来说，关键性词语往往出现在论据和论题（结论）当中。此外，一个论证中越是抽象的词语越有可能是关键性词语。确定关键性词语的另外一个方法，就是假想你要反对一个论证，你会就对哪些词语给出与论证者不同的定义。

其次，确定了关键性词语之后，便考察其是否有歧义。考察词语是否有歧义，要求我们不断地问自己："我理解它的意思吗？"确定词语的歧义性需要克服两个障碍：一是想当然地认为自己和论证者意指相同的东西，为了克服此种障碍，应不断向论证者发问："这个词是什么意思？"而不是简单地认为"我知道你的意思"；二是想当然地认为一个词语只有一个意思，实际上多数词语都不止一个意思。下面我们借用例子对上面两个步骤加以分析。

例㊻ 是时候采取一些积极措施来控制一下电视上的暴力场面了。近来的许多研究结果表明：电视上的暴力场面的负面效应太明显了，有几项研究表明，电视迷们往往高估现实生活中人身伤害行为的危险性。其他研究表明，那些迷恋电视的孩子可能会对现实生活中的暴力行为变得不敏感。还有其他为数众多的研究也证明了电视上的暴力场面的负面性。

上面这个论证的论题（或辩题）是：我们是否应该采取措施来遏制电视上的暴力现象？结论是肯定的。论证者给出的论据是：这样的暴力场面有负面效应，并使用了研究证据来支持这个结论。该论证中的关键性词语包括"电视上的暴力场面""负面效应""近来许多的研究结果""几项研究""电视迷""其他研究""迷恋电视的孩子""对现实生活中的暴力行为变得不敏感""其他为数众多的研究"等等。为了确定此论证是否可以接受，应该先确定上述关键性词语是否可能有歧义。首先，该论证的结论是有歧义的。所谓"采取一些积极措施来控制电视上的暴力场面"是什么意思呢？有哪些措施呢？是上升到立法的高度来禁止这种行为？还是诉诸公众舆论的力量来限制这种行为呢？其次，论证者给出的理由也是有歧义的。比如，一个人要看多少电视节目才能算是"电视迷"呢？如此等等。

第二，确定前提和隐含前提是否真实或至少是可接受的。

论证的可靠程度一方面取决于论证所采取的推理形式，另一方面取决于论据的真实性或可接受性。如前所述，前提的真实性或可接受性不是一个逻辑问题，因为逻辑学首先关心推理形式及其有效性，但它与论证的逻辑性密切相关。如果发现所给出的论据虚假或不可接受，那么即便论证的推理形式有效，结论也不能获得充分的支持。这也就是说,真实前提是得出真实结论的必要条件。但这一条件却不是那么容易满足的。有时候,前提可能是某种常识性看法,但常识并不总是那么可靠,常识里可能隐藏着一个时代的偏见。有时候,前提可能是大多数人的看法,但真理并不以信仰者的多少为依归。有时候,前提可能是某位权威的意见或看法,但权威并非在任何时候都是权威。除此之外,在论证中常常会暗中使用一些未予明确陈述的前提或假设,它们的可靠性如何更应受到质疑。因此,批判性思维在论证的评估中相当重要,学会提出批判性问题,让一切都接受批判性思维的审问与质疑,这很重要。

第三,确定论据和论点之间是否有语义上的关联。

我们在进行日常推理或论证时,前提和结论之间总是存在某种共同的意义内容,使得我们可以由前提想到或推出结论,正是这种共同的意义内容潜在地引导着控制着我们从前提到结论的思想流程。除非一个人思维混乱或精神不正常,他不会从"2+2=4"推出"雪是白的",也不会从"2+2=5"推出"雪是黑的",因为这里前提和结论在内容、意义上没有相关性,完全不搭界,尽管"如果 2+2=4,那么雪是白的,2+2=4,所以,雪是白的"是一个形式有效的推理。这就表明,有些逻辑上有效的推理形式,作为日常思维中的论证却可能是坏的论证,例如根据同一律,从 p 当然可以推出 p,但若以 p 为论据去论证 p,即使不是循环论证,也至少犯有"无进展谬误"。批判性思维在做论证评估时,常常要考虑前提与结论、论据与论点之间的内容相关性,要求它们既要在内容上相关联,又不能在内容上彼此等同。

2. 对论证中前提对结论的支持强度进行评估

论证中前提对于结论的支持关系可以区分为以下三种类型:

第一种是**演绎有效**的。如果一个推理的前提真则结论必真,或者说前提真则结论不可能假,则这个推理就是演绎有效的。尽管从假的前提出发也能进行合乎逻辑的推理,其结论可能是真的,也可能是假的,但从真前提出发进行有效推理,却只能得到真结论,不能得到假结论。只有这样,才能保证使用这种推理工具的安全性。这种有效性(亦称"保真性")是对于正确的演绎推理的最起码的要求。如果一个论证只包括从论据到论点的演绎有效的推理,则它是一个演绎有效的论证,论据的真必然导致论点的真。除了在数学、逻辑学等精确科学中出现外,这样的论证在日常思维中实际上并不多见。

第二种是**归纳强的**。有许多推理或论证尽管不满足保真性,即前提的真不能确保结论的真,但前提却对结论提供了小于 100% 但大于 50% 的证据支持度,这样的推理或论证仍然是合理的,并且被广泛地使用着。这类推理或论证可以称之为"归纳强的"。否则,如果一个推理或论证,其证据支持度小于 50%,则可以称它是"归纳弱的"。归纳弱的推理仍有一定的合理性和说服力,但其说服力是十分有限的。一般论证中所使用的简单枚举法、类比法等,当作论证方法时,从逻辑上看,都是归纳弱的,但在日常思维中,仍有一定合理性与说服力。

第三种是**谬误的**。指以完全错误的手法从前提推出了结论,这种论证中的谬误可分为形式谬误和非形式谬误两大类型,在接下来的"谬误理论"中将重点讨论此类推理或论证。

3. 对论证的修辞学评估

在日常生活中,说话还有是否恰当、是否合适的问题,也就是说,有时真话未必是恰当的。例如,鲁迅在《立论》一文中曾经讲了这样一个故事:一家人家生了一个男孩,合家高兴透顶了。满月的时候,抱出来给客人看,大概自然是想得一点好兆头。一个人说:"这孩子将来要发财的。"他于是得到一番感谢。另一个说:"这孩子将来要做官的。"他于是收回几句恭维。第三个说:"这孩子将来是要死的。"他于是得到一顿大家合力的痛打。在这件事上"说要死的必然,说富贵的许谎。但说谎的得好报,说必然的遭打。"我们认为,在这样的场合第三个人说出那样的话,可能是真实的,但结合当时的语境明显是不恰当和不合适的。中国是文章大国,从古至今讲究文章的修辞美,不仅注意表达什么,而且注意如何表达。

对于论证来说,同样存在着一个恰当与否、合适与否的问题。因为论证的目的在于说服读者或听众,论证是否恰当、是否合适则取决于论证想要说服的(潜在)读者或听众是谁,或者是什么类型的。

假如需要说服的潜在对象是学术共同体内的同行,那么使用通俗的非学术语言显然是不恰当的,而使用非常严格的专业化语言才是恰当的。假如需要说服的对象是有文化的一般大众,使用过于学术化的语言,甩名词、抠字眼、拘泥于文绉绉的表达方式,常常是不恰当的。

中央电视总台播出的《典籍里的中国》聚焦享誉中外、流传千古的典籍,讲述从典籍出发的中华文明史。该节目依托典籍中的文化亮点,把"珍珠"串联成文化之链,构建成深刻全面且有洞见的文化传播、交流的历史图谱,对中华文明脉络进行梳理。同时邀请知名导演担当影视指导,让实力派影视嘉宾串联故事演绎,展现千年历史中经典书籍的诞生源起和流转传承。该节目深受海内外观众欢迎,这与该片采用的演播方式契合了观众的需求与口味有很大关系。

(三) 论辩评估的步骤

论辩评估通常有五个步骤:[1]

(1) 识别意见分歧之所在。

(2) 分析论辩双方的论证结构。

(3) 评估论辩双方的基本理由。

---

[1] 参见袁正校:《逻辑学基础教程》,高等教育出版社2007年版,第9章。

(4) 评估论辩双方的论证强度。

(5) 评估意见分歧的消除程度。

第一步识别意见分歧的基本程序,分为两步:首先,要识别出主要意见分歧是什么;其次,识别意见分歧的类型,弄清意见分歧是单一型还是多重型,是混合型还是非混合型。

识别意见分歧之所在是论辩评估的第一步。如果意见分歧的关键在哪里都不清楚,论辩评估也就无从着手。如果是单一型,就找出正方的立场和反方的质疑;如果是多重型,还需要分别找出正方的立场及反方对此的质疑和反方的立场及正方的质疑。

第二步分析双方的论证结构,为了简便起见,最好采用论证结构图示法,显示论辩双方的论证结构。

第三步评估双方的基本理由。在论辩中最可怕的就是基本理由不可接受,因为基本理由不可接受,整个论证大厦的基石就不可靠了。

第四步评估双方的论证强度。即使基本理由可接受,并不意味着结论一定可接受。结论可接受取决于三个必要条件:一是基本理由可接受;二是前提与结论具有较强的支持关系,即论证强度要足够强;三是结论与经验法则或公理相一致。在第四步中通常最关键的是第二个条件。

第五步评估意见分歧的消除程度。在论辩中,只有当一方基于理性说服而收回己方立场时,我们才可以说该意见分歧得到了真正消除。"放弃立场"并不等于"收回立场"。放弃立场只是搁置意见分歧的一种形式。

第四节 谬 误

一、谬误及其种类

(一) 什么是谬误

所谓"谬误"(fallacy),在学术界和日常语言中,大致有广义、狭义、最狭义之分。广义是泛指人们在思维和语言表达中所产生的一切逻辑错误;狭义是指违反逻辑规律的要求或违反逻辑规则而出现的各种逻辑错误;最狭义则仅指违反推理规则或论证规则而出现的推理或论证中的逻辑错误。我们这里所说的谬误,取其广义,而考察的重点自然落在对谬误的狭义和最狭义两种理解上。

最狭义的"谬误"出自亚里士多德的《工具论》。亚氏在《辩谬篇》一开始就提出并分析了"谬误的论证"。他说:"很显然有些推理是真正的推理,有些则是似是而非的推理。在其他方面也会由于真假混淆而发生这种事情,论证也是如此。"①明确指明谬误是一种"似是而非的推理",也是一种似是而非的论证。

说到谬误不能不令人联想到诡辩。诡辩乃是一种故意违反逻辑的规律或规则而为错误观点所进行的似是而非的论证,诚如德国哲学家黑格尔所言:"诡辩这个词通常意味着以任意的方式,凭借虚假的根据,或者将一个真的道理否定了,弄得动摇了,或者将一个虚假的道理弄得非常动听,好像真的一样。"②就此而言,诡辩都是谬误,但谬误并不都是诡辩。一般地说,谬误是不自觉地违反逻辑的规律或规则而产生的,但诡辩总是为了达到某种目的而采取的一种欺骗手法,因此,诡辩总是以自觉地故意违反逻辑的规律或规则为其特征的。

(二) 谬误的种类

按不同的分类根据或标准可以对谬误进行不同的分类。主要有:

1. 归纳的谬误与演绎的谬误

这是按谬误所由以产生的推理的不同而对谬误所作的分类。

归纳的谬误是产生在观察、实验、调查、统计等收集经验材料的过程中,以及产生在分析、综合、概括、类比、探求现象因果联系等整理经验材料的过程中的谬误,如观察谬误、以偏概全的谬误、机械类比的谬误,等等。

演绎的谬误是产生于演绎过程中的各种谬误,确切些说是指思维过程中运用演绎推理的各种形式时,由于违反各种推理形式的相应规则而出现的种种谬误。如违反三段论规则而产生的"中项不周延""大项(或小项)不当周延"的谬误,违反充分条件假言推理规则而产生的"否定前件"和"肯定后件"的谬误,等等。这类谬误通常也叫作形式谬误。

2. 形式谬误与非形式谬误

这是按谬误的产生是否是由于违反推理形式的逻辑规则而对谬误所作的分类。

所谓形式谬误也就是前述的演绎的谬误,它是指由于违反形式逻辑的规则而产生的推理形式不正确的各种谬误。譬如违反换质推理、换位推理规则而产生的直接推理的逻辑错误(如由"SAP"推出"SEP",由"SOP"推出"POS"等),由于违反三段论规则而产生的三段论形式的各种逻辑错误(如第一格的 AEE 式,第二格的 AII 式,第三格的 IEO 式等)。

所谓非形式谬误则泛指一切并非由于逻辑形式上的不正确而产生的谬误。比如,论证中的"虚假理由"错误、"以人为据"错误、"稻草人"错误,等等。

---

① 苗力田主编:《亚里士多德全集》第 1 卷,中国人民大学出版社 1990 年版,第 551 页。
② 〔德〕黑格尔:《哲学史讲演录》第 2 卷,贺麟、王太庆译,商务印书馆 1960 年版,第 7 页。

3. 语形谬误、语义谬误和语用谬误

这是从逻辑指号学(符号学)的角度,按谬误是产生于指号运用过程的语形方面、语义方面或语用方面而对谬误所作的分类。

所谓语形谬误是指运用指号(符号)过程中,产生于指号之间关系方面的谬误,也就是由于推理形式不正确而产生的种种谬误,它是在演绎推理形式的运用过程中,将一些非有效式视为有效式而引起的谬误。

所谓语义谬误是指运用指号(符号)过程中,产生于指号同其指谓对象关系方面的谬误,也就是由于表达式的意义方面的原因而引起的各种谬误。如语词歧义的谬误和语句歧义的谬误,等等。

所谓语用谬误是指运用指号(符号)过程中,产生于指号同其解释者之间关系方面的谬误,也就是同语言使用者和语境密切相关的一种谬误。如诉诸无知的谬误、诉诸怜悯的谬误,等等。

这里不难看出,所谓的语形谬误就是前述分类中的形式谬误亦即演绎的谬误,而所谓的语义谬误和语用谬误则是前述分类中的非形式谬误,其中自然也包括归纳的谬误。可见,在上述各种分类中,形式谬误与非形式谬误的分类是最基本的谬误分类。鉴于形式谬误在本书讨论演绎推理的相关章节中已经做过详细的说明和介绍,故在本节接下来的讨论中我们仅着重介绍一些常见的非形式谬误。

二、常见的非形式谬误

关于非形式谬误其实是相对于形式谬误而言的,指一种不正确的推理或论证。当然,它的不正确却并非出于其具有无效的推理形式,而是由于其推理中语言的歧义性或者前提(论据)对结论(论题)的不相关性或不充分性。如果说前者(歧义性谬误)主要表现为语言方面的谬误的话,那么,后者(通常分别简称为相关谬误和论据不充分谬误)则主要表现为一种非语言方面的实质性谬误。下面将依次简述歧义性谬误、相关谬误和论据不充分谬误。

(一) 歧义性谬误

所谓歧义性谬误是指在用语言表达思想和交流思想的过程中,没有保持所用语言的确定性和明晰性,也就是在确定的语言环境下,没有保持语言所使用的词项(或概念)、命题(或判断)的确定性而产生的种种谬误。主要有:

1. 语词歧义

这是指在确定的语言环境下对同一语词在不同意义下使用(即同一语词表达了不同概念)而引起的逻辑谬误。例如:"凡有意杀人者当处死刑,刽子手是有意杀人者,所以,刽子手当处死刑。"显然,这一推理是不成立的,因为两个前提中重复出现的语词"有意杀人者"是有歧义的。在第一个前提中的"有意杀人者"是就触犯刑法构成故意杀人罪这个意义而言的,而在第二个前提中的"有意杀人者",则是就死刑执行者依法对核准死刑的犯人按照法官下达的死刑执行指令行刑这个意义而言的,两者意义完全不同。正是因为"有意杀人者"这一语词在推理两个前提中具有歧义才最终导致推理结论错误。

2. 语句歧义

这是指自然语言中的语句经常具有不同的含义,一旦人们有意或无意地混淆一个语句的几个含义时,就会产生语句歧义的逻辑谬误。例如,一个人说:"那张名单上有小王和小李的朋友。"说话者的本意是说:"那张名单上有小王,还有小李的朋友。"但是,该语句在语法结构上的不确定性,使得听话者把它理解为:"那张名单上有小王和小李(共同)的朋友。"这是典型的由构型歧义而产生的语句歧义谬误。

3. 错置重音歧义

这是指在确定的语言环境下对同一语句由于重音放在不同语词上而导致语句具有不同意义的谬误。由于在朗读自然语言语句时,重音放在哪个语词上便意味着对该语词的强调,在交流或论辩过程中,通过错置重音来不恰当地强调特定的语词,误导人们接受某种暗示或隐含的意义,形成错误的认识和判断,就会产生错置重音歧义谬误。

例如,"班长今天没有迟到"这句话,以平常的语气说出来,是一个意思;假如把重音放在"班长"两个字上,则可能产生"班长今天没有迟到,而其他人可能迟到了"的意思;假如把重音放在"今天"两个字上,则可能产生"班长今天没有迟到,但过去很可能一直迟到"的意思;假如把重音放在"迟到"两个字上,则可能产生"班长今天没有迟到,但可能没来"的意思。因此,如果有意利用错置重音的强调手法,来暗示、误导人们接受某种不正确的隐含意义,就会产生错置重音歧义谬误。

(二)相关谬误

所谓相关谬误也叫不相干谬误,是指在论证中论据与论题的联系不是逻辑上的,而是其他诸如心理上的、人格上的、社会方面的联系。就是说,在论证中不是依靠论据与论题在逻辑上的必然联系,而是利用语言表达感情的功能,以言词来激发起人们心理上的同情、怜悯、恐惧或敌意等,以引诱人们接受某一论题。相关谬误主要有:

1. 诉诸无知

这是一种以无知为论据而引起的谬误。在论证中,以某个论题没有得到证实或证伪为根据,从而断定其真假。具体包括两种形式:其一,由于不能证明某一论题为真,所以这一论题为假;其二,由于不能证明某一论题为假,所以,这一论题为真。

诉诸无知谬误在超越人类理性能够确认的认知领域中常会出现。

例如，许多科学家相信，在宇宙中存在居住着高级生命的星球。他们认为，在宇宙的演化中，大约有十万分之一的概率会形成像地球这样的具备生命产生条件的星球。可是，仅凭概率并不能证明这样的星球真的存在，因为有一定概率出现的事件未必一定发生。实际上人类从未发现有关外星人存在的任何证据。可见，关于外星人和居住着高级生命的星球存在的看法，不过是某些科学家为满足其好奇心而编造的虚假的科学神话。

上述论证所包含的论证形式是：因为不能证明某一论题为真，所以这一论题为假。事实上，不能证明某一论题为真不等于该论题就是假的。同样，不能证明某一论题为假也不等于该论题就是真的。例如，我们不能因为无人能证明鬼神不存在，就说世上是有鬼神存在。

2. 诉诸情感

这是一种仅仅利用激动的感情或煽动性的言辞去拉拢听众以认定某人某事值得怜悯、同情所引起的论证谬误。这种谬误通常表现为，在论证中，不是依靠充分的论据和合乎逻辑的推理以理服人，而是借助感情促使他人同情和相信自己，接受自己的观点。例如，以可怜的言辞激起他人的同情心，或以慷慨激昂的演讲激起他人的义愤，或以危言耸听引起他人的恐惧感等等，都是诉诸情感谬误的表现。

例如，有的盗窃犯罪分子，在案发后的预审或庭审中，常常以自己家庭经济情况不好、十分可怜（如说自己老母年老体弱、妻子多病、儿子伤残、医药费如何昂贵、如何为此而倾家荡产等），以此来博得别人的怜悯和同情，来为自己的盗窃行为辩护（似乎其盗窃是出于无奈，因而无罪或少罪）。这就是一种诉诸情感的谬误。

3. 诉诸权威

这里的诉诸权威谬误严格说来，应该叫作"诉诸不适当的权威"的谬误。因为诉诸适当的权威不仅不是谬误，而且是正常的合理的论证方法。例如，在相对论问题上听一听爱因斯坦怎么说当然是必要的，并且是有说服力的。但是，由于权威并非时时、处处、事事都是权威，如果在关于经济危机的处置上也引用爱因斯坦的意见来论证某种观点，并说"爱因斯坦都这么说，你竟敢不同意"，这就犯了诉诸权威的错误。再比如，在欧洲中世纪，亚里士多德及其学说享有崇高的地位。一位经院哲学家不相信人的神经在大脑里会合的结论，一位解剖学家邀请他去参观人体解剖，他亲眼看到了这一事实，解剖学家问他："你这回应该相信了吧？"不料，这位经院哲学家竟如此回答："您清楚明白地使我看到了这一切，假如在亚里士多德的著作中没有与此相反的说法，即神经是在心脏里会合的，那我也就必定承认神经在大脑里会合是真理。"这种将权威的只言片语绝对化，不分时间、条件和场合完全信赖已经达到了迷信的程度,因而在逻辑上是错误的,这种错误也可以称之为滥用权威谬误。

4. 诉诸人身

这是指在论辩中不是针对对方的论点从逻辑上进行反驳,而是针对立论者的品行、出身、职业、外貌、地位等与论题无关的因素进行评价、攻击,以降低其言论的可信度或以此作为论证某人论点错误的根据的谬误。

诉诸人身谬误主要包括两种形式:人格人身攻击和处境人身攻击。

人格人身攻击是通过诋毁对方的技能、才智、品德或人格等来否定对方的论题,属于直接人身攻击,是人身攻击的人格形式。例如,在篮球俱乐部里,一位足球爱好者说:"公牛队今年恐怕没有足够优秀的队员来赢得 NBA 的总冠军。"一位篮球爱好者不满地说:"瞧你那倒霉的面相,也来谈公牛队的输赢?"这里,足球爱好者的观点是否站得住脚暂且不论。单就篮球爱好者的论证而言,它没有给出足球爱好者的观点不成立的理由,而试图通过对足球爱好者的面相的贬低来达到否定其观点的目的。这位篮球爱好者显然犯了人格人身攻击的谬误。人格人身攻击谬误可能导致的结果,就是孔子所说的"因人废言"——因为对方的身份或品格等可能有问题从而完全否定对方的观点。

处境人身攻击是依靠诋毁对方的出身、经历、职业、地位等各种处境来否定对方的观点,属于间接人身攻击,是人身攻击的处境形式。例如,某人这样论证:"刘某记者并不出生于农村,家里也没有亲人、亲戚在农村,他不了解农村的真实情况,他关于农民、农村、农业所说的话完全不可信。"显然,刘某记者的非农出身并不能够决定他关于农民、农村和农业的话是否可信。论证者以其非农出身作为根据断言其观点不可信,这是典型的处境人身攻击。

5. 诉诸武断

这是指既未提出充分的论据,也未进行必要的论证,就主观做出判断的一种谬误。例如,昆剧《十五贯》中,无锡知县过于执,仅凭尤葫芦(被害人)养女苏戌娟年轻貌美这一点,便判定她是与熊友兰勾搭成奸、谋财杀死养父的凶手。过于执的论断是:"看你艳如桃李,岂能无人勾引?年正青春,岂能冷若冰霜?你与奸夫情投意合,自然要生比翼双飞之意。父亲拦阻,因之杀其父而盗其财,此乃人之常情。"这种无根据的主观臆断的错误便是一种诉诸武断的谬误。

6. 诉诸暴力

这是指在论辩中,论证者借助于威胁和恫吓、甚至借助于暴力以迫使对方接受其论题的一种谬误。例如"文革"中某些人惯于用"打棍子""扣帽子"的办法整人,实际上就是用不正当的"上纲""上线"的办法,来迫使其他人放弃自己的主张并支持整人者的观点,就是诉诸暴力谬误的表现。在国际社会,所谓"强权即公理",同样是诉诸武力的表现。秦末赵高要作乱,恐怕群臣不听从他,就献给秦二世一只鹿,硬说是马,让左右的人回答。左右的人惧怕赵高,有的沉默不语,有的随之称马来阿谀他。"指鹿为马"就是诉诸暴力的表现。

(三) 论据不足的谬误

论据不足的谬误亦即理由不充足的谬误,是指论题缺乏充足理由的支持因而不能成立的谬误。前面所说的归纳的谬误,大多属于这类谬误。主要的有:

1. 以偏概全的谬误

所谓以偏概全的谬误亦称轻率概括的谬误。它是在论证过程中,不遵循归纳概括的合理性原则,由个别特例而推出一个带有普遍必然性的全称命题而产生的谬误。在归纳概括的过程中,如果只是根据个别的经验事实或某些特殊的事例就简单地得出某种普遍性的结论,并认定该结论是真实可靠的,那就会犯这种以偏概全的错误。比如,东晋诗人陶渊明有著名诗句"采菊东篱下,悠然见南山",有人就据此推论陶渊明只写平淡风雅的诗,把特殊情况视为普遍情况。其实,正如清人龚自珍所说:"陶潜酷似卧龙豪,万古浔阳松菊高。莫信诗人竟平淡,二分梁甫一分骚。"鲁迅也曾指出,陶渊明还写过"刑天舞干戚,猛志固常在"的"金刚怒目式"的诗。因此,认为陶渊明只写平淡风雅的诗,是不合陶渊明诗作的实际的,从逻辑上讲就是犯了以偏概全的谬误。

2. 平均数谬误

所谓平均数谬误是指基于平均数的假象而引申出一般性结论的谬误。比如,某人因甲工厂职工平均月工资为10000元,因而推论甲工厂的工人月工资至少也得超过5000元。但实际上,该厂大多数工人月工资不足5000元,因为该厂技术人员、管理人员与工人的比例为1∶1。而技术人员和管理人员的工资较高,多超过15000元,因而,虽然平均职工月工资为10000元,但一般工人的工资就不足5000元了。上述某人的推论就犯了这种平均数的谬误。

3. 错误抽样的谬误

所谓错误抽样的谬误是指在做出归纳概括过程中抽样不合理(如抽样片面、样本不具代表性等)而产生的谬误。比如,19世纪美西战争期间,有的美国人根据下述统计材料:这期间海军士兵中的死亡率是0.9%,而纽约市民的死亡率是1.6%,得出如下观点:战争期间在海军中服役的军人比一般居民还安全。这一观点当然不正确。原因就在于在统计中包含了片面抽样的谬误。因为,在其统计的居民中,固然有健康的青年人,但还有老人和婴儿,而且,还有各种各样的病人。一般来说他们的死亡率是相对较高的。而海军士兵都是经过体检合格身体健康的青年人,同老年人和婴儿以及各种病人比较起来,其死亡率无疑是较低的。因此,基于这样的片面抽样而得出的结论自然是不可信的。

4. 虚假相关的谬误

所谓虚假相关的谬误是指把两类并非真正相关的事件误认为是相关事件而

做出错误结论的谬误。比如,某国的一项统计材料表明,该国的居民中喝牛奶的和死于癌症的比例都很高。于是,有人据此做出推论:喝牛奶是引起癌症的原因。其实,这一推论是不能成立的。因为,这是把统计数字上似乎相关而其实无关的两类事件视为是具有因果关系的两类事件。由此产生的谬误就是一种虚假相关的谬误。

以上三种谬误(平均数谬误、错误抽样谬误和虚假相关的谬误)都是与统计有关的谬误,因而它们都属于统计谬误。

5. 赌徒谬误

所谓赌徒谬误是指由于意识不到独立事件的独立性而做出错误推论的谬误。因一般赌徒常犯此谬误,故以此命名。比如,一个人在投掷硬币的过程中,连续投掷了5次,都是国徽朝上,这时问:投掷第6次,国徽朝上还是分币朝上的概率更高?不少人可能会认为,前面5次都是国徽朝上,因而第6次分币朝上的概率将更高。事实上,这是错误的。因为在投掷硬币的时候,每次国徽与硬币朝上的概率都是1/2,而且它们中的每一次投掷都是独立事件,它们并不因为前几次呈现的是国徽朝上而就必然增加下一次分币朝上出现的概率。再如,有的妇女在连续生了第一个、第二个甚至第三个女孩后,总以为如果再生小孩的话将会是男孩,从而在这种渴求中连续生了多个女孩。这就是因为她们不懂得每次生小孩(是生女孩还是男孩)都是不依赖于前一次生小孩的独立事件,过去生了女孩并未增加下次生男孩的概率。实际上这些妇女也陷入了类似赌徒的谬误。

6. 以先后为因果的谬误

所谓以先后为因果的谬误是指那种把先后关系误认为因果关系而产生的谬误。我们知道,在因果联系中,原因总是出现在结果之前。但是如果因此断定时间上有先后关系的事件就有因果联系,这就属于以先后为因果的谬误。比如,由于求神拜佛后,一些人的疾病果然痊愈了,求神拜佛在先,疾病痊愈在后,于是有的人就把求神拜佛而得到神的保佑视为其疾病痊愈的原因,这就犯了以先后为因果的谬误。

7. 因果倒置的谬误

所谓因果倒置的谬误是指在相对确定的条件下,把原因与结果相互颠倒,视结果为原因或者视原因为结果而引起的谬误。比如,有机物的腐败与微生物的入侵存在着一定的因果关系,后者是原因,前者是结果。但有的人却认为是因为有机物腐败才引起微生物的入侵,因而把两者真实的因果关系颠倒了。再如,希伯来人观察到,健康的人身上有虱子,有病发烧的人身上没有虱子,于是认为虱子能使人身体健康。这是典型的因果倒置。事实上,当一个人发烧时,虱子就会觉得不舒服,就会离开病人。因此,应该说身体不健康是虱子离开身体的原因。

8. 机械类比的谬误

所谓机械类比的谬误是把两个或两类共同点或相似点较少,而且较小本质意义的事物进行比较而推出错误结论的谬误。比如,基督教神学曾为其存在造物主的论点作辩护时说:宇宙是由许多部分构成的一个和谐的整体,如同钟表是由许多部分构成的和谐的整体一样,而钟表有一个创造者,所以宇宙也有一个创造者,那就是上帝。把"宇宙"和"钟表"这两类相似点极少,即使有也只有偶然性质的事物加以比较,而由钟表有创造者推出宇宙也有创造者的错误结论,这就是一种机械类比的谬误。

非形式谬误有很多很多,我们这里所讨论的只是其中很少的、常见的几种形式。分析讨论谬误的目的,在于帮助大家了解谬误产生的原因,从而能更有效地揭露和打击谬误。如果掌握了正确的逻辑形式,又善于识别形形色色的谬误,那么,人们的思维就会更加富有逻辑性,从而能更好地发挥它的作用。

思考题

1. 什么是定义?定义由哪几部分组成?
2. 定义有哪三大类型?请举例说明。
3. 何谓属加种差定义?举例说明如何用此方法给概念下定义。
4. 内涵定义有哪几条规则?常见的违反定义规则的错误有哪些?请举例说明。
5. 什么是划分?常见的划分方法有哪几种?
6. 划分有哪几条规则?常见的违反划分规则的错误有哪些?请举例说明。
7. 什么是论证?论证有哪些种类?论证有哪三大构成要素?
8. 论证与推理的关系如何?
9. 什么是充足理由原则?充足理由原则的要求是什么?
10. 直接论证方法和间接论证方法的区别是什么?
11. 间接证明有哪两种方法?请举例说明。
12. 论证有哪些规则?违反论证规则的错误表现有哪些?
13. 反驳有哪几个部分组成?什么是间接反驳?请举例说明。
14. 反驳论题、反驳论据、反驳论证方式的作用有什么区别?
15. 什么是论辩?论辩与论证有何不同?请举例说明。
16. 什么是理想的论辩?论辩的理想化模式包括哪几个阶段?
17. 论辩的静态构成有哪三要素?请举例说明。
18. 为保证论辩理性展开需要遵循哪些论辩准则?试举例分析。

19. 什么是论证的结构？举例说明简单结构、序列结构、收敛结构、发散结构和闭合结构。

20. 对论证的实质性评估包括哪几个方面？请举例说明。

21. 对论证中前提对结论的支持强度进行评估有哪三种类型？

22. 对论辩的评估有哪几个步骤？请举例说明。

23. 什么是谬误？一般对谬误如何进行分类？

24. 何为形式谬误？请举例说明。

25. 何为非形式谬误？常见的非形式谬误有哪些？试举例分析。

练习题

 课程视频

 拓展阅读书目

1. 武宏志、周建武、唐坚：《非形式逻辑导论》，人民出版社 2009 年版。

2. 〔美〕柯匹、〔美〕科恩：《逻辑学导论》（第 13 版），张建军等译，中国人民大学出版社 2014 年版。

3. 〔英〕斯蒂芬·图尔敏：《论证的使用》（修订版），谢小庆、王丽译，北京语言大学出版社 2016 年版。

4. 〔美〕德肖维茨：《最好的辩护》，唐交东译，法律出版社 1994 年版。

5. 〔德〕施泰尼格尔：《纽伦堡审判》（上卷），王昭仁等译，商务印书馆 1985 年版。

6. 程兆奇：《东京审判》，上海交通大学出版社 2017 年版。

第四章 命题逻辑

论证是逻辑学关注的重点对象。有的学者干脆将论证视为逻辑学的研究对象。譬如熊明辉的《逻辑学导论》开篇就提出了这样的主张:"逻辑学的研究对象是论证,其内容涉及论证的分析、评价与建构。"① 虽然逻辑学界并非都赞同熊明辉的这一看法,但由此可以看出论证在逻辑学中的重要性。论证在逻辑学中之所以如此重要,是因为在对任何问题进行推理的时候,我们都在构建论证以支持我们的结论。我们的论证包括那些我们认为可为我们的信念提供辩护的理由。然而并非所有理由都是好的。因此面对一个论证的时候,我们也许经常会问:它所得出的结论是从其假定的前提推出的吗?要回答这个问题,有着一些客观标准。研究逻辑学,也就是设法发现和应用这些标准。支持我们做出或接受断言的方式可能不止推理一种。但推理尤其是正确的推理仍然是构建论证的最坚实的基础。②

从本章开始,我们将陆续介绍推理,其中既包括必然性推理,如本章第二节介绍的复合命题推理、第五章介绍的简单命题推理、第六章介绍的模态推理和规范推理,也包括或然性推理,如第七章介绍的不完全归纳推理、类比推理和溯因推理等。由于推理是由命题构成的,讨论推理之前需要首先介绍命题和命题形式。本章第一节介绍命题和复合命题,第二节再介绍推理和复合命题推理,第三节则对现代逻辑中的命题演算做初步介绍。

第一节 复合命题

一、命题的概述

(一) 命题及其逻辑特性

命题是推理的基本构成要素,也就是说,推理都是由命题组成的。那么,什么是命题呢?

---

① 熊明辉:《逻辑学导论》,复旦大学出版社2012年版,第1页。
② 参见〔美〕柯匹、〔美〕科恩:《逻辑学导论》(第13版),张建军等译,中国人民大学出版社2014年版,第7页。

我们先来看以下几个例子：

例① 所有金属都是导电体。
例② 印度比中国面积大。
例③ 如果物体摩擦，那么物体会发热。
例④ 贪污罪必然是故意犯罪。

在上面几个例子中，例①陈述了金属具有导电体的性质这个事物情况，例②陈述了印度面积大于中国面积这个事物情况，例③陈述了物体摩擦与物体发热两者之间存在充分条件关系的事物情况，例④陈述了贪污罪是故意犯罪所具有的必然性这个事物情况。

由此可以得出命题的定义：

命题就是陈述事物情况的思维形式。

命题既然是陈述事物情况的思维形式，那么命题对事物情况的陈述就有两种可能：或者为真或者为假。当一个命题陈述的事物情况与客观实际相符时，该命题为真；当一个命题陈述的事物情况与客观实际不符时，该命题为假。上述例子中，例①、例③、例④是真命题，例②是假命题。

命题作为事物情况的陈述或者为真或者为假，这表明命题的基本特性是具有真假性。命题具有真假性说的是任何一个具体的命题总是或者为真或者为假的。逻辑学将命题的"真"和"假"两个值称为命题的逻辑值或真假值，简称真值。在传统二值逻辑中，逻辑值或真值就是真和假两个值。但在三值逻辑或多值逻辑中，逻辑值或真值除了真和假外还有其他值，如三值逻辑的不真不假等。

既然命题具有真假性，命题又是用语句表达的，那么只有那些具有真假的语句才表达命题。这就涉及命题与语句的关系。

命题与语句既有联系又有区别。命题与语句的联系在于：命题是语句的思想内容，语句是命题的物质载体和表达形式，所有命题都必须使用语句来表达。

命题与语句的区别在于：

其一，命题都必须用语句表达，但并非所有语句都表达命题。有真假的语句如陈述句直接表达命题。没有真假的语句如疑问句、祈使句和感叹句不直接表达命题。但疑问句中的反诘句是例外，它是用疑问的形式表达陈述的内容也有真假，故反诘句也表达命题。例如，"难道逻辑学对学生的日常思维不重要吗？"这个反诘句实际上等价于如下的陈述句："逻辑学对学生的日常思维是重要的"，这个陈述句是有真假的，因而也表达命题。除此之外，其他的疑问句、感叹句和祈使句通常没有真假，因而不直接表达命题。

其二，命题与语句之间并非一一对应关系。首先，同一个命题往往可用不同语句表达，如"你说错了"和"你并非没有说错"，这两个语句形式不同，语气有差异,但表达的是同一个命题,即表达的内容相同。其次,同一个语句往往可表达不同命题,如"做手术的是他的父亲",该语句既可以表达命题"主刀的外科医生是他的父亲",又可以表达命题"接受手术的病人是他的父亲"。

命题与判断的主要区别是:命题是陈述者未断定的陈述,判断是陈述者已断定的陈述。陈述者对事物情况的陈述,有两种主观态度:一种是未置可否的态度,不加主观色彩的陈述;另一种是肯定的态度,主观断定的陈述。前者是命题,后者是判断。例如,哥德巴赫猜想"任一大于2的偶数都可以表示为两个素数之和"这个陈述就是命题,本身有真假,但究竟是真是假,尚未证明,尚未被断定,所以只是命题,不是判断。一旦该猜想得到证明,上升为定理,陈述者对之持肯定态度,则为判断。判断涉及主观断定,具有心理主义色彩,在现代逻辑中几乎弃而不用。在传统逻辑中,命题与判断曾经可以不加区别地使用。

按照不同的划分标准,可对命题做不同分类。在传统逻辑中,一般是这样划分的:

首先,根据命题中是否含有模态词(如"必然""可能"等),把命题分为模态命题和非模态命题。模态命题就是包含模态词的命题,如例④就是模态命题;非模态命题就是不包含模态词的命题,如例①、例②、例③都是非模态命题。

其次,根据命题中是否包含其他命题,把非模态命题划分为复合命题和简单命题。复合命题就是包含其他命题的命题,如例③就是复合命题;简单命题就是不包含其他命题的命题,如例①和例②就是简单命题。

再次,根据命题的逻辑特性不同,对复合命题和简单命题还可继续进行划分。

(二) 复合命题的定义与构成

命题包含内容和形式两部分,逻辑学只研究命题的形式。从逻辑的角度看,命题由两部分构成,一是表达命题逻辑性质的部分,我们称之为逻辑常项;二是表达命题思想内容的部分,我们称之为逻辑变项。因为逻辑学不研究命题的思想内容,所以,我们总是把逻辑变项用特定的符号表示。

复合命题就是包含着其他命题的命题,或者说,是能够分解出其他命题的命题。例如:

例⑤ 并非所有证据都是确实的。
例⑥ 张某有作案动机并且有作案时间。
例⑦ 或者甲到过现场,或者乙到过现场,或者丙到过现场。
例⑧ 如果买方付清了货款,那么就能立即提货。

上述四个例子都是复合命题。如例⑤能够从中分解出"所有证据都是确实的"这个命题,例⑥能够从中分解出"张某有作案动机"和"张某有作案时间"两个命题,所以属于复合命题。同理,例⑦、例⑧也是能够分解出别的命题的命题,所以都是复合命题。

复合命题由两部分构成:肢命题和联结词。

肢命题就是被复合命题所包含的命题,也就是可以从复合命题中分解出来的命题。如例⑤中的"所有证据都是确实的"就是肢命题,例⑥中的"张某有作案动机"和"张某有作案时间"也是肢命题。

关于复合命题的肢命题,我们在学习中需要注意三点:一是肢命题可以是两个或两个以上(如例⑥、例⑦),也可能仅有一个肢命题(如例⑤);二是肢命题通常是简单命题(如前面例⑤、例⑥、例⑦、例⑧都是),也可能肢命题本身就是复合命题(如"并非如果他确诊新冠肺炎,那么他就会发高烧",其肢命题用"如果,那么"联结,当然属于复合命题);三是学习复合命题的目的当然是为了正确写出其命题形式,在写命题形式时,从简洁方便又不易出错的角度,一般假定分别用小写字母 p、q、r、s、t……来代表简单的、肯定形式的肢命题,而用非 p、非 q、非 r、非 s、非 t……来代表复杂的否定形式的肢命题。例如,"如果明天不下雨,那么我就去世博公园",假如用 p 代表"明天下雨",则用非 p 代表"明天不下雨",用 q 代表"我去世博公园"。

关于复合命题的联结词,我们在学习中需要注意两点:一是联结词既可用自然语言表示,也可用人工语言表示。上面四个例子表达的复合命题均是采用自然语言联结词来表示的,如例⑤中的"并非"、例⑥中的"并且"、例⑦中的"或者"、例⑧中的"如果,那么"。我们在接下来的学习中就要引入人工语言联结词,如用"¬"代替"并非"、用"∧"代替"并且"、用"∨"代替"或者"、用"→"代替"如果,那么"等。二是自然语言联结词往往不止一个,通常有很多个。由于逻辑学并非语法学,逻辑学不可能详细考察每一个不同的自然语言联结词。故只能从众多自然语言联结词中挑选一个最为典型的联结词,作为自然语言联结词代表。我们在学习中需要对每一种复合命题的自然语言联结词代表重点把握,如对负命题的"并非"、联言命题的"并且"、选言命题的"或者"、假言命题的"如果,那么"等加以重点把握。但是话说回来,目前人与人之间交流沟通的语言并非人工语言而是自然语言,因此,我们对联结词代表之外的其他自然语言联结词也不能忽视,也要弄懂弄通,以便正常与人沟通和交流。

接着,我们讨论复合命题的命题形式。

如果我们用小写字母 p、q、r 来代替肢命题,用自然语言联结词代表来代替联结词,则上面四个复合命题的命题形式可以表示为:

例⑤′　并非 p

例⑥′　p 并且 q

例⑦′　或者p,或者q,或者r

例⑧′　如果p,那么q

请比较一下,上述⑤′⑥′⑦′⑧′与前面的⑤⑥⑦⑧有什么联系又有什么区别?从两者的联系来看,对前面的⑤⑥⑦⑧进行抽象后,便得到了⑤′⑥′⑦′⑧′。譬如,"并非p"就是对前面的⑤这个具体命题抽象后得到的命题形式。两者的区别有二:一是前面的⑤⑥⑦⑧是命题,是具体的,且具有真假性;二是后面的⑤′⑥′⑦′⑧′是命题形式,是抽象的,不具有真假性,就是说既不能说它为真,也不能说它为假,但命题形式作为逻辑形式,其自身具有一定的真假性质,且不同的命题形式之间还存在一定的真假关系。

在上面的命题形式中,既有常项(如"并非""并且"等)又有变项(如"p""q"等)。逻辑学并不讨论具体的命题而是讨论抽象的命题形式,也就是说,逻辑学要揭示命题形式自身的真假性质和命题形式之间的真假关系,从而揭示命题形式之间的推导关系或推演关系,为寻找正确有效的推理形式创造条件。这是逻辑学尤其是现代形式逻辑的重要任务。

研究复合命题的命题形式之间推理关系的逻辑又称为命题逻辑。

(三)复合命题的逻辑特性及其真值表

复合命题作为命题也是有真假的。从根本上说,复合命题的真假同样取决于复合命题所陈述的事物情况是否与客观实际相吻合,即若相吻合则该复合命题为真,若不吻合则该复合命题为假。考虑到复合命题是由肢命题组成的,假如该复合命题的肢命题是真是假均已确定,那么根据复合命题肢命题的真假,则可相应地确定该复合命题是真是假。

例如,"张某有作案动机并且有作案时间"这个复合命题是由两个肢命题"张某有作案动机""张某有作案时间"构成的,经过缜密调查已获悉张某确有作案动机,另外,又调查获悉,案发那段时间内张某不知去向,表明张某有作案时间。当这两个肢命题均为真时,该复合命题为真。反之,两个肢命题中若有一个肢命题为假,则该复合命题为假。

这段话告诉我们什么呢?就是说,复合命题总是体现为一定的命题形式,这种命题形式何时为真何时为假是有规律可循的。这就是该命题形式的真假性质,或者叫作这种形式的复合命题的逻辑特性。

命题形式的真假性质或这一类复合命题的逻辑特性是逻辑学重点关注的问题。揭示出命题形式的真假性质或者这一类复合命题的逻辑特性,就能为必然可靠的复合命题推理提供逻辑依据。我们在学习过程中也应将此作为学习和关注的重点。

为了直观刻画命题形式的真假性质,逻辑学家创立直观工具——真值表。

现在简要介绍一下真值表。

"张某有作案动机并且有作案时间"这个复合命题是由两个肢命题"张某有作案动机""张某有作案时间"组成的。若用变项 p 代替"张某有作案动机"、用变项 q 代替"张某有作案时间",则该复合命题的形式为"p∧q",而画真值表实际上是在考虑变项 p、q 的所有真假组合情况下,"p∧q"的真假性质(或真假情况)。如表 4-1：

表 4-1

p	q	p∧q
1	1	1
1	0	0
0	1	0
0	0	0

表 4-1 可以直观显示出"张某有作案动机并且有作案时间"(其形式为"p∧q")何时为真何时为假的真假性质。在后文具体介绍各种复合命题时,该真值表实质上揭示了联言命题的逻辑特性(即联言命题何时为真何时为假的规律)。

真值表的制作方法及其用途,详见本节后面"真值表的判定作用"所作介绍。

(四)复合命题的种类

严格讲,现代逻辑已不再像传统逻辑那样对复合命题进行分类,而是根据联结词的不同区分出不同的真值涵项或真值函数。本书考虑到法律人在实际适用法律过程中,基本上还是以传统的复合命题分类来把握各种不同的复合命题的。这种区分不同复合命题的做法基本上还是以传统的复合命题定义及其逻辑特性为基础的。传统逻辑认为,不同的复合命题有不同的逻辑特性,也有不同的逻辑联结词。根据逻辑特性的不同,可以把复合命题分为负命题、联言命题、选言命题、假言命题。选言命题和假言命题又可以分成不同的小类,如图 4-1：

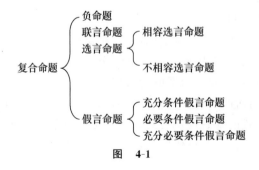

图 4-1

与之相应,复合命题推理也分为负命题推理、联言推理、选言推理和假言推理(需要注意,这种分类也是传统逻辑中的分类,这种推理分类在日常语言和日常思维中还广为运用)。

二、负命题

(一) 什么是负命题

负命题就是否定某个命题的命题,或者说是否定某个命题所得到的命题。例如:

例⑨　并非被告人都有罪。
例⑩　并不是闪光的都是金子。
例⑪　说"太阳围绕地球转"是错误的。
例⑫　"如果确诊新冠肺炎,那么一定发高烧"这种说法是不对的。

上述四个句子表达的都是负命题:例⑨是否定"被告人都有罪"所得到的命题,例⑩是否定"闪光的都是金子"所得到的命题,例⑪是否定"太阳围绕地球转"所得到的命题,例⑫是否定"如果确诊新冠肺炎,那么一定发高烧"所得到的命题。

负命题作为复合命题也是由肢命题和联结词两部分构成的。负命题的肢命题比较特殊,即负命题只有一个肢命题,上述的例⑨、例⑩、例⑪很明显,就不解释了。例⑫作为负命题,其肢命题也只有一个,即"如果确诊新冠肺炎,那么一定发高烧",尽管这个肢命题本身也是复合命题。

表达负命题的联结词在汉语中有很多,常见的负命题自然语言联结词有:
"并非……"
"并不是……"
"……这是错的"
"……这是假的"
"……这是不对的"
……

其中,"并非"是最典型的负命题联结词,被推选为负命题的自然语言联结词代表。我们在用自然语言表述负命题的命题形式时,应该以"并非"作为联结词代表,从而刻画负命题的一般形式结构。

譬如,"所有被告人都有罪,这是错误的。"我们可以先整理为:"并非所有被告人都有罪",然后,用命题变项 p 代替"所有被告人都有罪",于是该负命题的命题形式为:

并非 p

这就是负命题的命题形式,当然这是用自然语言表达的,我们还可用人工语言来表达。这时,我们用特定的表意符号"¬"表示负命题的联结词,相当于"并非",这样,负命题的命题形式用人工语言可表述为:

¬p

上面的"¬p"有四种读法:读作"并非 p";读作"非 p";读作"否定 p";读作"p 是假的"。这四种读法有助于学习者更好地理解和记住后面的复杂逻辑公式。

(二)负命题的逻辑特性

所谓负命题的逻辑特性也就是负命题这种命题形式的真假性质,换言之,也就是指,具有"¬p"逻辑形式的复合命题,它在何种情况下为真,在何种情况下为假。这一点,我们只要借助于真值表如表 4-2 就能直观地表达出来。

表 4-2

p	¬p
1	0
0	1

可见,负命题的逻辑特性是:

若肢命题假,则负命题真;若肢命题真,则负命题假。

例⑬ 并非今天下雨。(¬p)

若肢命题"今天下雨"(p)为假,则复合命题"并非今天下雨"(¬p)为真。
若肢命题"今天下雨"(p)为真,则复合命题"并非今天下雨"(¬p)为假。
负命题的逻辑特性,可从上述真值表中读出,即:
若 p 取值为真,则¬p 取值为假。
若 p 取值为假,则¬p 取值为真。

由上可知,肢命题(p)的真假是如何来决定负命题的真假的,这就是负命题(¬p)的逻辑特性。

从上述负命题的真值表,我们不仅可以读出负命题的逻辑特性(如上所述),而且还可以看出负命题与其肢命题之间具有逻辑上的矛盾关系,即"¬p"与"p"关系在真值表上显示为:不可同真,不可同假。这种命题之间**既不同真也不同假的关系就是矛盾关系。**

(三)双重否定律

根据负命题的逻辑特性,"¬p"与"p"是矛盾关系。若对"¬p"再否定,得到"¬(¬p)",则"¬(¬p)"与"¬p"也是矛盾关系,这时"¬(¬p)"与"p"就不再是矛盾关系而是等值关系。这就是双重否定律,用公式表示如下(公式中的"↔"读

作"等值于"):

$$\neg\neg p \leftrightarrow p \quad (双重否定律)$$

双重否定律的得出或证明,可参考表 4-3:

表 4-3

p	¬p	¬(¬p)
1	0	1
0	1	0

由表 4-3 可知,"¬(¬p)"与"p"是等值关系。

所谓等值关系是指两个命题或者同真或者同假的关系,即**可以同真可以同假的关系就是等值关系**。

上面对两种逻辑关系的定义均采用了逻辑定义,假如采用真值表定义,则矛盾关系和等值关系的识别就变得更加容易,从而方便思维中的运用。

矛盾关系和等值关系的真值表定义可以这样表达:

在真值表上真假完全相反的两个命题是矛盾关系;

在真值表上真假完全相同的两个命题是等值关系。

三、联言命题

(一)什么是联言命题

联言命题就是陈述几种事物情况同时存在的命题。"几种事物情况同时存在"也就是"几个肢命题同时为真"。例如:

例⑭ 郭沫若是文学家和历史学家。

例⑮ 我们不但要打破一个旧世界,而且还要建设一个新世界。

例⑯ 虽然他起步晚了点,但是他很快就追上来了。

例⑰ 北京、上海和深圳都是特大城市。

上述四个句子表达的都是联言命题:例⑭陈述了"郭沫若是文学家"与"郭沫若是历史学家"两种事物情况同时存在;例⑮陈述了"我们要打破一个旧世界"与"我们要建设一个新世界"两种事物情况同时存在;例⑯陈述了"他起步晚了点"与"他很快追上来了"两种事物情况同时存在;例⑰陈述了"北京是特大城市""上海是特大城市"和"深圳是特大城市"三种事物情况同时存在。

联言命题作为复合命题也是由肢命题和联结词构成的。

联言命题的肢命题叫作联言肢,联言肢至少是两个(如例⑭、⑮、⑯),但也可以是两个以上(如例⑰)。

(二)联言命题的语言表达

联言命题的语言表达可谓丰富多彩。不仅联言命题的自然语言联结词众多,而且可以不用联结词,根据句子的并列关系或递进关系也可判断为陈述了几种事物情况的同时存在。例如,"吾爱吾师,吾尤爱真理"就是联言命题。自然语言中还有合并主语或合并谓语的省略形式也可表达联言命题。

合并主语的省略形式如"郭沫若是文学家和历史学家",合并谓语的省略形式如"北京、上海、深圳是特大城市"等。

在汉语中,常见的联言命题自然语言联结词有:

"并且"

"而且"

"和"

"不但,而且"

"虽然,但是"

"不仅,还"

"一方面,一方面"

"既,又"

……

自然语言联结词中最典型的是"并且",故将其选择为联言命题的自然语言联结词代表。我们在用自然语言表述联言命题的命题形式时,应该以"并且"作为联结词代表,从而刻画联言命题的一般形式结构。

譬如,"我们不但要打破一个旧世界,而且还要建设一个新世界。"我们可以先整理为:"我们要打破一个旧世界并且我们要建设一个新世界",然后,用命题变项 p 代替"我们要打破一个旧世界",用 q 代替"我们要建设一个新世界",于是该联言命题的命题形式为:

  p 并且 q

这就是联言命题的命题形式,当然这是用自然语言表达的,我们还可用人工语言来表达。这时,我们用特定的表意符号"∧"(读作"合取")表示联言命题的联结词,相当于"并且",这样,联言命题的命题形式用人工语言可表述为:

  p∧q

上面的"p∧q"有四种读法:读作"p 并且 q";读作"p 合取 q";读作"同时肯定 p、q";读作"p、q 同真"。这四种读法有助于学习者更好地理解和记住后面的复杂逻辑公式。

在对联言命题的介绍中,我们看到联言命题逻辑形式既可用自然语言表述为"p 并且 q",也可用人工语言表述为"p∧q"。两者有区别吗?如果有,那么有何区别呢?下面进行回答。

要回答此问题,先要弄清楚自然语言联结词与人工语言联结词之间能够画等号吗?当然不能。两者区别在于,人工语言联结词除了可表达逻辑中的真假含义外,再无别的含义。自然语言联结词就不是这样,它除了可以表达逻辑上的真假含义外,往往还有许多其他含义,就以联言命题自然语言联结词"并且"为例,它除了可以表达逻辑上的真假含义外,常常还可以表达前后两个语句之间内容上的联系、意义上的联系以及语法上的联系(递进关系)。既然自然语言联结词是多义的,经常有歧义,莱布尼兹才提出建立以符号语言为代表的普遍语言。所以,现在的人工语言联结词是单义的,即只有一个含义即表达逻辑上的真假。这种人工语言联结词在现代逻辑中称为真值联结词,相应地,**由真值联结词与命题变项组成的逻辑形式称为真值形式。**

这样看来,"并非p""p并且q"也可叫作命题形式,但是只有"¬p""p∧q"才是真值形式。我们接下来将重点介绍真值形式,并相应地讨论真值形式的真假性质与真假关系。

(三)联言命题的逻辑特性及真值表

联言命题的肢命题通常是两个,也可以是两个以上。我们以两个联言肢的联言命题为代表讨论联言命题的逻辑特性。实际上就是讨论 p∧q 在何种情况下为真在何种情况下为假。最简单的办法就是通过真值表来揭示联言命题的逻辑特性。

联言命题的逻辑特性可用表 4-4 来描述(表中"1"代表"真","0"代表"假";以两肢为例,两肢以上的联言命题的真假性质与两肢相同):

表 4-4

p	q	p∧q
1	1	1
1	0	0
0	1	0
0	0	0

从表 4-4 可以概括出联言命题的逻辑特性如下:
当联言肢都真时,联言命题为真;至少有一个联言肢为假时,联言命题为假。

四、选言命题

选言命题就是陈述几种可能事物情况至少有一种存在的命题。"几种可能事物情况至少有一种存在"也就是"几个肢命题至少有一个为真"。选言命题的肢命题称为选言肢,可以(至少)是两个,也可以是两个以上。根据逻辑特性的不同,选言命题可分为相容选言命题和不相容选言命题。

(一)什么是相容选言命题

相容选言命题就是陈述几种事物情况可以同时存在的选言命题。

从上述相容选言命题定义可以看出,相容选言命题属于选言命题,它也是陈述几种可能事物情况至少有一种存在的命题,就是说,在若干个选言肢中,至少有一个为真;同时相容选言命题又是陈述几种事物情况可以同时存在的命题,就是说,其选言肢可以有两个或两个以上为真。

例⑱ 城市交通不畅或是车辆太多或是管理不善。
例⑲ 病人或失业者可以停付保险费。
例⑳ 某甲和某乙至少有一个是凶手。
例㉑ 张、王、李三人中有人到过现场。

上述四个句子表达的都是相容选言命题:例⑱陈述了"城市交通不畅是车辆太多"与"城市交通不畅是管理不善"两种事物情况至少有一种存在且两者并不排斥;例⑲陈述了"病人可以停付保险费"与"失业者可以停付保险费"两种事物情况至少有一种存在且两者并不排斥;例⑳陈述了"某甲是凶手"与"某乙是凶手"两种事物情况至少有一种存在且两者并不排斥;例㉑陈述了"张到过现场""王到过现场"和"李到过现场"三种事物情况至少有一种存在且三者并不排斥。

相容选言命题作为复合命题也是由肢命题和联结词构成的。

相容选言命题的肢命题叫作选言肢,选言肢至少是两个(如例⑱、⑲、⑳),但也可以是两个以上(如例㉑)。

相容选言命题的语言表达也丰富多样。不仅相容选言命题的自然语言联结词众多,而且自然语言中还有合并主语或合并谓语的省略形式也可表达相容选言命题。

合并主语的省略形式如"作案人是张某或李某",合并谓语的省略形式如"病人或失业者可以停付保险费"等。

在汉语中,常见的相容选言命题自然语言联结词有:

"或者"
"或许,或许"
"也许,也许"
"可能,可能"
……

自然语言联结词中最典型的是"或者",故将其选择为相容选言命题的自然语言联结词代表。我们在用自然语言表述相容选言命题的命题形式时,应该以"或者"作为联结词代表,从而刻画相容选言命题的一般形式结构。

譬如,"小强发烧或者是由于感冒,或者是由于肺炎。"我们可以先整理为:

"小强发烧是由于感冒或者小强发烧是由于肺炎",然后,用命题变项 p 代替"小强发烧是由于感冒",用 q 代替"小强发烧是由于肺炎",于是该相容选言命题的命题形式为:

p 或者 q

这就是相容选言命题的命题形式,当然这是用自然语言表达的,我们同样可用人工语言来表达。这时,我们用特定的表意符号"∨"(读作"析取")表示相容选言命题的联结词,相当于"或者",这样,相容选言命题的真值形式可表述为:

p∨q

上面的"p∨q"有四种读法:读作"p 或者 q";读作"p 析取 q";读作"p、q 至少肯定一个";读作"p、q 至少一真"。这四种读法有助于学习者更好地理解和记住后面的复杂逻辑公式。

(二) 相容选言命题的逻辑特性

相容选言命题的肢命题通常是两个,也可以是两个以上。我们以两个选言肢的相容选言命题为代表讨论相容选言命题的逻辑特性。实际上就是讨论 p∨q 在何种情况下为真在何种情况下为假。最简单的办法就是通过真值表来揭示相容选言命题的逻辑特性。

相容选言命题的逻辑特性可用表 4-5 来描述(表中"1"代表"真","0"代表"假";以两肢为例,两肢以上的相容选言命题的真假性质与两肢相同):

表 4-5

p	q	p∨q
1	1	1
1	0	1
0	1	1
0	0	0

从表 4-5 可以概括出相容选言命题的逻辑特性如下:

至少有一个选言肢为真时,相容选言命题为真;当选言肢均为假时,相容选言命题为假。

(三) 什么是不相容选言命题

不相容选言命题就是陈述几种可能事物情况中有且只有一种存在的选言命题。

从上述不相容选言命题定义可以看出,不相容选言命题属于选言命题,它也是陈述几种可能事物情况至少有一种存在的命题,就是说,在若干个选言肢中,至少有一个为真;同时不相容选言命题又是陈述几种事物情况最多只有一种存

在的命题,就是说,其选言肢可以有两个或两个以上,但为真的选言肢只能有一个。例如:

例㉒ 不是武松打死老虎就是老虎吃掉武松。
例㉓ 这名死者或者是自杀,或者是他杀,二者必居其一。
例㉔ 张、王、李三人中有且只有一人到过现场。
例㉕ 这个三角形要么是锐角三角形,要么是直角三角形,要么是钝角三角形。

上述四个句子表达的都是不相容选言命题:例㉒陈述的是在"武松打死老虎"与"老虎吃掉武松"二者中有且仅有一真;例㉓陈述的是在"死者是自杀"与"死者是他杀"二者中有且仅有一真;例㉔陈述的是在"张到过现场""王到过现场"与"李到过现场"三者中有且仅有一真;例㉕陈述的是在"这个三角形是锐角三角形""这个三角形是直角三角形"与"这个三角形是钝角三角形"三种中有且仅有一真。

不相容选言命题的肢命题即选言肢至少是两个(如例㉒、㉓),但也可以是两个以上(如例㉔、㉕)。

不相容选言命题的语言表达也丰富多样。不相容选言命题的自然语言联结词也很多,但较为常见的不外乎以下几个:

"不是,就是"
"要么,要么"
"或者,或者,二者必居其一"
"也许,也许,也许,三者不可兼得"
……

自然语言联结词中最典型的是"要么,要么",故将其选择为不相容选言命题的自然语言联结词代表。我们在用自然语言表述不相容选言命题的命题形式时,应该以"要么,要么"作为联结词代表,从而刻画不相容选言命题的一般形式结构。

譬如,"这名死者或者是自杀,或者是他杀,二者必居其一。"我们可以先整理为:"要么这名死者是自杀要么这名死者是他杀",然后,用命题变项 p 代替"这名死者是自杀",用 q 代替"这名死者是他杀",于是该不相容选言命题的命题形式为:

要么 p 要么 q

这就是不相容选言命题的命题形式,当然这是用自然语言表达的,我们同样可用人工语言来表达。这时,我们用特定的表意符号"$\dot{\vee}$"(读作"严格析取")表

示不相容选言命题的联结词,相当于"要么,要么",这样,不相容选言命题的真值形式可表述为:

$$p \dot\vee q$$

上面的"$p \dot\vee q$"有四种读法:读作"要么 p 要么 q";读作"p 严格析取 q";读作"p 与 q 矛盾";读作"p、q 有且仅有一真"。这四种读法有助于学习者更好地理解和记住后面的复杂逻辑公式。

(四)不相容选言命题的逻辑特性

不相容选言命题的肢命题通常是两个,也可以是两个以上。我们以两个选言肢的不相容选言命题为代表讨论不相容选言命题的逻辑特性。实际上就是讨论 $p \dot\vee q$ 在何种情况下为真在何种情况下为假。最简单的办法就是通过真值表来揭示不相容选言命题的逻辑特性。

不相容选言命题的逻辑特性可用表 4-6 来描述(表中"1"代表"真","0"代表"假";以两肢为例,两肢以上的不相容选言命题的真假性质与两肢相同):

表 4-6

p	q	$p \dot\vee q$
1	1	0
1	0	1
0	1	1
0	0	0

从表 4-6 可以概括出不相容选言命题的逻辑特性如下:

有且仅有一个选言肢为真时,不相容选言命题为真;当选言肢均为真或者均为假时,不相容选言命题为假。

(五)相容选言命题与不相容选言命题的比较

相容选言命题与不相容选言命题都属于选言命题,二者既有联系也有区别。

从联系角度来讲,相容选言命题可以看作选言命题的一般代表,而不相容选言命题可以作为选言命题的特殊情形或特例看待。不相容选言命题同样符合相容选言命题陈述若干事物情况至少有一种情况存在的描述。以"不是武松打死老虎就是老虎吃掉武松"为例,我们可以看出,该命题自然也陈述了"武松打死老虎"与"老虎吃掉武松"这两种情况至少有一种存在。从两个选言命题的真值表中更可以看出,其中第 2、3、4 行相同。正因为如此,不相容选言命题蕴涵着相容选言命题。后面我们将会看到 $p \dot\vee q$ 蕴涵 $p \vee q$,或者说,我们从 $p \dot\vee q$ 可以必然推出 $p \vee q$。其根本原因就在于两个选言命题之间存在着联系。

从区别角度来看,相容选言命题与不相容选言命题存在明显区别,主要有以下四点：

一是不相容选言命题的选言肢最多只能有一真，就是说，不相容选言命题的选言肢不能同真。而相容选言命题的选言肢可以不止一真，甚至可以同真。

二是相容选言命题与不相容选言命题的区分，从逻辑学只考察形式不管内容的角度来说，二者区分不是看其选言肢是否可以同真（这就变成根据内容下判断了），而是看将若干个选言肢联结起来所用的是什么联结词，也就是说，即使一个具体的选言命题中若干个选言肢不能同真，但其间用的联结词是"或者"，那么该选言命题就属于相容选言命题。反之，若一个具体的选言命题若干个选言肢可以同真，但使用"要么，要么"作为其联结词，则该选言命题就是不相容选言命题。

三是相容选言命题与不相容选言命题还有一个必须引起注意的区别，即二者满足结合律的程度不同，相容选言命题可谓完全符合结合律，而不相容选言命题只是相对满足结合律（这一点下文会略作分析）。

四是二者逻辑特性不同，选言肢全真时，相容选言命题为真，而不相容选言命题则为假。

关于相容选言命题与不相容选言命题的区分不看内容（即不过问选言肢可否同真），只看联结词的例子：

例㉖　小张或者是班长，或者是团支部。
例㉗　小张要么是班长，要么是团支书。
例㉘　这名死者或者是自杀，或者是他杀。
例㉙　这名死者要么是自杀，要么是他杀。

以上四个句子表达的都是选言命题，但究竟是相容选言命题还是不相容选言命题呢？假如分析一下其中的选言肢会发现，"小张是班长"与"小张是团支书"这两个选言肢是相容的（即可以同真），"这名死者是自杀"与"这名死者是他杀"这两个选言肢是不相容的（即不可以同真），那么，能否据此就判定例㉖、例㉗都是相容选言命题，而例㉘、例㉙都是不相容选言命题呢？当然不能。我们说，逻辑学是从思维形式方面研究命题并揭示其命题形式的，根据选言肢内容是否可以同真去辨别相容选言命题与不相容选言命题，这从方法论角度上说就偏离了逻辑学的研究视角。如果不是从思维内容而是从思维形式方面加以考察的话，我们应该看什么？看陈述者陈述一个具体命题时所运用的自然语言联结词，就是说，陈述者使用"要么，要么"表明其主观上不认为选言肢可以相容，而陈述者使用"或者"表明其主观上认为选言肢相容。因此，从方便运用的角度出发，对于使用类似于"或者"联结词的语句一般认定其为相容选言命题，对于使用类似于"要么，要么"联结词的语句一般认定为不相容选言命题。所以例㉖和例㉗是相容选言命题,例㉘和例㉙是不相容选言命题。有无例外呢？有。譬如,"这名死者或者是自杀,或者是他杀,二者必居其一。"虽然该语句中使用了"或者",但不能由此认定它就是相容选言命题,因为其后加上了限制"二者必居其一",表明陈述者主观上并不认为其中的两个选言肢是相容的,所以"或者,或者,二者必居其一"只能理解为表达了不相容选言命题。

  关于相容选言命题与不相容选言命题满足结合律的程度存在差别也需要略加说明。

  逻辑中的结合律类似于数学中的结合律,相容选言命题完全满足结合律,不相容选言命题虽也满足结合律,但是不完全满足。

  相容选言命题完全满足结合律：

$$(p \vee q) \vee r \leftrightarrow p \vee (q \vee r) \leftrightarrow p \vee q \vee r$$

不相容选言命题部分满足结合律：

$$(p \dot\vee q) \dot\vee r \leftrightarrow p \dot\vee (q \dot\vee r)$$

但是,接下来便不满足了：

$$(p \dot\vee q) \dot\vee r \neq p \dot\vee q \dot\vee r \quad (该公式可用真值表验证)$$

$$p \dot\vee (q \dot\vee r) \neq p \dot\vee q \dot\vee r \quad (该公式可用真值表验证)$$

详见表 4-7：

表 4-7

p	q	r	$p \dot\vee q$	$q \dot\vee r$	$(p \dot\vee q) \dot\vee r$	$p \dot\vee (q \dot\vee r)$	$p \dot\vee q \dot\vee r$
1	1	1	0	0	1	1	0
1	1	0	0	1	0	0	0
1	0	1	1	1	0	0	0
1	0	0	1	0	1	1	1
0	1	1	1	0	0	0	0
0	1	0	1	1	1	1	1
0	0	1	0	1	1	1	1
0	0	0	0	0	0	0	0

五、假言命题

  假言命题就是陈述某一事物情况的存在是另一事物情况存在的条件的命题,或者说,假言命题是陈述某一事物情况是另一事物情况存在条件的命题,故又称条件命题。

  假言命题作为复合命题也是由肢命题和联结词构成的。

  假言命题的肢命题叫作假言肢。由于假言命题是陈述条件关系的复合命题,所以假言命题有且仅有两个肢命题,一个肢命题表示条件,另一个肢命题表示条件的后承。通常将表示条件的肢命题叫作前件,将表示条件后承的肢命题叫作后件。

假言命题陈述的条件关系有充分条件、必要条件和充分必要条件。相应地,假言命题有充分条件假言命题、必要条件假言命题和充分必要条件假言命题。

(一) 充分条件假言命题

1. 什么是充分条件假言命题

充分条件假言命题就是陈述前件为后件充分条件的假言命题。

所谓充分条件就是指前件陈述的事物情况存在时后件陈述的事物情况必定存在,简单地说就是,有前件必有后件,此时前件是后件的充分条件。

陈述某个事物情况是另一事物情况存在的充分条件的假言命题就是充分条件假言命题。

例㉚ 如果某人骄傲自满,那么他就会落后。
例㉛ 只要驳倒了对方的论证,就能胜诉。
例㉜ 假如买方付清了货款,就能立即提货。
例㉝ 若下周末天气晴朗,我们就去郊游。

上述四个句子表达的都是充分条件假言命题:例㉚陈述了"某人骄傲自满"是"某人会落后"的充分条件;例㉛陈述了"驳倒了对方的论证"是"己方能胜诉"的充分条件;例㉜陈述了"买方付清了货款"是"买方能立即提货"的充分条件;例㉝陈述了"下周末天气晴朗"是"我们下周末去郊游"的充分条件。

充分条件假言命题的语言表达也丰富多样。不仅充分条件假言命题的自然语言联结词众多,而且自然语言中不用联结词也可表达充分条件假言命题。例如,我国《刑法》分则对犯罪及其相应刑罚的规定就是如此。刑法分则中普遍采用"……的,处……刑"这样的语句来表达充分条件假言命题,其含义相当于"如果……,那么处……刑"。下面略举一例:

《刑法》第234条第1款:故意伤害他人身体的,处三年以下有期徒刑、拘役或者管制。

改用规范的日常语言来表达,则相当于一个充分条件假言命题,即:

如果被告人故意伤害他人身体构成犯罪,那么应判处三年以下有期徒刑、拘役或者管制。

这样的语句在刑法分则非常普遍,大家在今后应用中应熟悉这种特定的语言表达形式。

在日常思维中,较为常见的充分条件假言命题自然语言联结词有:

"如果,那么"

"若,则"

"假使,就"
"只要,就"
"一旦,就"
"倘若,便"
……

自然语言联结词中最典型的是"如果,那么",故将其选择为充分条件假言命题的自然语言联结词代表。我们在用自然语言表述充分条件假言命题的命题形式时,应该以"如果,那么"作为联结词代表,从而刻画充分条件假言命题的一般形式结构。

譬如,"假如买方付清了货款,就能立即提货。"我们可以先整理为:"如果买方付清了货款,那么买方能立即提货。"然后,用命题变项 p 代替"买方付清了货款",用 q 代替"买方能立即提货",于是该充分条件假言命题的命题形式为:

如果 p,那么 q

这就是充分条件假言命题的命题形式,当然这是用自然语言表达的,我们同样可用人工语言来表达。这时,我们用特定的表意符号"→"(读作"蕴涵")表示充分条件假言命题的联结词,相当于"如果,那么",这样,充分条件假言命题的真值形式可表述为:

$$p \to q$$

上面的"p→q"有四种读法:读作"如果 p,那么 q";读作"p 蕴涵 q";读作"p 是 q 的充分条件";读作"p 真则 q 必真"。这四种读法有助于学习者更好地理解和记住后面的复杂逻辑公式。

2. 充分条件假言命题的逻辑特性

充分条件假言命题的肢命题正好两个,分别叫前件与后件。我们现在讨论充分条件假言命题的逻辑特性,实际上就是讨论 p→q 在何种情况下为真在何种情况下为假。最简单的办法就是通过真值表来揭示充分条件假言命题的逻辑特性。

充分条件假言命题的逻辑特性可用表 4-8 来描述(表中"1"代表"真","0"代表"假"):

表 4-8

p	q	p→q
1	1	1
1	0	0
0	1	1
0	0	1

从上面的真值表可以概括出充分条件假言命题的逻辑特性如下：

若 p 取值真，q 取值真时，则 p→q 取值为真；

若 p 取值真，q 取值假时，则 p→q 取值为假；

若 p 取值假，q 取值真时，则 p→q 取值为真；

若 p 取值假，q 取值假时，则 p→q 取值为真。

从表 4-8 中我们还可以读出：

在"p→q"为真的三行组合中，当 p 取值为真时，q 只有一种取值，即取值为真，因此，若 p 是 q 的充分条件，则前件真而后件必真；当 q 取值为假时，p 只有一种取值，即取值为假，因此，若 p 是 q 的充分条件，则后件假而前件必假。

充分条件的性质是：前件真后件必真，后件假前件必假。

在"p→q"为真的三行组合中，当 p 取值为假时，q 可以任意取值（即取值为真或假），因此，若 p 是 q 的充分条件，则前件假而后件可真可假；当 q 取值为真时，p 可以任意取值（即取值为真或假），因此，若 p 是 q 的充分条件，则后件真而前件可真可假。

要言之，充分条件假言命题的逻辑特性是：

前真后假为假，其余为真。（若前件真且后件假，则蕴涵为假；而前后件的其他真假组合，则蕴涵为真）。

（二）必要条件假言命题

1. 什么是必要条件假言命题

必要条件假言命题就是陈述前件为后件必要条件的假言命题。

所谓必要条件就是指前件陈述的事物情况不存在时后件陈述的事物情况必定不存在，简单地说就是，无前件必无后件，此时前件是后件的必要条件。

陈述某个事物情况是另一事物情况存在的必要条件的假言命题就是必要条件假言命题。

例㉞ 只有这个人年满 18 岁，他才有选举权。

例㉟ 没有中国共产党的领导，就没有中国革命的胜利。

例㊱ 除非该同志已认识到错误，他才能改正自己的错误。

例㊲ 必须自身过硬，才能带领团队前进。

上述四个句子表达的都是必要条件假言命题：例㉞陈述了"这个人年满 18 岁"是"这个人有选举权"的必要条件；例㉟陈述了"有中国共产党领导"是"有中国革命胜利"的必要条件；例㊱陈述了"该同志已认识到错误"是"该同志能改正自己错误"的必要条件；例㊲陈述了"某人自身过硬"是"某人能带领团队前进"的必要条件。

必要条件假言命题的语言表达同样丰富多彩，这种语言表达的丰富多彩也是借助于各不相同的语言联结词来实现的。

在日常思维中,较为常见的必要条件假言命题自然语言联结词有:

"只有,才"

"除非,不"

"除非,才"

"不,不"

"没有,就没有"

"必须,才"

……

自然语言联结词中最典型的是"只有,才",故将其选择为必要条件假言命题的自然语言联结词代表。我们在用自然语言表述必要条件假言命题的命题形式时,应该以"只有,才"作为联结词代表,从而刻画必要条件假言命题的一般形式结构。

譬如,"必须自身过硬,才能带领团队前进。"我们可以先整理为:"只有某人自身过硬,某人才能带领团队前进。"然后,用命题变项 p 代替"某人自身过硬",用 q 代替"某人能带领团队前进",于是该必要条件假言命题的命题形式为:

只有 p,才 q

这就是必要条件假言命题的命题形式,当然这是用自然语言表达的,我们同样可用人工语言来表达。这时,我们用特定的表意符号"←"(读作"逆蕴涵")表示必要条件假言命题的联结词,相当于"只有,才",这样,必要条件假言命题的真值形式可表述为:

$p \leftarrow q$

上面的"p←q"有四种读法:读作"只有 p,才 q";读作"p 逆蕴涵 q";读作"p 是 q 的必要条件";读作"p 假则 q 必假"。这四种读法有助于学习者更好地理解和记住后面的复杂逻辑公式。

2. 必要条件假言命题的逻辑特性

必要条件假言命题的肢命题正好两个,分别叫前件与后件。我们现在讨论必要条件假言命题的逻辑特性。实际上就是讨论 p←q 在何种情况下为真在何种情况下为假。最简单的办法就是通过真值表来揭示必要条件假言命题的逻辑特性。

必要条件假言命题的逻辑特性可用表 4-9 来描述(表中"1"代表"真","0"代表"假"):

表 4-9

p	q	p←q
1	1	1
1	0	1
0	1	0
0	0	1

从表 4-9 可以概括出必要条件假言命题的逻辑特性如下：

若 p 取值真，q 取值真时，则 p←q 取值为真。

若 p 取值真，q 取值假时，则 p←q 取值为真。

若 p 取值假，q 取值真时，则 p←q 取值为假。

若 p 取值假，q 取值假时，则 p←q 取值为真。

从上表中我们还可以读出：

在"p←q"为真的三行组合中，当 p 取值为假时，q 只有一种取值，即 q 取值为假，因此，若 p 是 q 的必要条件，则前件假而后件必假；当 q 取值为真时，p 只有一种取值，即 q 取值为真，因此，若 p 是 q 的必要条件，则后件真而前件必真。

必要条件的性质是：**前件假后件必假，后件真前件必真。**

在"p←q"为真的三行组合中，当 p 取值为真时，q 可以任意取值（即取值为真或假），因此，若 p 是 q 的必要条件，则前件真而后件可真可假；当 q 取值为假时，p 可以任意取值（即取值为真或假），因此，若 p 是 q 的必要条件，则后件假而前件可真可假。

要言之，必要条件假言命题的逻辑特性是：

前假后真为假，其余为真。（若前件假且后件真，则逆蕴涵为假；前后件的其他真假组合，则逆蕴涵为真）。

(三) 充分必要条件假言命题

1. 什么是充分必要条件假言命题

充分必要条件假言命题就是陈述前件为后件充分必要条件的假言命题。

所谓充分必要条件就是指前件陈述的事物情况存在时后件陈述的事物情况必定存在，前件陈述的事物情况不存在时后件陈述的事物情况必定不存在，简单地说就是，有前件必有后件，无前件必无后件，此时前件是后件的充分必要条件。

陈述某个事物情况是另一事物情况存在的既充分又必要条件的假言命题就是充分必要条件假言命题。

例㊳ 一个整数是偶数当且仅当它能被 2 整除。

例㊴ 当且仅当一个三角形是等边三角形，它才是等角三角形。

例㊵ 只要而且只有社会分裂为阶级时，国家才会出现。

例㊶ 人不犯我，我不犯人；人若犯我，我必犯人。

上述四个句子表达的都是充分必要条件假言命题：例㊳陈述了"一个整数是偶数"是"一个整数能被 2 整除"的充分必要条件；例㊴陈述了"这个三角形是等边三角形"是"这个三角形是等角三角形"的充分必要条件；例㊵陈述了"社会分裂为阶级"是"国家出现"的充分必要条件；例㊶陈述了"人犯我"是"我犯人"的充分必要条件。

充分必要条件假言命题的语言表达也有不同形式。除了常用联结词采用"当且仅当"外，其他往往采用两个并列的条件句来表达。这时可以采用各种语言联结词，如例㊵的"只要，就，并且只有，才"、例㊶的"不，不，并且若，则"等等。需要说明的是，虽然充分必要条件假言命题常常采用"当且仅当"作为自然语言联结词，但实际上，除了在数学和逻辑学等精密科学的表达中使用外，在日常语言表达中，人们很少使用"当且仅当"表达充分必要条件假言命题，而更多地使用双条件句的形式表达充分必要条件假言命题。

自然语言联结词中最典型的是"当且仅当"，故将其选择为充分必要条件假言命题的自然语言联结词代表。我们在用自然语言表述充分必要条件假言命题的命题形式时，应该以"当且仅当"作为联结词代表，从而刻画充分必要条件假言命题的一般形式结构。

譬如，"人不犯我，我不犯人；人若犯我，我必犯人。"我们可以先整理为："人犯我当且仅当我犯人。"然后，用命题变项 p 代替"人犯我"，用 q 代替"我犯人"，于是该充分必要条件假言命题的命题形式为：

p 当且仅当 q

这就是充分必要条件假言命题的命题形式，当然这是用自然语言表达的，我们同样可用人工语言来表达。这时，我们用特定的表意符号"↔"（读作"等值"）表示充分必要条件假言命题的联结词，相当于"当且仅当"，这样，充分必要条件假言命题的真值形式可表述为：

p↔q

上面的"p↔q"有四种读法：读作"p 当且仅当 q"；读作"p 等值于 q"；读作"p 是 q 的充分必要条件"；读作"p 真则 q 必真，p 假则 q 必假"。这四种读法有助于学习者更好地理解和记住后面的复杂逻辑公式。

2. 充分必要条件假言命题的逻辑特性

充分必要条件假言命题的两个肢命题也叫作前件与后件。我们现在就来讨论充分必要条件假言命题的逻辑特性。实际上就是讨论 p↔q 在何种情况下为真在何种情况下为假。最简单的办法就是通过真值表来揭示充分必要条件假言命题的逻辑特性。

充分必要条件假言命题的逻辑特性可用表 4-10 来描述（表中"1"代表"真"，"0"代表"假"）：

表 4-10

p	q	p↔q
1	1	1
1	0	0
0	1	0
0	0	1

从表 4-10 可以概括出充分必要条件假言命题的逻辑特性如下：

若 p 取值真，q 取值真时，则 p↔q 取值为真。

若 p 取值真，q 取值假时，则 p↔q 取值为假。

若 p 取值假，q 取值真时，则 p↔q 取值为假。

若 p 取值假，q 取值假时，则 p↔q 取值为真。

从上表中我们还可以读出：

在"p↔q"取值为真的两行组合中，p 和 q 的取值为：要么同时为真，要么同时为假。因此，若 p 是 q 的充分必要条件，则前件真后件必真，前件假后件必假；后件真前件必真，后件假前件必假。

要言之，充分必要条件假言命题的逻辑特性是：

前、后件等值为真，其余为假。（若前后件同真或同假，则等值为真，若前后件既不同真也不同假，则等值为假）。

（四）分析或表达假言命题应当注意的几个问题

第一，假言命题是按条件关系的不同而分类的。但将条件关系分为充分条件、必要条件和充分必要条件，并非严格意义上的逻辑划分。因为划分规则要求划分后的子项应当是全异关系（即外延排斥关系），而"充分条件"与"充分必要条件"的外延之间不是互相排斥的全异关系，而是概念相容关系（"充分条件"真包含"充分必要条件"），同样，"必要条件"与"充分必要条件"的外延之间也不是互相排斥的全异关系，也是概念相容关系（"必要条件"真包含"充分必要条件"），因此，将条件关系分为充分条件、必要条件和充分必要条件，不符合划分规则，亦非正确的划分。那么，如何对条件关系进行正确的划分呢？将条件关系分为充分必要条件、充分不必要条件和必要不充分条件，就是正确的划分，但这样一来，实际应用就会遇到相当大的麻烦，譬如按此划分标准对假言命题进行分类，然后再对每一种具体的假言命题进行分析讨论，将变得几乎无法进行。因此，将假言命题按条件关系分为充分条件假言命题、必要条件假言命题和充分必要条件假言命题，仅仅是从方便日常思维运用的角度考虑的，并非逻辑上的划分。这是需要提醒读者注意的。

第二，涉及假言命题表达式的真值联结词，现代逻辑通常选用两个真值联结词即"→"和"↔"即可，一般省掉"←"，这是有道理的。有了"→"和"↔"就能表达所有假言命题。从日常经验知道，充分条件关系和必要条件关系是可以相互转化的。即：若前件是后件充分条件，则后件就是前件必要条件；反之，若前件是后件必要条件，则后件就是前件充分条件。若用真值形式加以表达，即是如下公式：

p→q↔q←p　（自然语言可表述为：如果 p，那么 q 等值于只有 q，才 p）
p←q↔q→p　（自然语言可表述为：只有 p，才 q 等值于如果 q，那么 p）

现代逻辑有了"→"和"↔"，再加上上面第二个公式，就可以在不使用"←"的情况下，利用"→"便能准确地表达必要条件假言命题的真值形式了。

第三，表达必要条件假言命题的自然语言联结词不仅丰富多彩而且抽象难记。这与表达充分条件假言命题的自然语言联结词虽然数量众多但通常不会用错，形成了鲜明的对比。

在前文介绍充分条件假言命题与必要条件假言命题时，就对表达充分条件和必要条件的自然语言联结词做了介绍，这里不再重复。现在对需要提醒读者注意的必要条件自然语言联结词稍作分析。

表达必要条件自然语言联结词中有难度的要数"除非"联结词。可能正是因为这一点，每年的全国 MBA、MPA 等专业硕士全国联考逻辑题中往往有涉及"除非"的题目，学生答错的概率比较高。其实，从逻辑学习的角度来看，掌握"除非"并不难，但是一定要把握要领，举一反三。这样才能在遇到"除非"的题目面前从容应对，稳扎稳打。下面有三句话：

a. 除非你亲自登门邀请，老先生才会下山赴约。
b. 除非你亲自登门邀请，否则老先生不会下山赴约。
c. 老先生不会下山赴约，除非你亲自登门邀请。

上面三句话的含义其实是相同的，即都同样表达了"只有你亲自登门邀请，老先生才会下山赴约"这个必要条件假言命题。按此类推，上面三句话中用"p"代替"你亲自登门邀请"、用"q"代替"老先生会下山赴约"。那么这三句话的逻辑形式若用自然语言可以表示为：

a. 除非 p，才 q
b. 除非 p，否则不 q
c. 除非 p，不 q

既然上面三个形式表达的内容均相同，从形式上分析，这三个表达形式实际

上都相当于"只有 p,才 q",按此,可以找出如下对应关系:

"除非,才"="除非,否则不"="除非,不"="只有,才"。

有此自然语言联结词对应关系,对于各类学生今后应付各种类型的素质型考试便足够了。

以下,仅举一例以作分析示范。

除非你反对,我愿意愉快地陪伴您。(简·爱对受伤失明后的罗切斯特先生说)

这实际上相当于"除非你反对,我不会不愿意愉快地陪伴您",或者相当于"只有你反对,我才不愿意愉快地陪伴您",其逻辑形式为"只有 p,才不 q",真值形式为 p←¬q。

再请看一道双选题:

在下列各项中,没有准确表达"只有坚持反腐败,才能端正党风"原意的有(　)(　)。

A. 除非坚持反腐败,否则不能端正党风
B. 如果不坚持反腐败,那么就不能端正党风
C. 只要坚持反腐败,就一定能端正党风
D. 如果端正了党风,则一定坚持了反腐败
E. 或者没能坚持反腐败,或者端正了党风

答案:C、E。

六、真值形式的种类

(一) 真值联结词和真值形式

复合命题的真值联结词有:

¬、∧、∨、V̇、→、←、↔。

真值联结词连接命题变项 p、q、r、s 等构成的命题形式叫作真值形式。在现代逻辑中真值形式的**形成规则**规定:

a. 若 A 是真值形式,则¬A 是真值形式。

b. 若 A、B 是真值形式,则 A∧B、A∨B、A V̇ B、A→B、A←B、A↔B 是真值形式。

c. 除上述情况外,没有真值形式。

真值形式一般都有名称。如¬A(否定式)、A∧B(合取式)、A∨B(析取式)、A V̇ B(严格析取式)、A→B(蕴涵式)、A←B(逆蕴涵式)、A↔B(等值式)。

真值联结词的语义可用真值表定义:若 p、q 是命题变项,则¬p、p∧q、p∨q、

p$\dot{\vee}$q、p→q、p←q、p↔q 的语义定义参见表 4-11：

表 4-11

p	q	¬p	p∧q	p∨q	p$\dot{\vee}$q	p→q	p←q	p↔q
1	1	0	1	1	0	1	1	1
1	0	0	0	1	1	0	1	0
0	1	1	0	1	1	1	0	0
0	0	1	0	0	0	1	1	1

表 4-11 可以看作是对七个真值联结词的定义。

关于真值联结词与自然语言联结词的关系需要注意，真值联结词是对自然语言联结词的逻辑抽象。既然是抽象，那么真值联结词就是单义的，它仅抽取了自然语言联结词关于命题真值方面的含义，舍去了自然语言联结词其他方面的含义。也就是说，真值联结词是单一含义，而自然语言联结词则是多种含义，因而自然语言联结词通常有歧义，而真值联结词没有。因此，采用真值联结词更容易专注于真值形式的真假性质和真假关系，即更容易看出其中隐藏的各种逻辑规律。正因如此，莱布尼兹提出逻辑研究需要采用人工符号语言的设想，而在后的逻辑学家利用符号语言建立起现代逻辑形式系统之后，逻辑学发展便迈入快车道，飞速发展，硕果累累。这就是人工语言联结词也就是真值联结词的巨大优势所在。

现代逻辑的发展，已把逻辑证明推向形式系统，我们可以视这个形式系统为对象语言，而解释、描述这个系统的语言就可视为元语言。这两套语言各自独立，互不混淆。

当然，上述真值形式的定义还不是严格意义上的形式系统中的定义，至于更详细的介绍可参阅本章第三节命题演算，里面有关于现代逻辑系统的介绍。

接下来介绍一下七个真值联结词结合力的强弱排序。这对正确认识复杂的真值形式、弄清其结构很有用。

在数学中不仅引入了括号，而且根据运算符号自身结合力强弱，在某些情况下还可以省略括号，使数学公式看起来更为简洁明了。

例如，((3×5)+(2×6)) 该公式去括号得到 3×5+2×6，

为了准确表示真值形式各个符号之间的结构和内在联系，真值形式表达式中同样引入了括号。但括号无疑增加了真值形式公式的复杂性。那么可否像数学那样对真值形式公式中的括号进行省略呢？答案是肯定的。这就是利用真值联结词自身结合力由强到弱的递减顺序，将可以省略的括号去掉，以减少复杂的真值形式中的括号。

假如我们做出如下规定："¬"、"∧"、"∨"、"$\dot{\vee}$"、"→"、"←"、"↔"，上述七个

真值联结词的结合力,从左到右,逐渐减弱。其中,"¬"最强,"↔"最弱。这样一来,一个真值形式可能看上去很复杂,但经过去括号总会变得稍微简便一些。例如:

$$(p \to (q \lor p)) \leftrightarrow ((q \lor p) \leftarrow p)$$

上述真值形式是一个等值式,其前件是一个蕴涵式("→"),后件是一个逆蕴涵式("←")。如果我们依据上述规定,前后件外的括号都可以去掉,因为"→""←"的结合力强于"↔";而前后件中的括号也可以去掉,因为"∨"的结合力强于"→"和"←"。因此,这个真值形式可以去掉所有的括号,改成:

$$p \to q \lor p \leftrightarrow q \lor p \leftarrow p$$

但是上面这个真值形式与下面的真值形式是不同的:

$$(p \to q) \lor p \leftrightarrow q \lor (p \leftarrow p)$$

尽管后一个真值形式也是等值式,但因为加了括号,其中的前后件都是析取式。

下面接着介绍真值形式的种类。真值形式可分为三大类:永真式、永假式和适真式。

在真值表中取值恒真的真值形式是**永真式**,或者说,一个真值形式是永真式当且仅当无论其变项取什么值,该真值形式是恒真的。永真式又称重言式。

在真值表中取值恒假的真值形式是**永假式**,或者说,一个真值形式是永假式当且仅当无论其变项取什么值,该真值形式是恒假的。永假式又称矛盾式。

在真值表中取值有真有假的真值形式是**适真式**,适真式又称协调式。如表4-12:

表 4-12

p	q	¬p	p∨¬p	p∧¬p	p→q
1	1	0	1	0	1
1	0	0	1	0	0
0	1	1	1	0	1
0	0	1	1	0	1

表4-12,"p∨¬p"的值恒真,是永真式。永真式表示逻辑规律。

表4-12,"p∧¬p"的值恒假,是永假式。永假式表示逻辑矛盾。

表4-12,"p→q"的值有真有假,是适真式。适真式表示可真可假的复合命题形式结构。

(二)复合命题中常见的等值永真式

在众多永真式中,有一类重要的永真式叫作等值永真式。下面就来说说等值永真式。

在 A↔B 这个真值形式中，假如 A 与 B 的真假值相同，则 A 与 B 具有等值关系。而如果 A 与 B 具有等值关系，那么 A↔B 就是等值永真式。

等值永真式有何意义呢？

假如 A、B 分别是两个变项相同而常项不同的真值形式，现在 A↔B 是永真式，则表明 A、B 真值形式具有等值关系，这就意味着具有 A 形式的复合命题与具有 B 形式的复合命题之间具有等值关系。在进行复合命题推理时，若 A↔B 是永真式，便意味着 A 与 B 等值，这时我们就可以随时随处以 A 替换 B，也可以随时随处以 B 替换 A，这就是等值置换。所以了解并掌握大量的等值永真式，对于提高日常思维中推理的正确率和效率来说都是很有意义的事情。

同时，从逻辑上说，两个形式结构不同的复合命题借助于等值永真式表明两者是等值的。这实际上意味着真值联结词的语义在真值表中得到诠释，同时说明，它们可以互相解释，或者说相互定义。

下面借助于真值表来诠释真值联结词的含义，并借助真值表来理解并记住这些常见的复合命题等值永真式，如表 4-13：

表 4-13

p	q	¬p	p∧q	p∨q	p V̇ q	p→q	p←q	p↔q
1	1	0	1	1	0	1	1	1
1	0	0	0	1	1	0	1	0
0	1	1	0	1	1	1	0	0
0	0	1	0	0	0	1	1	1

在讨论等值永真式时，我们将所有等值永真式划分为两大类：一类是复合命题的负命题及其等值命题构成的等值永真式；另一类是并非复合命题的负命题所构成的等值永真式。两大类复合命题等值永真式在逻辑系统和日常应用中都很重要，需要分别予以详细讨论。

在正式讨论之前，我们先就以 A、B 这些语法变项为主的合式公式之间的主要推演与变形做一说明。

首先，若 A↔B 成立，则 B↔A 也成立。

其次，若 A↔B 成立，则 ¬A↔¬B 也成立。

最后，若 A 是永真式，则 ¬¬A 也是永真式。

下面，我们先就复合命题的负命题及其等值命题构成的等值永真式进行分析说明，然后再对并非复合命题的负命题所构成的等值永真式进行分析说明。

1. 复合命题的负命题及其等值命题构成的等值永真式

在本书中，我们实际上讨论了 7 种复合命题的真值形式，这就意味着我们认可了 7 种最简单的真值形式即基本真值形式，分别为 ¬p、p∧q、p∨q、p V̇ q、 p→q、p←q、p↔q。假如我们对形如上述 7 种的复合命题进行否定,则获得这 7 种复合命题的负命题。那么,这些负命题的等值命题是什么呢? 这就是我们接下来需要加以讨论的问题。

1) ¬¬p↔p 双重否定律

这是我们在介绍负命题逻辑特性时已经介绍过的一个真值形式。双重否定律的主要作用在于公式推演过程中的化简和变形。

2) ¬(p∧q)↔¬p∨¬q 否定合取律

表 4-14

p	q	p∧q
1	1	1
1	0	0
0	1	0
0	0	0

从表 4-14 可以看出:p∧q 为假,共有三种情形,即第 2、3、4 行的情形。这三种情形若稍加观察,不难发现如下规律:若 p 假,则 p∧q 必假;若 q 假,则 p∧q 必假。这已涵盖了 p∧q 为假的所有三种情形,再无别的情形出现 p∧q 假。由此得出如下结论:

p∧q 为假,当且仅当,或者 p 假,或者 q 假。

若用公式表示出来,便是:

¬(p∧q)↔¬p∨¬q 否定合取律

3) ¬(p∨q)↔¬p∧¬q 否定析取律

表 4-15

p	q	p∨q
1	1	1
1	0	1
0	1	1
0	0	0

从表 4-15 可以看出:p∨q 为假,仅有一种情形,即第 4 行的情形。这种情形也就是 p 假且 q 假,即 p、q 同假。由此得出如下结论:

p∨q 为假,当且仅当,p、q 同假。若用公式表示出来,便是:

¬(p∨q)↔¬p∧¬q 否定析取律

等值永真式 2)、3)分别是否定合取与否定析取所得到的两个等值永真式。这两个等值永真式的直观含义很容易看出来:

公式 2)说的是,一个联言命题的负命题等值于一个相容选言命题,其选言肢分别为原联言肢的否定。

公式 3)说的是,一个相容选言命题的负命题等值于一个联言命题,其联言肢分别为原选言肢的否定。

该公式最早由英国数学家和逻辑学家德·摩根提出来,故称德·摩根律。德·摩根律在日常思维中得到广泛运用。下面举例加以说明。

例:"并非甲、乙都到过现场"($\neg(p \land q)$)等值于"或者甲未到过现场,或者乙未到过现场"($\neg p \lor \neg q$)。

例:"并非或者我说错了,或者你听错了"($\neg(p \lor q)$)等值于"我没有说错,你也没有听错"($\neg p \land \neg q$)。

4) $\neg(p \dot\lor q) \leftrightarrow (p \land q) \lor (\neg p \land \neg q)$　　否定严格析取律

5) $\neg(p \dot\lor q) \leftrightarrow (p \lor \neg q) \land (\neg p \lor q)$　　否定严格析取律

表　4-16

p	q	p$\dot\lor$q
1	1	0
1	0	1
0	1	1
0	0	0

从表 4-16 可以看出:p$\dot\lor$q 为假,仅有两种情形,即或者第 1 行或者第 4 行的情形。第 1 行的情形即 p 真且 q 真,即 p、q 同真;第 4 行的情形即 p 假且 q 假,即 p、q 同假。由此得出如下结论:

p$\dot\lor$q 为假,当且仅当,或者 p、q 同真,或者 p、q 同假。

若用公式表示出来,便是:$\neg(p \dot\lor q) \leftrightarrow (p \land q) \lor (\neg p \land \neg q)$。这就是公式 4)。

接下来讨论公式 5)的推导。

表　4-17

p	q	p$\dot\lor$q
1	1	0
1	0	1
0	1	1
0	0	0

从表 4-17 可以看出:p$\dot\lor$q 为假,当且仅当,p、q 取值既非第 2 行亦非第 3 行。就是说,既不能是 p 真而 q 假,也不能是 p 假而 q 真。将此写成公式,就是

下列情形：

¬(p V̇ q)↔¬(p∧¬q)∧¬(¬p∧q)

运用德·摩根律对等式右边的公式进行变形,便可得到如下公式：

¬(p V̇ q)↔(¬p∨q)∧(p∨¬q)。再把等式右边的合取式运用交换律变形便得到公式5)。

跟否定严格析取相类似的还有否定等值律。

6) ¬(p↔q)↔(p∧¬q)∨(¬p∧q)　　否定等值律
7) ¬(p↔q)↔(p∨q)∧(¬p∨¬q)　　否定等值律

表　4-18

p	q	p↔q
1	1	1
1	0	0
0	1	0
0	0	1

从表 4-18 可以看出：p↔q 为假,仅有两种情形,即或者第 2 行或者第 3 行的情形。第 2 行的情形即 p 真而 q 假;第 3 行的情形即 p 假而 q 真。由此得出如下结论：

p↔q 为假,当且仅当,或者 p 真而 q 假,或者 p 假而 q 真。

若用公式表示出来,便是：¬(p↔q)↔(p∧¬q)∨(¬p∧q)。这就是公式6)。

接下来讨论公式 7)的推导。

表　4-19

p	q	p↔q
1	1	1
1	0	0
0	1	0
0	0	1

从表 4-19 可以看出：p↔q 为假,当且仅当,p、q 取值既非第 1 行亦非第 4 行。如果写成公式,就是下列情形：¬(p↔q)↔¬(p∧q)∧¬(¬p∧¬q)。再运用德·摩根律对等值式右边的公式进行变形,便可得到如下公式：¬(p↔q)↔(¬p∨¬q)∧(p∨q)。然后运用交换律对等值式右边的合取式进行变形,便得到公式 7)。

讨论完否定严格析取与否定等值的四个重要等值永真式之后,再来讨论否定蕴涵及否定逆蕴涵的四个重要公式。

8) $\neg(p\rightarrow q)\leftrightarrow p\wedge\neg q$　否定蕴涵律

9) $\neg(p\leftarrow q)\leftrightarrow\neg p\wedge q$　否定逆蕴涵律

表 4-20

p	q	p→q
1	1	1
1	0	0
0	1	1
0	0	1

从表 4-20 可以看出：p→q 为假，仅有一种情形，即第 2 行的情形。这种情形也就是 p 真而 q 假。由此得出如下结论：p→q 为假，当且仅当，p 真而 q 假。

若用公式表示出来，便是：$\neg(p\rightarrow q)\leftrightarrow p\wedge\neg q$。这便是公式 8)。

下面再来讨论公式 9) 的推导。

表 4-21

p	q	p←q
1	1	1
1	0	1
0	1	0
0	0	1

从表 4-21 可以看出：p←q 为假，仅有一种情形，即第 3 行的情形。这种情形也就是 p 假而 q 真。由此得出如下结论：p←q 为假，当且仅当，p 假而 q 真。

若用公式表示出来，便是：$\neg(p\leftarrow q)\leftrightarrow\neg p\wedge q$。这便是公式 9)。

否定蕴涵律与否定逆蕴涵律是日常思维中运用极为广泛的两个等值永真式。

因为公式 9) 否定逆蕴涵律相对简单，用得较少，就先举一简单例子加以说明。

譬如，高中毕业班在高考前夕，班主任老师为了减轻考生的压力往往这样说："并非只有考上大学才能成才。"（$\neg(p\leftarrow q)$）那么，班主任老师的这句话究竟表达了什么意思呢？能不能理解为"即使考上了大学也不一定能成才"呢？（$p\wedge\neg q$）我们说，这种理解是错误的。准确的理解是，这句话等于说，"考不上大学，照样也能成才。"（$\neg p\wedge q$）

接下来讨论否定蕴涵律的应用。

否定蕴涵律是日常思维和日常语言中广为运用的等值永真式。经常会有人提出一个充分条件假言命题,而另一个人立即加以否定,这就涉及否定蕴涵律的运用。

譬如,公诉人在法庭上对被告人的辩护人说:"如果被告人作案,那么必有同伙。"

辩护人一听,立即否定:"这不可能。"

现在问你:辩护人的回答告诉你什么信息?

分析如下:

公诉人:$p \rightarrow q$。

辩护人:$\neg(p \rightarrow q)$。

我们根据否定蕴涵律知道:$\neg(p \rightarrow q) \leftrightarrow p \wedge \neg q$。所以,辩护人的回答告诉人们:被告人作了案,但是没有同伙。也就是说,该案是被告人一个人干的。

再如,有学生认为:"只要来上逻辑课,就能学好逻辑。"但逻辑任课老师根据多年逻辑教学经验,否定了学生的这种看法。请问,逻辑任课老师的真实意思是什么?

这也同样是一个否定蕴涵律的运用。学生的话是一个充分条件假言命题。老师否定了学生的充分条件假言命题。根据否定蕴涵律可以得出:$\neg(p \rightarrow q) \leftrightarrow p \wedge \neg q$。就是说,逻辑任课老师的观点是:即使你来上了逻辑课,也不等于你就学好了逻辑。(因为学好逻辑,仅靠来上课是远远不够的,还需要真正听懂并及时做对逻辑练习题等。)

现在,我们总结一下复合命题的负命题及其等值命题构成的等值永真式,共有下列9个公式。它们分别是:

1) $\neg\neg p \leftrightarrow p$ 双重否定律

2) $\neg(p \wedge q) \leftrightarrow \neg p \vee \neg q$ 否定合取律

3) $\neg(p \vee q) \leftrightarrow \neg p \wedge \neg q$ 否定析取律

4) $\neg(p \dot\vee q) \leftrightarrow (p \wedge q) \vee (\neg p \wedge \neg q)$ 否定严格析取律

5) $\neg(p \dot\vee q) \leftrightarrow (p \vee \neg q) \wedge (\neg p \vee q)$ 否定严格析取律

6) $\neg(p \leftrightarrow q) \leftrightarrow (p \wedge \neg q) \vee (\neg p \vee q)$ 否定等值律

7) $\neg(p \leftrightarrow q) \leftrightarrow (p \vee q) \wedge (\neg p \vee \neg q)$ 否定等值律

8) $\neg(p \rightarrow q) \leftrightarrow p \wedge \neg q$ 否定蕴涵律

9) $\neg(p \leftarrow q) \leftrightarrow \neg p \wedge q$ 否定逆蕴涵律

2. 并非复合命题的负命题所构成的等值永真式

10) $p \wedge q \leftrightarrow q \wedge p$ 交换律

11) $p \vee q \leftrightarrow q \vee p$ 交换律

12) $p \dot\vee q \leftrightarrow q \dot\vee p$ 交换律

13) $(p \leftrightarrow q) \leftrightarrow (q \leftrightarrow p)$ 交换律

从真值表上判断，p∧q 与 q∧p、p∨q 与 q∨p、p⩒q↔q⩒p、p↔q=q↔p 均具有等值关系。从真值形式的变形来说，就好比将变项 p 和 q 的左右位置交换了一下。因此，将上面的公式叫作交换律。

需要注意的是，交换律是就由真值联结词构成的真值形式而言的。但是，在日常思维和日常语言中，人们使用的往往不是真值联结词，而是自然语言联结词。自然语言联结词不像真值联结词那样只有一种真假值的含义，因而可以交换。自然语言联结词是多义的，往往不止一种含义。因此，对自然语言联结词表达的联言命题、选言命题等，往往需要注意说话的语境，不能随便使用交换律来变形，否则将会产生误会或误解，影响人际交流与沟通。

譬如，"小王姑娘结了婚并生了孩子"与"小王姑娘生了孩子并结了婚"，单纯从逻辑上来看，两者的确是等值的。但是结合中国国情下的社会风俗与传统习俗来看，在中国文化语境中，两者的含义不仅不同，而且天差地别，一旦将第一句话以后面交换后的语言形式讲出来，小王姑娘很有可能会控告说话不当者侵犯了其名誉权，将说话不当者诉至法院。

由此可见，交换律仅仅对真值联结词表达的真值形式是准确的，而对自然语言联结词构成的自然语言中的复合命题，不能轻易使用交换律，以免影响人际交往和沟通。

14) $p \to q \leftrightarrow \neg(p \land \neg q)$ 蕴涵定义律

15) $p \to q \leftrightarrow \neg p \lor q$ 蕴涵定义律

这两个定义律可从公式 8) 否定蕴涵律中进行公式变形而来。下面是推演过程。

因为若 $A \leftrightarrow B$ 成立，则 $\neg A \leftrightarrow \neg B$ 也成立。

所以从 $\neg(p \to q) \leftrightarrow p \land \neg q$ 可推演出 $p \to q \leftrightarrow \neg(p \land \neg q)$。

这样公式 14) 便推导出来了。公式 14) 作为蕴涵定义律，其实是对（实质）蕴涵关系的定义。所谓 p 对 q 具有（实质）蕴涵关系是指，不存在 p 真而 q 假的情况。

接下来再对公式 14) 的右边公式运用德·摩根律便可得到：$p \to q \leftrightarrow \neg p \lor q$。这就是公式 15) 蕴涵定义律。该蕴涵定义律是日常思维和逻辑推演中极为常用的真值永真式。其真实含义是说，一个充分条件假言命题为真，当且仅当，或者前件为假，或者后件为真。

不妨将这句话倒过来说，如果一个充分条件假言命题的前件为假或者后件为真，则该充分条件假言命题为真。事实果真如此吗？我们看一下真值表。在表 4-22 中将会显示蕴涵定义律的内容。

表 4-22

p	q	p→q
1	1	1
1	0	0
0	1	1
0	0	1

表 4-22 告诉我们,当前件假时,不论后件真或假,该充分条件假言命题为真;当后件真时,不论前件真或假,该充分条件假言命题为真。这说明公式 15)蕴涵定义律的描述,与真值表显示的真值情况完全吻合。

16) p←q↔¬(¬p∧q)　逆蕴涵定义律

17) p←q↔p∨¬q　逆蕴涵定义律

这两个定义律可从公式 9)否定逆蕴涵律中进行公式变形而来。下面是推演过程。

因为若 A↔B 成立,则¬A↔¬B 也成立。

所以从¬(p←q)↔¬p∧q 可推演出 p←q↔¬(¬p∧q)。这就是公式 16)逆蕴涵定义律。公式 16)作为逆蕴涵定义律,其实是对(实质)逆蕴涵关系的定义。所谓 p 对 q 具有(实质)逆蕴涵关系是指,不存在 p 假而 q 真的情况。

对公式 16)右边公式运用德·摩根律便可得到:p←q↔p∨¬q。该逆蕴涵定义律是说,一个必要条件假言命题为真,当且仅当,或者前件为真,或者后件为假。

不妨将这句话倒过来说,如果一个必要条件假言命题的前件为真或者后件为假,则该必要条件假言命题为真。事实果真如此吗?

表 4-23

p	q	p←q
1	1	1
1	0	1
0	1	0
0	0	1

表 4-23 告诉我们,当前件真时,不论后件真或假,该必要条件假言命题为真;当后件假时,不论前件真或假,该必要条件假言命题为真。

接下来说一说,蕴涵定义律和逆蕴涵定义律在实际思维中的作用。

作用之一,在判断具体的蕴涵式或逆蕴涵式是真是假时,能够先人一步由仅知其一个假言肢的真或假,进而判断整个充分条件假言命题或必要条件假言命题为真或者为假,尤其在口算中更为突出。譬如,我问你:在 A→B 中,仅知前件 A 为假,但不知后件 B 是真是假,能否据此确定 A→B 一定为真?再问:在 A→B 中,仅知后件 B 是真,但不知前件 A 是真是假,能否据此确定 A→B 一定为真?我们说,这两个问题均可回答"据此可以确定 A→B 一定为真"。其依据就是蕴涵定义律。

同理,在 A←B 中,仅知前件 A 为真,但不知后件 B 是真是假,能否据此确定 A←B 一定为真?在 A←B 中,仅知后件 B 是假,但不知前件 A 是真是假,能否据此确定 A←B 一定为真?我们说,这两个问题也都可以回答"据此可以确定 A←B 一定为真"。其依据就是逆蕴涵定义律。

作用之二,蕴涵定义律和逆蕴涵定义律,既是日常思维中假言命题与选言命题相互转化的重要工具,也是本章第二节中形式证明通过真值形式变形找到正确证明思路的主要手段。在日常思维和日常语言中,人们经常会将假言命题与选言命题进行转化或转换,以追求表达方式的多样化及自然语言的丰富多彩。

例如,在同学们讨论五一节去哪儿旅游时,甲同学说:"假如我们不去苏州的话,就去杭州吧!"乙同学接过话头说道:"你的意思是,五一节我们或者去苏州,或者去杭州啦!"乙同学对甲同学的解释是否符合甲的原意呢?我们试着分析一下。

甲的话用真值形式表达即 ¬p→q,而乙的话用真值形式表达即 p∨q,根据蕴涵定义律,¬p→q↔¬(¬p)∨q,根据双重否定律得到,¬p→q↔p∨q,结果表明乙的话与甲的话等值。

18) p$\dot\vee$q↔(p∧¬q)∨(¬p∧q)　　严格析取定义律
19) p$\dot\vee$q↔(p∨q)∧(¬p∨¬q)　　严格析取定义律

表　4-24

p	q	p$\dot\vee$q
1	1	0
1	0	1
0	1	1
0	0	0

从表 4-24 可以看出,公式 18)说的便是真值表的第 2、3 行中 p$\dot\vee$q 为真的情形,即 p$\dot\vee$q 为真,当且仅当,或者第 2 行,或者第 3 行。具体说即,p$\dot\vee$q 为真,当且仅当,或者 p 真而 q 假,或者 p 假而 q 真。写出其真值形式,就是 p$\dot\vee$q 的第一个定义律。

公式 19)也是从上面真值表得出来的。从上面真值表可以看出,p$\dot\vee$q 为真,当且仅当,p、q 取值既非第 1 行亦非第 4 行,写出真值形式就是,p$\dot\vee$q↔¬(p∧

q)∧¬(¬p∧¬q),运用德·摩根律变形后,便可得到 p∨̇q↔(¬p∨¬q)∧(p∨q),再对等值式右边的合取式运用交换律,即可得到严格析取定义律的公式19)。

20)(p↔q)↔(p∧q)∨(¬p∧¬q)　等值定义律
21)(p↔q)↔(p→q)∧(p←q)　等值定义律

表　4-25

p	q	p↔q
1	1	1
1	0	0
0	1	0
0	0	1

从表 4-25 可以看出公式 20)是正确的。p↔q 为真,当且仅当,或者第 1 行,或者第 4 行。换言之,p↔q 为真,当且仅当,或者 p、q 同真,或者 p、q 同假。写出其真值形式,就是公式 20)描述的等值定义律。

从上面真值表还可以看出,p↔q 为真,当且仅当,p、q 取值,既非第 2 行,亦非第 3 行。换言之,p↔q 为真,当且仅当,既非 p 真 q 假,亦非 p 假 q 真。写出其真值形式便是这样:(p↔q)↔¬(p∧¬q)∧¬(¬p∧q)。根据公式 14)蕴涵定义律和公式 16)逆蕴涵定义律,等值式的右边可用蕴涵定义律与逆蕴涵定义律进行等值置换,置换后便得到如下公式:

(p↔q)↔(p→q)∧(p←q)

公式 20)和公式 21)所表达的等值定义律对于逻辑学习很有意义。从前面依据真值表进行的逻辑推导或变形可以断定,上述两个等值永真式是正确的,相当于客观真理。其在逻辑学中的意义主要有以下两点:

其一,等值关系的逻辑定义便是依据公式 20)得出来的,或者说是建立在其基础之上的。等值关系的逻辑定义一般这样表达:**等值关系是指两个命题之间或者同真或者同假的关系。简述为,可以同真、可以同假的关系为等值关系。**

其二,充分必要条件的定义便是自公式 21)做出的提炼。何谓充分必要条件?**所谓充分必要条件是指前件既是后件的充分条件又是后件的必要条件。**公式 21)的直观含义就是如此。

22)p∧q↔¬(¬p∨¬q)　合取定义律
23)p∨q↔¬(¬p∧¬q)　析取定义律

上述合取定义律与析取定义律是从公式 2)否定合取律与公式 3)否定析取律变形得到的。具体说,即由 A↔B 成立,推出¬A↔¬B 也成立。

公式 2)否定合取律¬(p∧q)↔¬p∨¬q 成立,则 p∧q↔¬(¬p∨¬q)亦成

立。

同理公式3)否定析取律$\neg(p\vee q)\leftrightarrow\neg p\wedge\neg q$成立,则$p\vee q\leftrightarrow\neg(\neg p\wedge\neg q)$亦成立。

这表明合取定义律与析取定义律都是成立的。

合取定义律可以解释为:一个合取为真,当且仅当其肢命题并非有假。

析取定义律可以解释为:一个析取为真,当且仅当其肢命题并非都假。

24) $p\leftarrow q\leftrightarrow q\rightarrow p$　蕴涵逆蕴涵转换律

25) $p\leftarrow q\leftrightarrow\neg p\rightarrow\neg q$　蕴涵逆蕴涵转换律

必要条件假言命题的前件是后件的必要条件,而它的后件又是前件的充分条件。因此,$p\leftarrow q$可以表达为$q\rightarrow p$,或者表达为$\neg p\rightarrow\neg q$。在日常思维与自然语言表达中经常需要做这样的转换。同样,充分条件假言命题也可以转换成相应的必要条件假言命题。

现在也把并非复合命题的负命题所构成的等值永真式总结一下,有如下16个等值式:

10) $p\wedge q\leftrightarrow q\wedge p$　交换律

11) $p\vee q\leftrightarrow q\vee p$　交换律

12) $p\dot{\vee}q\leftrightarrow q\dot{\vee}p$　交换律

13) $(p\leftrightarrow q)\leftrightarrow(q\leftrightarrow p)$　交换律

14) $p\rightarrow q\leftrightarrow\neg(p\wedge\neg q)$　蕴涵定义律

15) $p\rightarrow q\leftrightarrow\neg p\vee q$　蕴涵定义律

16) $p\leftarrow q\leftrightarrow\neg(\neg p\wedge q)$　逆蕴涵定义律

17) $p\leftarrow q\leftrightarrow p\vee\neg q$　逆蕴涵定义律

18) $p\dot{\vee}q\leftrightarrow(p\wedge\neg q)\vee(\neg p\wedge q)$　严格析取定义律

19) $p\dot{\vee}q\leftrightarrow(p\vee q)\wedge(\neg p\vee\neg q)$　严格析取定义律

20) $(p\leftrightarrow q)\leftrightarrow(p\wedge q)\vee(\neg p\wedge\neg q)$　等值定义律

21) $(p\leftrightarrow q)\leftrightarrow(p\rightarrow q)\wedge(p\leftarrow q)$　等值定义律

22) $p\wedge q\leftrightarrow\neg(\neg p\vee\neg q)$　合取定义律

23) $p\vee q\leftrightarrow\neg(\neg p\wedge\neg q)$　析取定义律

24) $p\leftarrow q\leftrightarrow q\rightarrow p$　蕴涵逆蕴涵转换律

25) $p\leftarrow q\leftrightarrow\neg p\rightarrow\neg q$　蕴涵逆蕴涵转换律

现在就严格析取与等值的等值永真式在学习中需要注意的问题,做如下简要说明。

关于严格析取定义和等值定义的四个公式以及关于否定严格析取和否定等值的四个公式,两者相加共有8个关于严格析取与等值的等值永真式。这些等值式都很重要,也经常会在思维中应用,故需要记住。但是假如我们分别加以记忆,那么常常会吃力不讨好,或许根本记不住。这么多外表看上去极为相似的逻辑公式如何能快速记住、记牢?死记硬背下苦功,绝非上策!透过公式自身规律去理解性地记忆,才是真功夫。

上述关于严格析取与等值的 8 个公式是对偶的,即每一组的右边公式相当有规律,总是一个公式为合取,则另一公式必为析取,没有例外。假如再细心观察一下,还会发现一个重要规律,即否定严格析取与等值本身是等值的,否定等值与严格析取也是等值的,这表明严格析取与等值二者互为矛盾关系,我们因此获得下列公式:

$$\neg(A \veebar B) \leftrightarrow (A \leftrightarrow B)$$
$$\neg(A \leftrightarrow B) \leftrightarrow (A \veebar B)$$

充分利用上述两个公式,我们可以瞬间记住上面关于严格析取和等值的 8 个公式。因为显而易见关于 $A \leftrightarrow B$ 的两个公式无须记忆便已记住了:A 等值于 B 当且仅当 A 与 B 或者同真或者同假;A 是 B 的充分必要条件当且仅当 A 是 B 的充分条件并且 A 是 B 的必要条件。这样便能随时随地快速写出与 $A \leftrightarrow B$ 等值的两个重要公式。

同理,$A \veebar B$ 的两个公式也无须专门记忆便能记住:$A \veebar B$ 为真当且仅当或者 A 真 B 假或者 A 假 B 真;$A \veebar B$ 为真当且仅当 A 与 B 中至少一真且 A 与 B 中至少一假。

记住上述自然语言内容几乎不需要专门花时间,一旦采用这样的理解性记忆方法便立马记住了。接下来就是脑海中关于七个真值联结词的基本用法(读法),拿起手中的笔,按照真值联结词的读法快速地将自然语言转化为符号语言即可大功告成。

除了上文介绍的 25 个等值永真式外,下列等值式也是永真式,其真理性也很直观。

26)$(p \wedge p) \leftrightarrow p$　重言律

27)$(p \vee p) \leftrightarrow p$　重言律

28)$(p \wedge q) \wedge r \leftrightarrow p \wedge (q \wedge r)$　结合律

29)$(p \vee q) \vee r \leftrightarrow p \vee (q \vee r)$　结合律

30)$p \wedge (q \vee r) \leftrightarrow (p \wedge q) \vee (p \wedge r)$　分配律

31)$p \vee (q \wedge r) \leftrightarrow (p \vee q) \wedge (p \vee r)$　分配律

32)$(p \rightarrow q) \leftrightarrow (\neg q \rightarrow \neg p)$　假言易位律

33)$(p \wedge q \rightarrow r) \leftrightarrow p \rightarrow (q \rightarrow r)$　条件移出入律

上述等值式,可以在真值表上验证。同时,要在理解真值联结词含义的基础上,读懂这些等值式的意义,因为在推理中,它们的用途非常广泛。

七、真值表的判定作用

真值表除了给真值联结词下定义外,还有以下几方面作用。

(一)判定真值形式的真值情况

各种具体的复合命题及多重复合命题经过逻辑抽象,得出了各自的真值形式。这些真值形式作为抽象的逻辑形式,它们的真假性质如何,也就是真值情况如何,这就需要借助于真值表来描述和刻画。所以,真值表的判定作用首先体现为判定真值形式自身的真假性质即通常所说的真值情况。

真值表的判定作用在具体操作中均可在固定的有穷步骤内完成。主要有以下两步:

第一步:无论多么复杂的复合命题或多重复合命题的真值形式,其中变项的个数总是确定的。一旦变项的个数确定了,真值表的真假组合情况即真值表的行数也会跟着确定。

具体方法是:

行数=2^n (n=变项的个数)

若变项是1个即p,行数即2^1(2的1次方),则真假组合行数为2行,即p为真一行p为假一行;若变项是2个即p、q,行数即2^2(2的2次方),则真假组合行数为4行即p真q真、p真q假、p假q真、p假q假四种组合;若变项是3个即p、q、r,行数即2^3(2的3次方),则真假组合行数为8行……以此类推。

变项真假组合的行数确定后,就对各种真假组合进行排列。排列的目的是为了穷尽变项的各种真假组合。既不重复也不遗漏,一般采用如下排列方法。

一个变项的真假组合排列(2行):

表 4-26

p	¬p
1	0
0	1

二个变项的真假组合排列(4行):

表 4-27

p	q
1	1
1	0
0	1
0	0

三个变项的真假组合排列(8行):

表 4-28

p	q	r
1	1	1
1	1	0
1	0	1
1	0	0
0	1	1
0	1	0
0	0	1
0	0	0

三个以上变项的真假组合排列依此类推。

第二步:变项的真假组合排列完毕,即可列出真值表,并将真值形式中的子公式由简单到复杂,依次录入真值表中。

下面以判定"(¬p→q)∧(¬q←p)"的真值情况为例,对具体操作做简要说明。

首先,这是联言命题的形式,真值表中"∧"下的真值,就是该真值形式的真值情况。

其次,这是个多重复合命题的合取式,有两个联言肢,必须先判定肢命题的真值情况,然后再判定"∧"的真值情况。而肢命题也是复合命题形式,其中一个是蕴涵式,另一个是逆蕴涵式。因此,先要判定蕴涵式与逆蕴涵式的真值情况。具体操作步骤见表4-29(表中的①、②等数字,是指真值表中的竖列,同时也表示从开始至最终的判定顺序)。

表 4-29

①	②	③	④	⑤	⑥	⑦
p	q	¬p	¬q	¬p→q	¬q←p	(¬p→q)∧(¬q←p)
1	1	0	0	1	0	0
1	0	0	1	1	1	1
0	1	1	0	1	1	1
0	0	1	1	0	1	0

①、②:确定二个变项p、q真假组合的行数是4行,给出4种真假组合。

③、④:公式中有变项的否定,所以在变项p、q后必须列出¬p、¬q的真假组合。

⑤、⑥：接下来判定在4种真假组合下，(¬p→q)的真值情况和(¬q←p)的真值情况。

⑦：最后根据(¬p→q)和(¬q←p)的真值情况判定(¬p→q)∧(¬q←p)的真值情况。⑦列的真值就是前述真值形式的真值情况。

需要提醒注意的是，在判定各种复合命题的真值情况时，必须严格按照各种复合命题的逻辑特性或者按照7个真值联结词的真值含义进行赋值。为了提高赋值的正确率和效率，不建议一行一行赋值，而推荐采用一列一列赋值的方法。譬如⑤对¬p→q的赋值，建议直接找出令该蕴涵式为假的第4行赋值，余下的皆为真。同理，⑥对¬q←p的赋值，建议直接找出令该逆蕴涵式为假的第1行赋值，余下的皆为真。这样赋值效率高且正确率也高。

由此可见，依照上述方法，可在有限步骤内判定任一真值形式的真值情况。

（二）判定真值形式之间的真假关系

逻辑学关注真值形式的两个方面，一是真值形式自身的真假性质或真值情况，二是真值形式之间的真假关系。

各种真值形式之间具有各种逻辑上的真假关系，主要有等值关系、矛盾关系、蕴涵关系、反对关系和下反对关系。在日常思维中准确判定这些关系，充分利用这些真假关系的逻辑性质为人们的逻辑思维服务，将极大地提高一个人的判断能力、推理能力和论证能力，熟练掌握各种逻辑上的真假关系，将无疑会提高一个人的分析问题和解决问题的能力，让一个人的思维插上飞翔的翅膀。

表4-30将利用真值表来界定并判定真值形式之间的上述真假关系。

表 4-30

p	q	¬p	¬q	A ¬p∧q	B p∨¬q	C p←q	D p→q	E p∧¬q	F ¬p∨q
1	1	0	0	0	1	1	1	0	1
1	0	0	1	0	1	1	0	1	0
0	1	1	0	1	0	0	1	0	1
0	0	1	1	0	1	1	1	0	1

下面先介绍一下上述真假关系的定义。

等值关系是指同真或同假的关系，即在真值表上真假值完全相同的关系，如B与C、D与F即为等值关系。具有等值关系的命题之间可以相互推出。如B可推出C，C可推出B，D可推出F，F可推出D。故等值关系是复合命题之间重要的必然性推理根据。

矛盾关系是指既不同真亦不同假的关系，即在真值表上真假值完全相反的关系，如A与B、A与C、E与D、E与F即为矛盾关系。具有矛盾关系的命题既可由真推假,亦可由假推真。如由 A 真可推出 B 假,由 B 真可推出 A 假,由 A 真可推出 C 假,由 C 真可推出 A 假、由 D 真可推出 E 假、由 E 真可推出 D 假、由 E 真可推出 F 假、由 F 真可推出 E 假。当然,还可以反过来,即由假推真,如由 A 假可推出 B 真等,上述矛盾关系的各种情况均可由假推真,兹不赘述。

蕴涵关系是指前件真后件必真或者后件假前件必假的关系。蕴涵关系是矢量,有方向性,由前件指向后件。具体说,当前件真时后件必真,或者当后件假时前件必假,此时称前件对后件具有蕴涵关系,或者称前件(形式上)蕴涵后件。若前件对后件具有蕴涵关系,则由前件真可以必然推出后件真,且由后件假可以必然推出前件假。如 A 对 F、A 对 D、E 对 B、E 对 C 具有蕴涵关系。因此,由 A 真可推出 F 真、由 A 真可推出 D 真、由 E 真可推出 B 真、由 E 真可推出 C 真。当然,还可以反过来,即由后件假推出前件必假如由 F 假可推出 A 假等。上述蕴涵关系的各种情况均可由后件假推出前件必假,这里就不再重复了。

反对关系是指不可同真但可同假的关系,如 A 与 E 的关系从真值表上可看出不可同真但可同假,是反对关系。反对关系的逻辑特征在于不可同真,因此,依据反对关系可以由真推假。如由 A 真可推出 E 必假,由 E 真可推出 A 必假。

下反对关系是指不可同假但可同真的关系,如 B 与 F、B 与 D、C 与 D、C 与 F 即为下反对关系。下反对关系的逻辑特征在于不可同假,因此,依据下反对关系可以由假推真。如由 B 假可推出 F 真,由 B 假可推出 D 真,由 C 假可推出 D 真,由 C 假可推出 F 真。同样,还可由下反对关系的后者假推出前者必真如由 F 假可推出 B 真等,这里就不再重复了。

(三) 用真值表解题

上面所介绍的真值表也就是通常所说的完全真值表,在逻辑学中不仅有重要的定义作用,而且有重要的判定作用,既可用以判定真值形式的真假性质(或真值情况),亦可用以判定真值形式之间的真假关系,同时还可在实际思维中用来解题,使复杂的问题借助于完全真值表在瞬间即可得出正确的答案。下面仅举两例以作示范。

例㊷ 对甲、乙两棋手的下棋步骤,有 ABCD 四个人做出如下猜测:
A:要么甲不跳马,要么乙不出车。
B:只有甲跳马,乙才不出车。
C:甲不跳马,乙也不出车。
D:如果甲不跳马,那么乙不出车。
假定上述四个人中仅有一人猜错,请问:谁猜错?甲是否跳马?乙是否出车?写出推导过程。

本题采用真值表方法解题,思路容易想到,步骤固定有序。

下面以"p"代替"甲跳马",以"q"代替"乙出车",则 ABCD 转换成真值形式为:

A:$\neg p \dot{\vee} \neg q$

B:$p \leftarrow \neg q$

C:$\neg p \wedge \neg q$

D:$\neg p \rightarrow \neg q$

列出真值表 4-31:

表 4-31

				A	B	C	D
p	q	$\neg p$	$\neg q$	$\neg p \dot{\vee} \neg q$	$p \leftarrow \neg q$	$\neg p \wedge \neg q$	$\neg p \rightarrow \neg q$
1	1	0	0	0	1	0	1
1	0	0	1	1	1	0	1
0	1	1	0	1	1	0	0
0	0	1	1	0	0	1	1

从上面的真值表不难看出,第 1 行、第 3 行、第 4 行皆为 2 真 2 假,不符合题意。

只有第 2 行 3 真 1 假,符合仅有一人猜错的题干表述,这就是本题的解。

可见,第 2 行即为本题的解,就是说,C 猜错了,此时 p 真 q 假意即甲跳马乙不出车。

例㊸ 有一次我们小组四个人去看电影,由于影院人太多,轮到我们购票时仅买到三张票,为了公平分配仅有的三张电影票,组长在内的四个人均发表了各自的看法:

甲:如果乙不看电影,那么我也不看电影了。

乙:如果我和甲看电影,那么丁也要看电影。

丙:我和丁之中至少要有一人看电影。

丁:如果乙和我看电影,那么丙也要看电影。

问:为了同时满足四人的要求,组长应将三张电影票分给哪三人?写出推导过程。

下面以"p"代替"甲去看电影";以"q"代替"乙去看电影";以"r"代替"丙去看电影";以"s"代替"丁去看电影"。四句话作为四个复合命题,其真值形式如下:

甲:$\neg q \rightarrow \neg p$

乙:$(q \wedge p) \rightarrow s$

丙：r∨s

丁：(q∧s)→r

满足甲、乙、丙、丁四人的要求,就是在真值表上寻找上述四个命题同真的那一行。那一行的变项真假组合就是答案。

不过,上述四个命题的真值形式中有四个变项 p、q、r、s,其变项真假组合共有 2^4 即 16 行。其实,仔细审视题意就会发现,符合题意的肢命题真假组合只有四行,即:p 真 q 真 r 真 s 假(丁不去看电影,其他人去);p 真 q 真 r 假 s 真(丙不去看电影,其他人去);p 真 q 假 r 真 s 真(乙不去看电影,其他人去);p 假 q 真 r 真 s 真(甲不去看电影,其他人去)。仅有 4 行变项真假组合符合题意,列出的真值表 4-32 下：

表 4-32

p	q	r	s	¬p	¬q	甲 ¬q→¬p	乙 (q∧p)→s	丙 r∨s	丁 (q∧s)→r
1	1	1	0	0	0	1	0	1	1
1	1	0	1	0	0	1	1	1	0
1	0	1	1	0	1	0	1	1	1
0	1	1	1	1	0	1	1	1	1

从上面的真值表不难看出,表中唯有最后一行即第 4 行符合题意。这一行的真假组合是 p 假 q 真 r 真 s 真,即甲不去看电影,乙、丙、丁都去看电影,这就是答案。

第二节 复合命题推理

一、推理概述

根据维基百科全书的观点,推理是指一个为信念、结论、行动或感觉寻找理由的认知过程。这里强调的是"寻找理由的认知过程"。哲学家、心理学家、认知科学家、人工智能专家、法律人等都在研究推理。有些逻辑学教科书把逻辑学的主要研究对象界定为推理。

(一)推理的含义及构成

推理就是从一个或者一些已知的命题得出新命题的思维形态。

例㊹ 哲学家都是聪明人,所以有些聪明人是哲学家。

例㊺ 所有人都会死,苏格拉底是人,所以苏格拉底会死。

例㊻ 如果某甲是作案人,那么某甲有作案时间;某甲没有作案时间,所以某甲不是作案人。

例㊼ 诈骗罪是故意犯罪,所以并非诈骗罪不是故意犯罪。

推理是由命题序列构成。这个序列至少包括两个命题,其中一个是结论,其余的是前提。由此可见,推理由"所以"隔开,"所以"之前的部分是前提,"所以"之后的部分是结论。我们用 A 表示前提,B 表示结论,推理的一般形式是:

$$A \vdash B$$

其中"⊢"表示"所以",即从前提推出结论。需要注意的是,并非所有的命题序列都是推理,推理强调从前提到结论的思维过程,而这种思维过程体现了前提与结论的逻辑联系,即推出关系。因此,推理是由三部分组成:前提、结论和推出关系。推理必须至少有一个前提,并且可以有多个前提,但只有一个结论。一些传统逻辑学家遵循亚里士多德《论题篇》的思想,把"结论"称为"论题",而"前提"称为"论据",这也构成传统逻辑教科书讨论"论证"的基本要素。在推理的构成要素中,前提和结论都是显性要素,推出关系则是隐性要素。

(二) 推理的种类

按照不同的划分标准,推理可以有不同的分类。

第一,根据思维进程不同,可以把推理分为演绎推理、归纳推理和类比推理。

演绎推理是由一般性知识前提推出个别性知识结论的推理,如例㊹、㊺、㊻、㊼。演绎推理是必然性推理,前提为真能够保证结论为真。

归纳推理是由个别性知识前提推出一般性知识结论的推理。归纳推理是或然性推理,前提为真结论不一定为真。

类比推理是由一般性知识前提推出一般性知识结论(或是个别性知识前提推出个别性知识结论)的推理。类比推理是或然性推理,前提为真结论不一定为真。

在普通法传统中,类比推理被认为是一种最主要的法律推理模式。根据博登海默的观点,法律推理可分为分析推理(analytical reasoning)与论辩推理(dialectical reasoning)①。其中,分析推理是指演绎推理、归纳推理和类比推理。在这里,他把类比推理当作一种不同于演绎推理和归纳推理的第三种推理来处理。事实上,在西方主流逻辑教科书中,人们通常都把类比推理纳入归纳推理的范围。类比推理是法律领域中的一种推理模式,可以分解为两个步骤:首先,将判例的判决上升到一般性法律规则,即使用了归纳推理;其次,再根据演绎推理模式推导出来判决结果。因此,普通法传统中的类比推理只不过是归纳推理和演

---

① 在邓正来翻译的博登海默《法理学:法律哲学与法律方法》一书中,将"dialectical reasoning"这一词译为"辩证推理"。

绎推理的一种组合模式。①

第二，根据前提数量的不同，可以把推理分为直接推理和间接推理。

直接推理就是只有一个前提的推理，如例㊹、㊼。

间接推理就是有两个或两个以上前提的推理，如例㊺、㊻。

（三）推理有效式

推理的形式结构简称"推理形式"，是指在一个推理中抽掉各个命题的具体内容之后所保留下来的结构。如果我们用不同的思维内容替换相应的变项符号，就产生了内容不同而形式相同的替换实例。

㊽ 如果某物体是金属，那么它导电

　　某物体没有导电
　　─────────────
　　所以，某物体不是金属

上述例子的推理形式是：

$$\frac{\text{如果 } p, \text{那么 } q}{\text{所以，非 } p} \quad \text{或} \quad \frac{p \rightarrow q}{\therefore \neg p}$$

这两个都是推理形式，左边推理形式中的变项已符号化，但常项未符号化，所以是半符号化的推理形式；而右边推理形式中的常项和变项都已符号化，它是完全符号化的推理形式。

推理的有效性通过推理形式体现出来，而推理形式的有效性可以定义为：

【定义 1】 一个推理形式是有效的，当且仅当依据该推理形式的任一推理都不会出现前提为真而结论为假。

如例㊽的推理形式就是一个有效的推理形式。因为根据该推理形式进行推理，不管我们用什么命题替换其中的命题变项 p、q，如果前提是真的，结论就一定是真的，不会出现前提为真而结论为假。通过对推理形式的研究，揭示出推理的有效性。推理的有效性还可以定义为：

【定义 2】 如果一个推理前提真则结论必真，那么该推理是形式有效的。

前提真结论一定真，判断一个推理是否有效，并不是要确定前提和结论的真假，而是假定前提都为真，看能否必然推出结论也为真。逻辑关注推理形式是否有效，不管命题是真还是假。

根据上述有效式的定义②，有效式与蕴涵式的共同点表现如下：

---

① 参见熊明辉：《诉讼论证：诉讼逻辑的博弈分析》，中国政法大学出版社 2010 年版，第 61 页。

有效式	前提真	推出	结论必真
蕴涵式	前件真	蕴涵	后件必真
共同点	前真		后必真

如果我们把前提视为"蕴涵"的前件,把结论视为"蕴涵"的后件,那么"若前提为真,则结论必然为真"的推理也就是"前提蕴涵结论"的推理。这样,我们可以用"→"(蕴涵)表示推理形式中的"推出"。例如,下列两种形式是等价的:

竖式　　　　　横式
$p \rightarrow q$
$\dfrac{p}{\therefore q}$　　$(p \rightarrow q) \wedge p \rightarrow q$

因此,任何一个复合命题推理形式都可以转换为蕴涵式,而有效式可以转换为前提蕴涵结论的蕴涵式。

(四)前提真实性、形式有效性与结论真实性关系

推理是由内容与形式两部分构成的,一个推理能否必然推出真实的结论,既与内容有关,也与形式有关。与内容有关的是:前提是否真实、是否符合客观实际。与形式有关的是:该形式是否能保证由真前提必然得出真结论。

为了更加直观,我们用表4-33概括前提真实性、推理形式有效性、结论真实性三者之间的关系。

表 4-33

前提内容	推理形式	结论
真	有效	真
假	有效	真或假
真	无效	真或假
假	无效	真或假

由表4-33可知,只有前提内容真实并且推理形式有效,结论才必然为真。其他三种情况都不能保证结论必然为真。

综上所述,若要得出一个必然为真的结论,推理必须具备两个条件:

其一,前提内容真实。

其二,推理形式有效。

二、联言推理有效式

复合命题推理是亚里士多德之后的斯多葛学派所讨论的主要推理类型。常见的复合命题推理分为联言推理、选言推理、假言推理与负命题推理。

联言推理有效式就是前提或结论是联言命题,并根据联言命题的逻辑性质而由前提必然推出结论的推理形式。联言推理的有效式包括:合成式和分解式。

(一) 合成式

推理形式如下:

$$p, q \vdash p \land q$$

例㊾ 上海是直辖市,重庆是直辖市,所以上海和重庆都是直辖市。

合成式推理有效的依据是:若肢命题都为真,则联言命题为真。因此,前提断定肢命题“p”和“q”为真,一定可推出“p∧q”为真。

(二) 分解式

推理形式如下:

$$p \land q \vdash p$$
$$p \land q \vdash q$$

例㊿ 2和3都是素数,所以2是素数。

例(51) 2和3都是素数,所以3是素数。

分解式推理有效的依据是:若前提中联言命题为真,则其肢命题一定为真。因此,前提断定“p∧q”为真,一定可推出其任一肢命题。

根据联言命题的逻辑性质,下列推理形式是无效的:

$$p \vdash p \land q$$
$$q \vdash p \land q$$

上述推理形式之所以无效,是因为结论中出现了前提中未肯定的肢命题,其真假未知,因此结论中的“p∧q”也真假不定。

联言推理有效式的规则是:

若前提中肯定联言命题,则可推出任一联言肢;

若前提中肯定若干个命题,则可推出由它们组合而成的联言命题;

若是前提中未肯定的命题,则不可成为结论中的联言肢。

三、选言推理有效式

选言推理分为相容选言推理和不相容选言推理。

(一) 相容选言推理有效式

相容选言推理有效式就是前提中有一个相容选言命题,根据相容选言命题的逻辑性质而由前提必然推出结论的推理形式。

相容选言推理有效式有两个:否定肯定式(否肯式)和附加律。其推理形式如下:

1. 否定肯定式

$$p \vee q, \neg p \vdash q$$

例㊾ 或者控方证人在说谎,或者辩方证人在说谎。控方证人没有说谎,所以辩方证人在说谎。

其推理依据是:相容选言命题为真,肢命题必有一真。因此,前提断定"p∨q"为真,又断定其中一部分肢命题("p"或"q")为假,一定可推出另一部分肢命题"q"或"p"为真。

2. 附加律

$$p \vdash p \vee q$$

附加律的有效性很直观,若 p 在前提中为真,那么结论中 q 无论真假,p∨q 一定为真。

例㊿ 弗雷格是逻辑学家(p),所以,或者弗雷格是逻辑学家(p),或者弗雷格是哲学家(q)。

例㊱ 弗雷格是逻辑学家(p),所以,或者弗雷格是逻辑学家(p),或者弗雷格不是哲学家(q)。

对于附加律,有学者认为它过于开放。"你能够引入任何命题——甚至是一个在证明中没有出现的命题——作为另一个析取肢",然而如下规定可以打消这样的顾虑:推理规则必须具有保真性,即不允许从真命题推出假命题。①

相容选言推理有效式包括否定肯定式和附加律,而没有肯定否定式。下列推理形式无效:

$$p \vee q, p \vdash \neg q$$

例㊲ 或者嫌疑犯说谎,或者证人说谎。嫌疑犯说谎,所以证人没有说谎。

因为相容选言命题的肢命题可以同真,肯定其中的一部分肢命题为真,不能必然推出另一部分肢命题为真或为假。

相容选言推理有效式的规则是:

否定一部分选言肢,就要肯定另一部分选言肢;

肯定一部分选言肢,则可推出其构成的相容选言命题;

肯定一部分选言肢,不能否定(或肯定)另一部分选言肢。

(二) 不相容选言推理有效式

不相容选言推理有效式就是前提中有一个不相容选言命题,并根据不相容

---

① 参见〔美〕罗伯特·罗德斯、〔美〕霍华德·波斯伯塞尔:《前提与结论:法律分析的符号逻辑》,杜文静译,中国政法大学出版社2015年版,第60页。

选言命题的逻辑性质而由前提必然推出结论的推理。

不相容选言推理有两个推理有效式：否定肯定式和肯定否定式。其推理形式如下：

1. 否定肯定式（否肯式）

其推理形式如下：

$$p \dot\vee q, \quad \neg p \vdash q$$

例㊻ 这个乒乓球要么是红色的，要么是白色的。它不是红色的，所以它是白色的。

其推理依据是：不相容选言命题为真，肢命题必有一真。因此，前提既断定"$p \dot\vee q$"为真，又断定其中一部分肢命题（"p"或"q"）为假，必然可推出另一部分肢命题"q"或"p"为真。

2. 肯定否定式（肯否式）：

其推理形式如下：

$$p \dot\vee q, \quad p \vdash \neg q$$

例㊼ 一个自然数要么是奇数，要么是偶数。这个自然数是奇数，所以，它不是偶数。

其推理依据是：不相容选言命题为真，肢命题只有一真。因此，前提既断定"$p \dot\vee q$"为真，又断定其中一部分肢命题（"p"或"q"）为真，必然可推出另一部分肢命题"q"或"p"为假。

不相容选言推理有效式的规则是：

否定一部分选言肢，就要肯定另一部分选言肢；

肯定一部分选言肢，就要否定另一部分选言肢。

在进行选言推理时，可以把多于两个选言肢的选言命题分成两部分，一部分是肯定部分的选言肢，另一部分是否定部分的选言肢。例如：

$$p \vee q \vee r \vee s, \quad \neg r \vdash p \vee q \vee s$$
$$p \vee q \vee r \vee s, \quad \neg(q \vee r) \vdash p \vee s$$
$$p \dot\vee q \dot\vee r \dot\vee s, \quad \neg(q \dot\vee r \dot\vee s) \vdash p$$

四、假言推理有效式

假言推理分为充分条件假言推理、必要条件假言推理和充分必要条件假言推理。

（一）充分条件假言推理有效式

充分条件假言推理有效式就是前提中有一个充分条件假言命题，并根据充分条件假言命题的逻辑性质而由前提必然推出结论的推理形式。

充分条件假言推理包括下述有效式：

1. 肯定前件式（肯前式）（相当于现代逻辑中的“分离规则”）

$$p\rightarrow q,\quad p\vdash q$$

其推理依据是：若前件真，则后件必真。因此，前提既断定“$p\rightarrow q$”为真，又断定其前件 p 为真，一定可推出后件 q 为真。

例(58) 如果物体摩擦，那么物体生热。物体摩擦，所以物体生热。

该推理形式在法学与非法学领域都很常见。由于形式简单，人们会经常使用它，但却没有意识到实际上他们正在进行推理。下面案例就是关于肯定前件式的推理：

> 担保信托公司诉约克（Guaranty Trust Co. v. York）案中运用了时效法原则，当一个人在州法院被禁止，同样地在联邦法院也被禁止。这就承认了如果一个案例在堪萨斯州法院被禁止，根据担保信托公司诉约克案的理论，因此在联邦法院也被禁止。

我们把上述推理整理如下：

> 如果一个案例在堪萨斯州法院被禁止，那么它将在联邦法院也被禁止。
> 此案例在堪萨斯州法院被禁止。
> 因此，它在联邦法院也被禁止。①

2. 否定后件式（否后式）（相当于“逆分离规则”）

$$p\rightarrow q,\quad \neg q\vdash\neg p$$

其推理依据是：若后件假，则前件必假。因此，前提既断定“$p\rightarrow q$”为真，又断定其后件 q 为假，一定可推出前件 p 为假。

例(59) 如果经常躺在床上看书，就会患近视眼；我没有患近视眼，所以我不经常躺在床上看书。

充分条件假言推理的否定前件式无效，因为前件不存在（p 假），后件未必不存在（q 或真或假），推理形式如下：

$$p\rightarrow q,\quad \neg p\vdash\neg q$$

例(60) 如果甲某被判诈骗罪，他将被取消律师资格；甲某没有被判诈骗罪，所以他没有被取消律师资格。

---

① 参见〔美〕罗伯特·罗德斯、〔美〕霍华德·波斯伯塞尔：《前提与结论：法律分析的符号逻辑》，杜文静译，中国政法大学出版社 2015 年版，第 30 页。

充分条件假言推理的肯定后件式无效,因为后件存在(q 真),前件未必存在(p 或真或假),推理形式如下:

$$p \to q, \quad q \vdash p$$

例㉛ 如果甲某被判诈骗罪,他将被取消律师资格;甲某被取消律师资格,所以他被判诈骗罪。

充分条件假言推理有效式的规则是:

肯定前件就要肯定后件,否定后件就要否定前件;

否定前件不能否定(或肯定)后件,肯定后件不能肯定(或否定)前件。

(二) 必要条件假言推理有效式

必要条件假言推理有效式就是前提中有一个必要条件假言命题,并根据必要条件假言命题的逻辑性质而由前提必然推出结论的推理形式。

必要条件假言推理包括下述有效式:

1. 否定前件式(否前式)

$$p \leftarrow q, \quad \neg p \vdash \neg q$$

其推理依据是:若前件假,则后件必假。因此,前提既断定"p←q"为真,又断定其前件 p 为假,必然可推出后件 q 为假。

例㉜ 只有通过考试,才会被录取;张某没有通过考试,所以他不会被录取。

2. 肯定后件式(肯后式)

$$p \leftarrow q, \quad q \vdash p$$

其推理依据是:若后件真,则前件必真。因此,前提既断定"p←q"为真,又断定其后件 q 为真,必然可推出前件 p 为真。

例㉝ 只有雨水充足,庄稼才长得好;庄稼长得好,所以雨水充足。

必要条件假言推理的肯定前件式无效,因为前件存在(p 真),后件未必存在(q 或真或假),推理形式如下:

$$p \leftarrow q, \quad p \vdash q$$

必要条件假言推理的否定后件式无效,因为后件不存在(q 假),前件未必不存在(p 或真或假),推理形式如下:

$$p \leftarrow q, \quad \neg q \vdash \neg p$$

必要条件假言推理有效式的规则是:

否定前件就要否定后件,肯定后件就要肯定前件;

肯定前件不能肯定(或否定)后件,否定后件不能否定(或肯定)前件。

(三) 充分必要假言推理有效式

充分必要条件假言推理有效式就是前提中有一个充分必要条件假言命题，并根据充分必要条件假言命题的逻辑性质而由前提必然推出结论的推理形式。

充分必要条件假言推理包括下述有效式：

1. 肯定前件式（肯前式）

$$p \leftrightarrow q, \quad p \vdash q$$

其推理依据是：若前件真，则后件必真。因此，前提既断定"$p \leftrightarrow q$"为真，又断定其前件 p 为真，一定可推出后件 q 为真，即"肯定前件就要肯定后件"。

> 例⑭　某甲是单身汉当且仅当他是未婚男子，某甲是单身汉，所以他是未婚男子。

2. 否定后件式（否后式）

$$p \leftrightarrow q, \quad \neg q \vdash \neg p$$

其推理依据是：若后件假，则前件必假。因此，前提既断定"$p \leftrightarrow q$"为真，又断定其后件 q 为假，一定可推出前件 p 为假，即"否定后件就要否定前件"。

> 例⑮　某甲是单身汉当且仅当他是未婚男子，某甲不是未婚男子，所以他不是单身汉。

下例是佛罗里达州最高法院提出的否定后件式的案例，即一名妇女试图强制她的前夫支付给其成年女儿的大学教育费用：

> 在当今快速发展的社会，大多数家长愿意帮助他们成年的孩子获得高等教育，但是这样做是一种道德而不是法律。保持婚姻关系的父母，在他们的孩子上学时，会继续帮助孩子上学甚至其年龄超过二十一岁，但是这种帮助是有条件的，或者随时撤回，而没有人会用诉讼强迫家长继续支付。从根本上讲这是不公平的，法院对离异的父母强制执行这些道德义务而其他父母可以做出自己的选择。

法院论证重述如下：

> 离异的父母在法律上有义务支付他们孩子的教育费用，其上学年龄21岁或者更大当且仅当保持婚姻关系的父母也有这样的义务。保持婚姻关系的父母没有这样的法律义务。因此，离异的父母也没有这样的法律义务。[①]

[①] 参见〔美〕罗伯特·罗德斯、〔美〕霍华德·波斯伯塞尔：《前提与结论：法律分析的符号逻辑》，杜文静译，中国政法大学出版社2015年版，第73—74页。

3. 否定前件式(否前式)

$$p \leftrightarrow q, \quad \neg p \vdash \neg q$$

其推理依据是:若前件假,则后件必假。因此,前提既断定"$p \leftrightarrow q$"为真,又断定其前件 p 为假,必然可推出后件 q 为假,即"否定前件就要否定后件"。

例⑯ 某甲是单身汉当且仅当他是未婚男子,某甲不是单身汉,所以他不是未婚男子。

4. 肯定后件式(肯后式)

$$p \leftrightarrow q, \quad q \vdash p$$

其推理依据是:若后件真,则前件必真。因此,前提既断定"$p \leftrightarrow q$"为真,又断定其后件 q 为真,一定可推出前件 p 为真,即"肯定后件就要肯定前件"。

例⑰ 某甲是单身汉当且仅当他是未婚男子,某甲是未婚男子,所以他是单身汉。

充分必要条件假言推理有效式的规则是:

肯定前件就要肯定后件,否定后件就要否定前件;

否定前件就要否定后件,肯定后件就要肯定前件。

综上所述,充分必要条件假言推理包括四种有效式:肯定前件式、否定后件式、否定前件式、肯定后件式。

五、负命题推理有效式

负命题推理有效式就是前提或结论是负命题,并根据负命题的逻辑性质而由前提必然推出结论的推理形式。

负命题推理有两个有效式:

1. $p \vdash \neg(\neg p)$

例⑱ 诈骗罪是故意犯罪,所以并非诈骗罪不是故意犯罪。

2. $\neg(\neg p) \vdash p$

例⑲ 并非苏格拉底不是哲学家,所以苏格拉底是哲学家。

上述两个推理形式之所以有效,是依据负命题的逻辑性质:对任意一个命题的双重否定,等值于该命题。即:

$$\neg(\neg p) \dashv \vdash p$$

若 A 和 B 是命题,且 A 与 B 等值,则 A 和 B 可以互为前提与结论,互相必然推出。因此,例⑱的前提与结论可以互换:

诈骗罪是故意犯罪,所以并非诈骗罪不是故意犯罪。$p \vdash \neg(\neg p)$

并非诈骗罪不是故意犯罪,所以诈骗罪是故意犯罪。¬(¬p)⊢p

上述两个推理(形式)合并为:

诈骗罪是故意犯罪,因此等于说,并非诈骗罪不是故意犯罪。p⊢⊣¬(¬p)

由此可见,等值的命题是两个必然互相推出的命题,等值的两个命题可以互相置换:

若 A 与 B 等值,在推导与证明的过程中,可以随时用 A 置换 B,也可以随时用 B 置换 A,这就是逻辑学中应用广泛的等值置换原则。

负命题推理有效式的规则是:

任一命题 p 与双重否定它的命题¬(¬p)可以互推。

六、多重推理有效式

(一) 二难推理

二难推理(dilemma)是指由两个充分条件假言命题、一个二肢相容选言命题和一个结论组成的推理。这种推理又可称为假言选言推理。在论辩中,这种推理的特点是:提出一个非常简单的问题,对这个问题的回答只有两个可能的选择,而且对方必须选择其中一个,不管对方选择哪一种都是对自己不利的,即陷入一种进退两难的困境。二难推理的有效式有四种:

1. 简单构成式

简单构成式就是结论为前提中两个假言命题的共同后件的二难推理。例如《午夜快车》的作者海耶斯提出了一个简单构成式的二难推理:

例⑦ 如果我逃离,那么我将自由;如果他们射击并杀了我,那么我也将自由。或者我逃离或者他们射击并杀了我,所以我将自由。

其推理形式如下:

$$p \rightarrow q, \quad r \rightarrow q, \quad p \vee r \vdash q$$

简单构成式的根据是充分条件假言命题和相容选言命题的逻辑性质:前提中选言命题的两个选言肢 p 和 r 分别是两个假言命题的前件。相容选言命题为真,p 和 r 中至少有一真。无论 p 真或 r 真,通过充分条件假言推理的肯定前件式,后件 q 一定为真。

2. 复杂构成式

复杂构成式就是结论为选言命题,而选言肢分别是前提中两个充分条件假言命题的后件的二难推理。

例⑦ 如果某人常练习短跑,他就会有速度;如果某人常练习长跑,他就会有耐力。这个人常练习短跑,或者常练习长跑,所以他或者跑起来有速度,或者跑起来有耐力。

其推理形式如下:

$$p \rightarrow q, \quad r \rightarrow s, \quad p \vee r \vdash q \vee s$$

复杂构成式的根据是充分条件假言命题和相容选言命题的逻辑性质:相容选言命题为真,p 和 r 中至少有一真。无论 p 真或 r 真,通过充分条件假言推理的肯定前件式,后件 q 或 s 中一定至少有一真。

3. 简单破坏式

简单破坏式就是结论为前提中两个充分条件假言命题的共同前件的否定命题的二难推理。

例⑫ 如果一个罪犯态度老实,他就会彻底交代罪行;如果一个罪犯态度老实,他就会检举揭发同伙。这个罪犯没有彻底交代罪行,或者没有检举揭发同伙,所以他态度不老实。

其推理形式如下:

$$p \rightarrow q, \quad p \rightarrow r, \quad \neg q \vee \neg r \vdash \neg p$$

简单破坏式的根据是充分条件假言命题和相容选言命题的逻辑性质:相容选言命题为真,非 q 和非 r 中至少有一真(或者说 q 和 r 中至少有一假)。无论非 q 真(即 q 假)或非 r 真(即 r 假),通过充分条件假言推理的否定后件式,前件非 p 一定为真(或者说 p 一定为假)。

4. 复杂破坏式

复杂破坏式就是结论为相容选言命题,而选言肢分别是前提中两个充分条件假言命题前件的否定命题的二难推理。

例⑬ 如果张某出席会议,那么王某出席会议;如果李某出席会议,那么赵某出席会议;王某不出席或赵某不出席会议;所以,张某不出席或李某不出席会议。

其推理形式如下:

$$p \rightarrow q, \quad r \rightarrow s, \quad \neg q \vee \neg s \vdash \neg p \vee \neg r$$

复杂破坏式的根据是充分条件假言命题和相容选言命题的逻辑性质:相容选言命题为真,非 q 和非 s 中至少有一真(或者说 q 和 s 中至少有一假)。无论非 q 真(即 q 假)或非 s 真(即 s 假),通过充分条件假言推理的否定后件式,前件非 p 和非 r 中至少有一真(或者说 p 和 r 中至少有一假)。

(二) 假言连锁推理

假言连锁推理就是前提中有若干个充分条件假言命题,结论是一个充分条件假言命题,并根据充分条件假言命题的逻辑性质而由前提必然推出结论的推理,又称"假言三段论"。

例⑭ 如果要维持生态平衡,那么要保护环境。如果要保护环境,那么要有效治理污染。所以,如果要维持生态平衡,那么要有效治理污染。

例⑮ 如果一个数能被 8 整除,那么这个数能被 4 整除。如果这个数能被 4 整除,那么这个数能被 2 整除。所以,一个数不能被 2 整除,那么它一定不能被 8 整除。

上述两例的推理形式如下:

$$p \rightarrow q, \quad q \rightarrow r \vdash p \rightarrow r$$
$$p \rightarrow q, \quad q \rightarrow r \vdash \neg r \rightarrow \neg p$$

假言连锁推理的根据是蕴涵关系的传递性:若 p 蕴涵 q,并且 q 蕴涵 r,则 p 蕴涵 r。

(三) 条件移出入推理

条件移出入推理包括条件移出推理和条件移入推理,它们是前提和结论都是充分条件假言命题,而其前后件或为联言命题,或为充分条件假言命题,并根据充分条件假言命题和联言命题的逻辑性质而由前提必然推出结论的推理。

1. 条件移出推理

其推理形式如下:

$$p \wedge q \rightarrow r \vdash p \rightarrow (q \rightarrow r)$$

例⑯ 如果客观条件成熟,并且主观充分努力,那么工作就能做好。所以,如果客观条件成熟,那么若主观充分努力,工作就能做好。

2. 条件移入推理

其推理形式如下:

$$p \rightarrow (q \rightarrow r) \vdash p \wedge q \rightarrow r$$

例⑰ 如果客观条件成熟,那么若主观充分努力,工作就能做好。所以,如果客观条件成熟,并且主观充分努力,那么工作就能做好。

上述两个推理形式可表达为条件移出入律:

$$p \wedge q \rightarrow r \vdash \dashv p \rightarrow (q \rightarrow r)$$

(四) 假言易位推理

假言易位推理就是前提和结论都是一个充分条件假言命题,并根据充分条件假言命题的逻辑性质而由前提必然推出结论的推理。

例⑱ 如果 f 在 x 是可微的,那么 f 在 x 是连续的。所以,如果 f 在 x

不是连续的,那么 f 在 x 不是可微的。

上述推理的形式如下:
$$p \to q \vdash \neg q \to \neg p$$

假言易位推理有效的根据是充分条件假言命题的逻辑性质:否定后件就要否定前件。

假言易位推理是互推式,即前提与结论是等值命题:
$$p \to q \vdash\dashv \neg q \to \neg p$$

(五) 归谬推理

归谬推理就是前提有两个充分条件假言命题,而充分条件假言命题的两个后件恰是矛盾命题,并根据充分条件假言命题的逻辑性质而由前提必然推出结论的推理。

其推理形式如下:
$$p \to q, \quad p \to \neg q \vdash \neg p$$

如果一事物情况 p 既蕴涵 q 又蕴涵 $\neg q$,即同时蕴涵两个矛盾的命题 $q \wedge \neg q$,那么这个事物情况 p 必然要被否定。

例⑦⑨ 如果上帝是万能的,那么上帝能创造一块连他自己也举不起来的石头。如果上帝是万能的,那么上帝能够举起来所有石头。所以,上帝不是万能的。

归谬推理还有一种特殊的形式:
$$p \to (q \wedge \neg q) \vdash \neg p$$

(六) 反三段论推理

反三段论推理就是前提和结论都是充分条件假言命题,而充分条件假言命题的前件都是联言命题,并根据充分条件假言命题和联言命题的逻辑性质而由前提必然推出结论的推理。

例⑧⓪ 如果某甲学习努力并且方法正确,那么他可以取得优秀成绩。所以,如果某甲学习努力但没有取得优秀成绩,那么他学习方法不正确。

例⑧① 如果某甲学习努力并且方法正确,那么他可以取得优秀成绩。所以,如果某甲学习方法正确但没有取得优秀成绩,那么他学习不努力。

其推理形式如下:
$$p \wedge q \to r \vdash p \wedge \neg r \to \neg q$$
$$p \wedge q \to r \vdash q \wedge \neg r \to \neg p$$

反三段论推理在日常思维中应用很广,当若干个事物情况联合(合取)成为某一事物情况的充分条件时,作为后承的某一事物情况若不存在(为假),则作为充分条件的若干个事物情况不可能都存在(至少有一假)。

反三段论推理还有一种特殊的形式,如下:

$$p \wedge q \to r, \quad p \wedge \neg r \vdash \neg q$$
$$p \wedge q \to r, \quad q \wedge \neg r \vdash \neg p$$

七、复合命题推理有效性的判定

关于复合命题推理有效性的判定,我们主要介绍以下几种方法:

(一) 真值表判定

运用真值表的方法,可以在有限步内判定推理的有效性。如前所述,任何一个推理形式都可以转换为一个蕴涵式,只要计算出蕴涵式的真值情况,就可以依据下列原则判定其有效性:

若蕴涵式是永真式,则该推理形式是有效式;否则是无效式。

例⑧ 判定"$p \to q, \neg q \vdash \neg p$"是否有效。

第一步:把推理形式转换为蕴涵式;

第二步:计算出蕴涵式的真值,如表 4-34 所示;

表 4-34

p	q	$(p \to q) \wedge \neg q \to \neg p$
1	1	1
1	0	1
0	1	1
0	0	1

第三步:判定该蕴涵式是永真式,所以推理有效。

例⑧ 判定"$p \to q, q \vdash p$"是否有效。

第一步:把推理形式转换为蕴涵式;

第二步:计算出蕴涵式的真值,如表 4-35 所示;

表 4-35

p	q	$(p \to q) \wedge q \to p$
1	1	1
1	0	1
0	1	0
0	0	1

第三步：判定该蕴涵式不是永真式，所以推理无效。

由此可见，我们可以把有效性的判定转化成真值的计算。但是，这种方法缺点是，随着命题变项的增多，计算会变得烦琐复杂。

(二) 简化真值表判定

为了简化判定程序，产生了简化真值表方法。

首先，假设这个推理无效，这就意味着假设"前提真结论假"，即与该推理形式对应的蕴涵式为假。

其次，以该蕴涵式为假作为出发点，根据联结词的逻辑性质，对蕴涵式的前后件逐层赋值。

最后，若找到前件真、后件假的赋值，则假设成立，推理无效；若在赋值过程中产生矛盾，则假设不成立，推理有效。

例㉘　判定"p→q, q ⊢ p"是否有效。

第一步：假设蕴涵式"(p→q)∧q→p"为假：

$$(p \to q) \wedge q \to p$$
$$0$$

第二步：根据联结词的性质，对蕴涵式逐层赋值。赋值过程中，相同的变项，赋予相同的值。

$$(p \to q) \wedge q \to p$$
$$0\ 1\ 1\ \ 1\ 1\ 0\ 0$$

判定：赋值不产生矛盾，假设成立，该推理无效。

由上述简化真值表可知，当 p 取值为假、q 取值为真时，该蕴涵式为假。对照例㉘真值表中的蕴涵式为假的这一行，也是 p 取值为假、q 取值为真。可见，两种真值表的演算结果是一致的，其本质是相同的。二者的区别在于：简化真值表只关注蕴涵式为假的情形，而不关注蕴涵式为真的情形，而真值表则阐述全部情形。

例㉕　判定"p→q, ¬q ⊢ ¬p"是否有效。

$$(p \to q) \wedge \neg\ q \to \neg\ p$$
$$1\ \underline{1}\ 0\ \ 1\ 1\ \ 0\ 0\ 0\ 1$$
$$\underline{0}$$

上例中，标有下划线的真假值，表明赋值矛盾：依据前件真、后件假的假设，"p→q"赋值为真；而依据"相同的变项，赋相同的值"原则，p 赋值为真，q 赋值为假，则出现了"p→q"赋值为假，这里产生了矛盾。产生矛盾说明不存在整个蕴涵为假的赋值，证明该蕴涵式是永真式，从而否定假设，说明推理有效。

判定:赋值产生矛盾,说明该推理形式有效。

例㉘中对联结词赋值产生的矛盾还可以通过同一变项出现赋值矛盾来表示:

$$(p \to q) \land \neg q \to \neg p$$
$$1\underline{1}1\ 1\underline{1}\ 0\underline{0}0\ 1$$

这种情形是对变项赋值产生矛盾。在赋值过程中,这两种矛盾均证明推理形式有效。

值得注意的是,如果后件是复合命题,并且为假的变项组合不止一种,那么对每一种组合都要进行计算。若计算过程中找到了不矛盾的赋值,余下的组合不必再计算,即可判定推理形式无效;只有所有组合都产生矛盾,才可判定推理形式有效。一种组合产生矛盾并不能判定推理形式有效。

例㉙ 判定"$p \to q, r \to s, \neg q \land \neg s \vdash \neg p \land \neg r$"是否有效。

$$(p \to q) \land (r \to s) \land (\neg q \land \neg s) \to \neg p \land \neg r$$

0 1 0 1 1 1 0 1   1 0 1 1   0 0 1 0 0 0 1
1 1 0 1 0 1 0 1   1 0 1 1   0 0 0 1 0 1 0
         $\underline{}$
1 1 0 1 1 1 0 1   1 0 1 1   0 0 0 1 0 0 1
$\underline{}$

判定:后件"$\neg p \land \neg r$"为假共有三种组合,都产生矛盾,假设不成立,推理有效。

(三) 形式证明

1. 形式证明及其结构

形式证明就是运用真值形式证明必然性推理。它是一个推导序列,结论能够从前提出发借助逻辑规则逐步演绎出来。如果非给定前提的每一步都通过逻辑规则得以证成,并且最后一步是结论,那么推理有效性就得到了证明。

构建形式证明的一般条件是:

首先,证明可以从前提到结论或者从结论到前提进行分析。在通常情况下,从给定前提到给定结论有几个不同步骤。因此,我们所构建的这种证明又称为"巧妙证明"。

其次,非给定前提的每一步都必须借助逻辑规则来证成。

基于形式证明的构建条件,它的结构分为三大块,即序列号、真值形式和理由。

第一块:序列号由①②③④……构成,表明每一个序列号右边的真值形式在证明过程中出现的顺序。

第二块:在"真值形式"中或者是前提,或者是结论。如果是结论,应当是由其上面序列的某个(或某些)真值形式作为前提,并运用有效推理式或等值置换而得出的结论。这样才能保证,序列中前提以后的每一个真值形式(包括结论)都是由前提必然导出,都是前提蕴涵的结论。

第三块:"理由"这一块是标明真值形式在该推导序列中存在的理由,除了已知前提,本章中阐述的"有效式"和"等值式"都可以作为推理出发点的根据。

例㊆ 证明下列推理有效:

$$\neg p \to q, \neg p \vee r, \neg q \vdash p \wedge r$$

证明:
① $\neg p \to q$　　　　前提(以下用 P 表示前提)
② $\neg p \vee r$　　　　P
③ $\neg q$　　　　　　P
④ p　　　　　　　①③否后式
⑤ r　　　　　　　②④否肯式
⑥ $p \wedge r$　　　　　④⑤合成式

例㊇ 证明下列推理有效:

$$p \to q, \quad r \vee \neg q, \quad \neg(p \wedge r) \vdash \neg p$$

证明:
① $p \to q$　　　　　P
② $r \vee \neg q$　　　　P
③ $\neg(p \wedge r)$　　　P
④ $\neg q \vee r$　　　　②析取交换律
⑤ $q \to r$　　　　　④蕴涵定义律
⑥ $p \to r$　　　　　①⑤假言连锁
⑦ $\neg p \vee \neg r$　　　③德摩根律
⑧ $p \to \neg r$　　　　⑦蕴涵定义律
⑨ $\neg p$　　　　　　⑥⑧归谬推理

2. 条件证明

条件证明是条件移出入律的运用,可将其表述为:

如果一个推理的结论是蕴涵式 $q \to r$,我们可以把结论的前件 q 移入前提,与前提集合 p 组成合取 $p \wedge q$,这个合取必然推出结论的后件 r,即 $p \wedge q \to r$。总之,如果我们能够证明一个前提集合 p 加入假设前提 q 后,必然得出 r,那么也就证明前提集合 p 必然得出 $q \to r$。

```
            p              （前提集合）
            q              假设 P
            ……
            r
           q→r
```

需要注意的是,从假设前提 q 开始,直到结论后件 r 的得出,这些真值形式不是前提集合 p 必然得出,而是前提集合 p 加上假设前提 q 得出,所以这里向后退一格以示区别。

如果一个推理的结论是蕴涵式 A→B,或是可以转换成蕴涵式的其他真值形式(如析取、逆蕴涵、等值),则可以运用条件证明。运用条件证明往往可以简化证明过程。

例⑧⑨ 证明下列推理有效:

$$\neg p \vee \neg q,\ \neg r \vee s,\ t \to r,\ \neg(\neg t \wedge \neg p) \vdash q \to s$$

证明:

```
① ¬p∨¬q            P
② ¬r∨s             P
③ t→r              P
④ ¬(¬t∧¬p)         P
  ⑤ q              假设前提
  ⑥ ¬p             ①⑤否肯式
  ⑦ t∨p            ④德摩根律
  ⑧ t              ⑥⑦否肯式
  ⑨ r              ③⑧肯前式
  ⑩ s              ②⑨否肯式
⑪ q→s              ⑤—⑩条件证明
```

3. 间接证明

间接证明是归谬推理的运用,可将其表述为:

要证明一个推理的结论 q,我们可以先假设前提 ¬q(结论的矛盾命题),如果能从前提集合 p 和假设前提 ¬q 中推导出矛盾 r∧¬r,那么就必然证明假设前提 ¬q 不成立,即 ¬(¬q)。¬(¬q)等值于 q。这样我们从否定¬q,间接地证明了推理的结论 q。

　　　　　　　　p　　　　　　（前提集合）
　　　　　　　　¬q　　　　　　假设 P
　　　　　　　　……
　　　　　　　　r
　　　　　　　　¬r
　　　　　　　　r∧¬r
　　　　　　　　q

需要注意的是，从假设前提¬q开始，直至推出矛盾 r∧¬r，这些真值形式不是前提集合 p 必然得出，而是前提集合 p 加上假设前提¬q（结论的矛盾命题）得出，所以这里向后退一格以示区别。运用间接证明往往可以简化证明。

　　例⑩　证明下列推理有效：
$$\neg r \rightarrow p, \quad s \leftarrow r, \quad \neg(\neg p \rightarrow \neg q) \vdash s$$

证明：
① ¬r→p　　　　　　P
② s←r　　　　　　　P
③ ¬(¬p→¬q)　　　　P
　④ ¬s　　　　　　　假设前提
　⑤ ¬r　　　　　　　②④否前式
　⑥ p　　　　　　　　①⑤肯前式
　⑦ ¬p∧¬(¬q)　　　③否定蕴涵律
　⑧ ¬p　　　　　　　⑦分解式
　⑨ p∧¬p　　　　　　⑥⑧合成式
⑩ s　　　　　　　　　④—⑨间接证明

在进行证明的过程中，没有固定的模式可循。针对有些推理有效式，不同的证明者可以给出不同的证明过程。

　　例⑪　证明下列推理有效：
$$p \rightarrow (\neg q \rightarrow r), \quad s \rightarrow \neg q \wedge \neg r, \quad s \vee u \vdash p \rightarrow u$$

证明方法一：
① p→(¬q→r)　　　　　　　　P
② s→¬q∧¬r　　　　　　　　P
③ s∨u　　　　　　　　　　　P
④ ¬(¬q∧¬r)→¬s　　　　　　②假言易位

⑤ (q∨r)→¬s　　　　　　　　④德摩根律
⑥ ¬s→u　　　　　　　　　　③蕴涵定义律
⑦ (q∨r)→u　　　　　　　　⑤⑥假言连锁
⑧ p→(q∨r)　　　　　　　　①蕴涵定义律
⑨ p→u　　　　　　　　　　⑧⑦假言连锁

证明方法二：
① p→(¬q→r)　　　　　　　P
② s→¬q∧¬r　　　　　　　P
③ s∨u　　　　　　　　　　P
　④ p　　　　　　　　　　假设前提
　⑤ ¬q→r　　　　　　　　①④肯前式
　⑥ q∨r　　　　　　　　　⑤蕴涵定义律
　⑦ s→¬(q∨r)　　　　　　②德摩根律
　⑧ ¬s　　　　　　　　　　⑦⑥否后式
　⑨ u　　　　　　　　　　　③⑧否肯式
⑩ p→u　　　　　　　　　　④—⑨条件证明

证明方法三：
① p→(¬q→r)　　　　　　　P
② s→¬q∧¬r　　　　　　　P
③ s∨u　　　　　　　　　　P
　④ ¬(p→u)　　　　　　　假设前提
　⑤ p∧¬u　　　　　　　　④否定蕴涵律
　⑥ p　　　　　　　　　　⑤分解式
　⑦ ¬u　　　　　　　　　⑤分解式
　⑧ s　　　　　　　　　　③⑦否肯式
　⑨ p→q∨r　　　　　　　①蕴涵定义律
　⑩ q∨r　　　　　　　　　⑨⑥肯前式
　⑪ s→¬(q∨r)　　　　　　②德摩根律
　⑫ ¬s　　　　　　　　　⑪⑩否后式
　⑬ s∧¬s　　　　　　　　⑧⑫合成式
⑭ p→u　　　　　　　　　④—⑬间接证明

在证明的过程中，条件证明和间接证明可以重复使用，并且可以结合使用。

例⑨２　证明下列推理有效：

$$p\vee q\to\neg r,\ \neg s,\ (p\to t\wedge\neg r)\to(u\to\neg r\wedge s)\vdash\neg(u\wedge t)$$

证明：
① $p\vee q\to\neg r$　　　　　　　　　　P
② $\neg s$　　　　　　　　　　　　　　P
③ $(p\to t\wedge\neg r)\to(u\to\neg r\wedge s)$　　P
　④ $\neg\neg(u\wedge t)$　　　　　　　　假设前提
　⑤ $u\wedge t$　　　　　　　　　　　④双重否定律
　　⑥ p　　　　　　　　　　　　　假设前提
　　⑦ $p\vee q$　　　　　　　　　　⑥附加律
　　⑧ $\neg r$　　　　　　　　　　　①⑦肯前式
　　⑨ t　　　　　　　　　　　　　⑤分解式
　　⑩ $t\wedge\neg r$　　　　　　　　⑨⑧合成式
　⑪ $p\to t\wedge\neg r$　　　　　　　⑥—⑩条件证明
　⑫ $u\to\neg r\wedge s$　　　　　　　③⑪肯前式
　⑬ u　　　　　　　　　　　　　　⑤分解式
　⑭ $\neg r\wedge s$　　　　　　　　　⑫⑬肯前式
　⑮ s　　　　　　　　　　　　　　⑭分解式
　⑯ $s\wedge\neg s$　　　　　　　　　⑮②合成式
⑰ $\neg(u\wedge t)$　　　　　　　　　④—⑯间接证明

在复合命题推理中，往往要运用多种复合命题的知识，并通过若干步骤推导，才能得出结论，这样的推理过程，称为复合命题推理的综合应用。

例93　某中药配方有如下要求：
① 如果有甲药材，那么也要有乙药材；
② 如果没有丙药材，那么必须有丁药材；
③ 人参和天麻不能都有；
④ 如果没有甲药材而有丙药材，则需要有人参；
⑤ 该配方含有天麻。
问：该配方是否含有乙药材或丁药材？

解析：用 p、q、r、s、t、u 分别表示该配方有甲药材、乙药材、丙药材、丁药材、人参、天麻。将上述前提分别符号化为：$p\to q$，$\neg r\to s$，$\neg t\vee\neg u$，$\neg p\wedge r\to t$，u。从这些前提出发，可进行下述推理：
　① $p\to q$　　　　　　　　　　　P

② ¬r→s　　　　　　　　　P
③ ¬t∨¬u　　　　　　　　P
④ ¬p∧r→t　　　　　　　P
⑤ u　　　　　　　　　　 P
⑥ ¬t　　　　　　　　　 ③⑤否肯式
⑦ ¬(¬p∧r)　　　　　　 ④⑥否后式
⑧ p∨¬r　　　　　　　　⑦德摩根律
⑨ q∨s　　　　　　　　 ①②⑧二难推理

结论：该配方含有乙药材或丁药材。

第三节　命题演算

一、现代逻辑发展

现代逻辑也称数理逻辑或符号逻辑，现代逻辑是数学化的逻辑，即用数学的方法去研究推理的科学。现代逻辑起源于17世纪，其发展历史大致可以分为三个阶段：

第一阶段，创立时期，时间大致为17世纪70年代至19世纪60年代，其代表人物是莱布尼茨和布尔等。莱布尼茨首先提出改革逻辑的设想，用"数学化"的方法改变传统逻辑，使传统逻辑获得"新生"。具体步骤是首先创立一套通用语言，以消除语言的局限性、模糊性，然后设计一套推理的普遍规则去处理通用语言。对于这个改革设想，他本人没有成功，而由"数理逻辑之父"布尔实现。布尔代数在一定程度上实现了逻辑数学化。

第二阶段，发展时期，时间大致为19世纪70年代至20世纪20年代，其代表人物是弗雷格、罗素、布劳维尔、希尔伯特等。弗雷格构建一个初步自洽的逻辑演算系统，这是历史上第一个逻辑演算公理系统。罗素是数理逻辑的集大成者，他总结前人的成果，建立了现代逻辑基础——命题演算和谓词演算。

第三阶段，创新时期，时间大致为20世纪30年代至今，其代表人物是哥德尔、塔斯基等。1931年，哥德尔提出了不完全性定理，对于逻辑与数学基础研究，甚至对于其后的人工智能、计算机等问题的研究，都具有重要的理论意义。塔斯基对形式系统真理论的研究，开拓了逻辑语义学这一重要领域。除了在基础的逻辑演算方面取得了一系列新成果之外，这一时期还形成了各具特色的四种理论：证明论、公理集合论、递归论和模型论。

现代逻辑由于使用人工形式语言表达，可以克服歧义，将整个演绎系统作为一个形式系统的逻辑演算加以处理。所谓形式系统乃是实现了完全形式化的公理方法,它不但具有一整套的表意符号构成的形式语言,还具有初始公式的公理系统。公理系统的基本特征如下:从少数几个概念和少数几个命题出发,演绎出其他所有命题,从而构成这个系统的整体。运用这种方法建立起来的理论,被认为是最严密的演绎体系。欧几里得几何学,就是这样的系统。所以,欧几里得几何学被认为是最早成熟的自然科学分支。

二、公理系统

一个完整的公理系统,通常包括语法和语义两大部分。公理系统的语法,也叫作句法、语形,是指一个公理系统的人工语言符号方面。一个形式系统通常包括四部分:初始符号、形成规则、公理以及变形规则。

公理系统的语义,也叫作解释、语义解释、语义学等,是关于语言符号的意义以及公式真假的理论。也就是给符号语言一种解释。用逻辑的语言讲,主要就是指出真值联结词的意义,并且给出其赋值定义。比如,"¬"意义是代表"否定",否定的赋值定义是"¬A 真,当且仅当 A 假"。

一个公理系统的语法通常有四项内容:初始符号、形成规则、公理以及演绎变形规则。我们将对这些术语进行专门的解释。

(一)初始符号

初始符号是一个形式系统的字母库,分为甲、乙、丙三类。

甲类:是 p、q、r、s,以及加下标的 p_1、q_1、r_1、s_1……这四个字母还可以加下标,表示无穷多个命题变项。

乙类:¬和∨。它们是联结命题的真值联结词,分别被称为否定和析取。

丙类:为标点符)和(。它们依次被称为右括号和左括号,不是括号括起来的逗号。它们的作用和算术当中的括号作用相同,也是用来表示运算的顺序。

在公理系统的初始符号中,甲类符号是无穷多的命题变项;乙类符号是两个真值联结词否定和析取;丙类符号是一对括号。

另外,我们还引入一些语法变项和符号:

(1)小写希腊字母 π。π 是任意的一个甲类符号,如 p、q、r 等。

(2)大写拉丁字母 X、Y、Z。这三个字母也是语法变项,它们的值是任意的一个符号序列。例如,(p∨q),(¬p∧q)→,等等。大写 X、Y、Z 代表的是任意的符号序列;这样的符号序列可以是公式,也可以不是公式。

(3)大写拉丁字母 A、B、C、D、E。这五个字母也是语法变项,它们的值是任意的一个合式公式。在公理系统中上述五个字母代表的是公式,而不是任意的符号序列;并且它代表的公式既可以是最简单的 π,也可以是各种复合公式。

(4)语法符号"⊢"。它写在一个公式前面,比如,⊢ p∨¬p。"⊢"是一个语法断定符号,它表示紧接在后面的公式是公理系统所要肯定的公式。公理系统所要肯定的公式，也就是公理系统的定理。

（二）形成规则

公理系统中，合式公式的形成规则有甲、乙、丙、丁四种：

（甲）任一甲类符号 π 是一个合式公式。

（乙）若符号序列 X 是合式公式，则 ¬X 是合式公式。

（丙）若符号序列 X、Y 是合式公式，则 (X∨Y) 是合式公式。

（丁）只有适合以上三条规则的符号序列才是合式公式。合式公式简称公式。

根据形成规则甲的规定：命题变项 p、q、r、s 等都是公式，这类公式也叫做原子公式，它们在命题逻辑当中不再会被分解。

任何公式，无论其形式多么复杂，都可以根据形成规则一步一步地生成。因此，如果我们想证明某一类公式都具有某一种性质，只需证明它在生成的过程中，每一步都具有该性质即可。

定义甲：$A \to B = df (\neg A \vee B)$

定义乙：$A \wedge B = df \neg(\neg A \vee \neg B)$

定义丙：$A \leftrightarrow B = df (A \to B) \wedge (B \to A)$

根据这三个定义，公理系统的表示符号尤为丰富。我们可以直接把定义左右两边的公式进行等值置换，进行有目的的公式变形。

（三）公理

公理 1：$\vdash ((p \vee p) \to p)$

公理 2：$\vdash (p \to (p \vee q))$

公理 3：$\vdash ((p \vee q) \to (q \vee p))$

公理 4：$\vdash ((q \to r) \to ((p \vee q) \to (p \vee r)))$

（四）变形规则

公理系统的初始变形规则有三种：代入规则、分离规则、定义置换规则。

（1）代入规则

理解代入规则之前，需要引入代入的定义。

代入，就是指对于一个公式 A，我们把 A 中出现的所有甲类符号 π，即原子命题符号 π，全部换作某个合式公式 B，就是代入，记作 $A(\pi/B)$。

代入规则就是说，从 ⊢A，可得 ⊢$A(\pi/B)$。也就是说，如果一个公式做代入前是定理，那么做代入后得到的公式仍然还是定理。

需要注意的是，代入 p/q 是把原公式中的每一个 p 都代成 q，每一个 p 都要做这样的替换，才是代入。

(2) 分离规则

从⊢A和⊢¬A∨B,可得⊢B。

这条规则还可以这样理解:根据蕴涵的定义可以知道,¬A∨B就是A→B。所以,这条规则还可以表述为:从⊢A和⊢A→B,可得⊢B。这就是说,如果我们断定A→B为真,并且还断定A为真,那么我们就可以断定B为真。

(3) 定义置换规则

定义置换规则是说,定义左右两边的公式可以互换。设原公式为A,经过替换后所得的公式是B,那么,从⊢A,可得⊢B。

这条规则显而易见。因为定义左右两边的公式是等值的,即同真同假,所以做定义置换之后得到的公式,等值于原公式。

(五) 括号的省略约定

约定甲:公式最外面的一对括号可以省略。

约定乙:真值联结词的结合力从弱到强是:↔,→,∨,∧,¬。

即真值联结词的辖域从大到小是:↔,→,∨,∧,¬。

例如,¬q∧p,即(¬q)∧p,而不是¬(q∧p);

¬q→p∧q,即¬q→(p∧q);

¬q↔p∧q,即¬q↔(p∧q)。

根据辖域大小的约定,可以省略某些不必要的括号。为了视觉上的清晰性,也可以带着括号。但是,省略括号的时候必须根据我们事先的约定来简化。

(六) 公理系统的语义

公理系统的语义,也就是给初始符号一种解释。

(1) 甲类符号是命题变项。对每个命题变项指派真值{0,1},其中0被解释为假,1被解释为真。

(2) 乙类符号是命题联结词。每个联结词都可以看作{0,1}上的一种运算。其中,¬和∨的语义解释如表4-36所示。

表 4-36(a)

A	¬A
1	0
0	1

表 4-36(b)

A	B	A∨B
1	1	1
1	0	1
0	1	1
0	0	0

¬A 为真,当且仅当 A 为假;A∨B 为假,当且仅当 A 为假并且 B 为假。
在我们的公理系统中,"¬"和"∨"解释成"否定"和"析取"。

定理 1　⊢(q→r)→((p→q)→(p→r))

证明:

(1)　⊢(q→r)→((p∨q)→(p∨r))　　　　　[公理 4]

(2)　⊢(q→r)→((¬p∨q)→(¬p∨r))　　　[(1),代入 p/¬p]

(3)　⊢(q→r)→((p→q)→(p→r))　　　　　[(2),→的定义]

定理 2　⊢p→p

证明:

(1)　⊢(q→r)→((p→q)→(p→r))　　　　　[定理 1]

(2)　⊢(q→p)→((p→q)→(p→p))　　　　　[(1),代入 r/p]

(3)　⊢(p∨p→p)→((p→p∨p)→(p→p))　　[(2),代入 q/p∨p]

(4)　⊢(p→p∨p)→(p→p)　　　　　　　　　[(3)、公理 1,分离规则]

(5)　⊢p→p∨p　　　　　　　　　　　　　　[公理 2,代入 q/p]

(6)　⊢p→p　　　　　　　　　　　　　　　[(4)(5),分离规则]

定理 3　⊢¬p∨p

证明:

(1)　⊢p→p　　　　　　　　　　　　　　　[定理 2]

(2)　⊢¬p∨p　　　　　　　　　　　　　　[(1),→定义]

定理 4　⊢p∨¬p

证明:

(1)　⊢(p∨q)→(q∨p)　　　　　　　　　　[公理 3]

(2)　⊢(¬p∨p)→(p∨¬p)　　　　　　　　　[(1),代入 p/¬p, q/p]

(3)　⊢¬p∨p　　　　　　　　　　　　　　[定理 3]

(4)　⊢p∨¬p　　　　　　　　　　　　　　[(2)(3)分离]

定理 5　⊢p→¬¬p

证明:

(1)　⊢p∨¬p　　　　　　　　　　　　　　[定理 4]

(2)　⊢¬p∨¬¬p　　　　　　　　　　　　　[(1)代入 p/¬p]

(3)　⊢p→¬¬p　　　　　　　　　　　　　[(2),→定义]

定理 6　⊢¬¬p→p

证明:

(1)　⊢(q→r)→((p∨q)→(p∨r))　　　　　[公理 4]

(2)　⊢(¬p→¬¬¬p)→((p∨¬p)→(p∨¬¬¬p))

　　　　　　　　　　　　　　　　　　　　[(1)代入 q/¬p,r/¬¬¬p]

(3) ⊢p→¬¬p　　　　　　　　　　　　[定理5]
(4) ⊢¬p→¬¬¬p　　　　　　　　　　　[(3)代入 p/¬p]
(5) ⊢(p∨¬p)→(p∨¬¬¬p)　　　　　　　[(2)(4)分离]
(6) ⊢p∨¬p　　　　　　　　　　　　　[定理4]
(7) ⊢p∨¬¬¬p　　　　　　　　　　　　[(5)(6)分离]
(8) ⊢(p∨q)→(q∨p)　　　　　　　　　[公理3]
(9) ⊢(p∨¬¬¬p)→(¬¬¬p∨p)　　　　　　[(8)代入 q/¬¬¬p]
(10) ⊢¬¬¬p∨p　　　　　　　　　　　　[(7)(9)分离]
(11) ⊢¬¬p→p　　　　　　　　　　　　[(10),定义]

定理7　⊢(p→q)→(¬q→¬p)

证明：
(1) ⊢(q→r)→((p→q)→(p→r))　　　　[定理1]
(2) ⊢(¬p∨¬¬q)→(¬¬q∨¬p)→((¬p∨q→¬p∨¬¬q)→(¬p∨q→¬¬q∨¬p))

　　　　　　　　　　　　　　[(1)代入 q/¬p∨¬¬q,r/¬¬q∨¬p,p/¬p∨q]

(3) ⊢(p∨q)→(q∨p)　　　　　　　　　[公理3]
(4) ⊢(¬p∨¬¬q)→(¬¬q∨¬p)　　　　　　[(3)代入 p/¬p,q/¬¬q]
(5) ⊢(¬p∨q→¬p∨¬¬q)→(¬p∨q→¬¬q∨¬p)……

　　　　　　　　　　　　　　　　　[(2)(4)分离]

(6) ⊢(q→r)→((p∨q)→(p∨r))　　　　　[公理4]
(7) ⊢(q→¬¬q)→((¬p∨q)→(¬p∨¬¬q))

　　　　　　　　　　　　　　　　　[(6)代入 p/¬p,r/¬¬q]

(8) ⊢p→¬¬p　　　　　　　　　　　　[定理5]
(9) ⊢q→¬¬q　　　　　　　　　　　　[(8)代入 p/q]
(10) ⊢(¬p∨q)→(¬p∨¬¬q)　　　　　　　[(7)(9)分离]
(11) ⊢¬p∨q→¬¬q∨¬p　　　　　　　　[(5)(10)分离]
(12) ⊢(p→q)→(¬q→¬p)　　　　　　　[(11),→的定义置换]

定理8　⊢¬(p∧q)→¬p∨¬q

证明：
(1) ⊢¬¬p→p　　　　　　　　　　　　[定理6]
(2) ⊢¬¬(¬p∨¬q)→(¬p∨¬q)　　　　　　[(1)代入 p/¬p∨¬q]
(3) ⊢¬(p∧q)→(¬p∨¬q)　　　　　　　[(2),∧定义]

定理9　⊢¬p∨¬q→¬(p∧q)

证明：

(1) ⊢p→¬¬p　　　　　　　　　　　[定理5]
(2) ⊢(¬p∨¬q)→¬¬(¬p∨¬q)　　　[(1)代入 p/¬p∨¬q]
(3) ⊢(¬p∨¬q)→¬(p∧q)　　　　　[(2),∧定义]

在构造一个公理系统时,应当尽可能使该系统具有一致性、有效性、可靠性和完全性,相应地,公理系统具有一致性定理、有效性定理、可靠性定理和完全性定理四大定理。它们的含义分别如下:

(1) 一致性定理,是指公理系统内的定理不能相互抵触。

在逻辑学中,一致性理论是指不包含抵触的理论,也就是说,如果一个理论没有一个公式 p 使得 p 与 p 的否定在相关演绎系统下根据理论的公理都是可证的,那么该理论就是一致的。

(2) 有效性定理,是指公理系统的证明规则决不会允许从真前提推导出假结论。

在逻辑学中,有效性又称逻辑有效性,这一术语在不同语境下有着不同的含义。它可以是公式的性质,也可以是命题或推理的性质。作为公式的性质,指的是在形式语言中,一个公式是有效的,当且仅当在这个语言的每个可能解释下它都是真的;作为命题的性质,指的是如果在所有解释下它都是真的,那么它就是逻辑真的;作为推理的性质,指的是在一个推理中,如果我们能够从其前提推导出结论,那么该推理是逻辑有效的。

(3) 可靠性定理,是指公理系统的证明规则不会允许从真前提推导出假结论,而且前提已被证明为真。

如果一个系统是可靠的且其公理都是真的,那么它的定理也是保真的。在数理逻辑中,我们常常说所有定理都是重言式时,这个形式系统就是可靠的。

(4) 完全性定理,是指不存在公理系统内原则上不能证明的真命题。

在逻辑学中,语义完全性是公理系统可靠性的对应特性,具体地说,当所有重言式都是定理时,这个形式系统就是语义完全的。

三、自然推理系统

演绎逻辑特别是演绎推理中的核心问题有两个:第一,如何判定推理有效?第二,如何进行有效推理?这就是人们常说的"判定问题"和"推导问题"。

为解决这两个问题,演绎逻辑既要提供判定推理是否有效的检验方法或程序,又要提供进行有效推理的推理规则。

命题逻辑对有效推理理论的研究可以概括为:如果 A 蕴涵 B 是一个重言式,那么从 A 推出 B 就是有效推理式。因此,要判定一个复合命题推理是否是有效式,只需要判定前提蕴涵结论是否是重言式即可。判定蕴涵式是否是重言式从而判定复合命题推理是否是有效式的方法,命题逻辑已有真值表法和归谬赋值法(亦称简化真值表法)。这些方法解决了命题逻辑的有效性判定问题,它们对于判定复合命题推理的有效性既是可靠的,也是完全的。同时,这些判定方法都是能行的,所谓"能行的",是指在有穷步骤内通过机械的操作即可完成相关的判定。但是,运用这些方法解决判定问题不太直观和自然。另外,这些方法说到底仅仅是判定复合命题推理有效与否的检验程序而并非复合命题有效推理的推理规则,它们只能解决命题逻辑的判定问题,却不能解决命题逻辑的推导问题,只能判定,而不能指导有效推理。因此,为指导命题逻辑的有效推理而提供一组方便实用的推理规则,以及为解决命题逻辑的判定问题而提供更为直观和自然的检验方法则很有必要。

第二节介绍的复合命题推理有效式和第一节介绍的等值永真式都是进行有效推理的推理规则,也是解决命题逻辑的有效性推导问题的基本工具。从给定的前提出发,运用复合命题推理有效式和等值永真式,即根据复合命题推理的基本规则和导出规则,可以进行有效推理,推出一切能够推出的结论。复合命题推理有效式和等值永真式也是判定复合命题推理是否有效的工具。即是说,如果从给定的前提出发,运用复合命题推理有效式和等值永真式,在有限步骤内得出了给定的结论,则该复合命题推理就是有效的。

下面就来介绍既直观又自然的形式推演系统——自然推理系统。

(一)什么是自然推理?

从给定的前提出发,运用推理有效式即根据推理规则进行推理,称为自然推理,亦称为自然演绎。自然推理不预设公理,只是根据推理规则,从给定的前提得出结论。自然推理是一个命题形式序列,每项或者是给定的前提,或者是从前面的命题形式运用推理有效式即根据推理规则得到的。运用自然推理从给定的前提得出给定的结论,这一推理过程便是对推理有效性做形式证明,简称形式证明。形式证明即自然推理也是判定推理有效的方法。

自然推理不预设公理,没有与公理相关的推演,只根据推理规则从前提得出结论,因此,自然推理即形式证明过程更接近于人们实际思维过程,比那些以计算为手段的判定方法更为直观和自然。现代逻辑证明,只要运用少数几种推理有效式或基本推理规则,就可以推出一切能够推出的结论。因此,只要掌握少数几种推理有效式和等值永真式,就可以以它们作为基本推理规则,构成自然推理系统,从而解决有效推理的判定问题和推导问题。

自然推理系统主要由一组推理规则构成。规则是进行有效推理的规则,根据这些规则可以从给定的前提出发进行有效推导。运用自然推理系统判定某个推理是否有效,只需考察从给定的前提出发,根据系统内的推理规则能否推出给定的结论。

(二) 自然推理系统的构成

1. 命题形式

在自然推理系统中,命题形式的生成规则如下:

(1) 命题变项是命题形式,可用 p、q、r、s、t…… 表示;

(2) 如果 A、B 是命题形式,则 ¬A、A∧B、A∨B、A→B、A↔B 是命题形式;

(3) 除(1)(2)所规定的之外,没有命题形式。

命题形式的真值要么真,要么假。¬、∧、∨、→、↔是真值联结词,其语义与公理系统的相同。

括号的使用、真值联结词的结合力的强弱与公理系统相同。

由此可见,在命题表达式的形成规则和语义解释方面,自然推理与公理系统大致相同。

2. 推理规则

常见的自然推理的推理规则有:

(1) 前提引入规则:在推导证明的任何一步上,都可以引入前提或推理定理。

(2) 结论引入规则:在推导证明的任何一步上所得结论,都可以作为后续推导证明的前提。

(3) 条件证明规则:如果从前提集合 A 和非前提命题 B 出发,能够推导出命题 C,则可以从 A 推导出 B→C。

条件证明规则实质上是条件移出入律的具体运用。

(4) 分离规则:若有命题 A→B 和 A,则可推得命题 B,若 A→B 和 A 都真,则可推得 B 真。

(5) 代入规则:在推理的任何一步,重言式中的任何命题变项都可以用其他命题形式代入,代入须处处进行,代入后得到的仍为重言式。

(6) 置换规则:在推导证明的任何一步上,命题形式或其一部分都可以用与之等值的命题形式置换。

3. 推理定理

公理系统是从公理出发,遵循变形规则与有关推理规则推导出可证公式(定理)的。自然推理系统的出发点不是公理,而是下面两部分:

第一,给定的前提。

第二,系统给出的推理定理。

推理定理的作用相当于公理系统中的公理,当然,推理定理的有效性较为直观,前面两节已有证明。推理定理分为两类:

第一类,重言蕴涵式(可用推理表达式表示,"⊢"表示"必然推出")。

(1) $p \to q, p \vdash q$ 肯前式
(2) $p \to q, \neg q \vdash \neg p$ 否后式
(3) $p \to q, q \to r \vdash p \to r$ 假言连锁
(4) $p \lor q, \neg p \vdash q$ 否肯式
(5) $p \to q, r \to s, p \lor r \vdash q \lor s$ 二难推理
(6) $p \to q \land \neg q \vdash \neg p$ 归谬
(7) $p \land q \vdash p$ 分解式
(8) $p, q \vdash p \land q$ 合成式
(9) $p \vdash p \lor q$ 附加律

第二类,重言等值式(即第一节中的等值永真式)。

(10) $p \leftrightarrow \neg \neg p$ 双重否定律
(11) $\neg(p \land q) \leftrightarrow \neg p \lor \neg q$ 德摩根律
   $\neg(p \lor q) \leftrightarrow \neg p \land \neg q$ 德摩根律
(12) $p \land q \leftrightarrow q \land p$ 交换律
   $p \lor q \leftrightarrow q \lor p$ 交换律
(13) $p \lor (q \lor r) \leftrightarrow (p \lor q) \lor r$ 结合律
   $p \land (q \land r) \leftrightarrow (p \land q) \land r$ 结合律
(14) $p \lor (q \land r) \leftrightarrow (p \lor q) \land (p \lor r)$ 分配律
   $p \land (q \lor r) \leftrightarrow (p \land q) \lor (p \land r)$ 分配律
(15) $p \to q \leftrightarrow \neg q \to \neg p$ 假言易位
(16) $p \to q \leftrightarrow \neg p \lor q$ 蕴涵定义
(17) $(p \leftrightarrow q) \leftrightarrow (p \to q) \land (q \to p)$ 等值定义
   $(p \leftrightarrow q) \leftrightarrow (p \land q) \lor (\neg p \land \neg q)$ 等值定义
(18) $p \land q \to r \leftrightarrow p \to (q \to r)$ 移出入律
(19) $p \leftrightarrow p \lor p$ 重言律
   $p \leftrightarrow p \land p$ 重言律

(10)—(19)条推理定理是重言等值式,每一等值式都可分解成两个重言蕴涵式。例如,双重否定律可分解为:"$p \vdash \neg \neg p$"和"$\neg \neg p \vdash p$"。

上述(1)—(19)条重言式是推理定理,在任一推理证明中,可以作为公共前提随时引入推理证明的过程,其形式可以省略不写,直接由其前件推导出后件。例如:

证明:$p \lor q, q \to r \vdash p \lor r$ 是有效推理。

① $p \lor q$ 前提
② $q \to r$ 前提
③ $\neg \neg p \lor q$ ①双重否定律

④ ¬p→q　　　　　　　　　　③蕴涵定义
⑤ ¬p→r　　　　　　　　　　④②假言连锁
⑥ ¬¬p∨r　　　　　　　　　　⑤蕴涵定义
⑦ p∨r　　　　　　　　　　　⑥双重否定律

其中：

③ 推导出"¬¬p∨q"，是引入双重否定律"p↔¬¬p"作为前提（置换）。

④ 推导出"¬p→q"是引入蕴涵定义"¬p→q↔¬¬p∨q"作为前提（已代入）。

⑤ 推导出"¬p→r"是引入假言连锁"¬p→q,q→r⊢¬p→r"作为前提。

⑥ 推导出"¬¬p∨r"是引入蕴涵定义"¬p→q↔¬¬p∨q"作为前提（已代入）。

⑦ 推导出"p∨r"是引入双重否定律"p↔¬¬p"作为前提（置换）。

这些引入的定理形式都可省略不写。

（三）自然推理的运用

自然推理系统是一个形式证明系统，它的推导证明过程是一个命题形式的序列，推理规则保证了序列中的命题形式要么是给定的前提，要么是由前提或推理定理推导出的结论。序列中的每一个结论都为它前面序列的前提所蕴涵，从而保证了前提蕴涵结论是重言式。也就是说，如果由前提 A_1、A_2、……A_n（$n \geq 1$)推出结论 B 是有效的，则前提的合取 $A_1 \wedge A_2 \wedge \cdots \wedge A_n$（$n \geq 1$)蕴涵 B 就是重言式。即公式：

$$A_1 \wedge A_2 \wedge \cdots \wedge A_n \to B \quad (n \geq 1)$$

是重言式。（证明略）

运用自然推理系统去证明自然语言表达的推理的有效性，首先要用系统中的命题形式表示自然语言中的命题或推理，然后遵循系统给定的推理规则，从已知前提出发进行推演。推演的过程是一个形式证明的过程，形式证明序列中的每一个结论都为前提所蕴涵，这样的证明是有效证明。

下面是运用自然推理系统判定推理有效的实例。

证明：$p \vee (q \to r), \neg s \to (r \to t), p \to s, \neg s \vdash q \to t$ 是有效推理。

证明：

① p∨(q→r)　　　　　　　　前提
② ¬s→(r→t)　　　　　　　前提
③ p→s　　　　　　　　　　前提
④ ¬s　　　　　　　　　　　前提
⑤ ¬p　　　　　　　　　　　③④否后式
⑥ q→r　　　　　　　　　　①⑤否肯式

⑦ r→t   ②④肯前式
⑧ q→t   ⑥⑦假言连锁
证毕。

自然推理系统具有判定和推导双重功能,它可以从一组前提中,导出相应的结论。

例91 某足球队教练正在甲乙丙丁四位运动员中间挑选上场队员,四位运动员的搭配规律与身体状况如下:

① 甲和乙一般不能同时上场;
② 如果甲不上场,那么若丙不上场,则乙也不上场;
③ 如果丁不上场或者丙上场,则乙也要上场;
④ 丁脚伤未好,不能上场。

问:最终谁上场?

假设甲乙丙丁上场分别为 p、q、r、s,把上述材料转换成命题形式,构成如下自然推理系列:

① ¬(p∧q)   前提
② ¬p→(¬r→¬q)   前提
③ ¬s∨r→q   前提
④ ¬s   前提
⑤ ¬p∨¬q   ①德摩根律
⑥ ¬s∨r   ④附加律
⑦ q   ③⑥肯前式
⑧ ¬p   ⑤⑦否肯式
⑨ ¬r→¬q   ②⑧肯前式
⑩ r   ⑦⑨否后式

证毕。该序列证明,乙和丙上场。

(四) 条件证明

条件证明规则为:如果从一组前提集合 A 和非前提命题 B 出发,能够推导出命题 C,则可以从 A 推导出 B→C。即:如果 A,B ⊢ C 成立,那么 A ⊢ B→C 也成立。

条件证明规则适用于结论是蕴涵式的推理有效性证明。该规则总的思想是:如果有条件地引入前提 B(B 是结论中蕴涵式的前件),把它与原来的前提 A 一起组成合取式,合乎逻辑地推出了结论 C(C 是结论中蕴涵式的后件),我们就说蕴涵式 B→C 可以从原来的前提 A 合乎逻辑地推出。

如果一个推理的结论是条件命题(蕴涵命题),运用条件证明规则,能使推演更加简洁便利。

运用条件证明规则的具体步骤是:把结论 B→C 中的前件 B 作为附加前提,若前提集合 A 与 B 能够推出 C,则证明 A 能够独立地推出 B→C。

条件证明规则实质上是条件移出入律的具体运用。即:
$$A \land B \to C \leftrightarrow A \to (B \to C)$$
意思是说,A 与 B 的合取蕴涵 C,当且仅当 A 蕴涵 B→C。

下面是运用条件证明规则的实例。

证明:p→(q→r),¬s∨p,q ⊢ s→r 是有效推理。

证明:

①	p→(q→r)	前提
②	¬s∨p	前提
③	q	前提
④	⌈ s	附加前提
⑤	│ p	②④否肯式
⑥	│ q→r	①⑤肯前式
⑦	⌊ r	③⑥肯前式
⑧	s→r	④—⑦条件证明

所以,p→(q→r),¬s∨p,q ⊢ s→r 是有效推理。

从④到⑦有画线标明,画线范围内的命题不是前提的有效结论,而是前提与附加前提的有效结论。画线外的命题⑧才是前提的有效结论。或者说,画线内命题的推出,依赖于附加前提,画线外命题的推出不依赖附加前提,仅仅依赖于前提①—③。因此,附加前提已被排除于证明之外,或者说已被消去。

在同一个证明中,条件证明规则可以多次运用,当然最后每一个附加前提都要消去。

证明:¬r→(p→¬q) ⊢ p→(¬r→¬q) 是有效推理。

证明:

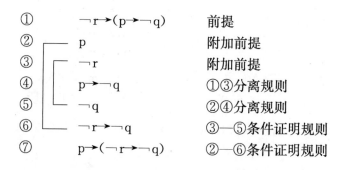

①	¬r→(p→¬q)	前提
②	⌈ p	附加前提
③	│⌈ ¬r	附加前提
④	││ p→¬q	①③分离规则
⑤	│⌊ ¬q	②④分离规则
⑥	⌊ ¬r→¬q	③—⑤条件证明规则
⑦	p→(¬r→¬q)	②—⑥条件证明规则

证毕。

相对而言,推理的前提越多,结论的导出越加容易。条件证明还可以扩大其运用范围:凡结论是可以置换成蕴涵的命题,都可以运用条件证明。

例⑨2 在案情分析会上,刑警队长根据掌握的如下情况:
(1) 甲或乙杀害了丙;
(2) 如果甲杀害了丙,那么作案地点不会在办公室;
(3) 或者秘书证词不真实,或者办公室里有枪声;
(4) 只有作案地点在办公室,秘书的证词才不真实;
(5) 甲会使用手枪。
作出推断:如果办公室里无枪声,那么凶手必定是乙而不是甲。
问:刑警队长的推理是否有效?

将简单命题用符号表示如下:
p:甲杀害了丙
q:乙杀害了丙
r:作案地点在办公室
s:秘书证词真实
t:办公室里有枪声
u:甲会使用手枪

本题需要判定 $p \lor q, p \to \neg r, \neg s \lor t, \neg r \to s, u \vdash \neg t \to q \land \neg p$ 推理是否有效。

①	$p \lor q$	前提
②	$p \to \neg r$	前提
③	$\neg s \lor t$	前提
④	$\neg r \to s$	前提
⑤	u	前提
⑥	$\neg t$	附加前提
⑦	$\neg s$	(3)(6)否肯式
⑧	r	(4)(7)否后式
⑨	$\neg p$	(2)(8)否后式
⑩	q	(1)(9)否肯式
⑪	$q \land \neg p$	(9)(10)合成式
⑫	$\neg t \to q \land \neg p$	(6)—(11)条件证明

行⑫表明,从已有前提可以合乎逻辑地推出结论。刑警队长的推理是有效的。

（五）间接证明

间接证明规则如下：如果从前提集合 A 和非前提命题 ¬B 出发，能够推导出矛盾命题，则可以从 A 推导出 B。

运用间接证明规则的具体步骤是：把结论 B 的矛盾命题 ¬B 作为附加前提，若前提集合 A 与 ¬B 能够推出矛盾命题，则证明 A 能够单独推出 B。

间接证明规则实质上是归谬原则的具体运用。

下面是运用间接证明规则的实例。

证明：p→q, r∨¬q, ¬(p∧r) ⊢ ¬p 是有效推理。

证明：

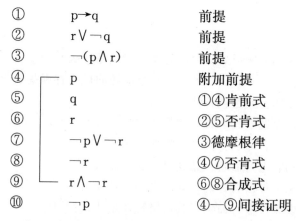

其实，我们可以把间接证明视为条件证明的一种特例，若把上述证明稍加变动，即可推出"p→¬p"，如此推导就是条件证明。而"p→¬p"就是结论"¬p"。如下：

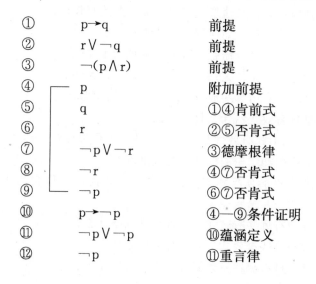

上述证明中,到序列⑧,已推出两个矛盾命题 r 和 ¬r。运用合成式,推出"r∧¬r",即可完成间接证明。若不用合成式,而运用否肯式,推出 ¬p(附加命题 p 的矛盾命题,也就是结论),然后运用蕴涵定义,得到 ¬p∨¬p,再运用重言律,便可推出 ¬p。这样的推导就是条件证明。

由此可见,如果一组前提在逻辑上导出矛盾,那么这组前提就是不一致的(即该组前提不同时为真)。因此,前提的合取是永真式,那么该推理不会导出矛盾的结论,这是结论必然为真的必要条件之一。如果前提的合取是适真式,那么该前提可能是不一致的,可能会导出矛盾的结论。

思考题

1. 什么是命题和命题形式?命题的逻辑特性是什么?
2. 什么是复合命题?有哪些种类?复合命题的形式有哪些成分构成?
3. 什么是负命题?其逻辑特性是什么?
4. 什么是联言命题?其逻辑特性是什么?
5. 什么是相容选言命题?其逻辑特性是什么?
6. 什么是不相容选言命题?其逻辑特性是什么?
7. 什么是充分条件假言命题?其逻辑特性是什么?
8. 什么是必要条件假言命题?其逻辑特性是什么?
9. 什么是充分必要条件假言命题?其逻辑特性是什么?
10. 什么是真值联结词?它与自然语言联结词有何不同?
11. 什么是真值形式?真值形式有哪三类?简述其作用。
12. 真值表有哪些作用?如何制作真值表?
13. 什么是永真式?复合命题中有哪些常见的永真式?
14. 什么是矛盾命题?什么是等值命题?试举例说明。
15. 什么是推理?它由哪些成分构成?什么是推理形式?
16. 什么是推理有效式?什么是推理无效式?
17. 前提真实性、形式有效性与结论真实性的关系怎样?
18. 为什么前提蕴涵结论的推理是有效推理?
19. 有效推理式和永真蕴涵式有什么共性?如何把推理表达式转换成蕴涵式?
20. 负命题推理有哪些有效式?其推理规则是什么?
21. 联言推理有哪些有效式?其推理规则是什么?
22. 相容选言推理有哪些有效式?其推理规则是什么?

23. 不相容选言推理有哪些有效式？其推理规则是什么？

24. 充分条件假言推理有哪些有效式？其推理规则是什么？

25. 必要条件假言推理有哪些有效式？其推理规则是什么？

26. 充分必要条件假言推理有哪些有效式？其推理规则是什么？

27. 什么是附加律？举例说明它的实用性。

28. 什么是二难推理？有哪些有效式？

29. 什么是假言易位推理和假言连锁推理？写出其推理形式。

30. 什么是归谬推理？什么是反三段论推理？什么是条件移出入推理？写出其推理形式。

31. 什么是归谬赋值法？它是如何判定一个推理有效的？

32. 什么是形式证明？它是如何证明一个推理有效的？

33. 什么是条件证明？它是如何证明一个推理有效的？

34. 什么是间接证明？它是如何证明一个推理有效的？

35. 什么是推理的综合运用？推理综合运用需要注意些什么问题？

练习题

课程视频

拓展阅读书目

1. 〔美〕汉密尔顿等：《数理逻辑》，朱水林译，华东师范大学出版社 1986 年版。

2. 陈慕泽：《数理逻辑教程》，上海人民出版社 2001 年版。

3. 〔美〕罗伯特·罗德斯、〔美〕霍华德·波斯伯塞尔：《前提与结论》，杜文静译,中国政法大学出版社 2015 年版。

4. 〔美〕侯世达:《哥德尔、艾舍尔、巴赫——集异璧之大成》,本书翻译组译,商务印书馆 2019 年版。

5. 〔美〕欧内斯特·内格尔、〔美〕詹姆士·纽曼:《哥德尔证明》,陈东威、连永君译,中国人民大学出版社 2008 年版。

第五章 词项逻辑

传统词项逻辑是以亚里士多德创立的三段论理论为核心的推理理论。它研究由词项①构成的直言命题和由直言命题构成的一些推理。传统词项逻辑的理论能处理一些常见的、格式固定的、形式严谨的推理，包括直言命题直接推理和直言命题间接推理即三段论。本章依次介绍词项、由词项构成的直言命题和由直言命题构成的推理。

第一节 词 项

词项是组成命题的基本单位。弄清词项的定义、种类以及词项外延之间的关系，是传统词项逻辑研究直言命题及其推理的前提和出发点。

一、词项概述

（一）什么是词项？

词项是指称确定的事物，表达特定概念的语词或者词组。在亚里士多德《工具论》一书中，词项就是直言命题的主项和谓项。②

例① 盗窃罪是故意犯罪。
例② 有的成年人是无民事行为能力人。
例③ 红十字会工作人员不是国家公务人员。
例④ 有些赠与合同不是有效合同。

在上述例子中，"盗窃罪""故意犯罪""成年人""无民事行为能力人""红十字会工作人员""国家公务人员""赠与合同""有效合同"等都是词项。

例①中的"盗窃罪"这个词项表达的概念，指称了具有"以非法占有为目的秘

---

① 传统逻辑所言"词项"，也称"概念"。但"概念"常有哲学及认识论含义，"词项"一般无此含义。现代逻辑使用"词项"代替"概念"。但在日常语言及日常思维中，人们已习惯使用"概念"。本书兼顾二者，即本章用"词项"代替"概念"，但在第二章、第三章、第八章，仍遵从习惯继续使用"概念"。

② 《逻辑学》（第2版）（高等教育出版社2018年版），第26页这样界定传统逻辑所说的"词项"："传统逻辑所指的'词项'是指充当直言命题主项和谓项的概念"。

密窃取数额较大或者多次盗窃公私财物的行为"这种性质的事物,从而指称了古往今来所有盗窃罪构成的一类事物。

例②中的"成年人"这个词项表达的概念,指称了"十八周岁以上的自然人",从而涵盖了不同民族、不同信仰、不同地区所有十八周岁以上的自然人。

人们常说"物以类聚,人以群分"。借助于词项来表达概念、指称事物,我们面前的世界就不再杂乱无章,而变得井然有序。这样看来,概念就成为人类把握和认识事物的认识之网上的扭结。

在自然语言中,表达词项的语词除了具有理性意义、表达一定的概念外,往往还具有情感色彩、语气等方面的意义。例如,"妻子""贱内""老婆""宝贝""孩子他妈"等语词,它们指称的事物、表达的概念是相同的。但是,它们具有的情感色彩、语气等方面的意义可以是不同的。这种情感色彩、语气等方面的意义与逻辑推理是没有关系的。词项就是抽象掉了情感、语气等非理性意义,只表达理性意义的语词。

(二) 词项的内涵和外延

词项的内涵,也称为词项的所谓、意义或者含义,即词项表达的概念。

词项的外延,亦称词项的所指或者指称,除了专名外,词项的外延就是词项指称或者表示的事物构成的集合。

例如,"人"这个词项的内涵是"能够制造工具和使用工具的高级动物",而"人"这个词项的外延是指古今中外、不同种族、不同肤色、不同语言和不同生活习惯的所有的人。再如,"商品"这个词项的内涵是"用来交换的劳动产品",其外延是具有这种属性的一切对象。了解一个词项的内涵和外延,有助于我们清晰地、明确地运用词项去指称事物、表达概念,进而为我们运用推理进行论证创造条件。

(三) 词项、语词和概念的关系

前面讲到词项是表达概念的,这里就简单说一下概念。

所谓概念,是指反映一类事物特有属性的思维形式。属性即事物本身的性质和事物之间的关系。所谓特有属性,是指一类事物具有而其他类事物所不具有的属性。例如,在"法律是由国家权力机关制定并由国家强制力保证实施的行为规范"中,"由国家权力机关制定并由国家强制力保证实施的行为规范"就是"法律"这类事物都具有而其他类事物不具有的属性。

任何概念都具有内涵和外延。概念的内涵和外延是概念的两个逻辑特征。概念的内涵是指反映在概念中的事物的特有属性,如"商品"这个概念的内涵就是"用来交换的劳动产品"。概念的外延是指具有概念所反映的特有属性的一类事物。如"法律"这个概念的外延是指具有"由国家权力机关制定并由国家强制力保证实施的行为规范"这一属性的所有事物组成的类(如宪法、刑法、民法、诉讼法等）。

再来说说概念和语词的关系。

概念是用语词表达的。日常交流的工具是语词而不是概念。但要理解语词，就必须对语词所表达的概念有所了解，同时为了明确语词的含义，有时也需要先对语词所表达的概念加以明确。

概念与语词具有密切的联系。概念只有借助语词才能产生、存在和表达，不依赖语词的赤裸裸的概念是没有的。语词是表示客观事物的一种指号（或符号），表现为特定的声音、笔画或手势等，这些约定俗成的指号之所以能交流思想，是因为在人们的头脑中存在着相应的概念。因此，语词是概念的语言形式，概念是语词的思想内容。这就是概念和语词的联系。当然，概念与语词又是有区别的，这种区别表现在两者之间并非一一对应关系。

首先，任何概念都要用语词来表达，但并非任何语词都表达概念。如汉语中的实词一般都表达概念，而虚词一般不表达概念。

其次，不同的语词可以表达同一概念。语词的产生是约定俗成的，因而，语词带有民族性和地方性。而概念是事物特有属性的反映，具有全人类性。这就导致了不同民族、不同地方的人对同一概念的语词表达各不相同。例如，"小鸡"这一概念，广东话是"鸡崽"，四川话是"鸡娃"，而英语用"chicken"表达。

最后，同一个语词可以表达不同的概念。在不同的语境（"语言环境"的简称，这里指语言表达的上下文）中，同一个语词所表达的概念可以是不同的。例如，"案子"这个词，可以表示一种狭长的桌子，在司法工作者的口语中，又可以表示为案件。在这种情况下，需要结合语境确定某一语词究竟表达的是什么概念。

总之，概念和语词既有联系又有区别。正确把握它们之间的关系，对于明确概念和表达概念都是必要的。

同一语词可以表达不同的概念，这样的语词就是多义词。例如，"世有伯乐，然后有千里马。千里马常有，而伯乐不常有"。在这句话中有两个"千里马"，虽然语词相同，但表达的是两个不同的概念。从内涵方面讲，第一个"千里马"（记为"千里马1"）是指"为伯乐发现了的千里马"，而第二个"千里马"（记为"千里马2"）是指"客观上存在但是还没有被人们认识的千里马"，因此，这句话中的两个"千里马"虽然用的是同一个语词，但是，它们的意义是不同的，也就是说，它们表达的概念是不同的。而逻辑学要求一个语词表达的概念必须是确定的。只有运用意义确定的语词才能进行合乎理性的推理和论证。就是说，只有一个语词的意义是确定的，它才能指称确定的事物、表达确定的概念。因此，在逻辑学中，我们把意义确定的语词称为词项。

二、词项的种类

明确词项的种类,了解不同词项的特征,既便于我们把握词项的含义,进行成功的沟通与交流,也为我们运用直言命题进行直言命题推理创造了便利条件。

(一)单独词项、普遍词项和空词项

根据词项指称的事物数量的不同,可以把词项分为单独词项、普遍词项和空词项。

(1)单独词项是指称一个独一无二的事物的词项,它的外延只有一个分子。可分为:

A. 专名,即个体事物的专有名称。例如,中国、鲁迅、武汉、五四运动、天河核心舱、人民大会堂,等等。

B. 指称一个事物类,外延是一个单元集的词项。例如,人类、有机界、南沙群岛、北海舰队、《阿Q正传》的作者,等等。

上面都是单独词项。单独词项的外延反映的是独一无二的事物,因此,在单独词项前面不能加数量词。单独词项通常用专名表达。

单独词项的外延可以是一个事物或者是一个事物类。例如,"鲁迅"的外延是一个事物(元素),"人类"作为一个动物性分类的种类,指称的是一个事物类。

(2)普遍词项是指称一类事物或一个集合的词项,其外延是一个多元集:$\{a_1, a_2, a_3, \cdots, a_n\}(n>1)$。例如,自然数、诉讼当事人、轻工业品、管弦乐器、红色的、聪明的,等等。

普遍词项的外延反映的是一类事物,或者说,是一个集合。

一个类是由若干事物依据一定属性组成的,组成这个类的每一个事物称为这个类的分子。属于某类的分子必定具有该类的属性。普遍词项的外延是由两个或两个以上的分子构成的。例如,"诉讼当事人"的外延反映了"原告、被告、共同诉讼人和诉讼第三人"这一类对象,所以,它是普遍词项。还有如"国家""法律""医生"等词项,其外延都是两个或两个以上的分子,因而也是普遍词项。

普遍词项反映的是两个或两个以上的事物,因此,在普遍词项前面可以加"所有""有的"等表示数量的语词。例如,"所有诉讼当事人""有的法律"等。

(3)空词项是在现实世界中没有外延或者外延为空集的词项。例如,飞马、方的圆、大于4小于5的自然数、不受外力作用的物体,等等。

日常语言中许多词项,例如,"孙悟空""神仙""狐狸精""永动机""理想气体"等,在现实世界中是外延为空集的词项。现实世界是一种可能世界。所谓"可能世界",是指没有逻辑矛盾的、可以想象的事物情况的集合。现实世界是一个已经实现了的可能世界。在文学作品和科学研究中涉及的那些可能世界中,有些在现实世界中外延是空集的词项,在这些可能世界中外延可以是非空集合。

文学作品中的虚构人物，如《红楼梦》中的"贾宝玉""林黛玉""大观园里的丫鬟"，等等，在《红楼梦》所创造的那个可能世界中，都是栩栩如生、有血有肉的人物。

在几何学中，没有大小的"点"、没有宽窄的"线"、没有厚薄的"面"等在现实世界中是不存在的。同样，物理学中的"质点""不受外力作用的物体""理想气体"等在现实世界中也不存在，它们只不过是现实世界中的"物体""气体"的理想模型而已。但是，科学研究是建立在这些理想化的理论实体和指称这些理论实体的词项的基础上的。

因此，对于空词项，我们必须注意是在什么可能世界中谈论词项的外延。在现实世界中外延是空集的词项，在有的可能世界中其外延可以是非空的。

（二）集合词项和非集合词项

（1）集合词项是指称由若干具有某种联系的个体构成的整体（群体）的词项，其外延是以群体作为元素的集合，或者说是集合的集合。例如，人类、民族、舰队、南沙群岛、工人阶级、中国共产党，等等。

集合词项的特征是整体所具有的属性并不为其中的每一个个体所具有。

（2）非集合词项是指称群体中每个个体的词项，其外延是由这些个体构成的集合。例如，工人、军舰、汉族人、大学生、中共党员、股份制企业，等等。

非集合词项的特征是作为类所具有的属性，为该类中每个分子所具有。

与集合词项与非集合词项的区分相关的知识：一个词项的合举与分举的不同用法。假如在一个句子中我们使用一个词项指称由若干个体构成的整体，那么这种使用词项的方式就是合举的方式。以合举的方式使用的词项就是集合词项。假如我们在一个句子中使用一个词项指称构成这个整体的每一个个体，那么这种使用词项的方式就是分举的方式。以分举的方式使用的词项就是非集合词项。

例⑤ 这四个学生正在吃早餐。
例⑥ 这四个学生正在用力抬起一幅大广告牌。

例⑤中"这四个学生"是以分举的方式使用的，因而是非集合词项，例⑥中"这四个学生"是以合举的方式使用的，因而是集合词项。以分举的方式使用的词项，当它作为主项出现在句子中时，在前面加上量词"所有""任何"等后句子的意义不会发生改变。以合举的方式使用的词项，加上量词"所有""任何"等后句子的意义会发生改变。因此，我们可以根据这方面的性质来识别一个词项究竟是集合词项还是非集合词项。

区分集合词项与非集合词项对于正确思维非常重要。实际上从一个孤立的语词是无法区分出究竟是采用合举的方式还是采用分举的方式使用词项的。要正确地做出区分,就必须将一个语词置于特定的语境里(上下文)加以识别。例如,在"外语是我国高等教育考试的必考科目之一"和"西班牙语是外语"中,我们就能结合语境识别出词项"外语"的两种不同用法:前一个"外语"是以合举的方式使用的,因而是集合词项;后一个"外语"是以分举的方式使用的,因而是非集合词项。可见,集合词项与非集合词项的区分离不开具体的语境。同样,我们也不能离开语境去单独讨论"鲁迅的小说"究竟是集合词项还是非集合词项的问题。

事实上,不仅一个词项是集合词项还是非集合词项必须纳入句子中,通过语境来识别,而且一个词项是单独词项还是普遍词项抑或空词项,也必须纳入句子中,通过语境来识别。例如:

例⑦　人是由猿进化而来的。

例⑧　人贵有自知之明。

例⑨　你不知道佘祥林吗?他曾经被认为是那个杀害了他的妻子的人。

例⑦中的"人"是集合词项、单独词项;例⑧中的"人"是非集合词项、普遍词项;例⑨中的"那个杀害了他的妻子的人"是单独词项、空词项。

(三) 正词项和负词项

(1) 正词项是指称具有某种特有属性的事物的词项。例如,金属、合法行为、有效合同、正当防卫、机动车、公开审理、礼貌,等等。

(2) 负词项是指称具有某种特有属性的事物以外的事物的词项。例如,非金属、非法行为、无效合同、非正当防卫、非机动车、不公开审理、不礼貌,等等。

负词项通常是在表达正词项的语词前加上"无""非""不"等否定性语词而构成的。

负词项是相对于正词项而言的。正负词项相对的言语范围,在传统逻辑中称为论域。所谓论域,是指研究一个理论或者讨论一个问题时所涉及的一个确定的对象范围,大体相当于集合中的全集。例如,"金属"和"非金属"的论域是"元素";"机动车"和"非机动车"的论域是"车辆";"大学生"和"非大学生"的论域是"人",等等。

同时,了解论域也便于人们弄清负词项的外延范围。因为正词项外延+负词项外延=论域,所以,负词项外延=论域-正词项外延。

例如,"非本班学生不得进入本班专用教室!"这里的"非本班学生"是负词项,其外延所指应该是"所有学生-本班学生",因为其论域是"学生",显然未涉及"教师",因为"教师"不在论域"学生"的外延范围之内。

三、词项外延之间的关系

词项间的关系既可从内涵的角度分析,也可从外延的角度讨论。逻辑学是从外延方面讨论词项之间关系的。

任意两词项外延之间的关系有且只有如下五种:全同关系、真包含于关系、真包含关系、交叉关系、全异关系。

(一) 全同关系

如果两个词项 S 和 P 的外延完全相同而内涵却不同,那么这两个词项之间的关系就是全同关系。

例⑩ "珠穆朗玛峰"与"世界最高峰"。

例⑪ "成年人"与"年满 18 周岁的人"。

例⑫ "等边三角形"与"等角三角形"。

对词项外延之间的关系,我们可用圆圈表示一个词项的外延,则圆与圆间的几何图形关系就是词项外延之间的关系。这就是 18 世纪瑞士数学家欧拉创造的用圆圈表示词项外延关系的图解法,后人称为欧拉图解。欧拉图是帮助人们更好地理解词项外延间关系的直观工具,得到广泛应用。上述全同关系可用欧拉图直观表示,如图 5-1 所示,S 表示上述例子中左边的词项,P 表示右边的词项。

图 5-1

例如,"国家的根本大法"与"规定国家根本制度的法律"就是具有全同关系的两个词项。两者内涵不同,前者反映的是宪法在国家整个法律体系中的地位,后者反映的是宪法的具体内容,但两者外延所反映的则是同一对象——宪法。

"医生"与"大夫"不是全同关系的词项,因为二者内涵、外延均相同,只是语词形式不同,它们实际上是同一词项。而全同关系词项指的是两个内涵不同的词项,其外延相同。如在我国现阶段尚未废除死刑的情况下,"死刑"与"极刑"便是具有全同关系的词项,因为二者内涵不同,"死刑"从内涵上说是指依法剥夺被告人生命权的一种刑罚,"极刑"从内涵上说是指在国家刑罚体系中最严厉的一种刑罚。在我国现阶段,"死刑"与"极刑"两个词项,虽然内涵不同,但其外延所指完全相同,属于全同关系词项。

在日常语言中,对于具有全同关系的两个词项,我们可以使用其中一个词项代替另一个词项,而不会犯"混淆词项"的错误。例如,"西安药家鑫被判处死刑",这句话也可以表达为"西安药家鑫被判处极刑"。

(二)真包含于关系

如果一个词项 S 的全部外延是另一个词项 P 的外延的一部分,那么词项 S 真包含于词项 P。例如,如下关系均为前者真包含于后者:

例⑬ "法院"与"司法机关"。

例⑭ "盗窃罪"与"侵犯财产罪"。

例⑮ "大学生"与"学生"。

真包含于关系可用欧拉图直观表示,如图 5-2 所示,S 表示上述例子中左边的词项,P 表示右边的词项(后文欧拉图中 S、P 与前面表示相同,不再提示)。

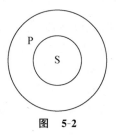

图 5-2

例如,"委托代理"与"代理"这两个词项,"委托代理"这一词项的外延全部包含在"代理"这一词项的外延之中,而有的"代理"不是"委托代理",因而"委托代理"与"代理"就是具有真包含于关系的两个词项,或者说"委托代理"真包含于"代理"。

(三)真包含关系

如果一个词项 S 的部分外延和另一个词项 P 的外延完全相同,那么词项 S 真包含词项 P。真包含关系是真包含于关系的逆关系。

例⑯ "司法机关"与"法院"。

例⑰ "侵犯财产罪"与"盗窃罪"。

例⑱ "学生"与"大学生"。

真包含关系可用欧拉图直观表示,如图 5-3 所示。

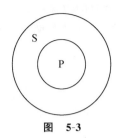

图 5-3

例如,"侵犯财产罪"与"盗窃罪"这两个词项,"盗窃罪"这一词项的全部外延包含在"侵犯财产罪"这一词项的外延之中,而有的"侵犯财产罪"不是"盗窃罪",因而"侵犯财产罪"与"盗窃罪"就是具有真包含关系的两个词项,或者说"侵犯财产罪"真包含"盗窃罪"。

在传统逻辑中,通常把真包含于关系和真包含关系统称为属种关系。其中外延大的并且包含另一词项的词项叫作属词项,如"学生"是属词项,外延小的被包含的词项叫作种词项,如"大学生"是种词项。但是属种关系是相对的,如"大学生"相对于"学生"来说是种词项,而相对于"政法大学生"来说却是属词项。

属种关系不同于部分与整体、个体与集合体之间的关系。如"树"与"松树"是属种关系,"松树"的外延被包含在"树"的外延里,"松树"具有"树"的所有内涵,可以说"松树是树";而"树"和"树叶"("树枝""树干"或"树根")则是整体与部分的关系,"树叶"("树枝""树干"或"树根")并不具有"树"的所有内涵,故不能说"树叶是树"。

(四)交叉关系

如果两个词项 S 和 P 有且只有部分外延重合,那么它们之间的关系就是交叉关系。

例⑲ "文学家"与"教师"。

例⑳ "青年"与"律师"。

例㉑ "大学生"与"团员"。

交叉关系可用欧拉图直观表示,如图 5-4 所示。

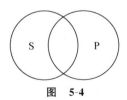

图 5-4

例如,"文学家"与"教师"就是具有交叉关系的两个词项,因为有的文学家是教师，有的文学家不是教师，并且有的教师不是文学家。

具有交叉关系的两个词项所反映的是两类不同的事物，但有的事物既具有其中一类的特有属性而属于这一类，同时又具有另一类的特有属性而属于另一类，于是这两个词项的外延形成交叉关系，如"文学家"与"教师"。随着社会和科技的发展，出现了许多新的事物，也产生了许多新词项。在实际思维中，经常借助词项间的交叉关系形成新词项，如"青年律师""大学生团员"等词项便是。

（五）全异关系

如果两个词项 S 和 P 没有任何相同的对象，那么它们之间的关系就是全异关系。

例㉒　"社会主义国家"与"资本主义国家"。

例㉓　"疏忽大意的过失"与"过于自信的过失"。

全异关系也称不相容关系，前面介绍的四种关系即全同、真包含于、真包含、交叉关系又统称为相容关系，因为这四种关系中的两个词项的外延至少有一个对象是相同的，而全异关系的两个词项的外延没有一个对象是相同的。

全异关系可用欧拉图直观表示，如图 5-5 所示。

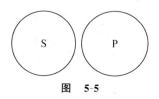

图　5-5

具有全异关系的种词项 S 与 P，相对于它们临近的属词项"U"而言，又可以再分为矛盾关系和反对关系。

（1）矛盾关系

如果两个词项 S 与 P 的外延没有任何重合的地方，两者一个为正词项，一个为负词项，并且外延之和等于其临近的属词项 U 的外延，那么相对于该属词项而言，它们之间的关系就是矛盾关系。①

例㉔　"成年人"与"未成年人"。

例㉕　"故意犯罪"与"过失犯罪"。

矛盾关系可用欧拉图直观表示，如图 5-6 所示。

---

① 参见《逻辑学》编写组编：《逻辑学》（第 2 版），高等教育出版社 2018 年版，第 31 页。

图 5-6

例㉕中,"故意犯罪"与"过失犯罪"相对于"犯罪"来说就是矛盾关系的词项,"故意犯罪"与"过失犯罪"全异,并且它们的外延之和等于属词项"犯罪"的外延。

需要注意的是,矛盾关系的词项中一个为正词项,一个为负词项,这在多数情况下易于理解,如"有效合同"与"无效合同"相对于"合同"而言是矛盾关系的词项,"正义战争"与"非正义战争"相对于"战争"而言是矛盾关系的词项。但是假如两个词项都是正词项,又该如何解释呢?如果具有矛盾关系的两个词项都是正词项,如"男人"和"女人"、"故意犯罪"和"过失犯罪",则两个词项互为正负词项。① 即是说,若将"故意犯罪"视为正词项,那么"过失犯罪"就是其负词项,反之亦然。

(2) 反对关系

如果两个词项 S 与 P 的外延没有任何重合的地方,并且它们的外延之和小于它们临近的属词项 U 的外延,则相对于该属词项而言,它们之间的关系就是反对关系。具有矛盾关系的两个词项没有中间项(即其临近属词项的其他种词项),而具有反对关系的两个词项则存在中间项,具有"不 S 不 P"的形式。

例㉖ "政法大学"与"师范大学"。

例㉗ "小学生"与"大学生"。

反对关系可用欧拉图直观表示,如图 5-7 所示。

图 5-7

反对关系有时又再分为相关的反对关系和不相关的反对关系。具有反对关系的两个词项,在一般情况下,虽然外延不相重合,但内涵有时却具有相同的属性,如"抢劫罪"与"盗窃罪",这两个词项有一个共同特征,即都是犯罪行为。这样的反对关系称为相关的反对关系。不相关的反对关系是指两个词项之间没有共同属性,如"汽车"与"公路"。

---

① 参见陈波:《逻辑学导论》(第 4 版),中国人民大学出版社 2020 年版,第 108 页。

由上所述，若 U 作为词项 S 与 P 的属词项，则词项的矛盾关系与反对关系的区别可表示为：

若 S+P=U，则 S 与 P 为矛盾关系（如上文例㉔、例㉕）；

若 S+P<U，则 S 与 P 为反对关系（如上文例㉖、例㉗）。

总之，区分全异关系之下的词项之间是矛盾关系还是反对关系，就看两个词项的外延之和是否穷尽了它们的属词项的外延（论域）。这对于我们明确词项的外延有一定的指导意义。就反对关系的词项而言，至少还存在一个对象，属于它们的论域，但不属于它们之中任何一个的外延。例如，一个行为虽然并非合法行为，但未必就是犯罪行为。因为"合法行为"和"犯罪行为"的外延之间是反对关系，而非矛盾关系。"合法行为"的矛盾词项是"违法行为"。就矛盾关系的词项而言，不存在任何对象，属于它们的论域而又不属于它们之中任何一个的外延。例如，对于任何行为而言，只要法律没有规定它是有罪的，它就只能是无罪的。不存在一种行为，它既不是有罪的，又不是无罪的。

词项的矛盾关系和反对关系是针对具体论域而言的，论域一旦改变，关系也会随之改变。例如，当论域是"自然数"时，"奇数"与"偶数"是矛盾关系。① 而当论域是"整数"时，"奇数"与"偶数"是反对关系。再如，当论域是"犯罪"时，"故意犯罪"与"过失犯罪"是矛盾关系，而当论域变为"违法行为"时，"故意犯罪"与"过失犯罪"是反对关系。

明确词项间的外延关系是正确使用词项的重要前提。弄清楚各种词项间外延关系的含义及其欧拉图解，有助于人们正确处置词项间的各种外延关系。接下来，举例说明如何借助于欧拉图来准确表示不同词项外延之间的各种关系。例如，用欧拉图表示下列画线词项之间的外延关系。

例㉘ 郭沫若(A)是<u>文学家</u>(B)和<u>历史学家</u>(C)，<u>鲁迅</u>(D)是文学家但不是历史学家。

这段话中标有横线的词项间的外延关系，可以用欧拉图表示，如图 5-8 所示。

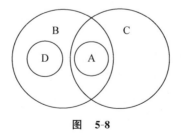

图 5-8

---

① 2002 年，国际数学协会规定，零为偶数。我国 2004 年也规定零为偶数。偶数可以被 2 整除，0 照样可以，只不过得数依然是 0 而已。

欧拉图解不但有助于理解词项外延间的关系，也可用来定义直言命题的真假，还可帮助人们检验直言三段论的有效性。

四、明确词项的限制和概括

词项内涵有多有少，词项外延有大有小。具有属种关系的词项的内涵与外延之间存在着反变关系，即词项内涵多则外延小，词项内涵少则外延大。例如，"司法人员"和"法官"是具有属种关系的词项，其中，"法官"相对于"司法人员"来说，就是内涵多而外延小；"司法人员"相对于"法官"来说，就是内涵少而外延大。这就是属种关系词项内涵与外延的反变关系。为了准确使用词项，常要缩小或扩大一个词项的外延，使词项与所要指称的对象相称。为此，就需要对一个词项进行限制或概括。词项内涵和外延的反变关系，是对词项进行限制和概括的逻辑根据。

（一）词项的限制

根据内涵与外延的反变关系，可以通过增加一个词项的内涵而缩小其外延，从一个外延较大的词项（属词项）过渡到外延较小的词项（种词项），这就是词项的限制。例如，我们通过对"学生"增加"非本国国籍"这一内涵，就由"学生"过渡到"留学生"，这就是对"学生"这一词项的限制。

限制可连续进行。例如，先将"国家"限制为"亚洲国家"，再将"亚洲国家"限制为"中华人民共和国"，这就是词项的连续限制。但是，限制不能超出极限，限制到单独词项就不能再限制了，因为单独词项是外延最小的种词项，如"中华人民共和国"作为单独词项，便不能再对其进行限制了。

对词项进行限制，应该由大类到它所包含的小类，或者由类到分子，不得由整体到部分或者由集合体到个体。例如，从"犯罪"到"危害国家安全罪"再到"间谍罪"，就是对词项进行限制的过程，因为上述三个词项的内涵由少到多而外延由大到小且前后皆有属种关系。但从"亚洲"到"中国"就不再是词项的限制，因为两个词项之间没有属种关系，它们之间是整体与部分的关系。

（二）词项的概括

根据内涵与外延的反变关系，可以通过减少一个词项的内涵而扩大其外延，从一个外延较小的词项（种词项）过渡到外延较大的词项（属词项），这就是词项的概括。例如，我们通过对"年轻教师"减少"年轻"这一内涵，就由"年轻教师"过渡到"教师"，这就是对"年轻教师"这一词项的概括。

概括也可连续进行。例如，先将"华东政法大学"概括为"政法大学"，再将"政法大学"概括为"高等学校"，这就是连续概括。但概括不能超出极限，概括到范畴就不能再概括了，因为范畴是外延最大的属词项。

对词项进行概括，应该由种词项过渡到属词项，即应该由分子到分子所属的类,或者由小类到大类,不得由部分到整体或者由个体到集合体。例如,从"危险驾驶罪"到"危害公共安全罪"到"犯罪",就是对词项进行概括的过程。但从"民事审判庭"到"法院"却不再是词项的概括,因为两者之间没有属种关系,它们之间是部分与整体的关系。

词项的限制与概括在法律文本起草过程中得到广泛运用。①

在词项的限制、概括过程中,属、种词项不可混用。有些词项,基本意义相同或接近,在现代汉语中通常称作"同义词""近义词"。尽管它们之间有一些相同的内容,但指称范围即外延有时并不相同。例如,"家属"与"家长",二者都具有"家庭成员"这一相同内容,但"家属"外延大,而"家长"外延小,二者之间是属种关系,不可互相替代。对此,立法工作者在起草法律文本或审阅法律草案时,就应格外谨慎、极其认真,使表达准确、到位。

例㉙ 因不满16周岁不予刑事处罚的,责令他的家属或者监护人加以管教;在必要的时候,也可以由政府收容教养。

这是《刑法》(讨论稿)中的第14条,其中的"家属"一词用得不准确,后来改作"家长"。

同样道理,假如在指称"家属"时,改用"家长"一词,也会影响表达的准确性。

例㉚ 《刑法》第59条第1款:没收财产是没收犯罪分子个人所有财产的一部或者全部。没收全部财产的,应当对犯罪分子个人及其扶养的家属保留必需的生活费用。

这里使用"家属"一词是准确的,因为犯罪分子所扶养的可以是家庭成员中的长辈,也可以是晚辈。

要避免这种误用近义词可能带来的混淆现象,就需要对词项进行必要的限制。

例㉛ 《刑事诉讼法》第107条第1款:送达传票、通知书和其他诉讼文件应当交给收件人本人;如果本人不在,可以交给他的成年家属或者所在单位的负责人代收。

这段法条中,用"成年"对"家属"进行限制,构成"成年家属",这样指称更为明确,表述更为准确。

---

① 参见王洪主编:《逻辑导论》(第2版),中国政法大学出版社2016年版,第33—34页。

第二节 直言命题

一、直言命题的构成和种类

（一）直言命题的定义与构成

直言命题就是陈述事物具有或不具有某种性质的命题,亦称性质命题。

例㉜　所有贪污罪都是故意罪。
例㉝　凡证据都不是与案情无关的事实。
例㉞　有些合同是无效合同。
例㉟　有的大学生不是团员
例㊱　这个工人是技术能手。
例㊲　亚里士多德不是亚洲人。

上述六个句子均表达了直言命题,其中例㉜、例㉞、例㊱是陈述事物具有某种性质的命题,例㉝、例㉟、例㊲是陈述事物不具有某种性质的命题。例㉜陈述了"贪污罪"都具有"故意罪"的性质,例㉝陈述了"证据"都不具有"与案情无关的事实"的性质。它们都属于陈述事物具有某种性质或不具有某种性质的命题,即都是直言命题。

上例举出的六个直言命题,尽管在内容上有所不同,但它们在形式结构上却有相同之处,即它们都是由主项、谓项、联项和量项四个部分组成的。

所谓主项,就是在直言命题中表示事物的词项（概念）。如例㉜中的"贪污罪"和例㉝中的"证据"等就是直言命题的主项。主项通常用大写字母"S"来表示。

所谓谓项,就是在直言命题中表示某种性质的词项（概念）。如例㉞中的"无效合同"和例㉟中的"团员"等就是直言命题的谓项。谓项通常用大写字母"P"来表示。

所谓联项,就是表示主项与谓项之间联系的词项（概念）,分为肯定联项"是"与否定联项"不是"。"是"表示肯定,"不是"表示否定。例㉜、例㉞、例㊱中的联项就是肯定联项"是"。在汉语的语言表达中,"是"这个联项可以省略。例㉝、例㉟、例㊲中的联项就是否定联项"不是"。在汉语的语言表达中,"不是"这个联项不可省略。

所谓量项,就是反映主项外延数量状况的词项（概念）。如例㉜、例㉝中主项前的"所有""凡"和例㉞、例㉟主项前的"有些""有的"等,都属于量项。"所有"表示全称量项,"有些"表示特称量项。假如主项是表示特定对象的专名或摹状词,如例㊲中的"亚里士多德"作为专名,主项本身就指称一个对象,在其前面无须量项。假如主项是普遍词项(即普遍概念),而又限定指称某个特定的对象,这时就需要用指示代词"这个""那个"来限定所指称的个体使其仅指称一个。如例㊱中的"工人"就是普遍词项,因此需要在前面加上指示代词"这个"予以限制,使其仅指称一个对象。传统逻辑将此称为单称量项,而现代逻辑不再认可此种称呼。现代逻辑中只有全称量项和特称量项两种。① 这是需要加以说明的。

任何直言命题在形式结构上都由上述四部分组成,其中主项和谓项是逻辑变项,通常用 S 表示主项,用 P 表示谓项;联项和量项是逻辑常项,联项又被称为直言命题的质,量项又被称为直言命题的量。直言命题的质和量也就是直言命题的联项和量项。

直言命题的一般逻辑结构通常表示为:

直言命题＝量项＋主项＋联项＋谓项

关于直言命题的构成如图 5-9 所示。

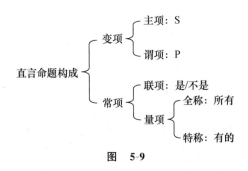

图 5-9

在用自然语言表达直言命题时,往往采用省略形式。这是分析和理解自然语言表达的直言命题时必须引起注意的。直言命题的联项和量项是直言命题的四个必要组成部分,缺一不可,而用自然语言表达直言命题时,为了语言的简洁,往往省略肯定的联项"是"和全称量项"所有"。例如,"金属能导电",既省略了肯定联项"是",又省略了全称量项"所有"。若将其恢复为标准形式的直言命题,则可以这样来表达:"所有金属都是能导电的物体。"在此规范表达式中,很容易分析出直言命题的四个组成部分:主项为"金属",谓项为"能导电的物体",联项为肯定联项"是",量项为全称量项"所有"。

关于特称量项"有些""有的"也需要注意。它们作为逻辑特称量项的含义与

---

① 在传统逻辑中,我们可用单独词项作为主项形成许多直言命题。例如,"金岳霖是我国的逻辑学家"。在汉语中,通过"这个""那个"等指示代词的限制,我们可以把一个普遍词项如"人"限制为一个单独词项:"这个人""那个人",等等,我们再对它们的性质进行讨论,在一定的语境中便可以得到许许多多的直言命题,如"这个人有礼貌""那个人不讲理",等等。这种以单独词项作为主项的直言命题被称为"单称命题"。

它们在自然语言中的含义是根本不同的。在自然语言表达中,人们习惯于用"有些S是P"表示"仅仅有些S是P,同时意味着有些S不是P"。但作为逻辑特称量项的"有些""有的"便没有这种含义。作为特称量项,"有些""有的"是指"至少有一个""存在一个"的含义。例如,在逻辑上可以说"有的团员是青年",这句话并不意味着"有些团员不是青年而是中老年",在逻辑上说"有的团员是青年"是指"至少有一个团员是青年",或者说这个命题在逻辑上相当于"存在一个团员是青年"(当然,也可能"所有团员都是青年")。

(二)直言命题的种类

根据逻辑常项的不同,直言命题可以分为不同的种类。

第一,直言命题按质即根据联项不同,可以分为肯定命题和否定命题。

肯定命题就是陈述事物具有某种性质的命题。如例㉜、例㉞、例㊱都是肯定命题。肯定命题的联项一般用"是"表示,但在日常语言表达中,肯定命题的联项"是"有时可以省略。如"这些人都到过作案现场"就省略了肯定联项"是"。

否定命题就是陈述事物不具有某种性质的命题。如例㉝、例㉟、例㊲都是否定命题。否定命题的联项"不是"一般不能省略,但在自然语言表达的否定命题中,有时可以将"不是"省略为"不",这也同样需要引起注意。如"我们班女同学不会游泳",就是这样的省略表达式。假如要将其恢复为完整的规范语句表达,那就是这样:"我们班所有女同学都不是会游泳的人。"

第二,直言命题按量即根据量项不同,可以分为全称命题、特称命题和单称命题。

全称命题就是陈述主项的全部都具有或不具有某种性质的命题。如例㉜、例㉝都是全称命题。全称命题的量项一般用"所有""任何""一切""凡"等语词来表示。全称量项在日常语言表达中常常会被省略,如"贪污罪是故意犯罪"就是省略了量项"所有"的全称命题表达。

特称命题就是陈述主项至少有一个具有或不具有某种性质的命题。如例㉞、例㉟都是特称命题。

特称量项"有些"与日常语言中"有些"有所不同。在日常语言中,当我们说"有些是"的时候,往往还意味着"有些不是";当我们说"有些不是"的时候,往往还意味着"有些是"。而作为特称量项"有些",当我们说"有些是"的时候,仅表示至少有一是,并不同时意味着"有些不是",也不排斥一类对象的全体都是;当我们说"有些不是"的时候,仅表示至少有一不是,并不同时意味着"有些是",也不排斥一类对象的全体都不是。

在直言命题中,若主项为单独词项(概念),则称其为单称命题。单称命题就是陈述某个特定事物具有或不具有某种性质的命题。单称命题也可以按质划分即按照联项不同,分为单称肯定命题和单称否定命题。

单称肯定命题就是陈述某个特定事物具有某种性质的命题,如例㊱。

单称否定命题就是陈述某个特定事物不具有某种性质的命题,如例㊲。

由于单称命题的主项是单独词项(概念),因而,单称命题与全称命题一样,都陈述了主项的全部都具有或不具有某种性质。因此,本书除了在命题分类和命题间的真假关系讨论时,将单称命题单列,一般情况下,单称命题往往视作全称命题统一处理(除直言命题分类和真假关系讨论外)。但是在日常语言中对直言命题的分类,通常是将上述的质和量两个分类标准结合起来。按照质和量的组合分类标准,直言命题可以分为如下六类:

全称肯定命题,所有 S 是 P,A 代表"所有……是……",形式为:SAP。简称 A。

全称否定命题,所有 S 不是 P,E 代表"所有……不是……",形式为:SEP。简称 E。

特称肯定命题,有些 S 是 P,I 代表"有的……是……",形式为:SIP。简称 I。

特称否定命题,有些 S 不是 P,O 代表"有的……不是……",形式为:SOP。简称 O。

单称肯定命题,这个 S 是 P,a 代表"这个……是……",形式为:SaP。简称 a。

单称否定命题,这个 S 不是 P,e 代表"这个……不是……",形式为:SeP。简称 e。

在日常思维中,直言命题都是用自然语言表达的。自然语言表达直言命题的形式是相当丰富的。既有语句形式的丰富多彩,还有量项表达的多种多样。我们在对自然语言表达的直言命题进行逻辑分析时,应当注意到自然语言表达的多样性,避免对直言命题进行逻辑分析时发生理解上的错误。下面对自然语言表达的常见形式做些分析。

首先,表达全称肯定命题和全称否定命题的语言通常有如下变化形式:

第一,省略全称量项"所有的"等,或者直接在联项前加上副词"都"等,均可以表达一个全称命题。如"犯罪是违法行为""被告人都到过现场"等。

第二,"没有一个 S 不是 P""没有一个 S 是 P"之类,也表达全称命题,前者表达全称肯定命题,相当于"所有 S 是 P",后者表达全称否定命题,相当于"所有 S 不是 P"。如"我们班没有一个男同学不是足球迷",表达全称肯定命题,相当于"我们班所有男同学都是足球迷"。再如"我们班没有一个女生是追韩剧的学生",表达全称否定命题,相当于"我们班所有女生都不是追韩剧的学生"。

其次,表达特称肯定命题和特称否定命题的语言形式也丰富多样,通常有如下变化形式:

第一,表达特称量项的自然语言语词最常见的是"有些""有的"或"有"。但类似的表达方式可谓数不胜数,主要有"很少""几个""一半""部分""许多""大多数""绝大多数""几乎全部"等,这也是需要注意的。

第二,"S中有P"往往表达特称肯定命题,相当于"有的S是P"。例如,"大学生中有党员""在押犯中有惯犯"相当于特称肯定命题"有的大学生是党员""有些在押犯是惯犯"。

第三,"S不都是P"相当于特称否定命题"有的S不是P"。例如,"违法行为不都是犯罪"相当于"有些违法行为不是犯罪"。

二、直言命题主项、谓项的周延性

(一) 什么是直言命题项的周延性

对于传统形式逻辑中的A、E、I、O四种直言命题,逻辑学家提出了"周延性"的概念。它用于衡量四种直言命题的主项和谓项外延中的个体是否被全部断定(即是否全部外延都被断定)。所谓直言命题项的周延性,是指直言命题对其主项或谓项的全部外延的断定情况。如果一个直言命题断定了主项或谓项的全部外延,则称主项或谓项(在该命题中)是周延的;如果一个直言命题没有断定主项或谓项的全部外延,则称主项或谓项(在该命题中)是不周延的。

(二) A、E、I、O四种直言命题项的周延情况

下面我们具体分析一下A、E、I、O中主项和谓项的周延情况。

(1) 主项的周延情况

全称命题的形式是"所有S是(不是)P"。全称命题的量项"所有"断定了主项S的全部外延。根据周延性的定义,全称命题的主项是周延的。例如,SAP断定了S类的所有分子(即全部外延)具有某种性质,SEP断定了S类的所有分子(即全部外延)都不具有某种性质,因此,主项S在SAP和SEP中都是周延的。

特称命题的形式是"有的(有些)S是(不是)P"。特称命题的量项"有的(有些)"(甚至可以是"绝大多数")没有断定主项S的全部外延。根据周延性的定义,特称命题的主项不周延。例如,SIP只断定了S类中有分子(但没有断定所有分子)具有某种性质,SOP也只是断定了S类中有分子(但没有断定所有分子)不具有某种性质,因此主项S在SIP和SOP中都是不周延的。

(2) 谓项的周延情况

肯定命题包括A命题和I命题,它们有共同的结构"……是P"。"……是P"断定了有P,但并没有断定是"所有的P"。这就是说,肯定命题的联项没有断定谓项的全部外延,所以根据周延性的定义,肯定命题的谓项不周延。例如,SAP虽断定了S类的所有分子是P类分子,但是,没有断定P类所有分子都是S类的分子;SIP只断定了S类中有分子是P类分子,没有断定P类的所有分子是

S 类的分子。因此,谓项 P 在 SAP 和 SIP 中都是不周延的。

否定命题包括 E 命题和 O 命题,它们有共同的结构"……不是 P"。"……不是 P"就意味着"不是任何 P",即是说断定了"所有的 P"。这表明否定命题的联项断定了谓项的全部外延。所以根据周延性的定义,否定命题的谓项是周延的。例如,SEP 断定谓项 P 的全部外延被主项 S 全部外延所排斥,SOP 断定了谓项 P 的全部外延被 S 类中有的分子所排斥。因此,谓项 P 在 SEP 和 SOP 中都是周延的。

综合以上分析可以得出:

全称命题的主项周延。

特称命题的主项不周延。

肯定命题的谓项不周延。

否定命题的谓项周延。

A、E、I、O 的主项或谓项的周延情况见表 5-1。

表 5-1

直言命题形式	主项	谓项
SAP	周延	不周延
SEP	周延	周延
SIP	不周延	不周延
SOP	不周延	周延

关于周延性问题需要注意如下几点:

首先,一个词项(主项或谓项)是否周延,必须纳入一个具体的直言命题(SAP、SEP、SIP 或 SOP)中才有意义。离开了具体的直言命题,我们就无法谈论一个词项是否周延。

其次,周延性是形式意义上的概念,它是由直言命题中的逻辑词(逻辑常项即"量项"和"联项")决定的直言命题的表达能力,是直言命题的形式性质。周延和不周延不是就两个具体词项(概念)的外延关系而确定的,它是根据量项和联项所做出的断定性质而确定的。例如,在"有的城市是超大城市"和"所有城市不是超大城市"这两个直言命题中,主项"城市"在前者中不周延而在后者中周延,因为前者的量项是特称的,而后者的量项是全称的;谓项"超大城市"在前者中不周延而在后者中周延,因为联项在前者中是肯定的,而在后者中是否定的。

再次,就周延性而言,单称命题可以作为全称命题处理。因为单称命题主项的外延数量只有一个,断定了这个对象,也就意味着断定了对象的全部外延,所以,就周延性而言,单称命题可以作为全称命题处理。具体说即,单称肯定命题主项周延而谓项不周延,单称否定命题主项周延而谓项也周延。这也是在三段论理论中,一律将单称肯定命题 SaP 分析为全称肯定命题 SAP,将单称否定命题 SeP 分析为全称否定命题 SEP 的缘由。

最后,周延性与直言命题的真假没有关系。例如,"有的城市是超大城市"是个真命题,而"所有城市不是超大城市"是个假命题,但是,这种真假性质不影响这两个直言命题主谓项的周延性。

让我们概括一下直言命题的周延情况:

就主项而言,全称命题的主项都周延,特称命题的主项都不周延;就谓项而言,肯定命题的谓项都不周延,否定命题的谓项都周延。

三、直言命题的真假性质

直言命题是陈述事物是否具有某种性质的命题。当主项为普遍词项(普遍概念)时,直言命题的形式可表达为"所有(有的)S 是(不是)P"。事物都是有性质的,而性质也是事物的性质。因此,直言命题的主项"S"和谓项"P"的关系,实质上反映了两个普遍词项"S"和"P"之间的外延关系,也就是反映了两类事物 S 和 P 之间的关系。而任意两个普遍词项(主项 S 和谓项 P)的外延之间不外乎如图 5-10 所示的五种关系。

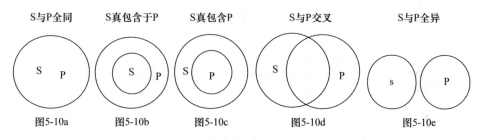

图 5-10

根据两类事物 S 和 P 之间的关系,我们可以确定主项 S 和谓项 P 相同即素材相同的 A、E、I、O 四种直言命题形式的真假情况即真假性质。

素材相同的 A、E、I、O 四种直言命题形式的真假性质,亦即当主项 S 与谓项 P 分别为上述五种外延关系时,某一具体的直言命题形式是真是假的逻辑性质。下面逐一加以分析。

就 SAP 而言,它反映的是 S 类的所有分子都是 P 类分子,所以,SAP 真当且仅当 S 与 P 是图 5-10a 或图 5-10b 所表示的关系。SAP 假,当且仅当 S 与 P 是图 5-10c 或图 5-10d 或图 5-10e 所表示的关系。

就 SEP 而言,它反映的是 S 类的所有分子都不是 P 类分子,所以,SEP 真,当且仅当 S 与 P 是图 5-10e 所表示的关系。SEP 假,当且仅当 S 与 P 是图 5-10a

或图 5-10b 或图 5-10c 或图 5-10d 所表示的关系。

就 SIP 而言,它反映的是 S 类中有分子是 P 类分子,但究竟 S 类中有多少分子是 P 类分子,它并没有确定的表述。因此 SIP 真,当且仅当 S 与 P 是图 5-10a 或图 5-10b 或图 5-10c 或图 5-10d 所表示的关系。SIP 假,当且仅当 S 与 P 是图 5-10e 所表示的关系。

就 SOP 而言,它反映的是 S 类中有分子不是 P 类分子,但 S 类中究竟有多少分子不是 P 类分子,它并没有确定的表述。因此,SOP 真,当且仅当 S 与 P 是图 5-10c 或图 5-10d 或图 5-10e 所表示的关系。SOP 假,当且仅当 S 与 P 是图 5-10a 或图 5-10b 所表示的关系。

从上述直言命题的真假性质可以归纳出直言命题间的真假关系如下:

反对关系:¬(A∧E),¬A∨¬E,A→¬E,E→¬A。

下反对关系:¬(¬I∧¬O),I∨O,¬I→O,¬O→I。

矛盾关系:A∨̇O,E∨̇I。或者表示为:A↔¬O,E↔¬I。

差等关系(蕴涵关系):A→I,E→O。或者表示为:¬I→¬A,¬O→¬E。

四、直言命题间的真假关系

根据 A、E、I、O 四种直言命题形式的真假性质,就可以确定主项 S 和谓项 P 相同即素材相同的 A、E、I、O 之间的真假关系。素材相同的 A、E、I、O 之间的真假关系有如下四种:

第一,A 与 E 之间的反对关系。

A 真,E 必假。因为当 A 真时,S 与 P 之间一定具有图 5-10a 或图 5-10b 的关系;而无论是哪种的关系,E 总是假的。

A 假,E 真假不定,即可真可假。因为当 A 假时,S 与 P 之间可以是图 5-10c 或图 5-10d 或图 5-10e 的关系,当 S 与 P 是图 5-10e 的关系时,E 是真的,而当 S 与 P 是图 5-10c 或图 5-10d 的关系时 E 却是假的。

同样,E 真,A 必假;E 假,A 真假不定。

总之,A 与 E 之间的真假关系是:不可同真,可以同假。这就是说,一个真,则另一个必假;一个假,则另一个真假不定。逻辑上称这种不可同真但可同假的关系为反对关系。

第二,I 和 O 之间的下反对关系。

I 假,O 必真。因为当 I 假时,S 与 P 之间一定具有图 5-10e 的关系;而当 S 与 P 之间具有图 5-10e 的关系时,O 总是真的。

I 真,O 真假不定。因为当 I 真时,S 与 P 之间一定具有图 5-10a 或图 5-10b 或图 5-10c 或图 5-10d 的关系,当 S 与 P 之间具有图 5-10c 或图 5-10d 的关系时,O 是真的,而当 S 与 P 之间具有图 5-10a 或图 5-10b 的关系时,O 是假的。

同样 O 假,I 必真;O 真,I 真假不定。

总之,I 与 O 之间的真假关系是:不可同假,可以同真。这就是说,一个假,则另一个必真;一个真,则另一个真假不定,逻辑上称这种不可同假但可同真的关系为下反对关系。

第三,A 与 O、E 与 I 之间的矛盾关系。

以 A 与 O 之间的真假关系来说,A 真,O 必假。因为当 A 真时,S 与 P 之间一定具有图 5-10a 或图 5-10b 的关系,而不论是哪种关系,O 总是假的。A 假,O 必真。因为当 A 假时,S 与 P 之间一定具有图 5-10c 或图 5-10d 或图 5-10e 的关系,而不论是哪种关系,O 总是真的。

同样,O 真,A 必假;O 假,A 必真。

E 与 I 之间的真假关系同 A 与 O 之间的真假关系一样。即:E 真,I 必假,E 假,I 必真;I 真,E 必假;I 假,E 必真。

总之,A 与 O、E 与 I 之间的真假关系是:不可同真,不可同假。这就是说,一个真,则另一个必假;一个假,则另一个必真。逻辑上称这种既不同真也不同假的关系为矛盾关系。

第四,A 与 I、E 与 O 之间的差等关系。

这两对命题的共同特点都是质相同,而其中一为全称,另一为特称,质相同的全称命题与特称命题之间具有的真假关系,传统逻辑称为差等关系,实际上类似于命题逻辑中的蕴涵关系。

先看 A 与 I 之间的真假关系:全称真,特称必真。因为当 A 真时,S 与 P 之间一定具有图 5-10a 或图 5-10b 的关系;而不论是哪种关系,I 总是真的。

全称假,特称真假不定。因为当 A 假时,S 与 P 之间一定具有图 5-10c 或图 5-10d 或图 5-10e 的关系。当 S 与 P 之间具有图 5-10c 或图 5-10d 的关系时,I 是真的;而当 S 与 P 之间具有图 5-10e 的关系时,I 却是假的。

特称假,全称必假。因为当 I 假时,S 与 P 之间一定具有图 5-10e 的关系;而当 S 与 P 具有图 5-10e 的关系时,A 是假的。

特称真,全称真假不定。因为当 I 真时,S 与 P 之间一定具有图 5-10a 或图 5-10b 或图 5-10c 或图 5-10d 的关系;当 S 与 P 之间具有图 5-10a 或图 5-10b 的关系时,A 是真的,而当 S 与 P 之间具有图 5-10c 或图 5-10d 的关系时,A 却是假的。

E 与 O 之间的真假关系,与 A 与 I 之间的真假关系一样,即:全称真,特称必真;全称假,特称真假不定;特称假,全称必假;特称真,全称真假不定。

传统逻辑把上述 A、E、I、O 之间的真假关系称作对当关系。这种对当关系可用下面的正方形图形来表示,如图 5-11 所示,这就是逻辑方阵。

图 5-11

传统的 A、E、I、O 之间的真假对当关系的成立是有条件的。其成立条件有两个：

第一，对当关系是指素材相同即主项相同且谓项也相同的 A、E、I、O 四种命题之间的一种真假关系。素材不同的 A、E、I、O 四种命题之间，自然就不存在这种关系。譬如，我们可以比较"所有的天鹅都是白色的"与"有的天鹅不是白色的"之间的真假关系，因为它们的素材相同。但是我们无法比较"所有的姑娘都是漂亮的"和"有些小伙子是聪明的"之间的真假关系，因为它们的素材不相同。

第二，传统逻辑的对当关系都是以假定主项存在即假定主项并非空类词项（空类概念）为前提条件的。因此，当主项表示的事物不存在时，对当关系中的某些关系就不再成立。

先从全称命题与特称命题的关系看，当 A 与 E 的主项是空类时，A 就不蕴涵 I，E 也不蕴涵 O，因而即使 A 真，I 却不必真；E 真，O 却不必真。为什么呢？因为特称命题是存在命题，它通过存在量项表示 S 存在，既然全称命题的主项不存在，它是不能推出主项存在的。例如，"所有不接触细菌的人都是不得细菌性传染病的"（A）虽然为真，而"有不接触细菌的人是不得细菌性传染病的"（I）却假。

从 A 与 E 的关系看，当主项是空类时，A 与 E 可以同真。例如，"所有不接触细菌的人都是不得细菌性传染病的"是真的，而"没有不接触细菌的人是不得细菌性传染病的"也是真的。

从 I 与 O 的关系看，当主项是空类时，它们并非不能同假，而是可以同假。例如，"有的永动机是德国人制造的"为假，"有的永动机不是德国人制造的"也假。

由此可见，当不预设主项存在，即 S 为空类时，原来对当关系中的反对关系、下反对关系和差等关系就不再成立，只剩下矛盾关系可以成立。这是站在现代逻辑视角所发现的传统逻辑的缺陷。当然，对传统逻辑的对当关系也不可完全否定。在日常思维和绝大多数科学思维中,人们都预设了主项的存在,即预设 S 不是空类,在此情况下,传统对当关系不仅成立有效,而且是人们进行逻辑推理的方便工具。下面就来谈谈对当关系的应用。

利用逻辑方阵,根据直言命题的对当关系,可以从一个直言命题的真或假,推断出素材相同的其他直言命题的真或假。

例如,已知"能言善辩的人都不是待人诚恳的人"为假,能否断定"能言善辩的人都是待人诚恳的人"为真和"有些能言善辩的人是待人诚恳的人"为真?

上述三个命题是主、谓项相同的直言命题。根据直言命题对当关系可知:"能言善辩的人都不是待人诚恳的人"(SEP)与"有些能言善辩的人是待人诚恳的人"(SIP)是矛盾关系,所以,我们能够从"能言善辩的人都不是待人诚恳的人"为假,确定"有些能言善辩的人是待人诚恳的人"为真;而"能言善辩的人都不是待人诚恳的人"(SEP)与"能言善辩的人都是待人诚恳的人"(SAP)是反对关系,所以不能由"能言善辩的人都不是待人诚恳的人"为假确定"能言善辩的人都是待人诚恳的人"的真或假。

传统对当关系还可推广至单称命题。就命题间真假关系而言,单称肯定命题与单称否定命题间的关系是矛盾关系,同质的全称命题与单称命题是差等关系,同质的单称命题与特称命题也是差等关系,不同质的全称命题与单称命题是反对关系,不同质的单称命题与特称命题是下反对关系,因此,上述对当关系的逻辑方阵图可以扩展为如图 5-12 所示。

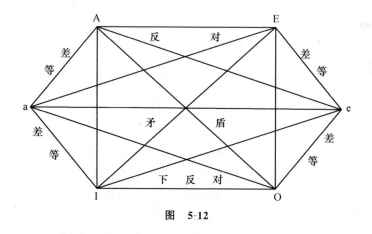

图 5-12

第三节 直言直接推理

推理是逻辑学重点关注的对象。上一章讨论了复合命题推理,本章将讨论简单命题推理。

以直言命题为前提和结论的推理称为直言命题推理。其中以一个直言命题为前提的推理称为直言命题直接推理,而以两个或者更多直言命题为前提的推理称为直言命题间接推理。本节我们讨论直言命题直接推理。下一节将要讨论直言命题间接推理也就是直言三段论。

直言直接推理就是根据直言命题的逻辑特性而由一个直言命题为前提必然推出另一直言命题为结论的推理。当然,严格来讲,应该这样表达:直言直接推理就是由一个直言命题或其否定为前提而根据直言命题逻辑特性必然推出另一个直言命题或其否定为结论的推理。

直言命题直接推理只有一个前提,并且前提和结论中的基本素材是相同的。如根据上一节的对当关系,可以从"所有 S 是 P"推出"有的 S 是 P",这里的 S 和 P 在前提和结论中相同,即素材相同,而可以改变的是其中的量项、联项以及主项和谓项的位置。

不难看出,改变量项和联项的性质可以根据 A、E、I、O 四种直言命题的对当关系得出新的结论;如果不改变量项,只改变联项的性质(肯定/否定),也可以得到新的结论;如果交换主项 S 和谓项 P 的位置,也可以得出新的结论。例如,从苏格拉底名言:

(a) 未经反思的生活是不值得过的。(SAP)

可以推出:

(a_1) 并非未经反思的生活不是不值得过的。(并非 SEP)

(a_2) 有些未经反思的生活是不值得过的。(SIP)

(a_3) 并非有些未经反思的生活不是不值得过的。(并非 SOP)

(a_4) 未经反思的生活不是值得过的。($S\overline{EP}$)

(a_5) 有些不值得过的生活是未经反思的生活。(PIS)

上述结论是从前提(a)即 A 命题通过直接推理得到的有效结论,这些推理前提真则结论必真。其推理有效性源于前提 A 的命题形式变化,因而需要遵循一定的规则。很显然,a_1、a_2、a_3 是通过对当关系得到的,称为对当关系推理;而 a_4 是通过改变命题 a 的质得到的,a_5 是通过改变命题 a 的主项和谓项的位置得到的,这两种推理称为直言命题变形推理,前者称为换质推理,后者称为换位推理。下面就来介绍对当关系推理和直言命题变形推理。

一、对当关系推理

对当关系推理,就是根据直言命题形式之间的对当关系而由前提必然推出结论的推理。对当关系推理的根据主要是直言命题形式之间的四种对当关系，即反对关系、下反对关系、矛盾关系和差等关系。有的逻辑教科书直接将对当关系推理划分为反对关系推理、下反对关系推理、矛盾关系推理和差等关系推理。

例㊳ 所有公安干警是国家工作人员，所以，有的公安干警是国家工作人员。

例㊴ 所有共同犯罪都不是过失犯罪，所以，并非所有共同犯罪是过失犯罪。

例㊳是根据 SAP 与 SIP 之间的差等关系而由 A 命题真必然推出 I 命题真为结论的差等关系推理。例㊴是根据 SEP 与 SAP 之间的反对关系而由 E 命题真必然推出 A 命题假为结论的反对关系推理。

本书根据不同的真假关系将传统逻辑对当关系推理划分为如下四类推理有效式：

1. 由真推真（由一直言命题真推出另一直言命题真的推理）

SAP ⊢ SIP　　　　（根据差等关系）
SEP ⊢ SOP　　　　（根据差等关系）

例㊵ 从"所有偶数都是能被 2 整除的"可以推出"有些偶数是能被 2 整除的"。

其推理形式为：SAP ⊢ SIP。

例㊶ 从"所有贪污罪都不是过失犯罪"可以推出"有些贪污罪不是过失犯罪"。

其推理形式为：SEP ⊢ SOP。

2. 由假推假（由一直言命题假推出另一直言命题假的推理）

¬SIP ⊢ ¬SAP　　　（根据差等关系）
¬SOP ⊢ ¬SEP　　　（根据差等关系）

例㊷ 从"并非有些文盲是科学家"可以推出"并非所有文盲都是科学家"。

其推理形式为：¬SIP ⊢ ¬SAP。

例㊸ 从"并非有些花朵不是美丽的"可以推出"并非所有花朵不是美丽的"。

其推理形式为：¬SOP ⊢ ¬SEP。

3. 由真推假（由一直言命题真推出另一直言命题假的推理）

SAP ⊢¬SEP　　　　　（根据反对关系）
SEP ⊢¬SAP　　　　　（根据反对关系）
SAP ⊢¬SOP　　　　　（根据矛盾关系）
SOP ⊢¬SAP　　　　　（根据矛盾关系）
SEP ⊢¬SIP　　　　　（根据矛盾关系）
SIP ⊢¬SEP　　　　　（根据矛盾关系）

例㊹　从"任何人都不能两次踏进同一条河流"可以推出"并非任何人都能够两次踏进同一条河流"。

其推理形式为：SEP ⊢¬SAP。

例㊺　从"所有的人都有保护环境的义务"可以推出"并非有些人没有保护环境的义务"。

其推理形式为：SAP ⊢¬SOP。

4. 由假推真（由一直言命题假推出另一直言命题真的推理）

¬SIP ⊢ SOP　　　　（根据下反对关系）
¬SOP ⊢ SIP　　　　（根据下反对关系）
¬SAP ⊢ SOP　　　　（根据矛盾关系）
¬SOP ⊢ SAP　　　　（根据矛盾关系）
¬SEP ⊢ SIP　　　　（根据矛盾关系）
¬SIP ⊢ SEP　　　　（根据矛盾关系）

例㊻　从"并非有些金属不是导电体"可以推出"有些金属是导电体"。

其推理形式为：¬SOP ⊢ SIP。

例㊼　从"并非所有公民都偷税漏税"可以推出"有些公民没有偷税漏税"。

其推理形式为：¬SAP ⊢ SOP。

有关单称命题的直言直接推理形式，这里就不再一一列出了。

二、直言命题变形推理

通过改变直言命题直接推理中前提的直言命题形式，即通过改变前提中直言命题的联项的性质，或者交换其主项与谓项的位置，从而推出结论的推理称为直言命题变形推理。前者称为直言命题换质推理，后者称为直言命题换位推理。

例㊽　任何问题都不是不可以解决的，所以，任何问题都是可以解决的。

  例㊾ 所有金属都是导电体,所以,有些导电体是金属。

  例㊽改变了前提中直言命题的质;例㊾交换了前提中直言命题主项与谓项的位置。它们都属于直言命题变形推理。

  直言命题变形推理有两种,即换质推理和换位推理。这是两种基本推理,在此基础上还可以将换质推理与换位推理结合起来运用,由于第一步是先换质再换位还是先换位再换质,推出的结论完全不同,故又将换质推理与换位推理结合运用的推理再区分为换质位推理与换位质推理。

  (一) 换质推理

  换质推理就是改变前提中直言命题的质,即将联项由肯定变为否定或由否定变为肯定,同时将谓项改变为它的矛盾词项或负词项(矛盾概念或负概念)的推理。换质推理的前提和结论是等值命题。

  换质推理的规则是:

  (1) 改变前提中直言命题的联项,肯定变否定,否定变肯定;

  (2) 把原命题的谓项改为矛盾词项(矛盾概念),正词项变负词项,负词项变正词项;

  (3) 保持原命题的量项和主项不变。

  例㊿ 贪污罪都是故意犯罪,所以,贪污罪都不是非故意犯罪。
  例㈤ 事物都不是静止的,所以,事物都是非静止的。
  例㈥ 有些行为是非法行为,所以,有些行为不是合法行为。
  例㈦ 有些侵权行为不是故意行为,所以,有些侵权行为是非故意行为。

上面四个推理的形式如下:

SAP ⊢ SE$\overline{P}$; SEP ⊢ SA$\overline{P}$; SIP ⊢ SO$\overline{P}$; SOP ⊢ SI$\overline{P}$

换质推理都是前提与结论等值的推理,我们用"⊢⊣"表示等值推理。

换质推理有效式有以下四个:

SAP ⊢⊣ SE$\overline{P}$

SEP ⊢⊣ SA$\overline{P}$

SIP ⊢⊣ SO$\overline{P}$

SOP ⊢⊣ SI$\overline{P}$

  (二) 换位推理

  换位推理就是交换前提中直言命题主、谓项的位置而推出另一直言命题的推理。

  换位推理的规则是:

（1）换位推理只改变直言命题主、谓项的位置，不改变直言命题的质；
（2）在前提中不周延的项，在结论中也不得周延。

例㊾ 贫穷的社会不是社会主义，所以，社会主义不是贫穷的社会。

例㊾ 有些高科技产品创造了巨大的经济效益，所以，有些创造了巨大的经济效益的（产品）是高科技产品。

例㊾ 犯罪行为都是违法行为，所以，违法行为都是犯罪行为。

例㊾ 有的人不是骗子，所以，有的骗子不是人。

上面四个推理中，例㊾、例㊾是正确有效的推理。但是，例㊾、例㊾显然并非正确有效的推理。因为根据常识，例㊾、例㊾两个推理由真的前提推出了假的结论，所以这两个推理都不是有效的推理。让我们先将上面四个推理的形式写出来，然后再分析其有效性。

SEP ⊢ PES； SIP ⊢ PIS； SAP ⊢ PAS； SOP ⊢ POS。

换位推理必须遵守两条规则。例㊾、例㊾、例㊾、例㊾都遵守了第一条规则，但是，只有例㊾、例㊾遵守了第二条规则，而例㊾、例㊾却没有遵守第二条规则。具体情况是：

在例㊾中，SEP 主、谓项都周延，PES 主、谓项也都周延，故符合第二条规则。

同样在例㊾中，SIP 主、谓项都不周延，PIS 主、谓项也都不周延，故符合第二条规则。

由此可见，例㊾、例㊾遵守了换位推理规则，所以是正确有效的直言命题推理。

在例㊾中，前提 SAP 谓项 P 不周延，但在结论 PAS 中主项 P 却周延，这就直接违反了换位推理第二条规则"在前提中不周延的项，在结论中也不得周延"，因而该推理无效。

在例㊾中，前提 SOP 主项 S 不周延，但在结论 POS 中谓项 S 却周延，这就直接违反了换位推理第二条规则"在前提中不周延的项，在结论中也不得周延"，因而该推理无效。

例㊾推理虽然无效，但是在传统逻辑预设主项存在的情况下，它还是可以改造为有效推理形式的，这就是将结论由 PAS 弱化为 PIS，即 SAP ⊢ PIS。这时，该推理既符合换位推理第一条规则也符合换位推理第二条规则。当然，与全称的前提相比，结论是特称，论证的力度弱化了，所以在传统逻辑中，将 SAP ⊢ PIS 这一推理形式称为"限制换位"。而 SEP 与 PES 等值、SIP 与 PIS 等值，所以，传统逻辑将 SEP ⊢⊣ PES、SIP ⊢⊣ PIS 两个换位推理形式称为"简单换位"。而 SOP ⊢ POS 在任何情况下均无法成立，所以，传统逻辑认为特称否定命题即 O

命题不能换位。现在,简单总结一下:

简单换位推理有效式为:

SEP ⊢⊣ PES

SIP ⊢⊣ PIS

限制换位推理有效式为:

SAP ⊢ PIS

需要注意的是,凡涉及限制换位推理,处于主项位置的词项(S、P、$\bar{S}$、$\bar{P}$)皆不能是空类词项(空概念),否则从真实的前提出发就会推出虚假的荒谬的结论。

(三) 换质推理与换位推理的综合运用

直言命题换质推理和换位推理可以连续使用,也可以交替综合使用。

如果将换质推理与换位推理结合起来交替运用,在步骤上有两种可能,既可以先换质后换位(换质位推理),也可以先换位后换质(换位质推理),换质位推理与换位质推理由于第一步分别是先换质与先换位的不同,交替运用的推理结果也就不相同。

(1) 换质位推理有效式有:

SAP ⊢⊣ SE$\bar{P}$ ⊢⊣ $\bar{P}$ES ⊢ $\bar{P}$AS ⊢ SI$\bar{P}$ ⊢ SOP

SEP ⊢⊣ SA$\bar{P}$ ⊢ $\bar{P}$IS ⊢ $\bar{P}$OS

SOP ⊢⊣ SI$\bar{P}$ ⊢⊣ $\bar{P}$IS ⊢⊣ $\bar{P}$OS

SIP 换质推理得出 O 命题,而 O 命题不能换位推理,所以 SIP 不能进行换质位推理。

(2) 换位质推理有效式有:

SAP ⊢ PIS ⊢ PO$\bar{S}$

SEP ⊢⊣ PES ⊢⊣ PA$\bar{S}$ ⊢ $\bar{S}$IP ⊢ $\bar{S}$OP

SIP ⊢⊣ PIS ⊢⊣ PO$\bar{S}$

SOP 不能换位推理,所以 SOP 不能进行换位质推理。

第四节 三 段 论

一、三段论及其结构

(一) 什么是三段论

三段论也叫直言三段论,是指由两个包含有一个共同词项(概念)的直言命题作为前提从而推出一个新的直言命题的推理。它是一种直言命题间接推理。

例㊽ 行为规范是指引人们行为的规范,

法律规范是行为规范,

所以，法律规范是指引人们行为的规范。

例㊽就是一个三段论，它是由两个包含有"行为规范"这个共同词项的直言命题"行为规范是指引人们行为的规范"和"法律规范是行为规范"作为前提，推出"法律规范是指引人们行为的规范"这一新的直言命题作为结论。这就是一个典型的三段论。三段论是人们日常思维中运用较多的一种推理。

（二）三段论的结构

三段论是一种格式固定、形式严谨的推理。具体表现为：

（1）三段论有而且只有三个词项。

例㊽中，三个直言命题的主项和谓项，分别是三个不同的词项各出现两次组成的。如"指引人们行为的规范""行为规范"和"法律规范"三个词项分别出现两次，组成了上面这个三段论。

我们把结论的主项称为小项，用 S 表示；结论的谓项称为大项，用 P 表示；在结论中不出现而在两个前提中各出现一次的词项称为中项，用 M 表示。正确的三段论有而且只有三个不同的词项，即由小项、中项和大项组成。

如果一个三段论中多于三个词项，即出现四个不同的词项，就会犯"四词项"（四概念）的错误。

例㊾ 鲁迅的小说不是一天能读完的，
《狂人日记》是鲁迅的小说，
所以，《狂人日记》不是一天能读完的。

例㊾不是正确的三段论，因为第一个前提中的"鲁迅的小说"（集合词项）和第二个前提中的"鲁迅的小说"（非集合词项）不是同一个词项，加上《狂人日记》和"一天能读完的"共有四个词项，这就犯了"四词项"的错误。"四词项"的错误从根本上说，是违反了同一律逻辑要求的"偷换概念"错误。

（2）三段论有而且只有三个直言命题。

构成三段论的三个直言命题，其中两个命题是前提，一个命题是结论。在两个前提中，包含大项的前提称为大前提；包含小项的前提称为小前提。

例㊽中，"法律规范是指引人们行为的规范"是结论，"行为规范是指引人们行为的规范"是大前提，"法律规范是行为规范"是小前提。

例㊽中，中项是"行为规范"，小项是"法律规范"，大项是"指引人们行为的规范"，推理形式是：

$$\frac{\begin{array}{ccc} M & A & P \\ S & A & M \end{array}}{S \quad A \quad P}$$

在书写三段论推理形式时需要注意以下几个方面：

第一,单称命题都写成同质的全称命题;SaP 写成 SAP,SeP 写成 SEP。

第二,在写三段论形式时可以竖写,也可以横写;竖写比横写更容易判别出是否违反三段论规则;竖写要求大前提在上,小前提在下。

第三,写三段论形式时,必须先将非规范语句表达的前提或结论转化为规范形式的直言命题,然后再写形式,以防出错。如"没有一个 S 不是 P"要先转化为"所有 S 是 P","没有一个 S 是 P"要先转化为"所有 S 不是 P","并非有的 S 不是 P"要先转化为"所有 S 是 P"等,然后再写三段论形式。

二、三段论的格与式

(一) 三段论的格

三段论的格,就是指由于中项在两个前提中所处位置的不同所形成的不同的三段论形式。

在一个三段论中,中项可以在大前提中处于主项位置,在小前提中处于谓项位置;或者同时在大、小前提中处于谓项位置;或者同时在大、小前提中处于主项位置;或者在大前提中处于谓项位置,在小前提中处于主项位置。

中项在大、小前提中所处的不同位置共有四种情形即三段论共有四个格,可用图 5-13 来表示:

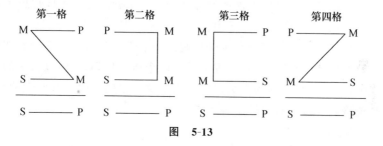

图 5-13

第一格是中项在大前提中处于主项位置而在小前提中处于谓项位置构成的三段论形式。

第二格是中项在大、小前提中都处于谓项位置构成的三段论形式。

第三格是中项在大、小前提中都处于主项位置构成的三段论形式。

第四格是中项在大前提中处于谓项位置而在小前提中处于主项位置构成的三段论形式。

(二) 三段论的式

三段论的式是指 A、E、I、O 四种直言命题在大、小前提和结论中的不同组合所构成的不同的三段论形式。

例如,若大前提、小前提和结论都是 A 命题,则这个三段论就是 AAA 式。

若大前提是 E 命题,小前提是 A 命题,结论是 E 命题,则这个三段论就是 EAE 式。

由于三段论中的大、小前提或结论均可分别取 A、E、I、O 中的任一种命题形式,因此三段论可以有 64 个不同的式。如果将三段论 64 个式分配到四个格中去,则三段论可有 256 个可能组合,亦即三段论理论上有 256 个可能的式。

由于三段论的式是在三段论的格中存在的,因此,任何一个具体的三段论总是某个格的某某式。例如,前面的例(1)就是第一格的 AAA 式。

三、三段论的规则

在三段论 256 个可能的式中,只有极少数的式是有效式。传统逻辑认为有 24 个有效的式,现代逻辑在去除传统逻辑主项存在预设的情况下,将传统逻辑 24 个有效的式修改为 15 个有效的式。总之,不论是现代逻辑还是传统逻辑,都需要提供一定的方法将三段论中有效的式与无效的式区分开来。当然,可以有多种不同的方法来将三段论 256 个式中的有效式与无效式区分开来。这些方法有:规则检验、文恩图检验、谓词逻辑检验,等等。本书介绍规则检验。

三段论的规则是检验三段论有效性的重要工具。这种三段论有效性检验方法源于亚里士多德《前分析篇》。传统逻辑运用自然语言表述的规则来检验三段论的有效性。这种规则检验方法既科学准确,又方便实用。在日常思维和自然语言中,规则检验方法得到广泛运用。

三段论规则分为一般规则和特殊规则。一般规则是指适用于所有四个格的三段论有效性检验的规则,而特殊规则是指四个格的规则,之所以将格的规则叫作特殊规则,是因为某一格的规则仅仅适用于这个格的三段论有效性检验,而不适用于其他格的三段论有效性检验。

(一)三段论一般规则

三段论一般规则共有 7 条。前面 5 条规则又称基本规则,后面 2 条规则又称导出规则。

基本规则和导出规则在检验三段论有效性方面的作用是不一样的。遵守 5 条基本规则是任何三段论形式有效的充分必要条件,即符合 5 条基本规则的三段论一定是有效的,违反任何一条基本规则的三段论一定是无效的。而导出规则的作用没有这么强,遵守导出规则仅仅是三段论形式有效的必要条件而非充分条件,即违反导出规则的三段论一定是无效的,但遵守了所有导出规则而可能并未遵守所有基本规则的三段论不一定是有效的。

关于三段论基本规则有一个问题需要说明一下。由于现代逻辑不再保留传统逻辑主项存在的预设,因而在现代逻辑看来全称命题不可以推出同质的特称命题。这样一来,从两个全称命题的前提就不能推出特称命题的结论。现代逻辑因此在三段论规则中必须添加"两个全称前提得不出特称结论"的新规则。①但传统逻辑从日常思维和自然语言应用出发,预设直言命题主项存在至今仍具有一定的合理性,故本书默认传统逻辑主项存在预设,因而在三段论规则中没有包括"两个全称命题前提不能推出特称命题结论"的规则。

此外,关于三段论一般规则中的第3至第5条规则即关于前提的规则,目前不同逻辑教材有不同表达方式。传统逻辑一般将关于前提的规则表述为如下两条,即"从两个否定前提不能得结论"和"如果前提中有一个否定,那么结论必为否定;如果结论为否定,那么前提中必有一个否定"。② 但是,目前不少逻辑教材将关于前提的几条规则概括为一条规则即"前提与结论中否定命题的数目必须相同"。③ 当然,还有一些逻辑教材将这三条规则表达为两条规则,即"两个前提不能都是否定直言命题"和"前提与结论中否定命题的数目必须相等"。④ 本书从前提命题的组合规律以及方便日常思维应用的角度,将关于三段论前提的规则表述为三条,即下面的规则3、4和5。

规则1 中项在前提中至少周延一次。

三段论的特征是通过中项的媒介作用来确立小项和大项的关系。中项在前提中至少周延一次,中项的全部外延才能和小项或大项发生关系,为建立小项和大项的确定关系提供依据。如果中项在前提中没有一次周延,那么可能出现这种情况:大项和中项的这一部分外延发生关系,而小项和中项的另一部分外延发生关系,这样就不可能通过中项来确定小项与大项的关系,即中项不能起到媒介作用。由此,也就不能从前提得出必然性的结论。

例⑩ 犯罪行为是违法行为,
张某的行为是违法行为,
所以,张某的行为是犯罪行为。

例⑩的结论不是可靠的,因为它不是从前提中必然得出的。

如果中项在两个前提中都不周延,就会犯"中项不周延"的错误。例如,上述三段论的推理形式是:

$$\begin{array}{c} PAM \\ \underline{SAM} \\ SAP \end{array}$$

这个三段论就犯了"中项不周延"的逻辑错误。

---

① 参见〔美〕欧文・柯匹、〔美〕卡尔・科恩:《逻辑学导论》(第13版),张建军等译,中国人民大学出版社2014年版,第266页;熊明辉:《逻辑学导论》,复旦大学出版社2012年版,第91页。
② 参见金岳霖主编:《形式逻辑》,人民出版社1979年版,第157—158页。
③ 参见袁正校主编:《逻辑学基础教程》,高等教育出版社2007年版,第94页。
④ 参见《逻辑学》编写组编:《逻辑学》(第二版),高等教育出版社2018年版,第52页。

规则 2 前提中不周延的项,到结论中不得周延。

一个有效的三段论,它的结论是从前提必然推出的,即前提蕴涵结论。如果在前提中不周延的词项在结论中周延了,即前提中所陈述的是一个词项的部分外延,而在结论中陈述了该词项的全部外延,则结论中的陈述就超出了前提所陈述的范围,但部分并不蕴涵全体,由部分推不出全体。因此,如果结论超出前提的范围,则该结论不是由前提必然推出的,即该结论不被前提所蕴涵。

违反这条规则的逻辑错误有两种:

一是大项在前提中不周延而在结论中周延,这就犯了"大项不当周延"的逻辑错误。

例(61) 依法缴纳所得税是公民的义务,
依法服兵役不是依法缴纳所得税,
所以,依法服兵役不是公民的义务。

例(61)的结论不是可靠的,因为它不是从前提中必然得出的。

这个三段论的推理形式是:

$$\frac{\begin{array}{c}MAP\\SEM\end{array}}{SEP}$$

例(61)这个三段论的大项"公民的义务"在前提中不周延而在结论中周延了,故犯了"大项不当周延"的逻辑错误。

二是小项在前提中不周延而在结论中周延,这就犯了"小项不当周延"的逻辑错误。

例(62) 语言是没有阶级性的,
语言是社会现象,
所以,凡社会现象是没有阶级性的。

例(62)的结论也不是可靠的,因为它也不是从前提中必然得出的。

这个三段论的推理形式是:

$$\frac{\begin{array}{c}MAP\\MAS\end{array}}{SAP}$$

例(62)这个三段论中小项"社会现象"在前提中不周延而在结论中周延了,故犯了"小项不当周延"的错误。

规则 3 如果两个前提都为肯定,则结论必为肯定;如果结论是肯定的,则两前提均为肯定。

如果两个前提都是肯定的命题,则在前提中中项与大项、中项与小项之间的关系都是相容的。这样,在结论中小项与大项间的关系就不可能是相互排斥的,即结论为肯定。同理可得,如果结论是肯定的,则前提中的小项与大项都是与中项相容的,即两个前提均为肯定。

例如,从两个肯定的前提"羚羊是食草动物""羚羊是哺乳动物"只能得出肯定的结论"有些哺乳动物是食草动物"。这个三段论可以表述如下:

例㊿　羚羊是食草动物,
　　　羚羊是哺乳动物,
　　　所以,有些哺乳动物是食草动物。

例㊿这个三段论的推理形式是:

$$\frac{\begin{matrix}MAP\\MAS\end{matrix}}{SIP}$$

这个三段论属于有效的三段论形式。

规则 4　两个否定前提推不出结论。

如果两个前提都是否定命题,那么大项的全部或部分外延与中项外延相排斥,小项的全部或部分外延与中项外延相排斥。这样,就不能通过中项在小项和大项之间建立确定的关系。例如,以"偷拿防疫物资的行为不是合法行为"和"赵某的行为不是偷拿防疫物资的行为"为三段论推理的大、小前提,由于前提都是否定命题,就不能确定赵某的行为是否合法行为。

规则 5　如果前提有一否定,则结论必为否定;如果结论为否定,则两前提中必有一个否定。

若前提有一否定,根据规则 4,则另一个前提必须肯定。由于前提中的否定命题所陈述的是中项与大项或小项相排斥的关系,另一肯定命题陈述的是中项与大项或小项相容的关系,因而,小项与大项之间的关系只能是排斥的,即结论只能是否定的。如果结论否定,根据规则 3、4,两前提不可能同为肯定或同为否定,即两个前提中必有一个前提是否定的。

例㊽　凡有效合同都不是违背公序良俗的,
　　　代孕合同是违背公序良俗的,
　　　所以,代孕合同不是有效合同。

例㊾　合格的公务员都是廉洁奉公的,
　　　李某不是廉洁奉公的,
　　　所以,李某不是合格的公务员。

一个三段论当且仅当遵守了上述每一条规则,才是形式有效的三段论。若违反了其中任何一条规则,就是形式无效的三段论。有了上述5条规则,我们就可以判定任一三段论形式的有效与否。正是在这个意义上,上述5条规则又叫作三段论基本规则,其中,规则1、2称作关于项的规则,规则1管中项,规则2管大、小项。规则3、4、5称作关于前提的规则。其实,这三条规则讲述了三段论两个前提中肯定命题与否定命题的全部组合情形,即:第一,两个都肯定,此乃规则3;第二,两个都否定,此乃规则4;第三,一肯定一否定,此乃规则5。可见,关于前提的规则穷尽了前提的各种组合,属于完全归纳,是正确的。

由上述五条规则还可以推导出下列两条规则,因此规则6、7相对于规则1、2、3、4、5来说就是导出规则。

规则6 两个特称前提推不出结论。

两个前提都是特称的,则两个前提的组合情况不外乎这样四种:II、OO、IO、OI。

如果是II,由于违反规则1,即犯了"中项不周延"的逻辑错误,因而不是有效三段论形式,所以不能得出必然性结论,简称推不出结论。

如果是OO,由于是两个否定前提,根据规则4,两个否定前提推不出结论。

如果是IO或OI,由于两个前提中只有一个周延项,根据规则1,这个周延项必须给中项,否则会犯"中项不周延"的逻辑错误。这样,大项在前提中就不周延,又由于规则5前提有一否定,则结论必为否定,因而结论中的大项是周延的。根据规则2,大项在大前提中也必须周延。现在大项在前提中不周延而在结论中周延,这就犯了"大项不当周延"的逻辑错误,因而这两种前提组合都不是有效的三段论形式,从这样的前提出发不能得出必然性结论,简称推不出结论。

综上可得,两个特称前提推不出结论。

规则7 前提有一个特称命题,如果得结论,则必为特称。

根据规则6,两个特称前提推不出结论,那么前提中有一个是特称,另一个必为全称。

两前提中一个全称命题一个特称命题的组合情况不外乎这样八种:AI或IA、AO或OA、EI或IE、EO或OE。

若是EO或OE,则由于是两个否定前提,根据规则4,不能得结论。

若是IE,由于大前提为特称肯定,大项在前提中不周延,又由于小前提否定,根据规则5,结论必否定,而结论否定,大项在结论中周延,这就违反了规则2,犯了"大项不当周延"的逻辑错误,因而不是有效的三段论形式,也就不能得出必然性结论,即推不出结论。

若是AI或IA,由于两个前提中只有一个项周延,根据规则1,这个周延的项只能给中项,而小项在前提中不周延。这样再根据规则2,小项在结论中也不得周延,即结论的主项是特称,所以只能得特称结论。

若是 AO、OA 或 EI,由于前提中有一否定,根据规则 5,结论必为否定。假如得全称结论,则大、小项在结论中均周延,又根据规则 1,中项在两前提中至少周延一次,这就要求大项、小项和中项在前提中都周延,而这三种组合的前提中周延位置只有两个,即两个前提中最多只能有两个周延项,无法满足大项、小项和中项在前提中都周延的要求,因此,这样的前提组合不可能同时遵守规则 1 和 2,至少违反其中一条规则,无法构成有效三段论形式,所以得全称结论的假定不正确,即是说这样的前提组合不能得全称结论而只能得特称结论。

综上可得,前提有一个特称命题,如果得结论,则必为特称。

(二) 三段论格的规则

一般规则适用于三段论的各个格,用这些规则就足以把四个格的有效三段论和无效三段论区别开来。从逻辑上说,三段论一般规则在理论上是够用的。但是,在把这些一般规则应用于四个格时,由于各个格有自己的特殊情况,就会派生出只适用于本格的特殊规则。这些特殊规则的意义在于,指令更加具体,因此更容易被执行;并且,从一般规则证明出这些特殊规则,也是一项有益的逻辑训练。

根据三段论的一般规则并结合四个不同的格的特征,可以导出每个格的特殊规则。

第一格规则:

(1) 小前提必须肯定;

(2) 大前提必须全称。

在证明这些规则之前,有必要重申一下第一格的形式:中项在大前提中处于主项位置、在小前提中处于谓项位置,其形式如图 5-14 所示。

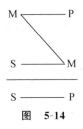

图 5-14

证明如下:先证明小前提必须肯定。假设小前提不是肯定而是否定,根据规则 4,大前提必须肯定。若小前提是否定,根据规则 5,则结论为否定,大项在结论中周延,根据规则 2,大项在大前提中必须周延。而大项在第一格的大前提中处于谓项位置,要使其周延,则大前提必须为否定命题。这样,假设小前提不是肯定,则大前提既要肯定又要否定,矛盾,因此假设小前提不是肯定是不正确的,就是说小前提只能肯定。

再证明大前提必须全称。由于中项在小前提中是谓项,并由于小前提必须肯定已经得到证明,这样中项在小前提中不周延。根据规则1,中项在大前提中必须周延,而中项在大前提中处于主项位置,要使其周延大前提必须全称。

三段论第一格的特点是,大前提全称,小前提肯定。第一格的特殊作用在于:运用一般原理解决特殊情况的思考,大多用第一格的三段论。也就是说,把某个普遍原理应用于某个特殊情形,得出关于该特殊情形的结论。正因为如此,三段论的第一格最明显、最自然地表明了三段论的演绎推理的逻辑性质,因此,第一格被称为完善的格,其他格被称为不完善的格。第一格用途非常广泛,在实践中,只要我们根据一般原理去推断个别认识,便很自然地要运用这一格。第一格在司法审判中用得特别多,故第一格常被称为"审判格"。法官审判中,所引用的法律条文构成大前提,对某被告犯罪事实的确认构成小前提,对某被告的定罪或量刑构成结论。

> 例⑯ 凡非法剥夺他人生命权的犯罪行为构成故意杀人罪,
> 药家鑫用刀捅死张妙的行为是非法剥夺他人生命权的犯罪行为,
> 所以,药家鑫用刀捅死张妙的行为构成故意杀人罪。[1]

例⑯就是运用三段论第一格的实例。这个三段论是把"凡非法剥夺他人生命权的犯罪行为构成故意杀人罪"这个一般原理应用于犯罪行为的特殊场合——药家鑫用刀捅死张妙这一特定情形,从而推出"药家鑫用刀捅死张妙的行为构成故意杀人罪"这个结论。这是三段论第一格用于刑事审判中的定罪思维,通常上面这一推理又被称为定罪推理。同时,刑事审判中还有一个重要的量刑思维,同样运用三段论第一格,通常将这样的推理称为量刑推理。

> 例⑰ 故意伤害他人身体的犯罪行为处三年以下有期徒刑、拘役或者管制,
> 李某用拳打伤保安周某的行为是故意伤害他人身体的犯罪行为,
> 所以,李某用拳打伤保安周某的行为应处三年以下有期徒刑、拘

---

[1] 参见陕西省西安市中级人民法院刑事附带民事判决书,(2011)西刑一初字第68号。

役或者管制。①

以上表明,在法律逻辑中,三段论第一格具有特别重要的意义,不仅是刑事诉讼中定罪推理和量项推理的逻辑根据。在民事诉讼和行政诉讼中,三段论第一格同样发挥着其他推理形式不具有的司法涵摄功能,成为法治建设的理性基础和方法支撑。

第二格规则:

(1) 前提中必须有一否定;

(2) 大前提必须全称。

在证明这些规则之前,有必要重申一下第二格的形式:中项在大、小前提中均处于谓项位置,其形式如图 5-15 所示。

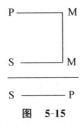

图 5-15

证明如下:先证明前提中必须有一否定。假如两前提中没有一个否定,则两前提或者均为否定或者均为肯定,因为两前提均为否定,违反规则 4,所以只能两前提均为肯定。由于中项在第二格都处于谓项位置,则中项在两前提中均不周延。这就违反了规则 1,犯了"中项不周延"的错误,因而是不正确的,所以两前提中必须有一否定。

再证明大前提必须全称。既然前提必须有一否定,根据规则 5,结论必否定,则大项在结论中周延。根据规则 2,为了不犯"大项不当周延"的错误,大项在大前提中必须周延,而第二格大项在大前提中处于主项位置,要使其周延,大前提则必须是全称。

第二格的特点是,两个前提中有一个是否定的,结论也是否定的。因此,第二格得出的结论常常被用来揭示不同事物之间的区别,故第二格又被称为"区别格"。

例⑱ 凡被火活活烧死的人都是气管等呼吸道内留有烟灰炭末者,
    　 这名女子的丈夫不是气管等呼吸道内留有烟灰炭末者,

---

① 参见北京市大兴区人民法院刑事判决书,(2015)大刑初字第 532 号。

所以，这名女子的丈夫不是被火活活烧死的人。

例⑱就是运用三段论第二格的实例。这个三段论的结论通过否定命题揭示出"这名女子的丈夫"与"被火活活烧死的人"之间的区别。女子丈夫口中无灰，因而并非被火活活烧死之人，这为审判真凶提供充足证据。

第三格殊规则：

(1) 小前提必须肯定；

(2) 结论必须特称。

在证明这些规则之前，有必要重申一下第三格的形式：中项在大、小前提中均处于主项位置，其形式如图5-16所示。

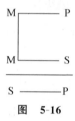

图 5-16

证明如下：先证明小前提必须肯定。假如小前提不是肯定，则小前提是否定，根据一般规则4，大前提必须肯定。若小前提否定，根据规则5，结论为否定。结论否定，则大项在结论中周延。根据规则2，大项在前提中必须周延；而大项在第三格的大前提中处于谓项位置，要使其周延，则大前提必须为否定命题。这样，若小前提不是肯定，则大前提既要肯定又要否定，矛盾，因此假定小前提不是肯定是不正确的，所以小前提只能肯定。

再证明结论必须特称。由于小前提必须肯定已经证明，所以，小项在第三格的小前提中不周延。根据规则2，为了不犯"小项不当周延"的错误，小项在结论中也不得周延，也就是说，结论必须为特称。

第三格的特点是，小前提是肯定的，结论是特称的。因此，第三格常被用来反驳一个虚假的全称命题，所以第三格被称为"反驳格"。

由于第三格的结论都是特殊命题，所以当以某一例外情况去反驳全称命题时常常运用第三格。

例⑲　鸵鸟不会飞，

鸵鸟是鸟，

所以，有的鸟不会飞。

例⑩就是运用三段论第三格的实例,用它所获得的结论反驳"所有的鸟都会飞"这个虚假的全称命题。

第四格规则:
(1) 如果前提中有一个否定,则大前提必须是全称;
(2) 如果大前提肯定,则小前提必须全称;
(3) 如果小前提肯定,则结论只能特称。

在此有必要重申一下第四格的形式:中项在大前提中处于谓项位置、在小前提中处于主项位置,其形式如图 5-17 所示。

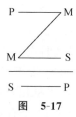

图 5-17

对于第四格三条特殊规则,读者可按照第四格的特点运用三段论一般规则加以证明。

当初,亚里士多德建立三段论理论时,没有固定大、小前提的位置,因此三段论只有三个格,没有第四格。后来的逻辑学家为了理论的完善与严谨,固定了大、小前提的位置,因而区别开了第一格与第四格。但第四格在实际应用中显得不太自然,这里就不多介绍了。

应该指出的是,亚里士多德的三段论是人类思维的重要推理和证明工具。三段论的各个格除了上面所提到的特殊应用外,完全可以有其他方面的应用,并且应用极为广泛。

根据上述规则对三段论的所有可能式作筛选。首先,列出三段论大、小前提的所有可能的组合形式,即:AA、AE、AI、AO、EA、EE、EI、EO、IA、IE、II、IO、OA、OE、OI、OO。接着根据三段论规则删除掉那些不能得结论的前提组合,即按照规则 6,删掉 II、IO、OI 和 OO 的组合,再按照规则 4,删掉 EE、EO 和 OE 的组合,然后按照规则 5 和 2,删掉 IE 的组合。这样剩下能得结论的组合就是:AA、AE、AI、AO、EA、EI、IA、OA。最后,根据三段论推理规则 3、5、7,便可确定下列十一式是有效的:AAA、AAI、AEE、AEO、EAE、EAO、AII、IAI、EIO、AOO、OAO。

将上述十一个有效式结合各格的规则进行筛选,可得出下列二十四个有效式,如表 5-2 所示。

表 5-2

第一格	第二格	第三格	第四格
AAA	AEE	AAI	AEE
(AAI)	(AEO)	AII	(AEO)
EAE	EAE	IAI	IAI
(EAO)	(EAO)	EAO	EAO
AII	AOO	OAO	AAI
EIO	EIO	EIO	EIO

表 5-2 中加括号的式叫作弱式。弱式是指根据已有的两个全称前提本可以得出全称命题的结论，却根据差等关系得出了特称命题的结论，在证明力方面相对较弱。如第一格中 AAI 式，小前提全称，小项在前提中周延，本可以推出全称结论，但得出的结论是特称的，这就是弱式。

在传统逻辑不考虑空类和全类的情况下，三段论共有 24 个有效式。一旦考虑到空类和全类，那些从两个全称前提推出特称结论的三段论式就不再是有效的。因此，根据现代逻辑理论，三段论 24 个有效式中，去除 9 个从全称命题前提推出特称命题结论的三段论式之后，有效式就只剩下 15 个。①

四、三段论的省略式

（一）什么是三段论的省略式

三段论的省略式又称省略三段论。三段论是由大前提、小前提和结论组成的，就形式结构而言，这三部分缺一不可，但在语言表达上常常可以省略其中的某一部分。这就是说，省略三段论是指三段论省略大前提或小前提或结论的语言表达形式。例如，"你应该起模范带头作用，因为你是共产党员。"这就是一个省略大前提的三段论。若把被省略部分补上，这一完整的三段论就是：

例⑦　共产党员应该起模范带头作用，
　　　你是共产党员，
　　　所以，你应该起模范带头作用。

又例如，"否定命题的谓项是周延的，所以，这个命题的谓项是周延的。"这是一个省略小前提的三段论。若把被省略部分补上，这一完整的三段论就是：

例㋒　否定命题的谓项是周延的，

---

① 去除两个全称命题前提推出特称命题结论的三段论式后，现代逻辑中的三段论有效式为以下 15 个。第一格：AAA、EAE、AII、EIO；第二格：AEE、EAE、AOO、EIO；第三格：AII、IAI、EIO、OAO；第四格：AEE、IAI、EIO。参见〔美〕欧文·柯匹、〔美〕卡尔·科恩：《逻辑学导论》（第 13 版），张建军等译，中国人民大学出版社 2014 年版，第 274—275 页。

这个命题的谓项是否定命题的谓项，

所以，这个命题的谓项是周延的。

再例如，"犯罪是危害社会的行为，而滥用职权罪是犯罪。"这是一个省略结论的三段论。若把被省略部分补上，这一完整的三段论就是：

例⑫　犯罪是危害社会的行为，

滥用职权罪是犯罪，

所以，滥用职权罪是危害社会的行为。

关于省略三段论需要注意以下三点：第一，三段论的省略式只是语言表达上的简化，在逻辑结构上，大、小前提和结论仍然是完整的。第二，三段论的省略式有三种形式，分别为：省略大前提的三段论，如例⑩；省略小前提的三段论，如例⑪；省略结论的三段论，如例⑫。第三，省略三段论常常隐含着错误，为了揭示其中的错误，需要先将省略三段论恢复或整理为完整的三段论。

(二) 将省略三段论恢复为完整三段论

省略三段论的好处在于表达上简单明了，故应用极广特别是在日常语言中。但由于省略，也易于掩盖错误。为了检查一个省略三段论是否正确，就先得把被省略的部分补出来，然后用规则去检验，这就是将省略三段论恢复或整理为完整的三段论。恢复或整理步骤如下：

第一步，要确定省略的是前提还是结论。

一般地说，如果两个直言命题中存在三个不同概念，就有可能是一个省略三段论。如果这两个直言命题是具有推出关系的因果复句，那就可以确定它是省略前提的三段论；如果这两个直言命题是一个具有并列关系的复句，那就可确定是省略结论的三段论。

对于省略前提的三段论，可以根据"所以句"的主项概念（即小项）是否在"因为句"中出现来判明它省略了哪一个前提。如果"所以句"的主项概念（即小项）在"因为句"中出现，那就可以判明它省略了大前提；如果没有出现，那就可以判明它省略了小前提。

第二步，恢复省略部分，并检查推理是否正确。

如果省略的是大前提，可以把前提句中的中项（即结论句中不出现的那个概念）和结论句中的谓项（即大项）联结成一个直言命题（即大前提）。

如果省略的是小前提，可以把结论句中的主项（即小项）和前提句中的中项联结成一个直言命题（即小前提）。

如果省略的是结论，可以把两个直言命题中的共同概念作为中项，而把其他两个概念（即小项和大项）联结成一个直言命题（即结论）。

在恢复过程中，应充分考虑到三段论的各项规则。

(三) 省略三段论可靠性的判定

人们推理的目的是从真前提必然得到真结论。如果一个推理形式有效并且前提真实,那么,从这个推理就能必然得到真的结论。形式有效并且前提真实的推理是可靠的(sound)推理。

在日常生活和科学研究中,判定一个推理是否可靠,就是既要判定该推理形式是否有效,又要判定该推理的前提是否真实。判定一个省略三段论是否可靠也是如此。为此,必须先把一个省略三段论复原成完整的三段论,然后从前提是否真实和推理形式是否有效两方面进行检验。

第五节 关系推理

一、什么是关系命题

关系命题就是陈述事物之间具有某种关系的简单命题。

例⑦ 罗密欧爱朱丽叶。
例⑭ 武汉位于重庆和上海之间。
例⑮ 观音菩萨让唐僧把头箍给孙悟空戴上。
例⑯ 所有投票人赞成有些候选人。

关系命题由关系项、关系者项和量项组成。

关系项是表示被陈述的事物之间的关系的词项,也就是关系命题的谓项。如例⑦中的"……爱……",例⑭中的"……位于……和……之间",例⑮中的"……让……把……给……戴上"。关系存在于两个或两个以上的事物之间。存在于两个事物之间的关系称为二元关系,如"……爱……"。存在于三个事物之间的关系称为三元关系,如"……位于……和……之间"。存在于四个事物之间的关系称为四元关系,如"……让……把……给……戴上"。其余以此类推。通常用 R 表示关系项。

关系者项是表示被陈述的关系的承担者的概念,也就是关系命题的主项。如例⑦中的"罗密欧""朱丽叶",例⑭中的"武汉""重庆""上海",例⑮中的"观音菩萨""唐僧""头箍""孙悟空"。关系者项可以是两个、三个、四个,甚至更多。通常用 a、b、c 等表示关系者常项,如例⑦⑭⑮中的关系者项。用 x、y、z 等表示关系者变项。在二元关系命题中,在前的关系者项称为关系者前项,在后的关系者项称为关系者后项。

量项是表示关系者项数量情况的语词。每一个关系者项都可以有量项。如例⑯中的全称量项"所有"、特称量项"有些"。

上述关系命题可以符号表示如下：

在例⑦³中，用 R 表示"……爱……"，a 表示"罗密欧"，b 表示"朱丽叶"，则例⑦³可表示为 Rab。类似地，例⑦⁴可表示为 Rabc，例⑦⁵可表示为 Rabcd。在例⑦⁶中，用 Rxy 表示"x 赞成 y"，则例⑦⁶可表示为 ∀x∃yRxy，读作"对于所有的 x，存在 y，使得 x 赞成 y"。

需要注意的是，在前三个例子中没有出现关系者变项、量词，而例⑦⑥中出现了关系者变项和量词。关系者变项的取值范围，称为"个体域"或"论域"。在 ∀x∃yRxy 中，把 x 的论域限制为"投票人"，把 y 的论域限制为"候选人"，这样这个命题形式才能准确表达"所有投票人赞成有些候选人"。如果不限制论域，例如以"人"为论域，情况就会不同。

关系命题与直言命题的区别在于：关系命题陈述的是事物之间的关系，而直言命题陈述的是事物具有或不具有某种性质。

关系命题与联言命题在语言表达上很相似，但两者也有区别。

例⑦⑦ 张三和李四都是北方人。

例⑦⑧ 王五和赵六是同桌。

上述两个命题在语言表达方面类似。但是，例⑦⑦是由两个命题组成的，它可以分解为："张三是北方人"和"李四是北方人"。由于这两个命题的谓项相同，所以在表达时省略了一个谓项。而例⑦⑧却不能分解为"王五是同桌"和"赵六是同桌"这两个命题，因为"同桌"是一种关系。

二、关系的性质

关系的性质有多种，基本的有三种，即自返性、对称性和传递性。

（一）自返性

在特定的论域 D，关系 R 是否自返是指 Rxx 是否为真的问题。

1. 自返性。如果对于 D 中的任一事物 x，x 与 x 都有 R 关系，则 R 是自返的。可用符号表示为：

$$\forall xRxx$$

例如，"等于""一样高""一样重"等关系都是自返的。

2. 反自返性。如果对于 D 中的任一事物 x，x 与 x 都没有 R 关系，则 R 是反自返的。可用符号表示为：

$$\forall x \neg Rxx$$

例如，"大于""小于""高于""矮于"等关系都是反自返的。

3. 非自返性。如果对于 D 中的某一事物 x，x 与 x 有 R 关系，对于另一事物 x，x 与 x 没有 R 关系，则 R 是非自返的。可用符号表示为：

$$\exists x Rxx \land \exists x \neg Rxx$$

例如,"欣赏""尊敬""批评""喜欢"等关系都是非自返的。

（二）对称性

在特定的论域 D,关系 R 是否对称是指当 Rxy 为真时,Ryx 是否为真的问题。

1. 对称性。对于 D 中的任一事物 x、y,如果 x 与 y 有 R 关系,则 y 与 x 也有 R 关系,那么 R 是对称的。可用符号表示为：

$$\forall x \forall y (Rxy \to Ryx)$$

例如,"邻居""夫妇""对面""相似"等关系都是对称的。

2. 反对称性。对于 D 中的任一事物 x、y,如果 x 与 y 有 R 关系,则 y 与 x 一定没有 R 关系,那么 R 是反对称的。可用符号表示为：

$$\forall x \forall y (Rxy \to \neg Ryx)$$

例如,"大于""较高""之上""以东"等关系都是反对称的。

3. 非对称性。对于 D 中的任一事物 x、y,如果 x 与 y 有 R 关系,则 y 与 x 可能有也可能没有 R 关系,那么 R 是非对称的。可用符号表示为：

$$\exists x \exists y (Rxy \land Ryx) \land \exists x \exists y (Rxy \land \neg Ryx)$$

例如,"信任""爱""佩服""兄弟"等关系都是非对称的。

（三）传递性

在特定的论域 D,关系 R 是否传递是指当 Rxy 为真并且 Ryz 为真时,Rxz 是否为真的问题。

1. 传递性。对于 D 中的任一事物 x、y、z,如果 x 与 y 有 R 关系,y 与 z 有 R 关系,则 x 与 z 也有 R 关系,那么 R 是传递的。可用符号表示为：

$$\forall x \forall y \forall z (Rxy \land Ryz \to Rxz)$$

例如,"大于""小于""早于""晚于"等关系都是传递的。

2. 反传递性。对于 D 中的任一事物 x、y、z,如果 x 与 y 有 R 关系,y 与 z 有 R 关系,则 x 与 z 一定没有 R 关系,那么 R 是反传递的。可用符号表示为：

$$\forall x \forall y \forall z (Rxy \land Ryz \to \neg Rxz)$$

例如,"父子""母女""比……年长一岁""比……矮两厘米"等关系都是反传递的。

3. 非传递性。对于 D 中的任一事物 x、y、z,如果 x 与 y 有 R 关系,y 与 z 有 R 关系,则 x 与 z 可能有也可能没有 R 关系,那么 R 是非传递的。可用符号表示为：

$$\exists x \exists y \exists z (Rxy \land Ryz \land Rxz) \land \exists x \exists y \exists z (Rxy \land Ryz \land \neg Rxz)$$

例如,"认识""喜欢""朋友""战胜"等关系都是非传递的。

三、纯粹关系推理

关系推理就是至少有一个前提是关系命题的推理。关系推理分为纯粹关系推理和混合关系推理。纯粹关系推理是前提和结论都是关系命题,并根据关系的性质而由前提必然得出结论的推理。

例⑦ 张三比李四高,
所以李四比张三矮。

例⑧ 郭襄是黄蓉的女儿,
黄蓉是黄药师的女儿,
所以郭襄不是黄药师的女儿。

根据前提中关系命题数量的不同,纯粹关系推理分为直接关系推理和间接关系推理。

直接关系推理就是以一个关系命题为前提,并根据关系的对称性或反对称性,必然得出另一个关系命题为结论的推理。

例⑧ A 与 B 相等,
所以 B 与 A 相等。

上例是根据"相等"关系的对称性而推演的,因此称为"对称关系推理"。其形式结构为:

$$Rab \vdash Rba$$

例⑧ A 小于 B,
所以 B 不小于 A。

上例是根据"小于"关系的反对称性而推演的,因此称为"反对称关系推理"。其形式结构为:

$$Rab \vdash \neg Rba$$

运用直接关系推理时,不应把非对称关系作为推理依据。因为根据非对称关系进行推演,不能确保前提为真结论一定为真。例如,"甲喜欢乙,所以乙喜欢甲"这一推理无效。因为"喜欢"是非对称关系,乙不一定喜欢甲。

间接关系推理就是以多个关系命题为前提,并依据关系的传递性或反传递性,必然得出另一个关系命题为结论的推理。

例⑧ A 真包含 B,
B 真包含 C,
所以 A 真包含 C。

上例是根据"真包含"关系的传递性而推演的,因此称为"传递关系推理"。其形式结构为:

$$Rab,\quad Rbc \vdash Rac$$

例⑭　甲比乙高五厘米,
　　　乙比丙高五厘米,
　　　所以并非甲比丙高五厘米。

上例是根据"……比……高五厘米"这一关系的反传递性而推演的,因此称为"反传递关系推理"。其形式结构为:

$$Rab,\quad Rbc \vdash \neg Rac$$

运用间接关系推理时,不应把非传递关系作为推理依据。因为根据非传递关系进行推演,不能确保前提为真结论一定为真。例如,"甲认识乙,乙认识丙,所以甲认识丙"这一推理无效。因为"认识"是非传递关系,甲不一定认识丙。

四、混合关系推理

混合关系推理是以一个关系命题和一个直言命题为前提,并根据前提命题的逻辑特性而必然得出另一关系命题为结论的推理。

例⑮　所有甲班同学认识所有乙班同学,
　　　张三是乙班同学,
　　　所以所有甲班同学认识张三。

这种推理的特点是:它是以两个前提中的一个共同词项为媒介,用直言命题的主项或谓项去替换关系命题中的一个关系者项,从而形成新的关系命题为结论。这种推理与直言三段论有诸多相似之处。例如,它们都有三个不同的词项,而且在前提中有一个词项是相同的。这个相同的词项在直言三段论中称为中项,在混合关系推理中称为"媒介项"。两种推理结论的得出都要通过前提中共同词项的媒介作用来实现。在例⑮中,媒介项是"乙班同学"。又如,它们都涉及项的周延性。不仅直言命题的主谓项涉及周延性,关系命题的关系者项也涉及周延性。在例⑮中,第一个前提的两个关系者项都是周延的。因此,混合关系推理又称为关系三段论。

混合关系推理的规则如下:

规则一:媒介项至少要周延一次。
规则二:在前提中不周延的项到结论中也不周延。
规则三:前提中的直言命题应是肯定命题。
规则四:结论中的关系应与前提中的关系保持一致。

规则五：除对称关系外，结论中关系者项的位置应与前提中的位置保持一致。

前面两条规则与直言三段论的规则相同，后面三条规则是关系三段论特有的。规则三之所以要求前提中的直言命题应是肯定的，是因为否定命题的主谓项外延全部或部分排斥，无法建立结论中关系者项之间必然的联系。规则四的意思是，如果前提中的关系命题是肯定（或否定）的，则结论中的关系命题也应是肯定（或否定）的，否则无法保证结论从前提必然得出。规则五的意思是，在前提中作为关系者前项（或后项）的概念，在结论中也应作为关系者前项（或后项）。因为反对称关系是不可逆的，如果改变关系者项的位置，可能无法保证结论从前提必然得出。

凡遵守上述五条规则的混合关系推理都是有效的。例⑧⑤遵守了上述五条规则，所以是有效的。违反其中任何一条规则的混合关系推理，都是无效的。

例⑧⑥　正整数大于所有负数，
　　　　0不是正整数，
　　　　所以，0不大于所有负数。

这一推理无效，因为它违反了规则三。

思考题

1. 什么是词项？在亚里士多德那里"词项"指什么？
2. 什么是词项的内涵和外延？请举例说明。
3. 词项外延之间有哪几种关系？如何用欧拉图表示这些关系？
4. 词项有哪些种类？什么是集合词项与非集合词项？什么是正词项与负词项？
5. 如何对一个词项进行限制？如何对一个词项进行概括？
6. 什么是直言命题？直言命题有哪几个部分组成？
7. 直言命题有哪几种？如何理解特称量项的逻辑含义？
8. 试述A、E、I、O的主、谓项的周延情况。
9. 简述A、E、I、O四种命题之间的对当关系。
10. 什么是对当关系直接推理？
11. 什么是换质推理？
12. 什么是换位推理？
13. 什么是三段论？

14. 三段论的推理规则有哪些?
15. 三段论有哪几个格?什么是三段论的式?
16. 什么是三段论的省略式?
17. 什么是关系命题?试述关系的逻辑特性。
18. 什么是纯粹关系推理?

练习题

课程视频

拓展阅读书目

1. 〔美〕柯匹、〔美〕科恩:《逻辑学导论》(第13版),张建军等译,中国人民大学出版社2014年版。
2. 〔古希腊〕亚里士多德:《工具论》,载苗力田主编:《亚里士多德全集》(第1卷),中国人民大学出版社1990年版。
3. 〔波兰〕卢卡西维茨:《亚里士多德的三段论》,李真等译,商务印书馆1981年版。

第六章 模态逻辑

模态逻辑是极具哲学意味的非经典逻辑分支,它考察"必然""可能"等模态概念的逻辑性质,研究模态命题之间以及模态命题与非模态命题之间的推理。在当代逻辑中,模态逻辑是其他一切非经典逻辑的基础,已经获得了"新经典逻辑"的地位。要了解和掌握模态推理,首先需要对模态命题及其逻辑特性作必要的分析。

第一节 模态逻辑概述

一、模态和模态逻辑

"模态"一词是英文 modal 的音译,源于拉丁词 modalis,有"形态""样式"等含义。模态反映了事物或人的认识存在、发展的样式、情状、趋势等性质。表示模态的语词称为模态词。模态分为不同的种类,如狭义模态和广义模态。狭义模态是指"必然"(necessity)、"可能"(possibility)等模态词所表示的性质,因此将含有"必然""可能"等模态词的命题称为狭义模态命题。

例① 能被 2 整除的数必然是偶数。
例② 泰坦尼克号沉没可能是轮船设计有缺陷所致。
例③ 必然中国女乒战胜世界明星队。
例④ 在月球上建太空宇航基地是可能的。

在上述命题中,模态词所处位置是不同的。在例①、例②中,模态词位于主谓词之间,修饰主词和谓词之间的联系方式,它们是"从物模态"(de re)或"事物模态"。在例③、例④中,模态词位于一个命题之前或之后,修饰一个完整的命题,它们是"从言模态"(de dicto)或"命题模态"。在分析模态命题的结构或形式时,将模态词放在命题变项的前面。

狭义模态可以看作关于真的性质的模态,即必然真、可能真等,可简称为真性(alethic)模态。通常所说的模态逻辑是指关于狭义模态的模态逻辑,即关于含模态词"必然""可能"的命题的逻辑性质及其推理关系的逻辑。模态逻辑的基本组成部分是模态命题逻辑和模态谓词逻辑。

广义模态是指与"必然""可能"等模态既类似又有差异的模态,如规范模态("必须""允许")、认识模态("知道""不知道其否定""相信""不相信其否定")、时态模态("过去一直""过去""未来一直""未来")等。表示广义模态的语词称为广义模态词。广义模态逻辑是关于广义模态词的逻辑,包括规范逻辑、认知逻辑、时态逻辑等。规范逻辑研究"必须""允许"等道义概念的逻辑性质以及规范命题之间的推理。认知逻辑研究"知道""不知道其否定"等认知概念的逻辑性质以及认知命题之间的推理。时态逻辑研究"过去一直""过去""未来一直""未来"等时间概念的逻辑性质以及时态命题之间的推理。狭义模态与广义模态有许多相似的性质,如规范词"必须""允许"与模态词"必然""可能"相似,起着类似的作用。因此,狭义模态逻辑与广义模态逻辑有紧密的联系。

对模态逻辑的研究可以追溯到古希腊的亚里士多德,他对"必然""可能"等模态作了深入的分析,将命题分为模态命题和实然命题,再将模态命题进一步分类,与直言命题 A、E、I、O 相结合,得到了十二种模态命题,并仿照直言三段论建立了模态三段论。麦加拉和斯多葛学派也探讨过模态逻辑,如第奥多鲁从时态的角度定义模态。中世纪逻辑学家在推理、从物模态、从言模态、模态三段论研究方面取得了许多成果。从亚里士多德时期到中世纪模态逻辑被称为传统模态逻辑。现代模态逻辑是在莱布尼茨、皮亚诺、弗雷格等人创立的数理逻辑的推动下产生和发展起来的。其创始人是美国逻辑学家刘易斯。他不满意数理逻辑所采用的实质蕴涵。因为在罗素等人建立的命题演算中,有"假命题蕴涵任何命题""真命题被任何命题所蕴涵"这样的"实质蕴涵怪论"。为了消除这些怪论,他提出了"严格蕴涵",即 p 严格蕴涵 q,当且仅当 p 真而 q 假是不可能的,或者 p 实质蕴涵 q 是必然的。基于严格蕴涵,他和兰福德在 20 世纪 30 年代建立了模态命题逻辑系统 S_1、S_2、S_3、S_4、S_5,这标志着现代模态逻辑的诞生。其后,逻辑学家们构造了不同的模态逻辑系统如 T、B 来刻画逻辑必然性。40 年代初,卡尔纳普开始研究模态逻辑的语义。在五六十年代,以克里普克为代表的一些逻辑学家对莱布尼茨的可能世界思想作了改进,建立了模态逻辑的一种语义理论——可能世界语义学,或称关系语义学、克里普克语义学,这是模态逻辑走向成熟的标志。在 70 年代,范本特姆等人建立了模态对应理论。完全性理论、对应理论和对偶理论并称模态逻辑研究中的三大支柱理论。本章只介绍传统模态逻辑的基础知识,对现代模态逻辑和广义模态逻辑感兴趣的读者可参考相关教材或专著。

二、模态命题的种类及形式

根据模态命题所反映的事物情况是必然的还是可能的这一标准,将其分为必然命题和可能命题。

（一）必然命题

必然命题就是反映事物情况必然性的命题。根据反映的是事物必然具有还是必然不具有某种情况，把必然命题分为必然肯定命题和必然否定命题。

必然肯定命题就是反映事物情况必然存在的命题。

例⑤　宏观调控目标必然会实现。

例⑥　失火罪必然是过失罪。

我们用"□"表示"必然"一类的模态词，则例⑤、例⑥可以符号化为"□p"，读作"必然 p"或"p 是必然的"。

必然否定命题就是反映事物情况必然不存在的命题。

例⑦　经济规律必然不以人的意志为转移。

例⑧　时间必然不会倒流。

例⑦、例⑧可以符号化为"□¬p"，读作"必然非 p"或"非 p 是必然的"。

（二）可能命题

可能命题就是反映事物情况可能性的命题。根据反映的是事物可能具有还是可能不具有某种情况，把可能命题分为可能肯定命题和可能否定命题。

可能肯定命题就是反映事物情况可能存在的命题。

例⑨　张三可能是罪犯。

例⑩　2x 大于 3x 是可能的。

我们用"◇"表示"可能"一类的模态词，则例⑨、例⑩可以符号化为"◇p"，读作"可能 p"或"p 是可能的"。

可能否定命题就是反映事物情况可能不存在的命题。

例⑪　火星上可能没有生命。

例⑫　那个在现场留有指纹的人可能没有作案。

例⑪、例⑫可以符号化为"◇¬p"，读作"可能非 p"或"非 p 是可能的"。

三、模态命题的逻辑性质

在对复合命题形式"¬p""p∧q""p∨q""p→q""p↔q"的讨论中，我们将"¬""∧""∨""→""↔"看成是命题联结词的抽象，并将它们看作逻辑常项。在由联结词与肢命题构成的复合命题中，由肢命题的真假总能确定复合命题的真假。例如，当 p 假或 q 真时，命题形式 p→q 的真值为真；当 p 真且 q 假时，p→q 的真值为假。

在模态逻辑中，"□"和"◇"被看作逻辑常项，分别称为必然算子和可能算子,简称算子。算子与联结词有相似之处,如一定的命题由它们构造而成。但是,它们有重要区别。联结词是真值函项,而模态算子不是。也就是说,复合命题的真值是由其中的肢命题的真值唯一确定的,模态命题的真值并不是由其中的肢命题所完全决定的。例如,用 p 表示"这场比赛中国女足取得胜利"这个命题。假定这场比赛中国女足取得了胜利。尽管事实上 p 是真的,即中国女足取得了这场比赛的胜利,但能够说"这场比赛中国女足必然取得胜利"为真吗?显然不能。可见,尽管 p 为真,但"□p"未必为真,即"□p"可能为真,也可能为假。又如,某人预测次日天气状况,他猜测"明天是雨天"。假定第二天是晴天,若用 p 代表"明天是雨天",则 p 为假,但"◇p"也为假吗? 并非如此。所以,从 p 为假并不能确定"◇p"为假,即 p 为假时"◇p"可能为真,也可能为假。由此可见,模态命题的真假并不是由肢命题的真假所完全决定的。从 p 的真假不能确定必然命题或可能命题的真假。模态逻辑的这一性质叫作"非真值函项性",也称为"内涵性",因此模态逻辑属于"内涵逻辑"。所以,与复合命题中的联结词相比,模态算子具有更复杂的逻辑特性。因此,判定一个模态命题的真假比判定非模态命题(实然命题)的真假更复杂。实际上,对模态命题真假的判定与人们对模态算子的理解有关。那么,如何界定"必然"和"可能",从而判定模态命题的真假呢?这里,我们引进"可能世界"这一概念来加以说明。

"可能世界"这一概念是由莱布尼茨最先提出来的。他用无矛盾性来界定可能性。如果事物情况或事物的情况组合推不出逻辑矛盾,该事物情况或事物的情况组合就是可能的。可能的事物的组合构成可能世界。可能世界有无穷多个。凡不会产生矛盾,并能够为人们所想象的任何情况和场合,都是可能世界。例如,《阿凡达》所描写的潘多拉就是一个可能世界。神话、童话、科幻作品等所描述的世界,都是可能世界。至于我们所经历的现实世界,它是可能世界中的一个。现实世界是我们设想其他可能世界的根据。这样,可能世界包括现实世界和非现实的可能世界。

莱布尼茨借助"可能世界"来刻画必然性:

  一个命题是必然的,当且仅当这一命题在所有可能世界中都为真,即在现实世界和非现实的可能世界中都为真;

  一个命题是可能的,当且仅当这一命题至少在一个可能世界中为真,即在现实世界或在非现实的可能世界中为真。

根据这一规定,可通过表 6-1 定义四种模态命题的真假。

表 6-1

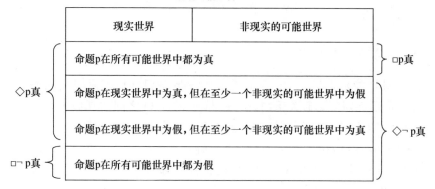

由上表可知：

(1) □p 为真,当且仅当 p 在所有可能世界中都为真；
(2) □¬p 为真,当且仅当 p 在所有可能世界中都为假；
(3) ◇p 为真,当且仅当 p 至少在一个可能世界中为真；
(4) ◇¬p 真,当且仅当 p 至少在一个可能世界中为假。

因此,

(5) □p 为假,只需 p 在一个可能世界中为假；
(6) □¬p 为假,则需 p 至少在一个可能世界中为真；
(7) ◇p 为假,则需 p 在所有可能世界中都为假；
(8) ◇¬p 为假,则需 p 在所有可能世界中都为真。

现举例加以说明。"太阳必然从东方升起"这个命题为假,因为可以想象太阳从西方升起,这没有逻辑矛盾。但是,"太阳必然不从东方升起",这个命题也为假,因为在现实世界中,太阳从东方升起。"太阳不从东方升起"这个命题为假,则"太阳必然不从东方升起"也为假。但是,"太阳可能从东方升起"和"太阳可能不从东方升起"都为真。因为现实世界中太阳从东方升起,可以设想太阳不从东方升起,不会产生逻辑矛盾,所以它们都为真。"太阳必然升起或不升起"是个真命题,因为在所有可能世界中,太阳只能如此。"太阳必然升起又不升起"是个假命题,因为在所有可能世界中,它都是矛盾的。又如,假设一个袋中装有红、黄、白三种颜色乒乓球各 10 个,我们将其看作 30 个可能世界。当我们从袋中摸出一个球之前,说"这个球可能是红色的",或者说"这个球可能不是红色的",无论摸出的球是什么颜色,这两个模态命题都是真的。因为 30 个可能世界中有"红色球"和"非红色球"的可能世界存在。当我们摸出一个球是红色的或不是红色的时候,我们也不能说"这个球必然是红色的",或者说"这个球必然不是红色的"。因为袋中 30 个可能世界并非每一个都是"红色的"或"非红色的"。

第二节 模态推理

一、模态对当关系

模态对当关系是指□p、□¬p、◇p、◇¬p 这四种模态命题之间的真假关系。这些命题之间的真假关系同直言命题 A、E、I、O 之间的真假关系具有同构性。因此,可以用直言命题之间的对当关系类比模态对当关系。

(一) □p 与◇¬p、□¬p 与◇p 之间的矛盾关系

如果□p 为真,意味着 p 在所有可能世界中都为真,则¬p 在所有可能世界中都为假,因此◇¬p 为假。

如果◇¬p 为真,意味着¬p 至少在一个可能世界中为真,则 p 至少在一个可能世界中为假,因此□p 为假。

如果□p 为假,意味着 p 至少在一个可能世界中为假,则¬p 至少在一个可能世界中为真,因此◇¬p 为真。

如果◇¬p 为假,意味着并非¬p 至少在一个可能世界中为真,则 p 在所有可能世界中都为真,因此□p 为真。

如果□¬p 为真,意味着¬p 在所有可能世界中都为真,则 p 在所有可能世界中都为假,因此◇p 为假。

如果◇p 为真,意味着 p 至少在一个可能世界中为真,则¬p 至少在一个可能世界中为假,因此□¬p 为假。

如果□¬p 为假,意味着并非¬p 在所有可能世界中都为真,则 p 至少在一个可能世界中为真,因此◇p 为真。

如果◇p 为假,意味着 p 在所有可能世界中都为假,则¬p 在所有可能世界中都为真,因此□¬p 为真。

可以看出,□p 与◇¬p、□¬p 与◇p 之间为矛盾关系,它们既不能同真,也不能同假。所以,根据它们之间的矛盾关系,可以从一个命题为真得出另一个命题为假,从一个命题为假得出另一个命题为真。

(二) □p 与□¬p 之间的反对关系

如果□p 为真,意味着¬p 在所有可能世界中都为假,因此□¬p 为假。

如果□¬p 为真,意味着 p 在所有可能世界中都为假,因此□p 为假。

如果□p 为假,意味着 p 至少在一个可能世界中为假,则¬p 至少在一个可能世界中为真,因此□¬p 真假不定。

如果□¬p 为假,意味着并非¬p 在所有可能世界中都为真,则 p 至少在一

个可能世界中为真,因此□p 真假不定。

可以看出,□p 与□¬p 之间为反对关系,它们不能同真,可以同假。所以,根据它们之间的反对关系,可以从一个命题为真得出另一个命题为假,但不能从一个命题为假得出另一个命题的真假。

(三)◇p 与◇¬p 之间的下反对关系

如果◇p 为假,意味着 p 在所有可能世界中都为假,则¬p 在所有可能世界中都为真,因此◇¬p 为真。

如果◇¬p 为假,意味着并非¬p 至少在一个可能世界中为真,则 p 在所有可能世界中都为真,因此◇p 为真。

如果◇p 为真,意味着 p 至少在一个可能世界中为真,则¬p 至少在一个可能世界中为假,因此◇¬p 真假不定。

如果◇¬p 为真,意味着¬p 至少在一个可能世界中为真,则 p 至少在一个可能世界中为假,因此◇p 真假不定。

可以看出,◇p 与◇¬p 之间为下反对关系,它们不能同假,可以同真。所以,根据它们之间的下反对关系,可以从一个命题为假得出另一个命题为真,但不能从一个命题为真得出另一个命题的真假。

(四)□p 与◇p、□¬p 与◇¬p 之间的差等关系

如果□p 为真,意味着 p 在所有可能世界中都为真,因此◇p 为真。

如果◇p 为假,意味着 p 在所有可能世界中都为假,因此□p 为假。

如果□p 为假,意味着 p 至少在一个可能世界中为假,因此◇p 真假不定。

如果◇p 为真,意味着 p 至少在一个可能世界中为真,因此□p 真假不定。

如果□¬p 为真,意味着¬p 在所有可能世界中都为真,因此◇¬p 为真。

如果◇¬p 为假,意味着¬p 在所有可能世界中都为假,因此□¬p 为假。

如果□¬p 为假,意味着¬p 至少在一个可能世界中为假,因此◇¬p 真假不定。

如果◇¬p 为真,意味着¬p 至少在一个可能世界中为真,因此□¬p 真假不定。

可以看出,□p 与◇p、□¬p 与◇¬p 之间为差等关系,它们可以同真,可以同假。所以,根据它们之间的差等关系,可以从必然命题为真得出可能命题为真,也可以从可能命题为假得出必然命题为假,但不能从必然命题为假得出可能命题的真假,也不能从可能命题为真得出必然命题的真假。

以上四种模态命题之间的对当关系,可用模态对当方阵表示,如图 6-1 所示。

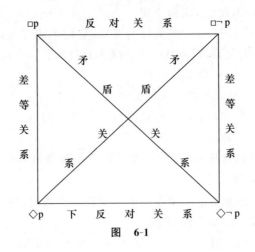

图 6-1

二、模态对当关系推理

以模态命题为前提或结论的推理称为模态推理。模态对当关系推理就是根据模态命题间的对当关系而由前提必然得出结论的推理。根据四种不同的对当关系,可得到下列 16 种有效式:

(一)矛盾关系推理

(1) $\Box p \vdash \Diamond \neg p$

(2) $\Box \neg p \vdash \Diamond p$

(3) $\Diamond p \vdash \neg \Box \neg p$

(4) $\Diamond \neg p \vdash \neg \Box p$

(5) $\neg \Diamond \neg p \vdash \Box p$

(6) $\neg \Diamond p \vdash \Box \neg p$

(7) $\neg \Box \neg p \vdash \Diamond p$

(8) $\neg \Box p \vdash \Diamond \neg p$

例⑬ 事物必然是变化发展的,所以,事物不可能不是变化发展的。

例⑭ 明天不可能不下雨,所以,明天必然下雨。

(二)反对关系推理

(1) $\Box p \vdash \neg \Box \neg p$

(2) $\Box \neg p \vdash \neg \Box p$

例⑮ 9 必然大于 7,所以,9 不必然不大于 7。

例⑯ 受贿行为必然不是合法行为,所以,并非受贿行为必然是合法行为。

第六章 模态逻辑

（三）下反对关系推理

(1) ¬◇p ⊢ ◇¬p
(2) ¬◇¬p ⊢ ◇p

例⑰ 张三不可能是作案人，所以，张三可能不是作案人。

例⑱ 明天不开会是不可能的，所以，明天可能开会。

（四）差等关系推理

(1) □p ⊢ ◇p
(2) □¬p ⊢ ◇¬p
(3) ¬◇p ⊢ ¬□p
(4) ¬◇¬p ⊢ ¬□¬p

例⑲ 生物体必然要进行新陈代谢，所以，生物体可能要进行新陈代谢。

例⑳ 明天不可能放假，所以，明天不必然放假。

需要注意的是，根据矛盾关系所得出的八个有效式可简化为四个互推式：

□p ⊢⊣ ¬◇¬p
□¬p ⊢⊣ ¬◇p
◇p ⊢⊣ ¬□¬p
◇¬p ⊢⊣ ¬□p

这四个互推式说明□、◇是可相互定义的。例如，第三个表达的是：p 至少在一个可能世界中为真，当且仅当，并非 p 在所有可能世界中都为假。通过转换，上述 16 种推理形式可缩减为 6 种，读者可自行验证。

另外，在上述四个有效式中，分别用 SAP、SEP、SIP、SOP 代入 p，也是成立的。例如，□(SAP) ⊢⊣ ¬◇(SOP)。

其推导过程如下：由于 SAP 与 SOP 具有矛盾关系，所以，□(SAP) ⊢⊣ □¬(SOP)，又因为 □¬(SOP) ⊢⊣ ¬◇(SOP)，所以，□(SAP) ⊢⊣ ¬◇(SOP)。

三、必然命题、实然命题、可能命题之间的关系

一般把不含模态词的命题称为"实然命题"。如果考虑实然命题 p 和 ¬p，那么上述模态对当关系就要加以扩展。其中，p 为真当且仅当 p 在现实世界中为真，¬p 为真当且仅当 p 在现实世界中为假。□p、□¬p、◇p、◇¬p、p、¬p 这六种命题之间的关系与直言命题 A、E、I、O、a、e 之间的关系是同构的。例如，当 □p 真时，说明 p 在现实世界中为真，因此 □p 为真，p 一定为真；p 在现实世界中为真，现实世界是可能世界中的一个，因此 p 为真，◇p 一定为真；而当 ◇p 为

假时,意味着 p 在所有可能世界中都为假,因此◇p 为假,p 一定为假;当 p 为假时,p 并非在所有可能世界中都为真,因此 p 为假,□p 一定为假。□¬p、¬p 和 ◇¬p 之间也存在同样的关系。因此可以说,必然性、现实性、可能性之间存在着一种由强到弱的差等关系。它们表达了:凡必然的都是现实的,凡现实的都是可能的。这六种命题之间的关系可用模态六角图表示,如图 6-2 所示。

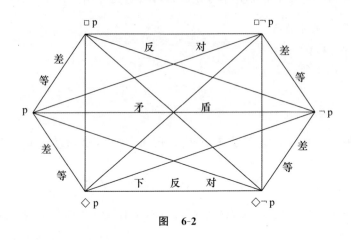

图 6-2

根据模态六角图,可得出:

(1) p 与 ¬p 是矛盾关系。
(2) □p 与 ¬p、□¬p 与 p 之间是反对关系。
(3) p 与 ◇¬p、¬p 与 ◇p 之间是下反对关系。
(4) □p 与 p、p 与 ◇p、□¬p 与 ¬p、¬p 与 ◇¬p 之间是差等关系。
□p、□¬p、◇p、◇¬p 之间的关系,前面已作介绍,此不赘述。

四、根据模态六角图所进行的推理

根据模态六角图所揭示的命题之间的关系,可由一个模态命题或非模态命题为前提,必然地得出另一个非模态命题或模态命题为结论。可得 36 种推理有效式,其中 16 种在模态对当关系推理中已作过介绍,不再赘述。其余的 20 种有效式是:

(一) 矛盾关系推理

(1) p ⊢ ¬¬p
(2) ¬p ⊢ ¬p
(3) ¬p ⊢ ¬p
(4) ¬¬p ⊢ p

例㉑ 克里普克是哲学家,所以,并非克里普克不是哲学家。

例㉒　并非克里普克不是哲学家,所以,克里普克是哲学家。

(二) 反对关系推理

(1) $\Box p \vdash \neg\Box\neg p$
(2) $\Box\neg p \vdash \neg\Box p$
(3) $\neg\Box p \vdash \neg\Box p$
(4) $p \vdash \neg\Box\neg p$

　　例㉓　雪必然是白的,所以,并非雪不是白的。

　　例㉔　抢夺罪不是过失罪,所以,抢夺罪不必然是过失罪。

(三) 下反对关系推理

(1) $\neg p \vdash \Diamond\neg p$
(2) $\neg\Diamond\neg p \vdash p$
(3) $\neg\Box p \vdash \Diamond p$
(4) $\neg\Diamond p \vdash \neg p$

　　例㉕　他明天不到学校来,所以,他明天可能不到学校来。

　　例㉖　鸵鸟不可能会飞,所以,鸵鸟不会飞。

(四) 差等关系推理

(1) $\Box p \vdash p$
(2) $p \vdash \Diamond p$
(3) $\Box\neg p \vdash \neg p$
(4) $\neg p \vdash \Diamond\neg p$
(5) $\neg p \vdash \neg\Box p$
(6) $\neg\Diamond p \vdash \neg p$
(7) $\neg\Box p \vdash \Box\neg p$
(8) $\neg\Diamond\neg p \vdash \neg\Box p$

　　例㉗　知假售假者必然有欺诈的故意,所以,知假售假者有欺诈的故意。

　　例㉘　某甲不可能是这个案件的作案人,所以,某甲不是这个案件的作案人。

第三节 规范推理

一、什么是规范命题

规范命题是含有"必须""允许""禁止"等规范词的命题。它是规范逻辑或道义逻辑的研究对象。芬兰逻辑学家冯·赖特于20世纪50年代前后研究逻辑真理时发现了量词、模态词、道义词之间有类似的关系,提出了广义模态逻辑构想,并创立了道义逻辑。规范逻辑属于广义模态逻辑。

规范命题陈述的是人们的行为规范。所谓行为规范,就是约束人们行为的规则,它要求人们在假定的某种情况出现时以某种方式做出或不做出什么样的行为。例如,法律上、道德上的规定、指令、禁令等都是行为规范。把这些规范表达出来,就是规范命题。

例㉙　询问证人应当个别进行。
例㉚　地役权不得单独转让。
例㉛　拘传应当发拘传票。
例㉜　设立证券交易所必须制定章程。

规范命题由陈述某种行为的命题和规范词两部分组成,规范词可以放在主谓词之间,也可以放在一个命题的前面或后面。在分析规范命题的形式时,将规范词放在命题变项的前面。规范命题涉及社会生活的规范,涉及法律或伦理道德的准则。研究与这类命题有关的形式推理,是规范逻辑的任务。

二、规范命题的种类及形式

根据规范词的不同,可把规范命题分为三种:必须命题、允许命题和禁止命题。

（一）必须命题

必须命题是含有"必须""应当""有……的义务""有……的责任"等规范词的命题,又称为"义务性规范命题"。它表明对承受者给出的相关行为规定是被命令强制履行或不履行的。只要假定的情况出现,承受者就得履行或不履行某行为,否则可能导致惩罚或其他不利后果。必须命题可分为必须肯定命题和必须否定命题。

必须肯定命题就是规定某种行为必须履行的命题。

例㉝　当事人应当遵循公平原则确定各方的权利。
例㉞　父母有抚养教育未成年子女的义务。

我们用"O"(obligate)表示"义务"一类的规范词，则例㉝、例㉞可以符号化为"Op"，读作"必须 p"。

必须否定命题就是规定某种行为必须不实施的命题。

  例㉟ 青少年必须不抽烟。
  例㊱ 在公共场所应当不大声喧哗。

例㉟、例㊱可以符号化为"O ¬p"，读作"必须非 p"。

（二）允许命题

允许命题是含有"允许""可以""准予""有权"等规范词的命题，又称为"授权性规范命题"。它表明承受者有作出或不作出某种行为的权利。当假定的情况出现时，按照规范指令履行行为是承受者的权利，任何人都不得非法干涉，否则便是侵犯他人权利。允许命题可分为允许肯定命题和允许否定命题。

允许肯定命题就是规定某种行为可以实施的命题。

  例㊲ 允许当事人委托代理人订立合同。
  例㊳ 监护人可以将监护职责部分委托给他人。

我们用"P"(permit)表示"允许"一类的规范词，则例㊲、例㊳可以符号化为"Pp"，读作"允许 p"。

允许否定命题就是规定某种行为可以不实施的命题。

  例㊴ 公民有不发表言论的权利。
  例㊵ 公民有不信仰宗教的自由。

例㊴、例㊵可以符号化为"P ¬p"，读作"允许非 p"。

（三）禁止命题

禁止命题是含有"禁止""不得""不许""不准"等规范词的命题，又称为"禁止性规范命题"，是规定某种行为不得实施或不得不实施的命题。禁止命题可分为禁止肯定命题和禁止否定命题。

禁止肯定命题就是规定某种行为不得实施的命题。

  例㊶ 禁止非法搜查公民的住宅。
  例㊷ 不得以营利为目的使用公民的肖像。

我们用"F"(forbid)表示"禁止"一类的规范词，则例㊶、例㊷可以符号化为"Fp"，读作"禁止 p"。

禁止否定命题就是规定某种行为不得不实施的命题。

  例㊸ 不许不遵守校纪班规。
  例㊹ 禁止骑摩托车时不戴头盔。

例㊸、例㊹可以符号化为"F ¬p",读作"禁止非 p"。

在规范逻辑中,"禁止"与"必须不"含义相同,"禁止不"与"必须"含义相同,它们可以相互定义:

$$Fp =_{df} O \neg p$$
$$F \neg p =_{df} Op$$

所以,禁止命题并不是一种独立的规范命题形式,可以把它看作必须命题的另一种表达方式。这样,将规范命题归结为必须命题和允许命题两种形式,就可以与模态命题中的必然命题和可能命题两种形式相对应。

三、规范命题的逻辑性质

规范命题描述的是行为规范,通常以祈使句形式出现。由于祈使句陈述的内容不具有非真即假的性质,因此规范命题无所谓真假。但是,表达行为规范的语句在一定的语境中是有真假的。具体来说:

在一个法律体系中,如果它与整个法律制度相一致,或者能从中推导出来,那么这个表达行为规范的语句就是真的;如果它与整个法律制度相冲突,或者从中能推出该语句的否定,那么这个表达行为规范的语句就是假的。

可以看出,规范命题的真假与事实命题的真假含义不同。事实命题描述的是事件,它的真假是指命题内容与客观实际是否相符合。规范命题描述的是规定或命令,它的真假是指命题内容与某个法律制度或法律规范体系是否相一致,如果一致,就是真的,否则就是假的。例如,"民事法律行为可以采用口头形式",这个规范命题是真的,因为《民法典》第 135 条规定:"民事法律行为可以采用书面形式、口头形式或者其他形式。"上述规范命题陈述的规范符合《民法典》的实际规定,所以这个规范命题是真的。又如,"中华人民共和国公民必须信仰宗教",这个规范命题是假的,因为我国《宪法》第 36 条规定:"中华人民共和国公民有宗教信仰自由。"上述规范命题陈述的规范不符合我国《宪法》的实际规定,所以这个规范命题是假的。

由于规范词与模态词有相似之处,我们可以使用"可能世界"来解释规范词。规范逻辑的可能世界总是与一定的法律和道德规范相联系,因此也称为"道义可能世界"。它比现实世界更理想化,道义可能世界又称为"理想世界",现实世界不是其中的一个。因此,我们可以使用"理想世界"来解释"必须""可能":

(1) Op 为真,当且仅当 p 在所有理想世界中都为真;

(2) Op 为假,当且仅当 p 至少在一个理想世界中为假;

(3) Pp 为真,当且仅当 p 至少在一个理想世界中为真;

(4) Pp 为假,当且仅当 p 在所有理想世界中都为假。

对"禁止"的解释如下:

(1) Fp 为真,当且仅当 p 在所有理想世界中都为假;
(2) Fp 为假,当且仅当 p 至少在一个理想世界中为真。

四、规范对当关系及其推理

规范命题是一种特殊的模态命题,它是通过对一般命题添加规范算子得到的。如果给定命题 p,通过添加规范算子可以得到"Op""Pp"这两种形式的命题,再加上否定可以得到"O¬p""P¬p"。这四种命题是素材相同的规范命题。素材相同的四种规范命题"Op""O¬p""Pp""P¬p"之间存在着类似于模态命题"□p""□¬p""◇p""◇¬p"之间的关系。这种真假关系称为规范对当关系。可用规范对当方阵表示,如图 6-3 所示。

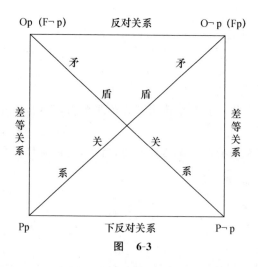

图 6-3

以规范命题为前提或结论的推理称为规范推理。规范对当关系推理就是根据规范命题间的对当关系而由前提必然得出结论的推理。根据四种不同的对当关系,可得到下列 16 种有效式:

(一) 矛盾关系推理

(1) Op ⊢ ¬P¬p
(2) O¬p ⊢ ¬Pp
(3) Pp ⊢ ¬O¬p
(4) P¬p ⊢ ¬Op
(5) ¬Op ⊢ P¬p
(6) ¬O¬p ⊢ Pp
(7) ¬Pp ⊢ O¬p
(8) ¬P¬p ⊢ Op

例㊺ 设立证券交易所必须制定章程,所以,不允许设立证券交易所不制定章程。

例㊻ 青少年必须不抽烟,所以,不允许青少年抽烟。

(二) 反对关系推理

(1) $Op \vdash \neg O \neg p$

(2) $O \neg p \vdash \neg Op$

例㊼ 醉酒的人犯罪应当负刑事责任,所以,醉酒的人犯罪不负刑事责任不是应当的。

例㊽ 在公共场所应当不大声喧哗,所以,在公共场所不应当大声喧哗。

(三) 下反对关系推理

(1) $\neg Pp \vdash P \neg p$

(2) $\neg P \neg p \vdash Pp$

例㊾ 不允许在食品中使用有毒的添加剂,所以,允许在食品中不使用有毒的添加剂。

例㊿ 不允许骑摩托车不戴头盔,所以,允许骑摩托车戴头盔。

(四) 差等关系推理

(1) $Op \vdash Pp$

(2) $O \neg p \vdash P \neg p$

(3) $\neg Pp \vdash \neg Op$

(4) $\neg P \neg p \vdash \neg O \neg p$

例(51) 学生必须遵守校纪班规,所以,允许学生遵守校纪班规。

例(52) 不允许教师体罚学生,所以,教师体罚学生不是应当的。

注意,上述关于矛盾关系的 8 个推理有效式,可以简化为 4 个互推式:

(1) $Op \vdash\dashv \neg P \neg p$

(2) $O \neg p \vdash\dashv \neg Pp$

(3) $Pp \vdash\dashv \neg O \neg p$

(4) $P \neg p \vdash\dashv \neg Op$

可以看出,规范对当关系推理与模态对当关系推理类似。在模态逻辑中,由必然 p 可以推出 p,由 p 可以推出可能 p。但是,在规范逻辑中没有类似的规则,即从应该 p 推不出 p,从 p 推不出允许 p。因为应该做的事情在现实中不一定做了,在现实中做了的事情不一定都是被允许的。所以,模态六角图不能推广到规范推理中。

 思考题

1. 什么是模态逻辑？什么是广义模态逻辑？
2. 模态命题分为几种？其真假在语义上是如何规定的？
3. 什么是模态对当关系推理？它有哪些推理有效式？
4. 模态命题与实然命题之间存在何种真假关系？
5. 规范命题分为几种？自然语言中相应的规范词有哪些？
6. 什么是规范对当关系推理？它有哪些推理有效式？
7. 规范对当关系与模态对当关系的联系和区别是什么？

练习题

 课程视频

 拓展阅读书目

1. 周礼全：《模态逻辑引论》，上海人民出版社1986年版。
2. 冯棉：《广义模态逻辑》，华东师范大学出版社1990年版。
3. 周北海：《模态逻辑导论》，北京大学出版社1997年版。

第七章 归纳逻辑

归纳逻辑是以归纳推理和归纳方法为主要研究对象的逻辑理论。归纳逻辑是与演绎逻辑相对应的逻辑理论。其与演绎逻辑的根本区别在于，前提与结论之间的联系的性质是否具有必然性，即所得的结论是不是必然的。从形态上看，归纳逻辑可以粗略地分为传统归纳逻辑和现代归纳逻辑。传统归纳逻辑着重研究如何从个别性经验知识上升为具有普遍必然性的一般知识的思维过程和思维方法，它由培根创立，经密尔(也译为穆勒)发展和完善。现代归纳逻辑则研究感觉经验证据对某个一般性假说的确证程度，并引入概率论和公理化方法作为工具，发展出了概率归纳逻辑，它由凯恩斯创立，经赖辛巴赫、卡尔纳普、科恩等学者不断发展和完善。本章主要介绍传统归纳逻辑理论，包括归纳推理、密尔五法、类比推理、溯因推理、统计推理和概率、假说方法。

第一节 归纳推理

"归纳法"的英语为 induction，希腊语为 $\epsilon\pi\alpha\gamma\omega\gamma\acute{\eta}$(epagoge)。在西方语境里，归纳法被看作一种逻辑推理方法，旨在从个别和特殊情况中寻找一般和普遍的规则。在演绎法中，如果前提为真，则结论必然为真。但在归纳法中，仅仅因为前提为真，并不能保证其结论一定为真。

一般来说，归纳法仅限于概率和盖然性的推导。比如，有"猫一捉老鼠""猫二捉老鼠""猫三捉老鼠"的一些情况，所以我们得出"所有猫都捉老鼠"的结论。在这里，范围从仅我看到的猫跳到分类命题"所有猫"。不过，未来总有可能会发现不会捉老鼠的新猫。因此，提出"猫都捉老鼠"的说法仍然值得商榷。

下面的例子也基于同样的道理。假设在地面上观察太阳，并在三天内获得以下观察事实："前天、昨天、今天，太阳从东方的一座高山边升起。"得出的结论是："太阳总是从东方的高山边升起。"这同样是一个盖然性的结论。

一、归纳法与其他推论方法的比较

广义上讲，归纳法包括枚举归纳法、类比推理、假说等非演绎推理；狭义上仅指枚举归纳法。这里将包括演绎推理在内的各种推理的特征进行对比,如表 7-1 所示。

表 7-1

	演绎推理	非演绎推理		
		枚举归纳法	类比推理	假说
举例	〈前提1〉 A→B 〈前提2〉 A	〈前提1〉 A_1 是 P 〈前提2〉 A_2 是 P	〈前提1〉 A 是 P 〈前提2〉 B 与 A 相似	〈前提1〉 A 〈前提2〉 假定 H,则可以说明 A
	〈结论〉 B	〈结论〉 (或然)所有的 A 都是 P	〈结论〉 (或然)B 是 P	〈结论〉 (或然)H
信息量	没有新增 (结论完全包含在前提之中)	有新增 (结论的内容超出了前提中的内容)		
真值	前提与结论之间的联系具有必然性;前提的真保证结论的真	前提与结论之间的联系具有或然性;前提的真不能保证结论的真,而只对后者提供一定程度的支持		

二、归纳的本质

归纳法其实就是从显示实验示例和观察到的个别经验事实中的特殊命题推导出一般命题的推理方法。例如,如果你看一只天鹅 A,发现它是白色的,然后再看许多不同的天鹅,如 B、C、D 等,发现它们也是白色的。归纳法帮助你根据观察到的个别天鹅是白色的,提出所有天鹅都是白色的一般命题。作为一般命题,它不仅仅指 A、B、C、D 等许多已观察到的天鹅,而且涵盖了那些还没有观察到的天鹅。顺便说一句,在这种情况下,所有天鹅都是白色的结论是从 A、B、C、D 等天鹅是白色的这个特称命题前提中得出的,但仅有这个特称前提是不充分的。为了能够正确推导出这个结论,还需要一个前提,即 A、B、C、D 等天鹅身上的属性必须是所有天鹅身上的属性。这样也就形成了三段论。将 A、B、C、D 等天鹅是白色的前提改写为"A、B、C、D 等天鹅的属性都是白色的",所有天鹅都是白色的结论是"所有天鹅具有的属性是白色的","A、B、C、D 等天鹅身上的属性是所有天鹅身上的属性"这个附加前提,可以置换为"所有天鹅的属性都是 A、B、C、D 等的属性",形成如下推理形式:

大前提：A、B、C、D 等天鹅的属性是白色的，
　　小前提：所有天鹅具有的属性都是为 A、B、C、D 等天鹅所具有的属性，
　　结论：所有天鹅都是白色的。

　　这种形式的推理无疑就是演绎推理。所以，归纳推理与演绎推理在一定条件下是可以相通的。但是必须看到，两者之间毕竟还是存在着根本差异的。就上面的例子而言，小前提中"所有天鹅具有的属性都是为 A、B、C、D 等天鹅所具有的属性"的命题，即作为附加前提的"所有天鹅具有的属性都是为 A、B、C、D 等天鹅所具有的属性"的命题的真假，在归纳推理中是颇成问题的。这是因为，我们无法保证是否足以用至今为止所能观察到的 A、B、C、D 等天鹅的属性，来代表所有天鹅所具有的属性，很难说以现有经验的事例来代表全部事例具有必然性。因此，并不能证明"所有天鹅具有的属性都是为 A、B、C、D 等天鹅所具有的属性"的前提为真。这样一来，也就不能推导出"所有天鹅都是白色的"的结论，即无从得知"所有天鹅都是白色的"是否是事实。

　　但是，演绎推理则与此不同。在演绎推理中，前提是否真实无关紧要，逻辑学也不会讨论前提之真假（逻辑学只关心演绎推理的推理形式是否能够保证由真的前提必然推出真的结论）。由此表明，归纳推理与演绎推理还是不一样的，而我们所见之两者的相同之处仅仅是形式上的或者说是表面上的。就推理形式而言，演绎推理与归纳推理之间的根本区别在于，前者是必然性推理，后者是或然性推理。可见，归纳推理需要证明它的前提为真，但是却只能给出一种或然性的证明。

　　因此，归纳推理存在的问题就在于如何去证明这个应该予以证明的前提。换言之，不再仅仅讨论 A、B、C、D 等个体的事例，还要涵盖所有事例。单纯增加 A、B、C、D 等个体事例的数量还是无法获得最终证明。当然，实际中也有可以仅用少数几个事例就推导出一般结论的情形。这种情况要求 A、B、C、D 等事物都是其所从属的类的一部分。例如，假设 A、B、C、D 等都是钻石，那么，A、B、C、D 等就与那些同属钻石的事物是同质的，A、B、C、D 等具有可燃性，便可推出"所有其他同质事物都具有可燃性"的一般结论。在这种情形下，A、B、C、D 等事例就可以代表所有事例。在这种情况下，只需少数事例即可导出一般命题，没有必要收集过多的事例。但是，这种思维方式的缜密性只停留于类、质等假定的一般知识层面。为了进一步验证这个假设，还需不断地进行实验和观察。因而，不得不承认以 A、B、C、D 等个体事例推导出所有事例的证明终究还是或然性的。

三、简单枚举法

　　当我们断定 A 在所有可经验的情况下都伴随 B，就会产生此后两者也会按照特定次序出现的期待。当下一次真的再次看到 A、B 出现时，先前的期待便得

到了证实和确认。人们便不会再对这种期待产生怀疑,甚至认为这就是科学的。而实际上,这仅是一种没有充分依据的归纳推理,我们也不能保证这类归纳推理的正当性。换言之,除非赋予归纳法依据的原理得到科学上的充分确证,才不会引起日常生活中的质疑,由此,归纳推理的正当性才能得到保证。但是,这样并没有真正解决归纳法面临的问题,只不过是在核心问题的周边打转。被确认的期待只是在期待被确认的当下的事实中获得了证明,却不能保证被无法观察到的未来所证明。对于期待的未来的正当性的证明正是归纳法面临的问题。

当一个论证的前提报告了两个属性共同发生的若干实例,由类比我们可能推得,一个属性的某个特定实例也会展示另一个属性。而由归纳概括,我们可能推得,一个属性的每一个实例也都是另一个属性的实例。这就是简单枚举归纳法,其一般形式是:

S_1 是 P,

S_2 是 P,

……

S_n 是 P,

S_1、S_2……S_n 是 S 类部分对象并且其中没有 S 不是 P,

所以,所有的 S 都是 P。

简单枚举法的结论由于超出了前提的范围,所以其结论是或然的。数学家华罗庚在《数学归纳法》一书中,对简单枚举法的或然性作了很好的说明:"从一个袋子里摸出来的第一个是红玻璃球,第二个是红玻璃球,甚至第三个、第四个、第五个都是红玻璃球时,我们立刻就会猜想:'是不是袋子里所有的球都是红玻璃球?'但是,当我们有一次摸出一个白玻璃球时,这个猜想失败了。这时,我们会出现另一个猜想:'是不是袋子里的东西全都是玻璃球?'当有一次摸出一个木球时,这个猜想又失败了。那时,我们还会出现第三个猜想:'是不是袋子里的东西都是球?'这个猜想对不对,还必须继续加以检验,要把袋子里的东西全部摸出来,才能见个分晓。"[①]

一个反面的例子是,在历史报告中,简单枚举法可以为推断一个因果关系提供有说服力的基础。举例来说,用来激烈抨击暂时失势的某个个体或群体的立法行为,被称作掠夺公权法案;熟知的是,当政治权力的钟摆发生摆动时,该立法行为会对该法案(曾经的)鼓吹者造成危害。今天的原告明天成了受害人。为了谴责针对丹伯里伯爵托马斯·奥斯本的这一掠夺公权法案,卡那芬伯爵 1678 年

[①] 参见华罗庚:《数学归纳法》,上海教育出版社 1963 年版,第 3—4 页。

在英国上议院用下面的枚举法阐明自己的观点：

> 大人们，从不少的英国历史中我了解到像这样的检举的危害以及检举人的悲惨命运。我将仅追溯到伊丽莎白女王统治的晚期，当时艾塞克斯伯爵被瓦尔特·罗利爵士所检举，大人们，你们很清楚瓦尔特·罗利爵士后来怎么样了。培根大法官检举了瓦尔特·罗利爵士，大人们，你们知道培根大法官后来怎么样了。白金汉公爵检举了培根大法官，大人们，你们知道白金汉公爵发生了什么。托马斯·温特沃思爵士，也就是后来的斯特拉福德伯爵，检举了白金汉公爵，你们都知道他后来怎么样了。哈里·范爵士检举了斯特拉福德伯爵，大人们，你们知道哈里·范爵士后来怎么样了。海德大臣检举了哈里·范爵士，大人们，你们知道海德大臣后来怎么样了。托马斯·奥斯本爵士，也就是现在的丹比伯爵，检举了海德大臣。
>
> 现在，丹比伯爵的结果将如何呢，大人们最好能够告诉我。但是，让我看看那个胆敢检举丹比伯爵的人到底是谁，我们很快能看到他的结果如何。

卡那芬伯爵通过大量的举证，形成修辞学意义上的强大说服力，试图在恶意的指控与随后的垮台之间建立起联系。但实际上他并没有为结论提供一个有力的逻辑依据。在这种情况下，任何一个历史的偶然事件就能轻易否定已经得出的那个脆弱的结论。

弗兰西斯·培根在《学术的进展》（1605年）中，清楚地确定了简单枚举归纳法的缺陷。他写道："由简单枚举所进行的归纳是幼稚的；其结论是不牢靠的，面临着来自矛盾性实例的危险；并且其结论的达成所基于的事实通常都太少了，还仅仅是现有的事实。"

因而，如果我们试图用枚举归纳法作为确定性的基础来加以证明，就会出现逻辑上的困难。当通过枚举归纳法而（必然地而非或然地）正当化某些假设时，证明者遵循的是自然的齐一性原则，即一个特定事态是一个特定现象的原因的每一个断定都包含了普遍性的一个关键要素，存在着一种因果联系。然而，这个原则是无法为假设提供一种正当的理论依据的（至少在归纳证明中）。如果不存在某种关于现象的理论，则演绎不成立。在这种情况下，归纳法就会变得有效，因此在开发新领域和寻求新理论时，归纳法作为一种提出假设的方法极为重要。自然科学强调观察和实验，从中提出各种假设，这些假设构成了该领域进步的基础，从中获得的判断总是归纳的。

四、简单枚举法的缺点

无论我们采用确定性原则还是齐一性原则，以枚举归纳法来证明假设都会遇到一些障碍,极易过早地作出结论。错误使用枚举归纳法的著名例子是,"啤酒含有水""威士忌也含有水""白兰地也含有水",因此"饮水会醉"。此外,伯特兰·罗素的火鸡寓言也一定程度上说明了滥用枚举归纳带来的危险后果。

英国哲学家、逻辑学家伯特兰·罗素提出过一个著名的火鸡问题:在火鸡饲养场里,一只火鸡发现每天上午9点钟主人给它喂食。它并不马上得出结论,而是慢慢观察,一直收集了有关上午9点给它喂食这一事实的大量观察证据:雨天和晴天,热天和冷天,星期三和星期四,各种各样的情况。最后,它得出了下面的结论:"主人总是在上午9点钟给我喂食。"

但是,事情并不像它所想象的那样简单和乐观。在圣诞节前一天的9点,主人没有给它喂食,而是把它宰杀。在罗素的火鸡问题中,那只火鸡就使用了归纳法,观察到了在一段时间内都是每天上午9点有食物,于是得出了"主人总是在上午9点钟给我喂食"这个结论。

罗素提出这个火鸡问题是讽刺归纳主义者、归纳推理,以及从个别性知识推出一般性结论的推理的各种归纳法的滥用。归纳法是一种科学的方法,既有科学性,也有局限性。

总体上来看,简单枚举法有以下三方面的局限:

第一,事实并非纯客观,有其理论负荷。诺伍德·罗素·汉森提出,观察到的事实总有理论或主观渗透其上,无纯粹之事实。事实成立于使其成立得以可能的理论脉络和社会背景之中。不存在没有任何先入为主观念的纯粹事实,也不可能有绝对的客观性。作为归纳之前提的事实并不是完全可靠的。

第二,归纳上的飞跃无法为结论保真。密尔提出,归纳是一种飞跃。就是说,不管你收集到多少事实,其数量总是有限的,无法由此推导出述说无限事实的全称命题。归纳就是从有限向无限的不合理跳跃。

第三,归纳的简单性预设前提。除非以"自然法则具有简明结构"为预设前提,否则无法从收集的数据中得出唯一确定的结论。如果产生多重定律,那么归纳法也就失去了意义,但实际上它却受多样性困扰。因此,选择一条简洁的定律是有前提的,但原理本身并不能用归纳法来证明。

尽管如此,简单枚举归纳法仍然是实际思维中的有力工具,基于观察到的事实得到可靠性程度较高的超越观察的结论。简单枚举法结论的可靠性程度完全建立在枚举事例的数量及其分布的范围上。因此,要提高枚举归纳法结论的可靠性,必须至少遵循以下要求:

(1) 在一类事物中,被考察对象的数量要足够多,范围要足够广。

例如,我们在调查研究时,涉及的对象越多,涉及的地区范围越广,得出的结论越可靠。对观察对象的分析对于提高归纳推理结论的可靠性程度具有重要作用。如当观察到铜受热之后体积膨胀,铝受热之后体积膨胀,铁受热之后体积膨胀,便利用归纳推理得出结论:所有金属受热之后都体积膨胀。在这个归纳推理得出的结论基础上,分析出上述物体受热之后,分子之间的凝聚力减弱,相应的分子之间的距离就会增加,从而导致体积膨胀。经过这样的分析,我们就有理由在更大的置信度上接受上述归纳推理的结论。这样的分析比起增加观察"金属受热之后体积膨胀"的事例的数量更能提高归纳推理结论的可靠性程度。因为仅靠经验事实的累积是不能证明普遍结论的。进行归纳推理不仅要注意扩大前提考察的范围,还要注意收集可能出现的反面事例。符合一个给定规律性的成千上万个正面事例都不足以使我们接受这个规律性,但只要一个反面事例就足以否证这个规律性。如果我们在最容易出现反面情况的场合都没有收集到反面情况,也从一个方面说明归纳推理结论的可靠性程度提高了。

（2）归纳推理结论的可靠性程度不仅与考察前提是否广泛有关,还与得出的结论断定的信息量有关。

在其他条件相同的情况下,结论断定得越多,其可靠性程度越低;结论断定的信息量越少,其可靠性程度越高。如上例中基于观察到的"受热后体积膨胀"的铜、铝、铁而言,可以得出关于"金属"的结论,也可得出关于"固体"的结论。对于上述已观察的结果,不仅能够得出"凡金属受热后体积膨胀"的结论,还能得出"凡固体受热后体积膨胀"的结论。但由于关于"固体"的结论比关于"金属"的结论断定的信息量多,该结论得到已有前提的支持程度低于信息量较少的关于"金属"的结论。

（3）被考察对象之间的差异要足够大。

通常把样本过少、结论明显为假的简单枚举法称为"以偏概全"或"轻率概括"。这是生活中常见的逻辑错误。我们应该尽量扩大考察的范围和考察对象的数量,以避免犯此类错误。例如,你认识五位德国人,而他们都喜爱威士忌,你据此得出"德国人都喜爱威士忌"的结论,这就犯了"以偏概全"或"轻率概括"的错误。

最后,归纳法一般分为完全归纳法与不完全归纳法。前面考察的都是不完全归纳法。假如我们已经知道在前提中考察了该类对象的全部个体,这时进行的归纳推理就是完全归纳推理;否则,考察的不是全部个体而是部分个体,那就是不完全归纳推理。

用 S_1、S_2 …… S_n 分别表示某类对象中的不同个体,P 表示对象所具有的属性。

我们对完全归纳推理和不完全归纳推理进行如下比较,如表7-2所示。

表 7-2

名称	完全归纳推理	不完全归纳推理
形式	S_1 是 P S_2 是 P …… S_n 是 P S_1、S_2……S_n 是 S 类全部对象 所以,凡 S 是 P	S_1 是 P S_2 是 P …… S_n 是 P S_1、S_2……S_n 是 S 类部分对象 所以,凡 S 是 P
性质	必然性推理	或然性推理

由于完全归纳推理考察了每个事物对象而且没有例外,在此情况下只要前提真,结论就必然真。所以就前提和结论之间的联系性质而言,完全归纳推理是必然性推理,这一点与演绎推理相同,所以有些逻辑教材也将完全归纳推理划归演绎推理。我们以上主要讨论的是作为非演绎推理的不完全归纳推理,也就是通常意义上的"归纳推理"概念。由于完全归纳推理只有在研究对象确定而且对象的数量十分有限时才可运用,运用条件极为苛刻,因此,实际思维中人们大量运用的仍然是不完全归纳推理。

在不完全归纳推理中,人们又根据其可靠程度的不同,将不完全归纳推理进一步分为枚举归纳推理和科学归纳推理。两者的区别表现为:枚举归纳推理是根据一类事物中部分对象具有(或不具有)某种属性,并且没有遇到相反事例,从而概括出该类事物的一般性结论的归纳推理。而科学归纳推理则是根据一类事物中部分对象具有某种属性,并且分析了对象和属性之间具有因果联系,从而概括出该类事物的一般性结论的归纳推理。枚举归纳推理在人们日常生活和工作中经常运用,一个人的阅历或人生经验的积累也是运用枚举归纳推理获得的。同样,三段论推理大前提的获得,一般也来源于枚举归纳推理。科学归纳推理在科学研究中广为运用,已经成为科研工作者探索未知获取事物现象之间规律的重要方法。

第二节 密尔五法

密尔五法,亦即求因果联系五法,是指判明因果联系的五种逻辑方法。这些方法是密尔继承和发展了许多逻辑学家的研究成果,特别是培根的"排除归纳法"、威廉·惠威尔的"量的特殊归纳法"和"因果归纳法",对近代实验科学中探求因果联系的方法进行总结的基础上提出来的颇负盛名的"求因果联系五法"。

这些方法被统称为"密尔五法",包括求同法、求异法、求同求异并用法、共变法和剩余法。密尔五法,都是不完全归纳法。

一、因果联系

（一）什么是因果联系

因果联系是世界万事万物之间普遍联系的一个方面。在自然界和社会中,各种事物现象之间都是相互联系的。在事物现象的相互联系中,因果联系是非常重要的联系。

客观事物及其现象都是一个有机联系的整体。从天体的运行,原子的聚散,生物的繁衍,民族国家的兴衰,到一片树叶的偶然飘落,某个官员的腐败堕落……无一不存在着因果联系。

在各种各样的联系中,假如某个现象的存在或发生必然引起另一现象的存在或发生,那么,这两个现象之间就具有因果联系。其中,引起另一现象出现的先行现象叫原因,被某一现象引起的后继现象叫结果。例如,物体摩擦就会生热,"摩擦"和"生热"之间存在着因果联系。其中,"摩擦"是引起"生热"的原因,"生热"是"摩擦"所引起的结果。

通过认识现象之间的因果联系,我们就能掌握现象的规律性,从而就能预见现象的发生和发展,还能根据人们的需要来控制现象,使其为我所用。人类就是在不断认识因果联系从而获得越来越多的改造自然和社会的手段的过程中进步和发展的。

（二）因果联系的特点

一般认为,因果联系具有如下特点:

（1）普遍性,指任何现象都有它产生的原因,也有它所产生的结果,原因和结果总是如影随形,恒常伴随的。没有无因之果,也没有无果之因;相同的原因永远产生相同的结果,但相同的结果却可以产生于不同的原因。

普遍性也包含这样的意思,因果关系不只是对两个个别的现象、事件成立,而是在两类现象、事件之间普遍成立。

（2）确定性,指原因和结果在时空上总是接近的,并且总是共同变化的。原因的变化将引起结果的变化,结果的改变总是由原因的改变所引起的。因此,因果联系的确定性从质上讲,是指在确定的条件下,相同的原因总是会产生相同的结果。从量上讲,是指作为原因的现象发生一定程度的变化,作为结果的现象也总是会随之发生一定程度的变化。

（3）先后性,指原因和结果在时间上总是先后相继的,即所谓的先因后果。一般来说,原因总是在结果之前,结果总是在原因之后,即因果联系具有先因后果的时间先后性。因此,在探求因果联系时,就必须在被研究现象出现之前的先行现象中去寻找其原因,在被研究现象出现之后的后继现象中去寻找其结果。但是,也要注意"在此之后并非因此之故",也就是说,先后关系不等同于因果关系。例如,电闪和雷鸣总是先后相继,但电闪并不是雷鸣的原因,实际上,电闪和雷鸣都是带电云块之间碰撞放电这一共同原因引起的不同结果。假如将先后关系都当作因果关系,这就犯了"以先后为因果"的错误,这一错误是生活中许多迷信及错误信念产生的根源。

(4) 复杂多样性,指因果联系是多种多样的,有必要条件意义下的原因,也有充分条件意义下的原因;有"一因一果",也有"多因一果";在"多因一果"中,有主要原因,也有次要原因;有远因,也有近因,等等。

原因有时候是在必要条件意义上说的。所谓必要条件原因,就是指该原因是不可缺少的,若该原因不出现,某结果也就一定不会出现。例如,有氧气就是燃烧的必要条件,没有氧气,就一定不会发生燃烧,即使一个燃烧过程正在进行,如果完全断绝其氧气供应,则该燃烧过程也会很快终止。

原因有时候是在充分条件意义上说的。所谓充分条件原因,就是指若某原因出现,某结果就一定出现。例如,生肺炎似乎是发烧的充分条件,被掐断气管是死亡的充分条件,但是有氧气不是燃烧的充分条件,因为只有氧气,没有可燃物,或者可燃物没有达到其燃点,都不会发生燃烧。充分条件经常是许多必要条件的合成,例如,假如有氧气、有可燃物、可燃物达到它的燃点,这些条件都具备,就一定会发生燃烧。

我们不仅由因推果,还经常由果推因。譬如医生查找某个疾病的原因,常常就是查找必要条件意义上的原因;去掉某个必要条件意义上的原因,就能够去掉所不想要的那个结果。例如,我们要建造有人值守的空间站,就要找出人在太空中正常生活的所有必要条件(即充分条件),然后通过我们的科研满足所有这些条件,从而使有人值守的空间站建设获得成功。如果我们既由果推因又由因推果,那么我们就是在寻找充分必要条件意义上的原因。所谓充分必要条件意义上的原因,是指有某个原因就有某结果,没有该原因就没有某结果。例如,在标准大气压下,水的温度上升到100℃以上就会变成蒸汽,水温升到100℃以上是水变成蒸汽的充分必要条件。

既然承认有多个必要条件意义上的原因,实际上也就承认有"一果多因"。特别是社会、经济、军事、文化等领域的现象,其原因常常是非常复杂的,并非只是一个原因一个结果。例如,目前我国年轻人不愿多生小孩,甚至不愿生小孩,这方面原因就很多,也很复杂。既有年轻一代思想观念的根本变化(怕麻烦,要享受),也有小孩抚养成本的大幅提高(日常生活支出增加),还有小孩教育的大笔开支令年轻人望而却步(教育成本上升过快过高),也许还有其他方面的原因(如小孩需要专人照看、女方生育后面临工作压力包括脱岗风险等),这些都是导致目前我国年轻人不太愿意生小孩的原因。但是，在多个共同起作用的原因中，有的原因是主要原因，有的原因是次要原因，这些都是我们着手解决问题之前必须首先搞清楚的。另外，我们有时说的"一果多因"，其实并非真正的一果多因。譬如我们经常说，死亡可由多种原因引起，如可由疾病引起，可由自然灾害引起，可以是谋杀，也可以是自杀，等等。但是，某个具体的人在特定时间、地点的死亡不可能由所有这些原因共同引起，而常常是由某一个具体原因引起，例如死于癌症，或死于他杀，或死于自杀，等等。因此，在探求因果联系时，研究工作做得越具体深入，就越需要透过表面上的多因抓住其中的主要原因。这个时候，表面上的多因就变成了现实中的一因。

此外，因果关系还可以形成一个链条即因果链，譬如 a 是 b 的原因，b 是 c 的原因，c 是 d 的原因，d 是 e 的原因，e 是 f 的原因……如果这种因果链条直到最后仍然使因果关系得以保持的话，即是说，a 仍然是 f 的原因，那么我们可以说，e 是 f 的近因，a 是 f 的远因。例如，某人死亡是由车祸引起，而车祸又是由于喝酒引起，喝酒是因为他应邀出席一位大学好友的婚礼，而那位好友是与他的另一位大学女同学结婚，实际上死者生前一直暗恋这位女同学，但一直没有说出口，于是在婚礼上就多喝了几杯。但不能由此推出，他的那位好友及其新婚夫人在大学时恋爱，应该对他死于车祸这件事负责，他们俩是谋杀他的凶手。

因果关系的上述特点为我们寻找因果关系提供了向导和依据，当然也造成了某些困难。总的说来，探求因果联系是一个复杂的认识过程，对此要有充分的思想准备。我们不仅要具备一定的科学知识，还得要应用一定的逻辑方法。

二、密尔五法

（一）求同法

求同法也称契合法，它是这样寻求因果联系的：如果在被研究现象出现的若干场合中，其他先行情况都不相同，只有一个先行情况是相同的，那么就能得出结论，这个唯一相同的先行情况与被研究现象之间有因果联系。例如：

> 有人为了探索长寿的原因，调查走访了二十多位百岁以上的老人，发现他们有的生活在山区，有的生活在平原；有的长期吃素，有的喜欢吃肉；有的从来滴酒不沾，有的爱喝几口……尽管有许多不同，但有一点是共同的：他们性格开朗，心情舒畅，整天过得乐呵呵的。于是得出结论说："性格开朗、心情舒畅，同人的健康长寿有因果联系。"

这就是运用求同法得出的结论。

联系上例，如果用 a 表示被研究现象，用 A 表示不同场合中唯一相同的情况，用 B、C、D、E、F、G 表示不同场合中各种不同的情况，求同法可用公式表示，如表 7-3 所示。

表 7-3

场合	先行情况	被研究现象
（1）	A、B、C	a
（2）	A、D、E	a
（3）	A、F、G	a
……	……	……
所以，A 与 a 之间有因果联系		

求同法的特点是异中求同。

"异"是指各个场合的其他情况都不相同，"同"是指各个场合中都有一个相同的先行情况。求同法就是从不同场合中排除其中众多不同的先行情况，寻求唯一相同的先行情况，利用这种异中求同的方法，来推出这一相同的先行情况与被研究现象之间存在因果联系。

通过求同法得出的结论是或然的。因为前提只是已观察到的被研究现象出现的若干场合，并非所有场合。同时在考察相关先行情况时，又可能把无关的先行情况当成有关的，或把真正有关的先行情况当成无关的情况予以忽略。也就是说，先行情况中表面的"同"可能掩盖本质的"异"，而表面的"异"可能掩盖本质的"同"。比如有这样一个例子，一天晚上，某某同学在图书馆看了两小时书，回寝室喝了几杯浓茶，结果这天夜里失眠了；第二天晚上，他又去图书馆看了两小时书，回寝室抽了许多纸烟，结果这天夜里又失眠了；第三天晚上，他又在图书馆看了两小时书，回寝室喝了大量咖啡，结果夜里再次失眠。于是，该同学就运用求同法得出结论：连续三个晚上失眠的原因是"晚上看两小时书"。① 这个结论显然是不对的，该同学只看到了表面上的"同"，因为每个晚上所看图书的内容未必相同，却忽视了表面上的"异"其实包含着真正的"同"。事实上，晚上入睡前喝几杯浓茶、抽许多纸烟、喝大量咖啡，虽然表面上是三个不同的情况，但都包含了一个较为隐蔽的共同点，那就是服用了大量令人兴奋的物质，而这个共同的因素在一般情况下正是失眠的原因。

这些情况的出现或许使得求同法得出的结论不可靠。为了提高求同法结论的可靠性，运用求同法时应当遵循如下要求：

（1）考察的场合尽可能多些，并且各个场合先行情况的差异尽可能大些。

求同法是异中求同，因此仅有一个场合就无法应用求同法，必须至少选择两个以上场合。选择的场合越少，各场合的差异越小，就越容易出现失误，从而把

---

① 参见金岳霖主编：《形式逻辑》，人民出版社 1979 年版，第 231—232 页。

各场合共有的一个不相干现象误认为被研究现象产生的原因。反之,选择的场合越多,各场合的差异越大,就不容易出现上述失误,结论的可靠程度也就越高。如前例中的失眠现象。假如再考察第四天和第五天,虽然同样每晚看两小时书,但都只喝了几杯白开水,结果失眠现象消失了,这样就不容易把晚上看两小时书误认为失眠的原因。

(2) 应当仔细分析各场合除表面相同的情况外,还有无其他共同情况。

人们在运用求同法时,往往只看到各场合中表面上相同的情况,并误认为这就是唯一相同的情况,而忽略了表面不同的情况中可能隐藏着的另一个共同情况,而这个比较隐蔽的共同情况有时恰好是被研究现象的真正原因。比如,前例中对某人失眠的考察,就是把表面相同的"晚上看两小时书"当作唯一的相同情况,进而误认为是失眠的原因,而把表面看来不同的"喝浓茶""抽纸烟""喝咖啡"中隐藏着的一个共同情况即"服用令人兴奋的物质"这个真正的原因漏掉了。

求同法的结论虽不可靠,但它在寻找现象因果联系方面能为我们提供重要线索,所以,在日常生活和科学研究中,人们常常运用求同法。比如,对集体中毒事件,法医或侦查员常常用求同法来确定因果联系。假定几个不同单位的人都吃了同一食物发生中毒,则根据求同法很容易判明该食物是中毒的原因。

(二) 求异法

求异法又称差异法,它是这样寻求事物间因果联系的:如果在被研究现象出现和不出现的两个场合中,其他先行情况都相同,唯有一个先行情况不同,该先行情况在被研究现象出现的场合中出现,在被研究现象不出现的场合中也不出现,那就得出结论,该先行情况与被研究现象之间存在因果联系。

例如,《洗冤录》上载有一则因借债不还而用镰刀杀人的案子:

> 检验官探明了借债人的住处,便命令该地居民将家中镰刀全部交出,一一摆放在地上。当时正值酷暑季节,只见其中的一把镰刀上,苍蝇云集。检验官指着镰刀问众人:"这把镰刀是谁的?"当中有一人应声承应,经调查,他是借债到期之人,于是将其抓获讯问,但他拒不认罪,大喊冤枉。检验官不慌不忙,指着镰刀让他自己看,说道:"大家的镰刀上没有苍蝇云集,而你用镰刀杀人后,血腥气还在,所以苍蝇集聚在你的镰刀上,这难道还不清楚吗?"杀人者只得跪地、磕头、服罪,请求宽恕,四周观看讯问的人,纷纷赞叹。

这里检验官断案运用的就是求异法。同样都是镰刀,只有其中一把镰刀苍蝇云集,其他无此种现象,唯一不同的情况是此镰刀上有血腥气,其他镰刀则无,于是运用求异法得出结论:镰刀上有血腥气是它招引苍蝇的原因。

如果用 a 表示被研究现象,用 B、C、D 表示两个场合中的相同情况,用 A 表示在一个场合(正面场合)中出现,而在另一个场合(反面场合)中不出现的唯一不同情况，求异法可用公式表示，如表 7-4 所示。

表 7-4

场合	先行情况	被研究现象
（1）	A、B、C、D	a
（2）	—、B、C、D	—
所以，A 与 a 之间有因果联系		

求异法的特点是同中求异。

"同"是指两个场合中除有 A 和无 A 外，其他先行情况完全相同；"异"是指在正面场合中有相关情况 A 和被研究现象 a，而在反面场合中则没有相关情况 A 和被研究现象 a。求异法就是从许多相同的情况中找差异，从差异的对比中找原因。由于求异法是把被研究现象出现的场合（正面场合）和被研究现象不出现的场合（反面场合）的情况结合起来考察，经过比较后发现，两个场合其他情况相同，而只有一个情况不同，于是就把这唯一不同的情况确定为被研究现象的原因。

求异法要求被研究现象在出现和不出现的两个场合中，只有一个情况不同，其余的情况完全相同，而这在自然的条件下是很少见的，必须在人工控制的条件下才能满足。所以，求异法大多是以实验观察为依据的，即控制正反两个场合除了某一情况之有无外，其他情况完全相同，这种情形往往只有在科学实验中才能做到。因此，求异法又被称为科学实验法。

刑事侦查人员在侦破案件思维中，也常常在实验基础上运用求异法办案。如我国古代有这样一个法医案例：有一妇人将丈夫谋杀之后，放火烧了房子，说丈夫是被火烧死的。夫家的人怀疑，告到官府。张举是当地县令，初审该妇人，该妇人不服，张举便命人牵来两头小猪，一头杀死，一头不杀，然后一起放在柴火上烧，结果被活烧死的那头猪嘴里有灰，而那头先杀死的猪嘴里没有灰。根据这个情况开棺验尸，发现死者嘴里也没有灰。然后，张举再审那妇人，妇人只得服罪。张举断此案，就是在实验帮助下，运用求异法推理，得出"火烧前已被杀死是火烧后嘴里没有灰的原因"的结论的。

求异法是把被研究现象出现的场合和不出现的场合结合起来考察的，也就是说，从原因的存在和不存在两方面加以研究的。有某一原因就有某一现象，无某一原因就无某一现象，而这一点恰恰反映了客观事物之间因果联系的基本特征。所以，运用求异法得出的结论比求同法得出的结论的可靠性程度大。

但是，求异法的结论还不是必然的。因为正反两个场合中，不同的先行情况往往不止一个，人们在考察中可能只注意到比较明显的不同情况，而漏掉隐藏着的可能恰好是真正原因的不同情况，这样获得的结论就不完全可靠。例如，有个女同学每逢看书就头疼,不看书就好了。她以为是看书引起自己头疼,担心自己患了脑神经衰弱。后经医生检查,发现她看书时戴眼镜,不看书时则不戴眼镜,引起她头疼的真正原因是她那副近视度数不合适的眼镜,这位女同学在运用求异法时,只注意到看书和不看书的差异,而忽略了戴眼镜和不戴眼镜这一不太明显的差异,这样得出的结论当然就不可靠。

为了提高求异法结论的可靠性,运用求异法时应当遵循如下要求:

(1) 应严格要求正反两个场合中的其他情况均相同而唯有一个情况不同。

被考察的正反场合的先行情况中,要确定除了已发现的唯一不同情况外,不存在其他情况的差异。如果其他情况中还隐藏着另一个不同的情况,那么,就不能运用求异法来判定现象间的因果联系。如果正反两个场合有差异的先行情况不止一个而是多个,而其中的某些区别又被忽视,并且被忽视的区别中恰好包含被研究现象的原因,那么这时运用求异法推论就难免会出差错。前述女同学看书头疼就误认为脑神经衰弱即是一例。

(2) 对两个场合中唯一不同的情况,要认真分析它究竟是被研究现象的全部原因还是部分原因。

如果被研究现象的原因是复合的,而且各部分原因所起的作用各不相同,那么,全部原因的一部分消失时,被研究现象也会不出现。这时只有探求被研究现象的全部原因,才能把握这种因果联系的整体,得出比较可靠的结论。例如,植物光合作用的过程,其原因是复合的。植物吸收太阳光的能量、空气中的二氧化碳和水分,生成碳水化合物。假如没有阳光的辐射供给能量,植物的光合作用过程就会中断。但是,阳光的辐射供给能量仅仅是引起光合作用的部分原因,并不是全部原因。只有继续探明被研究现象的全部原因,才能真正把握这种现象的因果联系。

求异法在日常生活、社会调查和科学实验中得到广泛运用。求异法比求同法所得的结论具有更高的可靠性。它常用来检验求同法在观察过程中得到的结论。科学史上许多重要发现和科学原理都是在科学实验中运用求异法取得的。例如,空气能传声和氧气能助燃等原理的提出,都是运用求异法得到的。在司法工作中,求异法也得到广泛应用。

(三) 求同求异并用法

求同求异并用法亦称契合差异并用法,它是这样寻求事物间因果联系的:考察两组场合,如果在被研究现象出现的一组场合(正面场合)中,都有一个共同的先行情况,而在被研究现象不出现的一组场合(反面场合)中,都没有这个先行情况,进而确定这个先行情况与被研究现象之间有因果联系。例如:

人们很早就在实践中发现,种植大豆、豌豆、蚕豆等豆类植物时,不仅不需要给土壤施氮肥,而且这些豆类植物还可以使土壤中的含氮量增加。相反,若种植小麦、玉米、水稻等非豆类植物,就没有这种现象。后经过研究,人们进一步发现,豆类植物的根部长有根瘤,而其他植物则没有。因此,人们得出如下结论:豆类植物的根瘤与土壤中含氮量增加有因果联系。

在这个例子中,研究人员就是运用求同求异并用法得出结论的。其中豆类植物组成正面场合组,非豆类植物组成反面场合组,正面场合组含有一个共同的先行情况即植物根部长有根瘤,因此出现被研究现象即土壤含氮量增加;反面场合组都不存在这个先行情况,因而均不出现被研究现象。这样通过正反两个场合组的对比便可得出上述结论。

我们用 A 表示相同的先行情况,用 a 表示被研究现象,用 B、C、D、E、F、G、H 等表示各自不同的先行情况,将包含 A 的组叫作正面场合组,将不包含 A 的组叫作反面场合组,求同求异并用法可用公式表示,如表 7-5 所示。

表 7-5

场合		先行情况	被研究现象
正面场合	(1)	A、B、C、D	a
	(2)	A、D、E、F	a
	(3)	A、C、G、H	a
反面场合	(1)	—、B、M、N	—
	(2)	—、D、O、P	—
	(3)	—、R、S、K	—
所以,A 与 a 之间有因果联系			

求同求异并用法的特点是"两次求同一次求异"。

两次求同是指,在所有的正面场合中,用求同法可知,先行情况 A 与被研究现象 a 有因果联系;然后,在所有的反面场合中,用求同法可知,先行情况 A 不出现与被研究现象 a 不出现有因果联系。一次求异是指,在求同法所得结果的基础上,运用求异法可知,先行情况 A 与被研究现象 a 有因果联系。

求同求异并用法,实际上是先比较被研究现象出现的那些场合,再比较被研究现象不出现的那些场合,最后是对这两种场合进行对比即求异得出结果。因而它是对求同法和求异法的综合运用,因此它的结论比单独运用求同法更为可靠,但其结论没有求异法可靠,因为求异法适用条件极为苛刻,只有一个先行情况不同而其他所有先行情况必须完全相同。所以,在实验室之外的自然观察中,一般无法满足求异法的适用条件,退而求其次,转而适用求同求异并用法,有时也能在科学研究领域找到因果联系,取得丰硕成果。例如:

在研究生物和环境的关系时,达尔文观察到不同类的生物生活在相同的环境中,常常具有相似的形态构造:鲨鱼属于鱼类,鱼龙属于爬行类,海豚属于哺乳类,这些不同种类的动物由于长期生活在相同的海水环境中,所以外貌相似,身体都是梭形,都有胸鳍、背鳍和尾鳍。而同类生物生活在不同的环境中,常常呈现不同的形态构造:鼹鼠、狼、蝙蝠、鲸等都是哺乳动物,但因为它们的生活环境不同,其形态构造也很不相同,鼹鼠腿短嘴尖适合于地下生活,狼腰细腿长适合于奔跑,蝙蝠有翅适合于飞翔,鲸的形状类似鱼适合于水中生活。由此,达尔文依据求同求异并用法得出结论:生物形态与生活环境有因果联系。

上例中,达尔文运用了一次正面场合的求同,又运用了一次反面场合的求同,然后再对两组场合比较运用了一次求异。具体地说,第一组中鲨鱼、鱼龙、海豚种类各不相同,但它们的形态相同,唯一相同的有关情况是它们的生活环境,因而生物的形态与环境有联系。第二组中鼹鼠、狼、蝙蝠、鲸的形态各不相同,但它们是同一类生物,不同的只是生活环境,因而,没有相同的环境是它们没有相同形态的原因。第一组对象和第二组对象比较,凡有相同环境的生物有相同的形态,凡没有相同环境的生物没有相同的形态,因而,生物形态与生活环境有因果联系。

求同求异并用法是吸收了求同法和求异法的特点而形成的一种独立的方法,它不是求同法和求异法的相继运用。求同法和求异法的相继运用是指先用求同法确定因果联系,后用求异法进行检验。它只经过两个步骤,其特点是一次求同,一次求异。它要求相对应的正、反两个场合组的各个场合中,除了有无情况 A 这一差别外,其他情况都完全相同。而求同求异并用法则不同,它要两次运用求同法,在正、反两个场合组中分别求同,然后在这两个场合组之间求异。其正、反两个场合组的各个场合中,除了有无情况 A 这一差别外,其他情况也可以不同。

求同求异并用法兼有求同法和求异法的特点,结论较为可靠,但结论仍是或然的。所以为了提高求同求异并用法结论的可靠性,运用求同求异并用法时应当遵循如下要求:

(1)正、反两个场合组所考察的场合要尽可能多。

运用求同求异并用法时,正、反两个场合组都要用到求同法。因此考察的场合越多,比较的范围越广,就越能排除在某个场合中偶然出现的不相干情况,最后所得结论也就越可靠。

(2)应选择与正面场合尽可能相似的反面场合来进行比较。

因为被研究现象不出现的反面场合是无穷多的,但其中有很多场合对于探求被研究现象的原因并没有意义,只有那些与正面场合组相似的场合才有意义,而且求同求异并用法最后还要用求异法比较正、反两个场合组的结果,因此正、反两个场合组中相应的各场合越是相似,其结论才会越可靠。

(四)共变法

共变法是这样寻求因果联系的:如果在被研究现象发生变化的若干场合中,其他相关情况保持不变,唯有一个情况相应地发生变化,那就可以确定这唯一变化的相关情况与被研究现象之间有因果联系。例如:

科学家们发现地球磁场发生磁暴(磁场强度的突然变化)的周期性与太阳黑子变化的周期性总是一致的:每当太阳黑子增多时,地球磁场磁暴发生的次数也增多,而当太阳黑子减少时,地球磁场发生磁暴的次数也减少。而对于宏观的自然现象而言,地球上的社会现象的变化几乎是可以忽略不计的。据此,科学家得出结论:地球磁场的磁暴现象与太阳黑子的活动之间有因果联系。

这一结论就是依据共变法得出的。共变法可用公式表示,如表7-6所示。

表 7-6

场合	先行情况	被研究现象
(1)	A_1、B、C	a_1
(2)	A_2、B、C	a_2
(3)	A_3、B、C	a_3
……	……	……
所以,A 与 a 之间有因果联系		

共变法的特点是同中求变。

共变法是在若干场合其他情况相同且保持不变的条件下,从量的变化方面来探求情况 A 与现象 a 之间因果联系的。即其他情况保持不变而只有一个先行情况发生变化,此时被研究现象也跟着发生变化,据此可确定唯一变化的先行情况与被研究现象之间存在因果联系。

前面介绍的求同法、求异法和求同求异并用法,要求考察被研究现象"出现"或"不出现"的情形,而共变法则可用于不可能使被研究现象处于纯粹的"出现"或"不出现"状态的场合。实际上,对于很多事物现象,我们无法考察其处于"不出现"的纯粹状态,如海洋的温度、黄金的价值、犯罪率、冰川的大小、人的血压等。在寻求与诸如此类现象有关的因果联系时,只能运用共变法。如果说前面介绍的三种方法是从质的方面去研究对象间因果联系的,那么共变法则是从量的方面去寻求因果联系的,即从先行情况和被研究现象的数量或程度的变化来寻求因果联系的。在运用共变法时,先行情况与被研究现象在被考察的几个场合始终都存在,只是两者在量上发生一定的变化,根据这种变化,不但能找出原因,还能初步确定原因与结果之间的数量关系,因而共变法的结论具有较大可靠性。

密尔在他的《逻辑体系》中讲到共变法的运用时,举了关于海洋潮汐和月亮引力之间关系的推理作为例子。密尔提出,即使研究者考虑到海洋潮汐可能与月亮的出现有关,但我们既不能把月亮移开以便确定这样做是否把潮汐也消除了,也不能证明月亮的出现是伴随潮汐的唯一现象,因为月亮出现的同时总是伴有星星出现,我们也不能把星星移走。但我们能证明潮汐随月亮的变化而变化,即月亮的位置的变化总是引起涨潮的时间、地点的变化。每次涨潮都有下述事件之一出现:或者月亮在离涨潮处最近的位置上,或者月亮在离涨潮处最远的位置上。因而,我们得出结论:月亮和海洋潮汐之间有因果联系。

共变法用途非常广泛。例如,为了诊断某人的高血压,大夫发现随着某人血压的升降总会伴随着他脑波强弱的变化。大夫根据血压和脑波之间的这种共变现象得出结论:血压和脑波之间有联系。至于是血压的升降引起脑波的变化或者相反,或者这两个现象由某一共同原因引起,这些问题还有待于进一步研究去加以说明。利用共变法,人们发现了许多因果关联,如抽烟与肺癌、饮酒与肝硬化之间的因果联系就是运用共变法探求出来的。但是并非任何具有共变关系的现象都有因果联系。例如,曾经有人发现随着冰箱产量的增加,肺结核的发病率也升高,于是认为冰箱的生产、使用与肺结核之间有因果联系,这个结论是不可靠的。

共变法的结论也是或然的,为了提高共变法结论的可靠性,运用共变法时应当遵循如下要求:

(1) 注意共变法与求异法的区别,有助于更好地运用共变法。

在运用共变法时,一定要注意它与求异法的区别。共变法与求异法在运用上有相似之处:二者都是只有一个情况 A 不同而其他情况相同。但二者还是有区别的。共变法的特点是同中求变,情况 A 的变化是从 A1 到 A2 到 A3……它考察的是数量上的递增或递减的变化关系。求异法的特点是同中求异,情况 A 的变化是从有到无。因此,探求因果联系时如果遇到事物中的某些因素无法消除或者暂时不能消除的情况,就要选择运用共变法。而在考察某种现象出现和不出现时就要运用求异法。可以说,共变法乃是求异法的进一步展开,它不但要探求出原因,还要找出因果之间的数量关系,在定性分析的基础上进行定量分析。

(2) 运用共变法时,只能有一个情况发生变化。

共变法要求其他情况保持不变,只能有一个情况随着被研究现象一起发生变化。否则,如果有两个或两个以上的相关情况在变化,那就无法确定究竟是哪一个情况与被研究现象之间有共变关系,也就无法得出可靠的结论。

(3) 运用共变法需要关注共变的方向。

原因和结果在量上的共变关系是有规律的,二者要么同向共变,要么异向共变。所谓同向共变,是指原因和结果在量上的共变关系成正比,即若原因的量一直递增,则结果的量也随之一直递增。所谓异向共变,是指原因和结果在量上的共变关系成反比,即若原因的量一直递增,则结果的量就一直递减。因此,如果在被考察的场合中发现有变化不规律的事例,就不能运用共变法寻找因果联系。

(4) 共变关系不能超过一定的限度。

共变关系是有一定限度的,假如超过了这个限度,原来的共变关系就会随之消失,甚至会出现一种相反的共变关系。例如,适当增加肥料可以提高农作物的产量,但如果施肥过多,超过一定的限度,不但不能增加产量,还可能导致减产,甚至会导致农作物死亡而颗粒无收。

(五) 剩余法

剩余法是这样寻求因果联系的:如果已知某复合情况是另一复杂现象的原因,同时又知该复合情况中某一部分是另一复杂现象中某一部分的原因,就能确定该复合情况的其余部分是另一复杂现象的其余部分的原因。例如,天文学家发现海王星的过程就是剩余法的运用:

> 按照牛顿经典理论,人们能预测任何行星在任何时候的准确位置。对于天王星以外的一切行星,上述观点都证明是正确的。在发现海王星之前,天文学家观察到天王星的运行轨道同人们所计算出来的轨道在四个点上有偏差。科学家依据已知的天文事实,已经知道天王星轨道发生偏差的原因是受到附近行星的引力,又确定了三个点上的偏差是由已知的三颗行星的引力造成的,而这三颗行星的引力都不能解释第四个点上的偏差现象,于是推断天王星在第四个点上发生偏差的原因一定是由某个尚未观察到的行星引起的。根据天体力学理论,天文学家还计算出能够引起这样的偏差的行星所应该在的位置。1846年9月23日,德国柏林天文台在与计算结果相差不到1度的地方发现了一颗新的行星,后来命名为海王星。

这一结论就是运用剩余法得出的。如果用A、B、C、D表示复合情况,用a、b、c、d表示复杂现象,用B、C、D表示复合情况中的一部分,用b、c、d表示复杂现象中的一部分,用A表示复合情况的剩余部分,用a表示复杂现象的剩余部分,那么,剩余法可用公式表示如下:

复杂情况(A、B、C、D)是被研究现象(a、b、c、d)的原因,
  B是b的原因,
  C是c的原因,

$$D 是 d 的原因,$$
$$所以, A 是 a 的原因。$$

剩余法的特点是"从余果求余因"。

即从复杂的因果联系中排除已知的因果联系,以探求剩余的未知的因果联系。换句话说,剩余法是在一组复合现象中,把已确认有因果联系的现象减去,再求剩余现象的原因。从这个意义上说,剩余法有点像算术中的减法。

剩余法只用来研究复合现象的原因,即用来研究有几个原因同时起作用而发生的复合现象的原因。这一点恰好与共变法相反。同时,为了运用剩余法来推断被研究现象的原因,必须首先知道某一复合现象中一部分现象的原因。因此,剩余法不能作为探求因果联系过程一开始就采用的方法,它必须以其他方法所求得的一部分因果联系作为前提条件。科学史上许多重大发现,就是在已有发现基础上运用剩余法获得的。

剩余法的结论也是或然的,为了提高剩余法结论的可靠性,运用剩余法时应当遵循如下要求:

(1) 必须确认某一复杂现象(a、b、c、d)是由某一复合情况(A、B、C、D)引起的,并且已知一部分现象(b、c、d)是由一部分情况(B、C、D)引起的,而且剩余部分 a 不可能是由已知情况 B、C、D 引起的。

如果剩余部分 a 实际上也是 B、C、D 这些情况之一或共同作用的结果,那就无法断定 A 是 a 的原因。例如,德国化学家维尔斯塔特曾经做过这样一个实验,把含有酶的液体中的蛋白质全部除去,再检查剩余液体,发现剩余物质仍然表现出酶的特性。既然液体中的蛋白质已经除去,那么剩余物质就不会是蛋白质。于是他运用剩余法得出结论:酶不是蛋白质,而是一种比较简单的化学物质。到了 20 世纪 20 年代,美国一位普通化学工作者萨姆纳对维尔斯塔特的结论提出疑问。他经过仔细的实验和分析,证明酶确实是蛋白质。后来事实证明萨姆纳的结论是正确的,他因此获得 1946 年诺贝尔化学奖。维尔斯塔特在他所做的实验中并没有把液体中的蛋白质全部清除,因而得出了错误的结论。

(2) 复合现象的原因是复杂的,有时剩余部分的原因不一定是单一的,还可能是个复合情况,这时就要进一步分析,才能找到真正原因。

例如,居里夫妇根据某些沥青铀矿石样品的放射性比纯铀的放射性更强,运用剩余法得出结论:这些铀矿中一定还含有未知的放射性元素。后来他们终于从铀矿石中分离出新发现的放射性元素钋。但进一步研究后发现,钋只是使铀矿样品具有强放射性的部分原因。经过继续努力,他们在提炼出放射性比钋更强的新元素镭之后,才真正弄清了铀矿石样品具有很强放射性的原因。

(六) 密尔五法之局限

对于探求事物现象间的因果联系而言,密尔五法的确是寻找因果联系的重要方法,在科学方法中处于重要地位,对于人类认识世界同样具有重要意义,但我们对这五种方法也不能夸大其作用。事实上,密尔五法也有其使用限度。比如,在阐述这些方法时涉及了"只有一个先行情况相同的场合"和"除了一个先行情况之外其余先行情况都相同的场合"等,这都是运用这些方法的假设。然而事实上,任何两个事物无论多么不同,它们都具有许多相同的方面,没有任何两个事物只在一个方面相同;而且也没有任何两个事物只在某一个方面不同而在其他方面都相同,我们甚至无法检查这两个事物的所有方面以确定它们是否只在一个方面存在差别。

因此,我们在运用密尔五法的时候,总是根据预先假定的因果关系,并将注意力限定在那些我们认为可能的原因(先行情况)上,但我们的判断有可能是错误的。比如,当医学家最初没有意识到脏手会传播疾病时,或者当科学家因某种原因没能将他们面前的情况分解成恰当的单元时,在寻找被研究现象的先行情况时都无法作出准确的判断。

密尔五法是或然性推理,其可靠性依赖于两个因素:第一,正确地划出有关情况的范围;第二,正确地分析有关的情况。而这两点都不是密尔五法本身所能解决的,还需要各门具体科学的知识和其他科学研究方法介入。因此,我们今天必须肯定密尔五法在生活中、在科学研究中及在司法应用中仍然发挥着重要作用,但其作用是有限的,不能片面夸大。

第三节 类比推理

一、类比推理的定义

"类比"一词的英语为 analogy,源自古希腊语 ἀναλογία(analogia),或类推,意为等比例的,是一种认知过程,将某个特定事物所附带的讯息转移到其他特定事物之上。

类比通过比较两件事情,清楚揭示二者之间的相似点,并将已知事物的特点,推衍到未知事物中,但两者不一定有实质上的同源性,其类比也不见得"合理"。在记忆、沟通与问题解决等过程中类比均扮演重要角色。举个类比的例子,原子中的原子核以及由电子组成的运动轨域,可类比成太阳系中行星环绕太阳旋转的轨迹。除此之外,修辞学中的譬喻法有时也是一种类比,如将月亮比喻成银币。生物学中因趋同演化而形成的同功能或同构型解剖构造,如哺乳类、爬行类都有与鸟类的翅膀相类似的器官或功能等亦属类似概念。

类比推理是根据两个或两类事物在某些属性上相同,推断它们在另外的属性上也相同的一种归纳推理。①

类比推理的推理形式为：

> A(类)事物具有属性 a、b、c、d；
> B(类)事物具有属性 a、b、c；
> ———————————————
> 所以，B(类)事物也可能具有属性 d。

类比推理是人们在日常生活和科学研究中经常使用的一种归纳推理，许多日常结论和科学发现都是通过类比推理得出的。例如：

> 美国专家利用类比推理引进了中国浙江的黄岩蜜橘到加利福尼亚州种植。专家考察发现，加利福尼亚州与中国浙江在地形、土质、水文、气温、降雨量等方面都是相似的，中国浙江适宜种植优质的黄岩蜜橘，因而，美国加州也适宜种植这种优质蜜橘。

在这个类比推理中，地形、土壤、气候、水文地质等都是黄岩蜜橘产地应具备的性质中的本质属性，加利福尼亚州和浙江省在这些方面的相似性，使得加利福尼亚州的自然环境和浙江省的自然环境具有极大的相似性，因而能推出加利福尼亚州的自然环境适合黄岩蜜橘的生长。再如：

> 在我们居住的地球和其他行星(土星、木星、火星、金星和水星)之间，我们可以观察到大量的相似。它们均围绕太阳旋转，如地球一样，尽管它们绕太阳的半径不同，周期也不同。它们均从太阳那里获得光，地球也是如此。我们已经知道，其中一些行星，如地球一样，围绕它们的轴自转，因而它们必定有类似的白天和黑夜的更替。一些行星有卫星，当太阳不再照射时，这些卫星给行星以光亮，如我们的月亮给我们以光一样。这些行星的运动均受制于万有引力定律，地球也一样。根据所有这些相似，认为这些行星可能与我们地球一样，有不同等级的生命存在，这不是不合理的。通过类比得到的这个结论具有一定程度的可能性。②

其推理过程表示如下：

> 地球是行星，距离太阳适中，有大气层，有水，存在生命；
> 火星是行星，距离太阳适中，有大气层，有水；
> ———————————————
> 所以，火星上也存在生命。

这样的推论在两个世纪之前首次出现的时候似乎是完全可信的，但其结论却极有可能为假。首先，类比推理与从过去经历的事件推论其未来去向的归纳

---

① 参见《逻辑学》编写组编：《逻辑学》(第 2 版)，高等教育出版社 2018 年版，第 166 页。
② See Thomas Reid. *Essays on the Intellectual Powers of Man*. Pennsylvania State University Press. 1785.

推理都具有我们日常推理的共同特点,即它们的结论没有被断言是从其前提逻辑必然地得出的。其次,类比推理论证中,尽管前提是真的而结论却是假的,这是明显可能的,或者说是逻辑可能的。也就是说,地球很可能是太阳系中唯一可以居住的行星,火星上存在生命的结论有可能是假的。所以,类比推理不是按有效和无效来区分的,我们只能用概率来刻画它们。因为类比推理的结论都是或然的。

二、类比推理的评价

类比推理的结论是或然的。客观事物之间既有同一性,又有差异性。尽管两个对象的某些属性相同或相似,但它们终究是两个不同的对象,总有一些属性是不同的。如果上面我们提到的 A 类事物中的属性 d 恰好是事物 A、B 之间的差异,那么类比推理的结论就是不可靠的。实际思维中,当我们运用类比推理进行类比论证时,某些类比论证看起来比其他类比论证似乎更有说服力。这种情况常常会看到。尽管没有一个建立在类比推理基础上的类比论证是演绎有效的,但是某些这样的论证得出的结论是极有可能真的,或者是令人信服的,而另外一些类比论证结论为真的可能性很小,说服力则非常弱。类比论证被认为是比较好的还是比较差的,则依赖于它们的前提使其结论得以断定的可靠性程度高低。也就是说,前提支持结论的可靠性程度高,类比论证就是比较好的;反之,类比论证就是比较差的。因此,在进行类比论证时,提高类比推理结论可靠性程度就显得很有必要。那么,如何才能提高类比推理结论可靠性程度呢?对此,有以下几个可供参考的评价标准:

(1) 类比的实体数量越多越可靠。

如果我过去对特定种类的鞋子的经历仅限于我穿过的并喜欢的一双,对一双明显类似的鞋,我穿后发现具有意想不到的缺陷,这将使我很失望,尽管并不会觉得惊奇。但是如果我多次购买了那类鞋子,我可以有理由地认为,下一次购买的鞋子会与我以前穿的一样好。在同样对象上的多次的同种经验将支撑结论即购买的鞋子将是合脚的,这比单个经验支撑结论有力得多。每一个经验可看成一个附加的实体,在评价类比论证中这样的实体数量便是第一个评价标准。

一般地讲,实体数即过去的经历次数越大,类比论证力越强。但是实体数和结论成真的概率之间没有简单的比例关系。与机敏、温顺的金色猎狗愉快相处的 6 次经历,使人们相信下一个金色猎犬同样是机敏和温顺。但是,前提中具有 6 个经历的类比论证的结论在可靠性上并不是前提中有 2 个经历的一个类似论证的 3 倍。增加实体数是重要的,但其他不确定因素也会增加。

（2）类比前提中涉及的实例越多，越不相似，其结论可靠性越高。

如果我先前购买的那些合脚的鞋子，既有购买于大商店的，又有购买于专卖店的，既有在国内制造的，又有在国外制造的，既有通过邮寄销售的，又有通过商店直接销售的，那么，我可以有信心地认为，鞋子合脚的原因在于鞋子本身，而不是售货员的服务。再如，我先前的金色猎犬，既有公的，也有母的，既有从小就领养的幼犬，也有从保护动物协会中得来的成年犬，我可以更加相信，正是犬的品种，而不是它们的性别、年龄或其来源，成为它们先前与我愉快相处的原因。我们可直觉地理解这个标准：在类比论证的前提中所涉及的实例越多，越不相似，其类比论证可靠性越高。

（3）结论与前提中的实例相似的方面越多，越可靠。

在作为前提的实例中可能出现了大量的相似性，譬如鞋子属于同一类型、具有同样的价格、由同样种类的皮革制成。再如，猎犬属同一品种、在同样的年龄由同一个饲养人饲养，等等。前提中这些实例在所有方面都存在类似，以及与结论中的实例存在类似，这就增加了结论中的实例具有另外相类似属性的概率（这正是类比论证所要达到的目的）。针对前面的两个例子，其类比结论"新的鞋子将会合脚""一只新的狗会具有温顺的品性"就会是较为可靠的。这个评价标准其实也植根于生活常识：结论中的实例与前提中的实例类似的方面越多，其结论越可靠。但是，必须谨慎对待的是，在结论可靠性和识别出的类似方面数量之间并不存在简单的数值比例关系（即不能简单地认为两者之间成正比或成反比）。

（4）类比的推出属性与相似属性相关程度越高，结论越可靠。

与两者共有相同方面的数量同样重要的是，前提中的实例与结论中的实例在共有相似方面的种类方面的类似，也对结论可靠性产生较大影响。用通俗语言讲，推出的属性与用来类比的相似属性二者之间联系越是密切相关，其结论的可靠性也就越大。比如，新鞋子与以前的鞋子一样，是在某个星期二购买的，这里，星期几买鞋与买来的鞋是否合脚二者之间并不相关。但是，如果新买的鞋子与先前购买的鞋子一样，皆由同一厂商生产，这就相当重要，此二者是相关的。当结论与前提中那些相似的方面是相关的时候（如鞋子的样式、价格以及制鞋材料等），这种相似方面的相关性便会增加类比论证结论的可靠性，甚至单个的高相关因素也比一系列不相关的类似属性对提高类比论证结论的贡献更大。

至于哪些属性确实与类比结论的可靠性相关，人们有时意见并不一致，但对相关性本身的重要意义则不持异议，高度统一。当一个属性与另外一个属性相关联的时候，即当它们之间存在某种因果联系的时候，它们之间存在着相关性。这就可以说明，为什么确定因果联系对增强类比论证可靠性是非常关键的，以及为什么在法庭上确定一个证据是否具有可采性（即相关性）过程中，建立起这样的关联性往往是证据是否具有可采性的至关重要的原因所在。

类比论证之进行，无论是从原因到结果，还是从结果到原因，都是可能的。甚至前提中的属性既不是结论中的属性的原因，也不是其结果，假如两者是同一原因的结果的话，此时，类比论证结论也可能是可靠的。例如，当医生看到他的病人出现了某种症状，他能够精确地预测另外的症状，这并非因为其中一个症状是另外一个症状的原因，而是因为身体的某个方面紊乱导致二者共同出现。

因果关联无疑成为评价类比结论可靠性的关键因素。但对因果关联本身也需要努力探索，我们只能借助于观察和实践经验地找寻并发现它们。探寻因果联系的密尔五法已在前一节讨论过了，兹不赘述。

（5）类比实例存在某个属性与推出属性有差异将使结论不可靠。

差异就是不同点，一旦发现有差异甚至有反差，则表明恰好在这个方面我们进行类比推理得出结论的那个实例有别于类比所依赖的那个实例。回到鞋子的例子，假如我们打算购买的这双鞋子看上去与以前所穿的鞋子相似，但实际上这双鞋子便宜得多，且由不同的厂家生产，那么这些差异将使我们有理由怀疑打算购买的这双鞋子穿起来是否会跟过去一样舒服。

上面关于相关性的论述在这里也同样重要。当被确定了的差别与类比实例具有相关性，即与我们正在寻找的东西有因果联系时，这种差异将使类比结论不成立。或者说，实质上的差异将大大降低类比结论的可靠性。

正因为差异将使类比论证可靠性减弱，因而差异往往被用来反驳类比论证。正如批评者所认为的，我们试图表明结论中的情形在关键方面不同于早先发生的情形，因而在先前情形中正确的东西不大可能在后面的情形中也正确。在司法审判活动中，找出差异是法律类比普遍使用的方法。譬如，某个(或某些)早先的案子被作为对手头案件的判例提供给法庭。这里的法律论证就是类比论证。对方辩护律师将努力把本案与以前的案件区别开来。这时，辩护律师努力表明，由于在本案中的事实与以前案件中的事实之间存在某个关键差别，以前的案件不是本案的恰当判例。如果两者差异较大，并且差异的确是关键性的，这样凭借关键性的差异就能够成功地推翻对方所提出的类比论证，从而赢得诉讼。

因为差异是反对类比论证的主要手段，所以，在论辩过程中能够使潜在的差异得以消解的做法将极大地加强该类比论证。前提中的实例之间变化越大，批评者越不可能在前提中的实例与结论之间找到使论证减弱的差异。这时，类比结论可靠性则增强。

总之，差异将削弱一个类比论证，使其结论变得不可靠。而前提中的差别越多越大，则类比论证的强度越高。这两方面都与相关性问题相关联：差异表明了前提中的实例和结论中的实例在某些相关方面存在不同，而前提中的差别所表明的是，我们原以为与我们关心的某个属性存在因果关联的其他因素在事实上却毫不相干。

(6) 类比结论所作的断言越适度,论证越强;断言越大胆,论证越弱。

每个论证均断言其前提给出了接受结论的理由。一般而言,论证断言越多,支持该断言的负担也就越重。对每个类比论证均是如此。结论相对于前提是否适度则在类比推理评价中起关键作用。打个比方,假如我朋友的新车每加仑汽油能行驶30公里,我会得出结论:如果我购买同品牌、同型号的车,我至少能够使该车每加仑汽油行驶20公里。这样的类比结论是适度的,其可靠性较大。假如我作出的结论过于大胆,比如,我类推的结论断言我将至少使我的相同的新车每加仑汽油行驶29公里,我拥有的证据对这个大胆的冒险的结论的支持程度就比较低。一般说来,结论的断言越是适度,则加于前提的负担越轻,类比论证越强;反之,断言越大胆,则加于前提的负担越重,类比论证也就越弱。

通过减少在确定的前提下的断言的内容,或者使断言维持不变但用额外的或更强大的前提给予支持,这个类比论证就得以加强。类似地,如果一个类比论证的结论变得更大胆,而前提保持不变,或者断言维持不变,但我们发现支持它的证据存在较大缺陷,这样的类比论证会被削弱。

概括来讲,对类比推理或类比论证来说,前提中事物间的相同属性或相似属性越多,结论可靠性越大;相似属性与推出属性之间关系越密切,结论可靠性就越大;相似属性越是接近于两个或两类事物的本质属性,则结论的可靠性越大。因此,在运用类比推理或类比论证时,我们应该注意从上述这些方面来提高类比结论的可靠性,或者在类比论证时,提高论证的说服力与可接受性。

三、类比推理的作用

类比推理极富探索性和创造性,在科学研究和其他工作中有着十分广泛的应用。

类比推理极富启发性,常常能在山穷水尽之时快速打开人们的思路。在探究事物奥秘的过程中,类比有触类旁通、引发联想的启迪作用。德国哲学家康德曾说过:"每当理智缺少可靠论证的思路时,类比这个方法往往能指引我们前进。"[①]例如,人们从比较珍珠和牛黄的形成过程获得了启发,从而由人工能够培育珍珠类推联想到人工也应该能够生产牛黄,这便是一种富有创造性的设想。

类比推理可以帮助人们提出科学假说,成为科学研究中不可或缺的探索工具。科学史上许多重要理论,最初往往是通过类比推理作为科学假说提出来的,科技史上许多重大发现,也是应用类比推理取得的认识成果。例如,物理学家惠更斯提出光的波动说,就是通过把光与声类比而受到的启发;英国医生詹纳发现

---

① 〔德〕康德:《宇宙发展史概论》,上海外国自然科学哲学著作编译组译,上海人民出版社1972年版,第147页。

"种牛痘"可以预防天花,就是受到挤牛奶的女工感染了牛痘而不患天花的启发;著名的英国生物学家达尔文提出生物进化论,就是受到通过人工选择培育生物新物种的启发。

类比推理衍生出的类比证明,更是一种极富创意的科学说明方法。在日常生活和科学阐述过程中起着令人信服的证明作用。这就是日常语言中的比喻论证或称喻证法,科学方法论中称之为隐喻。在议论过程中,人们为了解释某种事实或原理,往往找出另一种与之相似的并且已为人们所了解的事实或原理,然后通过类比来加以说明,让人触类旁通,心领神会。

在刑事侦查中也经常运用类比推理提出侦查假设,用以指导下一步的侦查工作。有些性质相同的案件,犯罪分子在作案的时间、地点、手段、工具、目的,甚至侵害的对象上,都具有一定的特点和规律。假如他们连续作案,在上列诸方面就会发现相同之处。侦查人员往往根据两个(或多个)案件的诸多相同点,推测系同一(伙)人作案,从而将两(多)案并入一案进行侦查,这就是"并案侦查"。就其思路及思维过程分析,并案侦查的根据便是类比推理,所以并案侦查是类比推理在刑事侦查工作中的运用。另外,在审判工作中的"类推适用",就思维过程和推论方法而言,同样是类比推理在法律解释中的应用,作为一种为世界各国法律所认可的法律论证方法,在法律适用中类推起着填补法律漏洞,解决新出现的法律疑难的重要作用,成为法治不可或缺的方法论工具。

第四节 溯因推理

一、溯因推理及其性质

溯因推理(abduction)又称回溯推理。它是凭借溯因方法而进行的或然性推理,即根据某一已知事实结果和有关规律性知识,推断出产生这一结果的原因的推理。

"溯因推理"一词如今已成为各门学科广为运用的科学概念。它的最初提出者是美国著名学者查尔斯·桑德斯·皮尔士。"abduction"这个词作为逻辑学中的概念是由皮尔士创设的。该词中文含义一般由不同学科领域的学者翻译成不同的汉语。最常见的汉译如溯因、设证、试推法、不明推论、逆向推理、回溯推理等。即使在同一学科领域,不同学者也作不同的翻译。如在法学领域,有的学者翻译为"回溯推理",也有学者将其译为"设证"。针对汉语译名的混乱,曾凡桂先生曾对"abduction"一词的汉译作过专门考察,经过比较后认为"溯因(推理)

堪称佳译"。① 事实上,目前哲学、语用学、医疗诊断、计算机科学及法庭科学等领域基本上采用"溯因推理"作为"abduction"一词的中译。我们依据多数人的选择,也采用"溯因推理"的译名。由于溯因推理在法律领域的应用具有特殊意义,因此,有必要对溯因推理加以介绍,并为法律领域运用这一概念提供参考。

溯因推理的特点是由结果追溯原因。例如,从看到阳台上的花凋谢这个事实推出花盆里缺水,这时所运用的就是溯因推理。其推理过程是:花凋谢;如果花盆里缺水,那么花凋谢;所以,花盆里缺水。

溯因推理的形式可用如下公式表示:

$$\frac{B \quad 如果\ A,那么\ B}{A}$$

或者:

$$\frac{B \quad A \rightarrow B}{A}$$

其中,"B"是关于已知事实的命题,"如果 A,那么 B"是有关规律性知识的命题,它陈述了 A 和 B 之间具有因果联系(溯因推理的这个前提通常被省略);"A"是从上述两个前提推出的结论,它推断事实 B 的原因是 A。

溯因推理并不是必然性推理,这从上述推理形式和举例便可以看出来。

第一,从推理形式来看,溯因推理看上去很像必然性推理中的假言推理,其实它并不是假言推理。如果用假言推理规则检查上述推理形式,不难看出它违反了充分条件假言推理"肯定后件不能肯定前件"的推理规则,因而从必然性推理的视角来看,它是错误的推理形式即推理无效式。事实上,溯因推理是与假言推理根本不同的推理。充分条件假言推理前提真则结论必真(在形式有效的情况下),因而它属于必然性推理;而溯因推理前提真则结论只是或然真,因而它属于或然性推理。我们不要把溯因推理同假言推理混淆起来。

第二,从因果联系的复杂性和多样性来看,导致某一结果的原因通常不是唯一的,可以有许多不同的原因都能导致同一结果,因而溯因推理结论所推断的未必就是真正的原因。如"花凋谢"这一现象的出现,可以是由于施肥过量所引起,可以是由于花缺水所引起,也可以是由于水太多所引起,还可以是由于病虫害所引起等。所以,这种根据结果推断原因的推理仅仅是一种带有猜测性质的或然性推理,其结论或然为真。

---

① 参见缪四平:《法律逻辑:关于法律逻辑理论与应用分析的思考与探索》,北京大学出版社 2012 年版,第 78 页。

但是，溯因推理也有特殊形式，即当 A 是 B 的唯一原因或 $A_1 \vee A_2 \vee A_3 \cdots \vee A_n$ 穷尽了 B 的全部可能原因时，由于原因与结果之间的充分条件关系转变成了充分必要条件关系，因而溯因推理也就由或然性推理的形式转化成了必然性推理的形式。溯因推理的特殊形式可用公式表示如下：

$$\frac{B \quad\quad}{A \leftrightarrow B}$$
$$A$$

或者：

$$\frac{B \quad\quad\quad\quad\quad\quad}{A_1 \vee A_2 \vee A_3 \cdots \vee A_n \leftrightarrow B}$$
$$A$$

我们不妨举个例子来说明这种情况的存在。例如，侦查人员从失火现场发现一具烧焦了的尸体，要想弄清死者是否被火活活烧死的，则可通过检查其口鼻内有无烟灰，运用溯因推理从检查结果"口鼻内有烟灰"推出"被火活活烧死"的结论。这一结论便是必然的，因为某人被火活活烧死是其口鼻内留有烟灰的充分必要条件，即"某人口鼻内有烟灰，当且仅当其被火活活烧死"，因而这一推理实际上变成了充分必要条件假言推理，所以其结论是可靠的。然而，在实际运用中，某种结果只有唯一原因的情况是十分罕见的，而在寻找某一结果的众多原因时要想穷尽引起该结果的所有可能原因通常也是难以办到的，因此，上面的特殊形式并非溯因推理的普遍形式和典型形式，只不过是溯因推理结论或然性上升到极点时无限逼近必然性时的极限形式。因此，我们通常仍将溯因推理归入或然性推理之中。

二、提高推出结论可靠性的逻辑要求

既然溯因推理的结论是或然的，那么如何提高推出结论的可靠性呢？这就应当遵守下面的逻辑要求：

首先，由结果 B 推出原因 A 必须以 A 与 B 之间存在因果联系作为已知条件。

这就是说，已知条件"如果 A 那么 B"确实反映了 A 与 B 之间具有因果联系。假如没有因果联系的知识作为推理的已知条件，由一结果事实引出它的原因就是不可靠的。例如，由一个人钱多而推断这个人是因为抢劫而钱多，这个结论就是不可靠的。因为抢劫可以是抢钱，也可以是抢物，即使是抢钱，也可能抢到手，也可能没有抢到手，因此抢劫与钱多并不具有因果联系，我们不能说"如果抢劫那么钱多"。这里，由于溯因推理的前提"如果 A 那么 B"是不真实的，因为 A 与 B 之间没有因果联系，因而得出的结论就是不可靠的。

其次，应当设法排除引起结果事实的其他可能原因。

在进行溯因推理时，若能将可能引起结果事实的其他原因一一排除，则结论的可靠性就会相应地提高。例如，前面在从花凋谢推出花盆缺水的过程中，若能将"水太多""施肥过量"和"病虫害"等可能的原因一一加以排除，则其结论的可靠性当然就比较高。一般地说，在进行溯因推理时，排除的可能原因越多，其结论的可靠性相应地也就越高。

三、溯因推理的作用

溯因推理虽然结论是或然的，但运用却十分广泛。无论在日常生活和工作还是在科学研究中，它都具有不可低估的重要作用。在日常生活中，经常运用溯因推理推测产生某一现象的原因。例如，日光灯突然不亮了，究竟是什么原因造成的呢？我们可以根据一般规律性知识，作出停电、电路断了、灯管坏了或者其他零件损坏了等几种推测，然后抬头望一眼窗外发现有灯亮着，因而不是停电，再检查一下保险丝、线路、镇流器和其他零件，发现均无问题，这时就能运用溯因推理得出"灯不亮是由于灯管坏了"的结论，这样就为使日光灯复明找到了解决问题的途径。再如，医生给病人诊断时，他面对的是出现种种症状的患者，这时他就必须根据表述因果联系的规律性知识（即医学知识），运用溯因推理找出产生如此症状的病因，然后对症下药。溯因推理在科学研究中的作用主要体现在提出假说的过程中，由于"假说"一节有专门分析，这里就不介绍了。

下面就溯因推理在刑事侦查中的作用进行分析。任何一个案件，在侦查破案的开始阶段，侦查人员总是只知道犯罪的结果和犯罪分子作案后留下的犯罪痕迹，而造成犯罪结果的原因以及犯罪的各个具体环节，只能由侦查人员运用已有的知识去思考和推想，从而为破案提供线索。例如，1979年12月1日晚上10时左右，在南京车站附近，一名妇女在上厕所时遭到一名30多岁、身高1.65米左右的壮年男子的袭击和抢劫。公安人员在现场不远处找到一件歹徒仓惶逃脱时掉落的一件罩着工作服的破棉衣。经仔细清理，在工作服和棉衣口袋里发现微量的透明状屑粒和一张票价为4角的南京市郊公共汽车票。由此，公安人员推断，歹徒大概是在生产或使用这种透明状屑粒的单位工作，并且是购买了这张车票乘车进南京的人。根据这一推断，公安人员确定了侦查方向：寻找生产或使用这种透明屑粒的工厂和出售这一车票的车次。不久，公安人员就查明，车票是12月1日下午从龙潭开往南京的长途汽车售出的，而透明屑粒则是龙潭水泥厂的产品，于是在该厂查出了12月1日下午出走、平时穿过那件工作服和破棉衣的犯罪分子王某。公安人员在开始侦破此案时进行的推断，就是运用溯因推理作出的。其推理过程可分析如下：

歹徒的工作服口袋里有透明屑粒；如果是在生产或使用透明屑粒工厂工作

的人,工作服里就会有这种透明屑粒,所以,歹徒是在生产或使用透明屑粒工厂工作的人。

歹徒的衣服口袋里有一张市郊公共汽车票;如果买了这张车票坐汽车的人,那么他口袋里会有这张车票,所以,歹徒是买了这张车票坐汽车的人。

由此可见,溯因推理是刑侦工作中不可缺少的逻辑工具,尤其是在破案开始时对寻找破案线索具有不可低估的重要作用。

第五节 统计推理和概率

一、统计推理及其性质

统计推理是凭借统计方法进行的或然性推理,即根据从总体中选出的样本具有某属性推出总体具有某属性的推理。

统计方法中的选样是统计推理的基础。所谓选样,亦称抽样,即从总体中抽出样本的方法。在选样中,某一被研究对象的全部称为总体。从总体中抽选出来考察的那一部分对象称为样本。

例如,某市质量检查部门为了确定某乳品厂生产的乳酸菌饮料是否合格,就对该厂生产的乳酸菌饮料实行抽样调查。他们从该厂每天生产的10万瓶中,选出300瓶作为样品送去检验。结果发现,这300瓶样品中,乳酸菌的含量不符合有关标准,而其他有害病菌的含量却大大超标。于是判定这300瓶样品不合格。质检部门由此推出该厂每天生产的10万瓶乳酸菌饮料均不合格,并责令该厂立即停产整顿。这个结论就是运用统计推理得出的,即由样本质量不合格而推出总体质量不合格。

统计推理的形式可以刻画如下:

$$S 类的样本具有 P 属性,$$
$$S 类的总体都具有 P 属性$$

统计推理在前提中只考察了部分对象(样本)的情况,是由部分(样本)推出全体(总体)的推理,它的结论超出了前提所反映的范围,因而,前提与结论间的联系是或然性的。

二、提高统计推理结论可靠性的逻辑要求

统计推理也是或然性推理,为了提高推出结论的可靠性,在应用统计推理时也应当注意遵守提高推出结论可靠性的逻辑要求。这些要求是:

首先,科学地选样,加大样品的代表性。

从总体中选出样本叫作选样。选样的方法是否科学合理,将影响到样本的

代表性,即选出的样本的属性是否确能代表总体的属性,而样本的代表性如何又会直接影响运用统计推理得出的总体结论。如果样本的代表性大,则总体结论的可靠性就高;反之,其可靠性就低。为了加大样本的代表性,就要注意科学地选样。科学地选样,包括以下三个方面:

第一,加大样本的容量。样本的容量是指样本所含个体对象的多少。显然,为了消除选样带来的误差,样本的容量要足够大。样本容量越大,样本的代表性也越大,因而结论也就越可靠。当然样本过大也是一种浪费。

第二,要分层抽样。即根据与所研究问题有关的性质,把总体分成许多层(即许多小类),再从各层中选出样本。例如,要了解某乳品厂每日生产的10万瓶乳酸菌饮料的质量,如果这10万瓶饮料是分别由该厂下属的甲、乙、丙三个乳品站生产的,那么从甲、乙、丙三个乳品站生产的饮料中各抽出100瓶作为样本,比单从甲乳品站生产的饮料中抽出300瓶作为样本,其样品的代表性要大得多。

第三,要随机抽样。所谓随机抽样,就是任意抽取,不能有意专拣具有某种属性的对象作为样本,以保证抽样的客观性。如果带着某种主观目的,在抽样时专门挑选具有某属性的对象,这样选出的样本就不具有代表性,而相应的统计推理就无法得出可靠结论。

如果不从以上三个方面注意科学地选样,以加大样本的代表性,常会导致错误结论。20世纪30年代中期,美国有一家著名的杂志根据他们自己进行的民意测验(抽样调查)宣布,戈维纳·兰登将当选美国总统。然而选举的结果恰恰相反,另一位竞选人罗斯福当上了美国总统。原来该杂志根据全国的电话簿对选民抽样进行民意测验,而当时美国只有有钱人才拥有电话,所以这样的样本就不是随机和分层抽出的,因而不能代表美国选民的总体。

其次,正确应用统计数字。

由于统计推理要对统计数字进行数量分析,研究事物之间的数量关系。因此,正确运用统计数字就显得极为重要。统计数字应用得当,就能提高推理结论的可靠性;反之,则会出现差错。

应用统计数字不当,也会出现错误。常见的错误有以下两种:

第一,统计平均数的陷阱。我们几乎每天都会与平均数打交道。譬如我的工作能力和业绩在平均水平以上、工资接近平均水平、住房面积在平均水平以下等。但要注意,存在三种不同的平均数:① 将所有数值加起来,再用数值之和除以累加的数值个数,得到常见的平均数(均值)。如某单位有员工98人,把98人的工资相加后再除以98,就得到该单位员工的平均工资数。② 将所有数字从高到低依次排列起来,找到处于数列中间的那个数字(即在它前面和在它后面具有相同的数据),此数字即为中位数,也是平均数的一种形式。③ 列出所有数值,然后找到一个出现次数最多的数值,这个数值叫作众数,这也是平均数的一种形式。众数在日常生活中较少应用,用得最多的是第一种平均数即均值。①

但是,在现实生活中,人们对"平均数"等概念意义的误解,往往会导致错误的决定。比较常见的就是平均数的陷阱。例如:

> 某人所在企业破产后,打算重新找一个工资较高的工作。一天他看到一则招聘广告:"本公司现诚聘1名技术工人。本公司人均月薪6200元以上。"某人高兴地去应聘并被录用,但他第一个月拿到的正常月薪只有1500元。他说该公司的招聘广告说谎,但该广告确实没有说谎。因为该公司的平均工资是这样计算出来的:经理月薪45000元,经理女秘书月薪15000元,两名中层主管月薪10000元,其他员工月薪1500元。这就是统计平均数的陷阱。

第二,虚假的相关。它是指在一定时期内,一类事实和另一类事实的统计数字都在逐渐增多,就误以为这两类事实是相关的。例如,在国外,有人曾根据某一时期啤酒销量和犯罪人数都在逐渐增加的统计数字,断定犯罪人数的增加与啤酒销量的增加有关,这是错误的。

统计推理和枚举归纳推理,虽同属由部分推及全体的推理,但它们是有区别的,主要表现在推理的根据不同,推出结论可靠性的程度也不同。枚举归纳推理只是根据部分未经选择和试验的事例,在未发现反例的情况下推出一般性结论的,而统计推理的样本虽是随机抽取,但它是经过科学地选样和运算才据以推断的。此外,更重要的是统计推理能借助统计方法确定量的差异,得出更为精确的结论。正因为如此,运用统计推理得出的结论要比枚举归纳推理可靠得多。

统计推理是认识客观事物及其规律的一种有力工具。现实生活中有很多现象人们既无必要也不可能通过全面调查来了解情况,比如要了解本市居民对家用净水器的需求总量,不可能挨家挨户去调查,这时只要通过科学选样,然后运用统计推理即可获得较为可靠的结论。统计推理常用于产品质量检查、农作物估产、民意测验、地下资源勘查等项工作。此外,统计推理还常用于森林的大面积烧毁或破坏、耕地或湖泊的大面积损害、成批产品不合格而追索赔偿等案件的调查。因为经济损失数额巨大,难以通过普查算出总体损失的数量,这时只要经过选样,运用统计推理就能推算出总体损失的数量。因此,统计推理在实践中有着广泛的用途,凡是应用抽样调查工作,都要运用统计推理这一逻辑工具。

三、概率及其应用

统计推理的前提和结论经常要运用概率来确定随机事件出现的可能性。例

---

① 参见陈波:《逻辑学导论》(第4版),中国人民大学出版社2020年版,第222页。

如,某地连续发生200多起抢劫案件。公安部门从抽样案件中发现,随着抽样的增加,外地流窜犯作案率稳定在80%上下,由此运用统计推理得出结论:这200多起抢劫案件中有80%是外地流窜犯作案的。这里的统计推理就涉及作案率问题。因此,讨论统计推理不能不讨论概率。推广开来看,由于或然性推理往往要确定随机事件出现的可能性大小问题,因而深入讨论或然性推理也需要运用概率及其方法。

概率又称或然率,它是用来表示随机事件发生的可能性大小的一个量。或者说,概率是度量随机事件可能性的一个数值。

在自然界和社会生活中,我们会碰到许多事件,有些事件是必然要发生的,例如,"早晨太阳从东方升起""在标准大气压下,水的温度到达100C时沸腾""盗窃已遂有赃物"等,这种在一定条件下必然发生的事件,叫作必然事件。有些事件是不可能发生的,例如,"种瓜得豆""圆的面积不等于半径平方乘以 π""使用钝器杀人,没有作案工具"等,这种在一定条件下必然不发生的事件,叫作不可能事件。还有一些事件,在相同的条件下可能发生也可能不发生,例如,妇女生育孩子,可能生男,也可能生女;犯罪嫌疑人逃离本地,可能坐船,也可能乘车;今晚守候罪犯,可能守候到,也可能守候不到。这种在一定条件下可能发生也可能不发生的事件,叫作随机事件。

随机事件好像是不可捉摸的,似乎是偶然性起着支配作用。但是,在表面上是偶然性在起作用的地方,这种偶然性始终是受内部的隐藏着的规律支配的,而问题只是在于发现这些规律。人们经过长期实践和深入研究,发现随机事件在大量重复试验下,其结果会呈现出一定的规律性,即统计规律性。而这种统计规律性表现为频率稳定性。虽然随机事件在一次试验中可能发生也可能不发生,这是不确定的,但在大量试验中,随机事件出现的频率都是相对稳定在一个确定数值上。而所谓频率就是在多次试验中,某一随机事件出现的次数与试验总次数的比率。

我们投掷一枚硬币,投掷一次,出现的是正面还是反面,很难预测。但如果大量地进行投掷硬币的重复试验,正面或反面的出现就有规律可循。有人曾对投掷硬币出现正面的可能性做了试验,当投掷到24000次时,硬币出现正面为12012次。这就是说,随机事件的频率稳定性不断地为实践所证实,它揭示了随机事件的规律性,即统计规律性。现在人们所使用的概率一般是采用频率定义,即:

任一随机事件出现的概率,近似地等于该事件在若干次试验中出现的频率。或者说,把任一随机事件的概率理解为频率的稳定值。概率可用公式表示如下:

$$P(A)=\frac{m}{n}$$

这个公式表明,随机事件 A 出现的概率即 P(A),等于 A 在 n 次试验中出现 m 次的比值即 $\frac{m}{n}$。一般讲,大量重复地进行同一试验,频率总是在某一个常数附近摆动,我们就把这个常数称为随机事件 A 的概率。概率的这种定义,称为概率的统计定义。所以人们又把这种意义下的概率称作"统计概率"或"频率概率"。

我们须知,概率是个数值,是随机事件发生的频率稳定值在人们主观思维中的表现,它是客观存在的统计规律性在人们头脑中的反映。我们研究随机事件,是撇开它的具体特性,而在数量上考察其统计规律性。我们研究概率的目的,就在于揭示并研究随机事件的这种规律性,从而估计各种不同随机事件"可能性"的大小。因此,所谓概率方法就是给"可能性"以确切描述并作出科学估计的方法。

由于任一随机事件出现的次数不可能大于试验的次数,故概率总是在 0 与 1 之间变化的,即 $0 \leqslant P(A) \leqslant 1$。必然事件的概率为 1,不可能事件的概率等于 0,所以我们又把必然事件和不可能事件看作随机事件的两种极端情形。在用概率方法时,必须注意两点:第一,试验的次数要多,范围要广。因为试验的次数多,范围广,事件的频率就更接近于事件的概率。第二,对概率的认识不是固定不变的。因为客观事物在发展变化,试验的条件也可不同,因此,应用概率方法也要适应情况的变化。概率方法在人们认识和改造世界的实践中发挥着重要作用。

一个命题的概率可以表示该命题的真实性程度。一个命题的概率越大,它就越接近真实。或然性命题以及或然性推理中证据(前提)支持结论的确证度,均可借助概率方法而作出评价。

第六节 假 说 方 法

面对着浩瀚无穷的宇宙和纷纭复杂的社会,人类总是在不断探索其中的奥秘,揭示事物的本质,寻找现象背后的规律性,包括事物之间的因果联系或者统计规律。这就需要各种各样的认识方法。而假说就是人类认识自然、认识社会、认识自我的重要方法之一。接下来,我们将对知识创新的重要方法——假说方法进行探讨。

假说亦称假设。假设在日常语言中通常有两种不同的指称:一种是对未知事实或命题真假的设定即假定,它只要通过进一步的观察或推导便能确定其存在与否或真假如何,而不需要对假定本身作出专门研究;另一种是要经过专门研究才能形成的假设,这种假设是根据已有的事实材料和科学原理而对未知事物或规律作出的推测性解释和假定性说明。本章讨论的假说或假设特指后一种。

一、假说的种类与特征

(一) 什么是假说

任何科学理论都是从假说发展而来的。假说是对事物现象及其规律性的猜测性解释和假定性说明。科学假说是以已有的事实材料和科学原理为根据的,关于未知的现象、过程或规律性的推测性解释和假定性说明,并且这种解释和说明是以理论化形式出现的。

人们在认识和改造世界的实践活动中,会碰到各种各样的事物现象。有些事物现象,人们只要运用已有的科学理论便能作出正确解释和说明。而对于另外一些未知的事物现象,即使人们运用所有已知的科学原理也无法加以解释和说明。这时,如何正确解释和说明这类事物现象,便成为人们实践中所面临的疑难问题。在这种情况下,自然需要有人能够提出新的理论观点,对此作出试探性的解释和说明。这种试探性的解释和说明便是假说。

例如,1844年,德国天文学家培塞尔在研究天狼星的天空位置变化时,发现天狼星的位移具有周期性的偏差度,即忽左忽右地来回摆动。为什么会出现这种现象呢? 当时的天文学理论无法对这一现象作出合理的解释和说明。就在这种情况下,培塞尔根据有关天狼星的观测资料和牛顿万有引力定律,对天狼星位置的摆动现象大胆作出推测性论断,认为天狼星旁一定有一颗我们尚未观察到的光度较弱而质量较大的伴星,是它与天狼星一起围绕着共同的引力中心运行。在运行中,这颗伴星的引力使得天狼星的位置忽左忽右,呈现周期性摆动。这就是培塞尔针对天狼星位置摆动现象提出的假说。1862年,大型天文望远镜制造出来后,天文学家从新的望远镜中观察到,天狼星果然有颗伴星。以后又通过星光的光谱分析,进一步证实了培塞尔的假说。

(二) 假说的种类

假说可根据不同标准进行不同分类。

人类对自然现象和社会现象的探索和研究,无非包括两个方面:一方面,探索和研究已经发生了的事物,从中找出发展规律;另一方面,根据客观事物的发展规律,去预测和展望未来。因此,根据人们最初提出假说的不同目的,假说可相应分为两种:

(1) 解释性假说。这种假说是在已掌握的事实材料基础上,对业已存在的事物现象及其规律作出的假定性解释和说明。例如,康德关于太阳系起源于原始星云的假说,哥白尼关于地球和其他行星围绕太阳运行的假说,达尔文关于人类是从类人猿进化而来的假说,等等,它们都是根据已有事实材料,对业已存在的事物现象和规律作出的解释和说明,因而都属于解释性假说。

(2) 预测性假说。这种假说是凭借已有事实材料和事物发展规律,对当时还不存在而在将来才会出现的事物现象作出推测和预言。例如,毛泽东在中国抗战初期提出的"抗日战争是持久战,最后胜利是中国的"观点,就是预测性假说。因为毛泽东在提出这一假说时,抗日战争刚刚开始,假说所预言的结果尚未发生。再如,有人根据亚太地区经济和全球经济目前的发展态势,提出21世纪中期世界经济中心将转向亚太地区的假说,这同样也是预测性假说。还有气象人员根据观测资料作出的中、长期天气预报等,也属于预测性假说。

(三) 假说的特征

不论是解释性假说还是预测性假说,都具有如下特征:

第一,假说是以客观事实和科学知识为根据的,因而它同各种毫无根据的迷信幻想和无知妄说是根本不同的。科学假说是在真实知识土壤里生长出来的,是人类洞察自然的能力和智慧的集中体现。比如,魏格纳谈及他提出的"大陆漂移说"时,有如下一段自述:

> 任何人观察南大西洋的两对岸,一定会被巴西与非洲间海岸线轮廓的相似性所吸引住。不仅圣罗克角附近巴西海岸的大直角突出和喀麦隆附近非洲海岸线的凹进完全吻合,而且自此以南一带,巴西海岸的每一个突出部分都和非洲海岸的每一个同样形状的海湾相呼应。反之,巴西海岸有一个海湾,非洲方面就有一个相应突出部分。如果用罗盘仪在地球仪上测量一下,就可以看到双方的大小都是准确地一致的。
>
> 这个现象是关于地壳性质及其内部运动的一个新见解的出发点,这种新见解就叫作大陆漂移说,或简称漂移说。这个学说的最重要部分是设想在地质时代的过程中大陆块有过巨大的水平移动,这个运动今日还可能在继续进行着。[①]

这段自述表明,"大陆漂移说"的提出是有事实根据和科学根据的。而那些与此相反的既无事实根据又无科学根据的臆想,根本不能称为假说。

第二,假说具有想象和推测的性质。假说作为对未知现象或规律的一种假定性解释和说明,带有猜想的成分。它尚未达到确实可靠的认识,因而同那些已为实践证实的科学知识和原理是有区别的。比如,现代科学关于太阳系构造及星际运动规律的理论,是已经得到证实的知识,而这种得到证实的科学理论同哥白尼提出的"日心说"是有区别的。哥白尼的"日心说"作为假说,具有推测性。哥白尼只是根据当时不很充分的天文观测资料和尚未得到充分发展的科学知识,对太阳系构造作出的推测。假如站在现代科学理论的高度去看哥白尼的"日

---

① 〔德〕魏格纳:《海陆的起源》,李旭旦译,北京大学出版社2006年版,第3页。

心说",就会发现其中包含某些不切合实际的内容,如把太阳看成宇宙的中心,并认为地球和其他行星是按正圆形轨道绕太阳运行的等。正因为假说具有推测性,所以任何假说都要经过实践验证。

第三,假说具有科学预见功能。这是因为,假说是人的认识接近客观真理的方式。

科学发展的形式表现为假说的提出、验证和更新。人们在实践基础上,通过提出假说、验证假说及修改、补充和更新假说,人的认识就会越来越正确地反映客观现实,掌握客观真理。就这个意义而言,假说是人的认识接近客观真理的方式,因而具有科学预见的功能。

(四)假说的作用

在人们认识活动中,假说作为重要的认识形式,无论是在科学研究活动中,还是在日常工作和生活中都起着非常重要的作用。

假说在科学研究活动中具有特别重要的作用。这种重要作用可用一句话来概括:假说是科学发展的形式。

人们认识世界,探索自然和社会的根本目的,是要认识事物本质,掌握客观事物发展规律,来指导改造客观世界的社会实践活动。而人对事物本质及其规律的认识过程又是一个由表及里、由浅入深的逐步深入的过程。在这一过程中,假说起着非同寻常的作用。当人们在实践中通过观察和实验收集到一定数量的事实材料,而它们又不足以解释需要说明的事物现象时,人们便运用这些材料,借助于逻辑推理,对这些事物现象提出尝试性的解释,这就是假说。随着假说所预见的未知事实在实践中相继获得确证,假说就被证实。这时它就转化为科学理论。当旧理论在实践中碰到无法解释的新事实时,人们便根据新的事实材料提出具有推测性的新假说以取代原有旧理论。一旦新假说经过实践验证获得证实,它就会成为新的科学理论。在人类认识史上,科学理论就是这样通过"提出假说——验证假说(使假说转化为科学理论)——提出新的假说……"的方式不断向前发展的。由此可见,假说是人类认识过程中极其重要的认识形式,是科学理论发展过程中不可缺少的阶段。正如恩格斯在揭示自然科学理论发展规律时所深刻指出的:只要自然科学在思维着,它的发展形式就是假说。假说是自然科学发展的形式,科学的理论、原理和定律,如哥白尼的日心说、牛顿的力学理论、达尔文的进化论、门捷列夫的元素周期律、孟德尔的遗传学定律、爱因斯坦的相对论等等,最初无一不是以假说的形式提出的。

在人们日常工作和生活中,也常常要用到假说。为了区别于科学理论的假说,可以把日常运用的假说称为假设。例如,公安人员在侦查案件过程中,需要根据现场勘查结果,运用溯因推理及类比推理等提出侦查假设,以便缩小侦查范围,确定侦查目标。医生在给病人诊断时,也要根据病情症状提出诊断假设,并把从假设引出的推断与病人的病情和体征相对照以确诊。总之,由于假说具有预见功能,能帮助人们对未知事实和未来发展方向作出预测,因而即便在日常工作和生活中,假说也具有重要作用。

二、假说的提出

(一) 提出假说的步骤

假说的提出是十分复杂的创造性思维过程,很难找出固定的程序。但从假说形成的全过程看,一个假说的提出可大致分成两个步骤,即提出假设和形成推论这两步。

1. 提出假设

提出假设,就是根据已有事实和科学知识,通过分析和推理,形成假说的基本观点。例如,魏格纳根据非洲西部的海岸线与南美洲东部的海岸线彼此互相吻合等事实,经过分析和推理,提出如下设想:这两块大陆原先是合在一起的,只是由于大陆块有过巨大的水平移动才漂移开来,这就是大陆漂移说的基本观点。

从观察到的有待解释的现象到提出初步假设,由现象 E 到试图解释 E 的猜测性理由 H 这一过程中,可以运用不同的逻辑方法,溯因法、类比法以及归纳法尤为常用。这是因为,研究者提出假设总是以不很充分的事实材料和已有科学知识为依据去推测未知事实的,这时候就需要运用归纳法、类比法及溯因法等逻辑方法去帮助研究者展开思维想象的翅膀,对某种未知现象或规律作出猜测性的推断。例如,数学史上著名的"哥德巴赫猜想",就是运用枚举归纳推理大胆提出的一种猜想;地理学上的"大陆漂移说",则是魏格纳运用类比推理,根据大西洋两岸弯曲形状与撕破的报纸的某些相似性,提出了大陆漂移的假说。同时,魏格纳还运用枚举归纳推理对地球上的一块块陆地海岸线的相似形状进行概括,得出地球上所有的大陆原来是由一块原始大陆构成的结论。下面是魏格纳提出大陆漂移假说的最初猜想:

> 1901 年的一天,德国气象学家魏格纳仔细观察墙上的地图,他发现"巴西的版图凸出的部分,正好和非常西南部版图凹进去的部分相吻合"。这难道是巧合吗?接着,魏格纳一口气将地图上一块块陆地都进行了比较,结果发现,从海岸线的相似形状上看,地球上所有的大陆块都能够较好地吻合在一起。"就像我们把一张撕破的报纸按参差不齐的断边拼接起来一样,如果看到其间印刷文字行列恰恰相合,就不能不承认这两片破报纸原来是连接在一起的。"这一发现,使魏格纳萌生了"大陆漂移"的大胆猜想:这些大陆原本是连在一起的,后来才逐渐分开,因而它们之间的海岸线有着惊人的吻合。

在提出假设的众多方法与推理中,类比法与类比推理、溯因法与溯因推理的作用尤为突出,因为这些方法和推理正是创造性思维的重要组成部分。尤其是类比推理,极富于创造性,历史上不少重要的科学假说及思想创新都是运用类比推理获得启发后提出来的。例如:

> 人们很早就开始了对生命遗传机制的探索。薛定谔注意到,生物的种类浩如烟海,但每一种生物都是一代一代忠实地复制着自己的模型。他又注意到,人们通过莫尔斯电码能将丰富多彩的语言准确地传达给别人。于是,他把生命的遗传现象同莫尔斯电码的通讯现象进行类比,从生命遗传现象同电码通讯现象在结果层次上的相似出发,推测二者在行为功能的层次上、在结构的层次上也可能相似,从而作出生命密码的大胆假设:"遗传物质可能是由基本粒子连接起来的非周期性的结晶,有如莫尔斯电码的'点'和'横'那样,可以取各种不同的状态,像莫尔斯电码的组合可以记述所有语言那样,状态变化的排列顺序大概是表示生命的密码文。生命的密码被复制,并像拷贝一样无误地传递给子孙。"①

同样地,溯因推理作为创造性思维的有机组成部分,也是创立假说的重要逻辑工具。因为假说都是对未知事物现象或规律所作的推测性说明,但要说明未知事物现象,则必须对产生这一现象的原因作出解释,这在实际上就是根据已知结果事实去追溯原因。从根本上说,任何假设的提出都离不开溯因推理的运用。为了更清楚地看出溯因推理在提出假设过程中的作用,我们不妨分析一下培塞尔针对天狼星位置摆动现象提出假设的思维过程:

> 天狼星位置忽左忽右呈现周期性摆动;如果有一颗巨大的伴星和天狼星一起围绕着共同的引力中心运行,那么天狼星位置就会忽左忽右呈现周期性摆动,所以,有一颗巨大的伴星和天狼星一起围绕着共同的引力中心运行。不难看出,溯因推理的结论正是培塞尔假设的基本观点。

如此提出的假设,其基本观点带有明显的尝试性与暂时性。因为它所依据的事实材料尚不充分,所运用的非演绎推理其结论也不一定可靠,况且,对同一现象运用溯因推理,往往可从不同角度设想出不同的理论解释,提出多种假设,而它们并非都是正确的,研究者需要经过反复仔细考察,方能对可供选择的假设作出取舍。例如,对脉冲星为什么能极有规则地发出脉冲这一天文现象,天文学家最初曾设想了三种情况:脉动、双星作轨道运动和自转。脉动即设想整个星体时而膨胀时而收缩,就像人体心脏的跳动那样。因为有的恒星如脉动变星即是

---

① 参见〔美〕G.S. 斯坦特:《分子遗传学》,中国科学院遗传研究所翻译小组译,科学出版社1978年版,第17页。

由于脉动造成了光度的变化,所以自然会联想到射电脉冲也可能是脉动作用引起的。双星作轨道运动即设想两颗恒星在互相绕转的运行过程中,由于发生了相互遮掩的交食现象而使我们观测到周期性的脉冲。自转即设想该星像灯塔上不停地旋转的探照灯一样,当探照灯上的光束扫描海面时,每扫描一周灯光就照射到海轮上一次,而在船上的人看来,就是灯每隔一定周期亮一下(光脉冲)。天文学家们经过反复考察后确认:如果是脉动,就不可能维持脉冲周期的极端稳定性;如果是双星作轨道运动,也不可能维持脉冲周期的极端稳定性;可是,脉冲星最明显的特征就是脉冲周期的高度稳定,所以,选用"灯塔辐射"机制是最合理的解释。这种对假说的基本观点作出选择的思维过程,可以用如下公式来表示:

或 H_1,或 H_2,或 H_3

如果 H_1,那么 E_1,但是非 E_1

因此,H_1 不能成立

如果 H_2,那么 E_2,但是非 E_2

因此,H_2 不能成立

所以,H_3

2. 形成推论

形成推论,就是从已经确立的基本观点出发,引出一系列有关研究对象的推论。该推论不仅要能解释已有事实,而且要能预言未知事实。

例如,以"大陆漂移说"的基本观点为出发点,能够推出以下各组事实:

——各个大陆块可以像拼板玩具那样拼合起来,大陆块边缘之间的吻合程度是非常高的。这是大陆漂移的几何(形状)拼合证据。

——大西洋两岸以及印度洋两岸彼此相对地区的地层层序(地层构造)是相同的。这是大陆漂移的地质证据。

——大西洋两岸的古生物种(植物化石和动物化石)几乎是完全相同的。还有大量的古生物种属(化石)是各大陆都相同的。这是大陆漂移的古生物证据。

——留在岩层中的痕迹表明,在 3 亿 5 千万年前到 2 亿 5 千万年前之间,今天的北极地区曾经一度是气候很热的沙漠,而今天的赤道地区曾经为冰川所覆盖,这些陆块古时所处的气候带与今日所处的气候带恰好相反。这是大陆漂移的古气候证据。

在形成推论时应当注意,解释已知事实与预言未知事实二者对假说本身的支持力度是大不相同的。例如,牛顿当时运用万有引力假说,虽圆满地解释了长期以来被认为最神秘的涨潮退潮现象,但这还不能有力地证实万有引力假说。

直到 18 世纪,法国数学家克雷洛根据万有引力假说计算出哈雷彗星的轨道,并预告它将要出现的可能日期,尔后哈雷彗星果然在预言的期间出现了,这才有力地证实了万有引力假说。因此,只有依据假设基本观点引出预言性的推论,才对验证假说具有决定性意义。

形成推论必须运用演绎推理。这是因为,假说的基本观点必须严格蕴涵着由它引出的推论,而非演绎推理显然不能满足这一要求。形成推论是假说形成的标志,因为提出假设还只是对被研究现象提出初步假定,只有依据多方面的知识和材料,并运用演绎推理进行推论,才能充实假设内容,使之形成一个完整体系。例如,"大陆漂移说"如果没有引出诸如上述种种推论,使之扩充为完整的体系,那它就不能算是一个完整而严谨的假说。因此,在提出假设后,运用演绎推理形成推论,也是提出假说过程中的重要一步。

(二) 提出假说应注意的问题

假说的提出具有高度的创造性和复杂性,没有什么固定的规则或公式可循,但有以下四点是提出假说所应当注意的:

(1) 必须以事实为根据,但不必等事实材料全面系统地积累起来后才提出假说。

假说同无事实根据的迷信预测(如占卜术等)最根本的区别在于:假说是依据已有科学知识和事实材料提出来的,即使后来被否定的那些假说,原先也是有一定的事实依据的。这就是说,任何假说的提出都必须以事实为根据。但是,人们也不必等待事实材料全面系统地积累起来之后再提出假说,因为那样做将意味着取消假说,使人们的理论思维过程停顿下来。再说,事实材料的搜集是一个历史过程,常会受到某一时代技术条件及人类实践范围的限制,而人对自然的认识则是能动反映的过程,人们完全可以凭借有限的事实材料和已有的科学知识,借助逻辑推理提出假说。

(2) 必须运用科学知识,但又不必受既有知识束缚。

创立假说是人类认识扩大与深化的过程。科学假说不能与科学中已经证实的定律相矛盾;相反,它应当遵循和运用已有的科学原理。但是,人的认识是一个由浅入深不断深化的发展过程,已经取得的既有认识成果不可能都是绝对正确的,原有的知识和原理也不都是完美无缺的。当实践中新发现的事实与过去的传统观念发生冲突,既有旧知识体系局限性逐步显露时,人们不应抱残守缺止步不前,而是应该勇敢地冲破传统观念束缚,大胆地提出新的假说,推动科学理论向前发展。

(3) 不仅要圆满地解释已有事实,而且还必须包含有可在实践中检验的新结论。

正是由于发现了原有理论无法解释的新事实,人们才提出假说的,所以假说只有当它对各种有关事实都能给予正确解释时,才表明它具有较大的适用性并得到大量事实的支持,从而该假说才会是有意义的。不仅如此,一个假说还必须尽可能多地预言未知的新事实,以表明假说不仅有巨大的启发作用,而且是可以广泛地在实践中验证的。

(4)假说的结论必须简明。

假说过于复杂往往就不严密,并且也往往会使假说的核心即研究者设想的基本观点淹没在繁杂的甚至无关的材料之中。因此,简洁明了便成为科学假说的又一特征。至于要简明到何种程度,则要依对象性质而定,但基本要求是,无论如何要消除无关紧要的、非必要的东西,以精炼内容,突出重点。

三、假说的验证

(一)验证假说的基本步骤

人们提出假说,对旧理论碰到的疑难问题作出解答,对实践中发现的新事实作出解释。但是,这种试探性的解答和解释是否正确,并不依赖于人们的主观信仰或社会公认,也不依赖于它能否作为某种方便的手段或工具,而取决于它是否符合客观实际。因此,假说提出之后必须经过验证,即通过实践检验来判明假说是否具有真理性。

严格说来,假说的验证并不是在假说形成之后才开始的。在形成假说时就已伴随着局部的验证。如形成假说的初始阶段,研究者在提出几个尝试性假定后,必须进行多方面的考察、分析和论证,方能从中选出比较合理的初步假定,而这一过程本身既是对各种初步假定的选择,又是对它们的初步验证。再如,由初步假定到引出推论时,研究者也必须借助于已知事实检查假说的合理性。但是,上面的验证只是局部的和不全面的。而对假说的真理性具有决定意义的验证,是在假说形成之后才开始的。只有在假说形成之后,人们才从整体上对假说的真理性给予全面的、严格的验证。

假说的验证过程可分为以下两个基本步骤:

第一步,从假说的基本观点出发,引出关于事实的结论。这是个逻辑推理过程,需要运用演绎推理。其推理过程可用公式表示为:$(H \wedge W) \rightarrow E$。这里,$H$表示假说的基本观点,$E$表示关于事实的命题,它可以是需要解释的已知事实,也可以是预见到的未知事实。而W则表示有关的背景知识。因为仅仅依靠假说H还不足以引出关于事实的命题E,除假说外还必须具有一定的背景知识。例如,仅仅依据"所有金属物体都有热胀冷缩的特性",还不能引出"这个物体有热胀冷缩的特性"的结论。要得到这个结论,除上述前提条件外还需要一些其他知识如"这个物体是金属物体"作为前提。因此,实际上人们是把假说的基本观点跟有关背景知识结合起来作为前提而通过演绎推理引出关于事实的命题的。

例如,德布罗意提出物质波假说后,便应用狭义相对论公式和量子论当时已建立起来的公式,经过严格推导,给出计算物质波波长的公式,还计算出电子的波长,预言电子通过直径小于其波长的小孔时,也会像其他波一样发生衍射现象,并提出可用电子在晶体上做衍射实验来加以验证。

第二步,通过社会实践检查从假说基本观点结合背景知识所引出的结论是否真实。要验证假说的推论,有时仅仅应用观察就够了。例如,生物学家施旺与施莱登分别发现了动物和植物机体都是由细胞组成的。施莱登又在植物细胞中发现了细胞核。施旺设想:如果动物同植物在本质上相似的话,那么动物也应有细胞核。后来,用显微镜反复观察,动物细胞中果然存在细胞核。这一假说的验证就通过观察而得到证实。而有时,则需要设计复杂的实验,并通过应用探求因果联系的方法,才能对假说的推论作出检验。若假说的推论与事实相符,人们一般就认为假说得到了证实;若假说的推论与事实不符,人们一般就认为假说被否证(证伪)了。

例如,1927 年,美国科学家戴维森在精密实验条件下,做了电子束在镍晶体表面反射时产生散射现象的实验,经计算证实了德布罗意公式。同年,英国科学家汤姆逊用高速电子穿透金属箔,直接拍摄到电子衍射图样。这样,德布罗意的物质波假说就被证实了。

(二)验证假说的复杂性

按照上述基本步骤去验证假说,不论是证实抑或是证伪一个假说,都是非常复杂的。这是因为,人们实际验证假说时,总是通过公式$(H \land W) \rightarrow E$去检查从假说引出的推论 E 是否存在进而由此确定假说 H 能否成立的。一般地说,E 得到证实,假说 H 就得到了一定程度的确证;而 E 被否证,假说 H 则失去了支持。然而,一定程度的确证不等于证实了假说,同样,失去支持并不等于假说被证伪。因此,验证假说还是一个十分复杂的历史过程。

(1)证实假说的过程极其复杂,并非一蹴而就,需要反复验证和决定性验证。

因为证实假说所运用的推理形式是:

$$\frac{(H \land W) \rightarrow E}{H \land W}$$

显然,该推理形式不是演绎推理的有效式,而是非演绎推理中的溯因推理形式,该推理形式不能从真前提必然推出真结论。因此,当实践表明能够推出结论 E 真时,也不能由此确定假说 H 必然真,在这种情况下,只能说假说得到某种程度的确证,或假说得到了证据的支持。

因此,为了证实假说,人们往往要从假说中引出一系列关于事实的命题,让实践对众多的事实命题一一作出检验。一般说来,支持假说的事实越多,假说得到确证的程度也越高。当然,单纯依靠事实的量的增加对于证实假说并不具有决定意义,更重要的是应当考虑用以证实假说的事实的质。这就是说,不同的事实对假说的支持程度不同,因而对最终证实假说所起的作用也就大不相同。如果从假说中引出的是关于已知事实的命题,那么这种事实只能给予假说一般性的支持,对假说作出一般性的验证。如果假说能预见到未知的新事实,而这种事实单靠背景知识不能推导出来,但与背景知识相容,那么这种事实就能给假说以较强的支持,对假说作出严格的验证。例如,科学史上门捷列夫的元素周期律假说对未知元素的预言便是如此。如果假说作出的预见是背景知识所料想不到的,并且是违反背景知识的,这种预见就是大胆、新颖的预见,它将给假说以最强的支持,对假说作出有决定意义的验证。例如,爱因斯坦的广义相对论,就是根据它预见的水星近日点的进动、光线在引力场中的弯曲和光谱线在引力场中的红移这三大事实被证实而得到确认的。

总之,由于不同的经验事实对假说的支持程度各不相同,并且从根本上说假说被证实的过程不具有逻辑上的必然性,所以,证实假说不是一次实践就能完成的,而是一个十分复杂的历史过程。

(2) 证伪假说的过程同样复杂,常常需要对背景知识进行多方面核实才能完成。

我们知道,证伪一个假说所运用的是有效的演绎推理形式:

$$\frac{(H \wedge W) \rightarrow E}{\neg (H \wedge W)}$$

显然,依据该推理形式,如果 E 与客观事实不符,只能推出作为假言前提前件的假说基本观点与背景知识的合取为假,而不能必然推出假说基本观点为假,因为此时既可能是假说基本观点为假,但也可能是背景知识为假。科学史上还真有这样的实例。例如:

牛顿提出万有引力假说后,曾结合其他知识,计算出月球的运行情况。但对月球的观察结果令他大失所望,观察结果与他的计算不相符合。牛顿不愿意在事实面前再提出其他理论,就把他理论的原稿锁进抽屉,不再过问了。世界上竟然有这样的巧事。就在牛顿将其计算原稿在抽屉里搁置了大约 20 年之后,法国一个实地考察团重新对地球的圆周作出精确测量。牛顿看到他以前计算所依据的数字原来是错误的,而新修正的数字正是全面证实他的设想所必需的。获得这次奇妙的验证之后,牛顿才正式发表了他的万有引力假说。

在这个例子中,从假说和背景知识中推出的关于事实的命题与实际观察不符合,发生错误的不是假说,而是背景知识。当然,有时经过仔细检查,发现背景知识是确实可靠的,这时通过上述推理便可确定假说是不正确的,这就是对假说的证伪。但是,个别事实结果并不能完全证伪一个假说,因此,即使遇到这种情况,人们也不是轻易抛弃假说,而通常是结合这一新情况对原假说进行局部修改和补充,使之具有更广的适用性,并从中引出新的结论,重新进行验证。

此外,还可能出现这样的情况,由于观察和实验的技术手段不完善,从中获得的事实材料不够准确,甚至差错很大,这时也不能必然地证伪假说。

思考题

1. 什么是归纳推理?归纳推理与演绎推理有何不同?
2. 什么是简单枚举法?它的局限性是什么?
3. 如何提高枚举归纳推理结论的可靠性?
4. 什么是因果联系?因果联系具有哪些特点?
5. 密尔五法是指哪五种探求因果联系的方法?每一方法各有什么特点?
6. 求同法和求同求异并用法二者在应用及可靠性上有何不同?
7. 为什么求异法成为科学中最常用的探求因果联系方法?
8. 求同求异并用法与求同法、求异法的相继应用有何不同?
9. 共变法和求异法有什么相同点和不同点?试举例分析。
10. 为什么一般不能在探求因果联系的开始阶段就运用剩余法?
11. 如何客观评价密尔五法的作用与局限?
12. 什么是类比推理?类比推理有何作用?
13. 如何提高类比推理结论的可靠性?
14. 什么是溯因推理?它与假言推理有何不同?
15. 如何提高溯因推理结论的可靠性?
16. 什么是统计推理?如何提高统计推理结论的可靠性?
17. 什么是随机事件的概率?计算概率的基本公式是什么?
18. 什么是假说?假说有哪些特征?
19. 假说有什么作用?
20. 假说的提出通常要用哪些推理?请举例说明。
21. 怎样验证假说?试举例分析。
22. 为什么证实一个假说的过程是十分复杂的?

练习题

 课程视频

 拓展阅读书目

1.〔美〕柯匹、〔美〕科恩:《逻辑学导论》(第13版),张建军等译,中国人民大学出版社2014年版。

2.〔意〕玛格纳妮:《发现和解释的过程:溯因、理由与科学》,李大超等译,广东人民出版社2006年版。

3.〔英〕波普尔:《科学知识进化论:波普尔科学哲学选集》,纪树立编译,三联书店1987年版。

第八章　法律逻辑

人们很早就重视逻辑在法律领域的运用。正如西方逻辑史家黑尔蒙所言，三段论的逻辑形式早在古埃及和美索不达米亚的司法判决中就已经有所运用了。古巴比伦的《汉谟拉比法典》也是用逻辑的对立命题与省略三段论的方式来宣示法律规则的。① 古希腊哲学家亚里士多德等所发展出的一整套严密的逻辑学体系，对罗马法的发展曾产生了深远影响，使罗马法摆脱了其他古代法律体系不合理性、不合逻辑的轨迹，成长为一个博大精深、结构严谨的体系。这种在法学和法律运用中重视逻辑的传统对后来西方各国的立法与司法都产生了深远的影响。

当然，真正对法律推理和法律论证进行关注并加以研究，还是近代以来特别是18世纪末19世纪初西方分析法学派诞生以后的事。19世纪以边沁、奥斯汀、凯尔森为代表的早期分析法学学者运用逻辑工具对法律中的问题作过探讨和研究。到了20世纪50年代，人们普遍认识到法律研究和法律适用要大量地依靠逻辑，强调将一般逻辑原理应用于法学和法律工作的实际，对法律领域的推理与论证问题进行了一系列研究。其中比较突出的有：德国学者克鲁格于1951年出版的《法律逻辑》(*Juristische Logik*)；波兰学者齐姆宾斯基于1959年出版的《法律应用逻辑》(*Practical Logic*)；奥地利学者塔曼鲁于1966年出版的《现代法律逻辑概论》(*Outlines of Modern Legal Logic*)等。一系列法律逻辑著作的出版，标志着法律逻辑研究已经进入新的阶段，开始构建法律逻辑体系。

国内法律逻辑研究起步较晚。虽然自20世纪80年代初开始，国内学者也开始在传统逻辑框架内探讨法律推理和法律论证的问题。但由于当时国门刚刚打开，国内学者对西方发达国家法律逻辑研究的情况并不了解，因而法律逻辑研究的思路自然受到限制。随着改革开放不断深入，越来越多的国外法律逻辑研究成果被陆续介绍到国内，从而对国内学者的法律逻辑研究给予多方面的启发。目前，不仅德国学者克鲁格的《法律逻辑》已译成中文出版，而且以中山大学逻辑与认知研究所为基地的法律逻辑团队主持并翻译出版了西方法律逻辑经典译

---

① 参见汪奠基：《关于中国逻辑史的对象和范围问题》，载《中国逻辑思想论文选》(1949—1979)，生活·读书·新知三联书店1981年版，第5页。

从,在国内逻辑学界和法学界产生了较大影响。

本章主要依赖国内翻译出版的法律逻辑及非形式逻辑论著,并参考国内学者在法律推理和法律论证方面的最新研究成果,让读者对目前法律逻辑研究、发展及应用有所了解,并为今后从事法律工作打下基础,准备必要的逻辑和方法工具。

第一节 法律推理

纵观法学理论界和逻辑学界各自对法律思维与法律方法的探究,均不约而同地将目光聚焦于法律推理。从法学理论研究的角度看,法律推理是法学理论特别是法哲学中一个重大的研究课题。早在20世纪60年代,英国牛津大学的哈特就把法律推理问题作为其法哲学研究的基本问题。[①] 美国法学家肖尔也说:"哲学的很大一部分,有的哲学家说是最重要的一部分,是对推理的研究。那么,毫不奇怪,法哲学的很大一部分就是对法律推理的研究。"[②]国际法理学和法哲学会刊《法律与哲学》也把法律推理纳入该刊所列的20世纪80年代的法哲学论题之内。[③] 在逻辑学界,从法律思维方法和法学方法论角度开展的法律逻辑研究,也把法律推理作为法律逻辑研究的主要内容予以考察。[④] 目前,国内法学理论界和逻辑学界都从各自角度对法律推理展开研究,但因法律推理本身的复杂多义以及人们考察法律推理视角的不同,迄今为止,对于诸如什么是法律推理这样的问题尚未形成统一的看法。

一、法律推理的含义与特征

(一)法律推理的含义

目前,国内外学者对"法律推理"尚未形成统一的科学定义。"法律推理"的含义也不甚明确,其用法很不统一。"法律推理"一词常在不同的意义下被提及或使用,较为常用的主要有下列三种:

(1)"法律推理"被视为"法律逻辑"的同义词。按照西方法学家们的说法,法律逻辑是适用法律的逻辑。它是法官、检察官或律师将一般法律规定适用于具体案件过程中,论证判决之所以正当或不正当的一种技术,因而是"供法学家、

---

① 英国法学家哈特认为,法哲学基本问题包括定义和分析问题、法律推理问题、法律批评问题。参见张文显:《二十世纪西方法哲学思潮研究》,法律出版社1996年版,第7页。
② 张保生:《法律推理的理论与方法》,中国政法大学出版社2000年版,第4页。
③ 参见张文显:《二十世纪西方法哲学思潮研究》,法律出版社1996年版,第7—8页。
④ 参见雍琦、金承光、姚荣茂:《法律适用中的逻辑》,中国政法大学出版社2002年版,第9页;王洪:《司法判决与法律推理》,时事出版社2002年版,第10页。

特别是法官完成其任务之用的一些工具,方法论工具或智力手段"。① 法律逻辑关注的核心问题乃是法律推理,正是在这个意义上,西方国家的一些法学家在他们的论著中,常常将"法律推理"与"法律逻辑"当作同义词交替使用。②

(2)"法律推理"就是"法律规范推理"。现代逻辑,尤其是规范逻辑或道义逻辑的快速发展,推动了法律规范推理的研究。逻辑学界及法学界的一些学者认为,应将现代逻辑理论应用于法律领域并研究其中的逻辑问题——以法律推理为核心的法律逻辑系统。如波兰学者齐姆宾斯基就将审判推理(即法律推理)归结为"由规范推导规范"的推理,他将这种推理划分为"以规范的逻辑推导为基础的推理""以规范的工具推导为基础的推理"和"以立法者评价一贯性的假定为基础的推理"③。捷克法理学家维克纳普和阿格尔洛赫也同样认为,法律推理主要就是以非古典逻辑为基础的法律规范推理,并在此基础上试图建构法律规范推理的逻辑模型。④

(3)"法律推理"就是"形式逻辑推理在法律中的应用"。该观点无论在国内还是国外都是一种较有代表性的法律推理观。如《牛津法律大辞典》的编者戴维·M.沃克就认为:法律推理就是对法律命题的一般逻辑推理,在不同情况下,可使用不同种类的推理。⑤ 国内出版的法律逻辑著作中,虽然并未明确界定"法律推理是什么",但不少著作把法律推理(包括审判推理和侦查推理)理解为形式逻辑的各种推理在审判实践和侦查实践中的简单应用。因此,对法律逻辑的研究便主要立足于形式逻辑简单应用的层面,即运用形式逻辑所讨论的各种一般推理的形式、规则去解析司法中的一些实例。

"法律推理"的上述三种用法并非彼此互不相关,它们之间存在着一定的内在联系。就第一种用法而言,法律逻辑即是法律适用的逻辑,法律推理亦即法律适用的推理。法律推理是指"法官在适用法律的过程中根据法律原则所进行的逻辑推理"。⑥ 因为法官既然有义务进行审判并说明其判决理由,同时又不能专横地进行判决,那么就必须运用法律推理,并以他所适用的法律来论证其判决的合理性。因此,法律推理实质上就是为判决结论提供正当理由的过程。⑦ 既然法律推理是在确认案件事实基础上,援用法律条款而得出对具体案件裁决或判

---

① 参见沈宗灵:《佩雷尔曼的"新修辞学"法律思想》,载《法学研究》1983年第5期。
② 如亚狄瑟就在《法律的逻辑》的"导论"中声明,"法律推理"与"法律逻辑""在书中,两者是同义词"。参见〔美〕鲁格罗·亚狄瑟:《法律的逻辑》,唐欣伟译,法律出版社2007年版,第2页。
③ 〔波〕齐姆宾斯基:《法律应用逻辑》,刘圣恩等译,群众出版社1988年版,第320—331页。
④ 参见〔捷〕维克纳普和阿格尔洛赫:《法律意识中的逻辑》,莫斯科进步出版社1987年俄文版,第172—220页。转引自雍琦:《审判逻辑导论》,成都科技大学出版社1998年版,第123页。
⑤ 参见〔英〕戴维·M.沃克:《牛津法律大辞典》,光明日报出版社1988年版,第751—752页。
⑥ 参见信春鹰:《二十世纪西方法哲学基本问题》,载《法学研究》1993年第4期。
⑦ 参见沈宗灵:《现代西方法理学》,北京大学出版社1992年版,第237—239页。

决结论的推理,这其中就必然会涉及法律规范推理,即"由规范推导规范"的推理。因此,法律规范推理也属于法律推理范畴,此即"法律推理"的第二种用法。显然,"法律推理"第一种用法的外延更广,第二种用法的外延为第一种用法所包含。

此外,法律推理既然是适用法律的推理,就必须以法律规则和确认的案件事实为已知前提,推导出具体案件的裁决、判处结论。而为了具体案件裁决、判处结论的导出,首先就必须运用证据认定案件事实并对其进行司法归类活动,以获得法律推理的小前提,而且在此基础上还必须查明、选择并援用相关的法律条款,以获得法律推理的大前提。在构造法律推理大、小前提的活动中,必然会运用各种具体的一般逻辑推理,如用证据认定案件事实时,就必须运用各种具体的推理——形式逻辑所讨论的各种推理。因此,从这个意义上也可以说,法律推理就是一系列各种具体推理活动的总和,其中必然包含着若干个一般意义上的逻辑推理的运用。这表明"法律推理"的第一种用法与第三种用法其实也是密切相关的。正因为法律推理作为一种理性思维活动,包含着一系列具体逻辑推理的运用,而不再专指某个具体的推理,因此这种意义上的法律推理其实就是法律适用逻辑,简称为"法律逻辑"。

由此可见,法律推理的含义实际上有广义与狭义之分。广义的法律推理指以法律规定为大前提、以确认的案件事实为小前提,综合运用各种具体的逻辑推理,推导出具体案件的裁决、判处结论的逻辑思维过程。狭义的法律推理仅指寻找可资援用的法律规范过程中,由规范推导规范的推理即规范推理。专门研究规范推导的逻辑称作规范逻辑,亦称道义逻辑。①

综上,我们认为,通常意义上的法律推理也就是法律适用推理。它是指法律工作者在法律适用过程中,运用证据确认案件事实,选择、分析法律规范,从而将确认的案件事实归属于相应的法律规范,援用相关的法律条款而导出待决案件的裁决、判处结论,并论证其结论正当、合理的理性思维活动。简言之,法律推理就是从确认具体案件事实、援用一般法律条款,直到得出案件裁判结论的一系列逻辑思维活动。

(二)法律推理的特征

法律推理的特征,主要有以下几方面:

(1)法律推理是法律适用中的逻辑思维活动,具有演绎论证性质。法律推理指的是法律适用的总体推理模式而非法律适用中某个具体的推理形式。法律适用推理的总体思维模式表现为演绎论证模式,通常被分析为演绎三段论(或假言推理)。法律推理的演绎论证性质得到大陆法系和普通法系法学家的公认。

---

① 参见陈波:《道义逻辑与伦理学研究》,载《中国人民大学学报》1989年第3期。

大陆法系法学家对成文法法律适用中法官法律推理模式的概括,一向以三段论式演绎推理为标准形式,如18世纪意大利法学家贝卡里亚就十分肯定地说:"法官对任何案件都应进行三段论式的逻辑推理。大前提是一般法律,小前提是行为是否符合法律,结论是自由或者刑罚。"①普通法系国家法学家也同样肯定判例法法律适用推理模式为演绎推理。例如,英国法学家哈特就说过:"传统理论认为,法院的判决是演绎三段论中的结论,规则是大前提,而案件中一致同意或确立的事实陈述是小前提。与此相类似,就法院引用判例而言,传统观点认为法院从过去判例中抽出规则是归纳推理,而将抽出的规则适用于当前的案件是演绎推理。"②

(2) 法律推理是为法律结论寻找正当理由的实践理性推理,具有说服性。法律推理与科学推理不同。法律推理的目标不在于寻找真相或真理,而主要是为行为规范或人的行为是否正确或妥当提供正当性理由。法律推理所要回答的主要问题是:法律规则的正确含义及其有效性,个体行为是否合法,当事人是否拥有一定权利或应承担一定义务、是否应负法律责任等问题。比利时哲学家佩雷尔曼指出:"法律推理因此是实践性推理的一个精致的个案,它不是一种形式的阐释,而是一个旨在劝说和说服那些它所面对者们的论辩,即这样一个选择、决定或态度是当前合适的选择、决定或态度。根据决定所据以做出的领域,在实践性论辩所给出的理由,'好的'理由,可以是道德的、政治的、经济的和宗教的。对法官来说,它们实质上是法律的,因为他的推理必须表明决定符合他有责任适用的法律。"③美国法学家波斯纳谈到实践理性时指出:"实践理性被理解是当逻辑和科学不足之际人们使用的多种推理方法(包括直觉、权威、比喻、深思、解释、默悟、时间检验以及其他许多方法)。""就法律而言,实践理性的特殊意义在于,它可以高度肯定地回答一些伦理问题。"④因此,法律推理实际上是论辩推理,其主要功能在于使用正当理由进行论证借以说服当事人以及社会大众。

(3) 法律推理是特定机关公职人员的法律行为,具有权威性。法律推理是法院审理案件获得法律判决的方法,同时它也是证明法律判决合法性的最重要的方法。⑤ 从法官的角度看,法律推理是法官依据法律规定和经证实的案件事实对案件得出法律判决结论的思维和论证过程。在法治社会,法律是通过法定程序制定的行为准则,是包括司法官员在内的全体社会成员的共同行为标准。法官虽然掌握着国家权力,但是只有法律授权时并且按照法律授权,他们才能够

---

① 〔意〕贝卡里亚:《论犯罪与刑罚》,黄风译,中国大百科全书出版社1993年版,第12页。
② 〔英〕H. L. A. 哈特:《法律推理问题》,刘星译,载《法学译丛》1991年第5期。
③ 转引自张骐:《通过法律推理实现司法公正》,载《法学研究》1999年第5期。
④ 〔美〕理查德·A. 波斯纳:《法理学问题》,苏力译,中国政法大学出版社2002年版,第39、96页。
⑤ 〔美〕弗里德曼:《法律制度》,李琼英、林欣译,中国政法大学出版社1994年版,第276页。

使用强制剥夺人的生命、自由或财产。因此,在任何特定的案件中,案件当事人都有权知道法官是否在合法地使用着法律赋予的权力,自己的重大利益是否被合法地处置。人们尊重和服从法律,对于法院判决,只有在确认它是依法作出的条件下,才会心悦诚服地加以接受和服从。这就要求法官揭示法律和特定行为之间的联系,论证法院判决与更高的法律权威(如国家立法机关所制定的法律)之间的某种联系。正确的法律推理可以证明法官的权力是在以合法的正当的方式被使用着,法院作出的判决是合法的,具有合法性的权威。这就表明法律推理不是普通人在日常生活中为解决某个法律问题而进行的推理,它是法官履行法律职责的法律行为,因而法官的法律推理具有权威性。法官的法律推理如果符合程序法和实体法的规定,又有令人信服的事实根据,那么法律推理的结论就具有国家权威性,当事人必须执行。

(4)法律推理必须受事实和法律的双重拘束,具有客观性。作为法律推理大前提的法律规范,只能是现行法律(正式法源)以及公平正义观念、法理学说、善良风俗、习惯及国家政策等(非正式法源)。它们是法律推理结论正当性的法律依据。作为法律推理小前提的案件事实,必须是得到法庭确认且能涵摄到法律规定之中的客观事实,它是法律推理结论正当性的事实根据。没有事实根据和法律依据的推断,不能称为法律推理,也不具有正当性。具有事实根据和法律依据(即"以事实为根据,以法律为准绳"),成为法律推理区别于主观推测和经验擅断的客观标志。法律推理不是主观推测,也不是经验擅断,而是建立在事实与法律基础之上的严密逻辑推理。主观推测或经验擅断尽管也有推导过程,但其推导过程往往缺乏逻辑联系和可靠的推导依据,因此结论十分可疑,缺乏论证性和说服力。在司法过程中,仅凭自己的直觉和经验而进行的主观推测或经验擅断太可怕,与现代法治精神水火不容,已为近代以来各国的法律理论和法治实践所摒弃。

二、法律推理的种类

对于法律推理,不同学者按照不同标准可以进行不同的分类。事实上,在不同国家或地区甚至在同一国家或地区的不同时期也在运用着不同类型的法律推理。本书对法律推理的分类如下:

(一)演绎法律推理与类比法律推理

根据法律适用类型的总体推理模式的不同,可将法律推理区分为演绎法律推理和类比法律推理。

1. 演绎法律推理

演绎法律推理是大陆法系法律适用的推理模式。在以成文法典为单一法律渊源的大陆法系国家或地区，法官(院)要找到法律要求的公正合理地处理具体案件的最好办法的途径，就是以成文法条文为依据和准绳。因为在社会关系复杂的情况下，对具体案件的公正处理方法，首先要求它具有确定性和稳定性，成文法由于遣词严谨、概念明确、概括性强、适用面广以及援用方便等特点而被认为是清楚地表述法律规则和保持司法统一的最好手段。"判决不是根据例子而是根据法律"，这是大陆法系法律适用的一个重要原则。在这种法律传统下，其法律适用推理的方式，就是法官审理各类案件都必须根据立法者制定的成文法规则而不考虑先前的判例，对具体案件作出裁决、判处结论。这种以成文法规则作为适用依据的法律推理方式，是建立在人类的理性思维基础上的，其思维进程就是从一般到个别的认识过程。从逻辑上看，其法律推理方式就是一个"演绎论证模式"(其典型为"司法三段论")：R(成文法法律规则)∧F(确认的待决案件事实)→D(对具体案件的裁决或判处结论)。由此可见，大陆法系的法律推理就是将成文法的规则适用于具体案件事实以获取判决的过程，它实际上就是构建并运用(以演绎法为主要甚至唯一形式的)法律推理的过程。其大前提总是成文法条文而非先前的判例，小前提肯定待决案件事实属于成文法条文所假定、预见的法律构成要件，结论则是待决案件所适用的法律效果。

大陆法系的法律推理模式具有如下特征：

第一，立法主体与司法主体分离，能有效避免法律适用机制的失控，而且有利于在成文法典生效范围内维护司法统一，保证法律推理的稳定性和权威性。

第二，以演绎推理模式作为适用法律的逻辑工具和手段。由于演绎推理前提与结论之间的联系是必然的，可以保证其适用结论的合法性和可靠性，而且其法律推理过程相对比较简单，便于适用主体把握和运用。但与此同时也容易导致实务中不重视法律推理技巧的运用。

第三，作为法律推理大前提的成文法条文总是概括的、抽象的和一般性的，不可能包括社会生活的各种具体情形，而作为法律推理小前提的案件事实却是各种各样的，因此，法律推理活动中不容易将法律推理的大、小前提有效地联结起来，这样由于适用主体主观因素的影响，极易出现不同法官对类似案件的判决差异较大，从而导致法律适用的不公平。

第四，由于法律推理中演绎推理的程序相对固定，过于简单和呆板，极易流于机械的操作(概念法学的一度盛行就是明证)，从而使成文法的适用不能及时适应社会经济、政治的发展变化。

2. 类比法律推理

类比法律推理是英美法系法律适用推理的推理模式。英美法系又称为普通法系,泛指以英格兰法为基础并以判例法为主要法律渊源的国家或地区的法律制度。这是一种区别于以成文法特别以编纂法典为特征的民法法系国家或地区的法律制度。在英美法系国家,盛行的是以判例法规则作为适用依据的法律推理方式,习惯和法院的判例过去是并且现在仍然是最基本的(尽管不是唯一的)法律渊源。①

根据判例法制度,法院的一项判决具有两方面的意义:一方面,判决对特定案件的当事人具有直接拘束力;另一方面,判决因此成为下级法院或本级法院今后处理相同或相似案件所应当遵循的先例。由此,每一类相似案件的判决都形成了前后相接的案件链。当然联结案件链的要素并非判决本身,而是判决中蕴涵的法律规则。它是先前同类判决中蕴涵的法律规则的继续,又成为未来类似案件判决的法律依据。② 正如贺卫方所说:"在结构上,英国司法判决包含三个有机的组成部分,即:对案件事实直接的或依据推理所进行的裁判;对与案件事实相关的法律问题及原则的陈述;基于上述两项而作出的判决。在这三个成分中,第二项被称为判决理由。对后来的法官具有强制约束力的并非判决书里的全部内容,而只是判决理由。"③

在这种法律制度下,其法律适用推理的方式就是,法官(或法院)审理任何具体案件都必须遵循先例原则(stare decisis)④,运用区别技术(distinguishing technique)⑤,经过识别(distinction),证明当前案件的基本事实与先例相同或相似,因此应以先例中所蕴涵的法律规则或原则对当前待决案件作出裁处结论。具体说,在司法审判中遵循先例,就是要求法官对先前的判例进行分析,并从中归纳出判决理由和法律原则,然后运用类比推理将这些判决理由和原则适用于当前的案件,从而使相似案件获得相似的解决。

英美法系的法律适用方式是立足于人类经验思维基础上的,其思维进程是由个别到个别或由特殊到特殊的认识过程。从逻辑和技术角度来说,它是运用类比方法所进行的法律推理。因此,这种法律推理方式总体上表现为类比推理(也可解释为先归纳后演绎,因而其法律适用推理方式仍是演绎论证)模式。一般说来,英美法系的法律推理包含以下三个部分:一是对案件事实的裁决(即确认案件事实),可分为直接的和推论的两种。推论的事实裁决是由法官或陪审团

---

① 参见〔美〕埃尔曼:《比较法律文化》,贺卫方等译,生活·读书·新知三联书店1990年版,第44页。
② 参见陈兴良:《刑法的人性基础》,中国方正出版社1996年版,第484—485页。
③ 贺卫方:《司法的理念与制度》,中国政法大学出版社1998年版,第201页。
④ "先例原则"的基本含义是指下级法院受上级法院判决的约束,某些上级法院受自己先前判决的约束。
⑤ 判例法并不是指对某一类案件的整个判决,而是指该判决所蕴涵的,能作为先例的某种法律规则或原则。先例可分为有拘束力与无拘束力两类。在这种情况下,对含有先例的判决中的事实或法律问题和现在审理案件中的事实或法律问题必须加以比较和区分,这一过程,在普通法的术语中称为"区别技术"。

从直接的、可感觉到的事实中得出的推论。二是从先例中归纳并陈述（适用于由案件事实引起的法律争执）法律原则或规则。三是综合上述作出对待决案件的裁决或判处结论。因此，英美法系法律适用中运用的法律推理的结构可分析为：

具有约束力的先例 Fx 具有 a、b、c…n 属性，并且适用 R 法律规则

待决案件 Fy 也具有 a、b、c…n 属性（或具有与之相似的 a'、b'、c'…n' 属性）

所以，Fy 案也应按照 Fx 案一样适用 R 法律规则。

上述推理结构也可以通过另一个公式来说明，即：

R 法律规则适用于 Fx 案件，

Fy 案件在实质上与 Fx 案件类似，

所以，R 法律规则也应适用于 Fy 案件。

英美法系的法律推理模式具有如下特点：

（1）司法与立法融为一体。法官在审判过程中一经形成判决，也就完成了立法，因而可以随时应变，及时指导审判活动，以适应社会经济、政治发展的需要。与抽象概括的制定法不同，判例比较具体，可比性强，可为法官提供一个感性具体的类比样板，以资仿效，更能防止法的精神在适用过程中的耗损和走样。

（2）英美法系以类比推理模式作为法律适用的方式和逻辑手段，而类比推理是以事物的同一性作为客观基础，因此，其法律适用的优点就在于平等、可预见性、经济和尊敬四个方面。平等是指对相同案件进行同样处理，以体现司法的一致性；可预见性是指通过一贯遵循先例的制度，人们可以预知未来的纠纷及其处理结果；经济是指使用既定标准解决新出现的案件可以节省时间和精力；尊敬是指对先前法官的智慧和审判经验的尊重。[①]

（3）英美法系的法律适用推理是通过"区别技术"和类比推理模式来完成的。"区别技术"中的"区别"是指当前待决案件与先前判例之间的比较和"识别"，从比较、"识别"中寻找法律适用依据和判决理由，它本身也是一种法律推理。其推理过程也是从个别（先前判例）到个别（待决案件）。这样的推理，从逻辑上看，其前提与结论之间的联系不具有逻辑必然性。因此，英美法系的法律适用方式，极易导致法官根据各自评价标准和情感因素，在浩繁庞杂的先例中援用自己认可的判例（尤其是当法官的政治、业务素质和推理能力欠缺时），这样往往会造成法律适用中的偏差，导致司法专横和"无法司法"，从而不利于司法的统一。

两大法系不同的法律适用方式各有其长处和短处。随着时间的推移，两大法系已开始相互取长补短，彼此间呈现出相互融合、相互渗透的趋势。目前，在

[①] 参见朱景文：《比较法导论》，中国检察出版社1992年版，第256页。

一些普通法系国家也有成文法典，①而在一些大陆法系国家也存在一种虽不是法律上的，却是事实上的判例法。② 因此，许多国家或地区都在立足于原有法律传统的同时，注意吸收其他法律传统的长处以弥补自身的不足与缺陷。③

（二）形式法律推理与实质法律推理

根据法律推理所涉及的是推理的形式还是内容（包括价值内容），将法律推理分为形式法律推理和实质法律推理。

1. 形式法律推理

形式法律推理也称分析推理，是指在法律适用过程中，根据确认的案件事实，直接援用相关法律条款，并严格按照确定的法律条款的判断结构形式所进行的推理。主要表现为根据一般性（普遍性）法律规范判断，推导出具体案件裁决、判处结论的思维活动过程。它是一种演绎推理，其典型形式为三段论（也可以分析为假言推理）。

在我国这样一个以成文法为主要甚至唯一法律渊源的制定法国家，形式法律推理是适用法律中最基本和最常用的推理，而且从逻辑角度可以充分给予形式化研究和刻画的法律推理，严格说来也只能是这种推理。

形式法律推理也有不同类型。从司法人员实际运用形式法律推理的场合来看，主要有以下两种情形：一是根据有关法律对待处理案件的性质作出判断，二是在此基础上对案件本身作出司法裁量。我们把对案件性质作出判断的过程所进行的推理叫作个案裁处定性推理，也称法律责任划归推理；把对某一特定性质的法律事实作出责任裁量的过程所进行的推理叫作个案裁处定量推理，又称法律责任量裁推理。这两种推理在刑事法律推理中分别称为定罪推理和量刑推理。④ 下面就对定罪推理和量刑推理作一简要介绍。

（1）定罪推理

定罪推理就是以罪名概念的定义作为大前提，对照被告人的行为事实，得出定性结论的法律推理。定罪推理的过程，也就是确认被告人的行为是否属于被法律禁止的某类行为的过程，亦即司法归类的过程。由于司法归类活动不是随

---

① 大陆法系固有法典化传统，但在英美法系国家，自20世纪以来尤其是二战后，系统化的法典也见诸各法律部门，如美国《统一商法典》，只不过在这些国家，法典的概念及其在司法程序中的作用与大陆法系国家有所不同而已。参见陈金钊主编：《法理学》，北京大学出版社2002年版，第75页。

② 大陆法系传统上否定判例法的法源地位。但是自20世纪以来，法院强烈地倾向于遵循先例，尤其是上级法院的判例。如法国的行政法主要是通过行政法院的判例发展起来的。总之，从理论上说，大陆法系判例不具有普遍约束力，但是在实践中具有较强的说服力。参见陈金钊主编：《法理学》，北京大学出版社2002年版，第147页。

③ 参见〔美〕汉斯·霍曼：普通法的性质和法律推理的比较研究》，何兰译，载《比较法研究》1991年第4期。

④ 与此相仿，在民事法律推理中有民事责任划归推理和民事责任量裁推理。限于篇幅，本书不作介绍。

意进行的,它是以一般性的"规定"作为依据,并联结具体的行为而展开的思维活动。其结论的得出,不仅表现为"……所以……"这样的推导关系,而且表现为由一般推论特殊的关系,因此,定罪推理也属于一种演绎性质的推理。

法庭经审理查明,耿永祥在担任苏州海关关长兼苏州工业园区海关筹备处主任和杭州海关关长期间,利用职务便利,收受贿赂44次,计人民币145.3万元、美金4万元以及钻石戒指2枚、钻石项链2条,共计价值人民币180多万元。

据查,耿永祥利用担任苏州海关关长的职务便利,为江苏省苏州工业园区兴业装饰装潢工程有限公司经理朱文强的老师和女友的调动及朱文强向舟山海关购买罚没冻鱿鱼一事"帮忙",先后收受朱文强的贿赂14万元。耿永祥还帮助江苏省江阴市宏图装饰装潢公司承接昆山和苏州海关办公大楼、海关总署胥口外事培训中心及杭州海关富阳办事处等单位的装修工程,先后26次收受宏图公司经理丁永良人民币70万元,索要人民币20万元。在为江苏省苏州市金山石雕艺术有限公司承接装饰工程"帮忙"后,从中2次收受人民币19万元。

在担任杭州海关关长期间,耿永祥多次要求舟山海关关长陈立钧"关照"舟山万顺储运公司董事长董欣束进行成品油走私活动,使董欣束于1999年6月至8月间得以在舟山走私3.3万余吨柴油。在此过程中,耿永祥收受董欣束所送美金4万元、人民币15万元以及钻石戒指2枚、钻石项链2条。

法庭认为,耿永祥身为国家机关工作人员,利用职务便利索取他人财物及非法收受他人财物,为他人谋取利益的行为,已构成受贿罪,且情节特别严重。依据我国《刑法》第385条,国家工作人员利用职务上的便利,索取他人财物的,或者非法收受他人财物,为他人谋取利益的,是受贿罪。国家工作人员在经济往来中,违反国家规定,收受各种名义的回扣、手续费,归个人所有的,以受贿论处。①

上述论证,整理出来,就是下面这样一个定罪推理:
R:国家工作人员利用职务上的便利,索取他人财物的,或者非法收受他人财物,为他人谋取利益的,是受贿罪;
F:耿永祥身为国家机关工作人员,利用职务上的便利索取他人财物及非法收受他人财物,为他人谋取利益;

D:所以,耿永祥的行为构成了受贿罪。

---

① 耿永祥受贿案,浙江省杭州市中级人民法院刑事判决书(2000)杭刑初字第107号。

第八章 法律逻辑

毫无疑问,只要这里所依据的罪名概念无可争议,对案件事实的确认也无异议,则上述结论就无可辩驳,具有正当性、合法性和可接受性。

上面这个定罪推理的逻辑结构可用符号公式表示如下:

① $(x)(Gx \land Hx \land (Ex \lor Fx) \to Tx)$ 　　法律规定
② $Ga \land Ha \land (Ea \land Fa)$ 　　案件事实
③ Ta 　　由①和②得出的定罪结论

上面公式中的 G 代表"国家工作人员",H 代表"利用职务上的便利",E 代表"索取他人财物",F 代表"非法收受他人财物并为他人谋取利益",T 代表"犯受贿罪"。x 是个体变项,它表示一个不确定的个体。a 是个体常项,它表示一个确定的个体,即耿永祥。这样,Gx 表示"x 是国家工作人员",Hx 表示"x 是利用职务上的便利的",Ex 表示"x 是索取他人财物的",Fx 表示"x 是非法收受他人财物并为他人谋取利益的",Tx 表示"x 犯受贿罪"。

上面这个推理形式是用现代谓词逻辑的公式表达的。为便于理解,我们也可以将它改用普通逻辑的语言形式表达出来。这就是:

  如果一个人是国家工作人员并且利用职务上的便利索取他人财物或者非法收受他人财物并为他人谋取利益,那么这个人犯了受贿罪;

  耿永祥是国家工作人员并且利用职务上的便利索取他人财物且又非法收受他人财物为他人谋取利益;

  所以,耿永祥犯了受贿罪。

$$\frac{p \land q \land (r \lor s) \to t}{p \land q \land (r \land s)}$$
$$\therefore t$$

上面这个推理形式的有效性在普通逻辑中是显而易见的,它属于充分条件假言推理的肯定前件式。当然也可以将它分析为三段论。即:

  凡国家工作人员利用职务上的便利索取他人财物的是受贿罪;
  耿永祥的行为是国家工作人员利用职务上的便利索取他人财物的;
  所以,耿永祥的行为是受贿罪。

及

  凡国家工作人员利用职务上的便利非法收受他人财物为他人谋取利益的是受贿罪;
  耿永祥的行为是国家工作人员利用职务上的便利非法收受他人财物为他人谋取利益的;
  所以,耿永祥的行为是受贿罪。

上述两个三段论推理的形式都是：

$$\frac{\begin{array}{l} M\ A\ P \\ S\ A\ M \end{array}}{S\ A\ P}$$

这是三段论第一格 AAA 式，因而是正确的推理形式。

从形式法律推理角度分析，定罪推理若适用的罪名定义正确且确认的案件事实确凿无误，那么该推理的正确与否就只取决于推理的逻辑形式。上面这个推理是形式正确的定罪推理。但司法人员在实际运用定罪推理时，撇开事实认定和援引法律方面的错误外，比较常见的便是推理形式上的错误。

例如，李亚南受贿案[①]中，一审法院经审理认为：

> 被告人李亚南系国家工作人员（某饭店保卫干事——引者注），为了谋取私利，通过国家银行的工作人员并利用他们职务上的便利，为他人谋取利益，办理贷款（共5笔计46万元——引者注），并以好处费的名义，从中索取或收受大量现金（共2.1万元——引者注），已构成受贿罪，应予严惩。

该一审法院得出"李亚南构成受贿罪"这一结论，就运用了定罪推理，这一推理可整理如下：

R：如果一个人是国家工作人员并且利用其职务上的便利索取他人财物或者非法收受他人财物并为他人谋取利益，那么这个人犯了受贿罪；

F：被告人李亚南系国家工作人员，利用国家银行工作人员职务上的便利（实则并非利用他自己职务上的便利），索取或非法收受大量现金，并为他人谋取利益；

D：所以，被告人李亚南的行为构成受贿罪。

上面这一定罪推理的形式为：

$$\frac{p \wedge q \wedge (r \vee s) \to t}{\therefore t}$$

上面这个推理从普通逻辑的角度来看，显然是不正确的推理。因为小前提中所描述的案件事实中，只证明了被告人李亚南"利用他人职务上的便利（m）"，而未证明被告人是否"利用自己职务上的便利（q）"。从表面上看，这样的认定好像没错，被告人确实"利用了职务上的便利"，而实际上，被告人并未"利用他自己职务上的便利"，而是"利用他人职务上的便利"。上述推理恰恰在这一点上没有认定，给人一种似是而非的感觉。正是这一疏忽，使得该推理成为形式不正确的

[①] 参见最高人民法院刑事审判第一庭编：《刑事案例选编》，人民法院出版社1992年版，第530—531页。

推理,并使该推理的结论缺乏合法依据和可接受性。事实上,该案被告人正是以本人"没有利用自己职务上的便利"为由提起上诉的,二审法院也正是以被告人的行为"不是利用他自己的职务上的便利"为由而撤销原判的。

(2) 量刑推理

量刑推理就是在定罪推理的基础上,援用刑法相关条款得出判处结论的推理。

定罪的过程,是着重考察被告人的行为事实是否与某个罪名定义揭示的特征符合,能否归入某项刑法适用范围的过程;运用的难度主要表现在对案件事实进行确认方面。而量刑的过程,则是确认被告人确已构成犯罪并且在已确定适用的刑法条款规定的范围内,全面考察犯罪人的行为事实、后果,决定给予何种制裁处理的过程。在这一过程中,虽然法官在法律规定的量刑幅度或制裁方式范围内作出选择是必需的,而具体选择哪种处理方式,则必然要涉及法官自由裁量权的行使和运用。其实,这种"自由裁量权"的背后,隐藏了复杂的可以左右我们选择的因素。运用的难度表现在对这种"自由裁量权"的行使上。

运用量刑推理时,法官在已确定适用的刑法条款规定的量刑幅度内,无论作出何种选择,都应当有充足理由证明为什么选择这种而不选择那种,都得说明选择某种处理方式的合理性和正当理由。显然,要做到这点并不容易。这就要求法官在作出选择时,不仅必须充分考虑选择的法律依据,还得把握影响选择的案件事实的有关情节、后果等因素。

在运用量刑推理的过程中,判处结论究竟应选择哪种处理方式,虽然也会涉及一些逻辑问题,比如,依据的是"偏重"的选择理由,而结论却是"偏轻"的处理方式;或者情形与此相反,等等。在逻辑上,这无疑是不合理的。但是,在选择过程中遇到的问题,不仅涉及形式法律推理方面,还涉及实质法律推理方面。

量刑推理的运用过程,是确定对犯罪人如何"绳之以法"的过程。因此,运用量刑推理时不仅必须明确援引刑法的有关条款作为大前提,而且确认的案件事实必须能够与援引的法律条款相联结。否则,得出的任何处理结论就都不具有合法性。既然量刑推理的大前提是刑法条文,而刑法条文又总的表现为假言判断的结构形式(暂时撇开其规范模态词),这就使得量刑推理不仅表现为假言推理,而且表现为实际上的肯定前件式。因此,量刑推理最简单的形式就是:

[刑法条文]   如果 p,那么 q
[定罪结论和量刑参考因素]   p
[判处结论]   所以,q

作为量刑推理大前提的假言判断,其前件"p"表示某种犯罪行为的"罪状"部分,后件"q"表示对某种犯罪应判处的"法定刑"部分。如果仔细地分析其内部结构,可知表述"罪状"部分的前件"p"和表述"法定刑"部分的后件"q"本身又往往表现为复合命题的结构。

我们仍以耿永祥受贿案为例说明量刑推理的复杂性。

法庭判决：耿永祥身为国家机关工作人员，利用职务便利索取他人财物及非法收受他人财物，为他人谋取利益的行为，构成受贿罪，且情节特别严重。鉴于耿永祥坦白交代态度较好，有悔罪表现，且案发后赃款赃物已基本退清，依法判处死刑，缓期二年执行，剥夺其政治权利终身，没收其全部个人财产。

该判决所依据的法律条文很多，主要有：

《刑法》第385条，国家工作人员利用职务上的便利，索取他人财物的，或者非法收受他人财物，为他人谋取利益的，是受贿罪。

国家工作人员在经济往来中，违反国家规定，收受各种名义的回扣、手续费，归个人所有的，以受贿论处。

《刑法》第386条，对犯受贿罪的，根据受贿所得数额及情节，依照本法第383条的规定处罚。索贿的从重处罚。

《刑法》第383条，对犯贪污罪的，根据情节轻重，分别依照下列规定处罚：

（一）个人贪污数额在十万元以上的，处十年以上有期徒刑或者无期徒刑，可以并处没收财产；情节特别严重的，处死刑，并处没收财产。

（二）……

（三）……

（四）……

对多次贪污未经处理的，按照累计贪污数额处罚。

《刑法》第388条，国家工作人员利用本人职权或者地位形成的便利条件，通过其他国家工作人员职务上的行为，为请托人谋取不正当利益，索取请托人财物或者收受请托人财物的，以受贿论处。

《刑法》第64条，犯罪分子违法所得的一切财物，应当予以追缴或者责令退赔；对被害人的合法财产，应当及时返还；违禁品和供犯罪所用的本人财物，应当予以没收。没收的财物和罚金，一律上缴国库，不得挪用和自行处理。

《刑法》第57条第1款，对于被判处死刑、无期徒刑的犯罪分子，应当剥夺政治权利终身。

《刑法》第48条第1款，死刑只适用于罪行极其严重的犯罪分子。对于应当判处死刑的犯罪分子，如果不是必须立即执行的，可以判处死刑同时宣告缓期二年执行。

从上面不难看出，《刑法》第385条和第388条是该案定罪推理的法律依据，其余都是量刑推理的法律依据。

量刑推理的大前提是从上述法律条文中推导出来的。我们不妨试着分析一下。

从《刑法》第386条并结合《刑法》第383条可以得出：

如果犯罪行为是A并且犯罪情节是B，那么处C刑。

再加上法庭认定的犯罪事实：

耿永祥的犯罪行为是A，且犯罪情节为B。

这样就可得出"对耿永祥处C刑"的结论。

其推理形式为：

如果A并且B，那么C
A并且B
————————————
所以，C

从耿永祥受贿案来看，耿永祥犯罪数额被法庭认定为"共计人民币180多万元"，因此应当适用《刑法》第383条第1款处罚：如果犯罪数额在十万元以上的，处十年以上有期徒刑或者无期徒刑，可以并处没收财产；情节特别严重的，处死刑，并处没收财产。

耿永祥受贿犯罪数额共计人民币180多万元，显然属于犯罪情节特别严重的情形，因而依据法律应当判处死刑，并处没收财产。

再结合《刑法》第57条第1款，对于被判处死刑、无期徒刑的犯罪分子，应当剥夺政治权利终身，又应判处耿永祥剥夺政治权利终身。

再结合《刑法》第64条，对于犯罪分子违法所得的一切财物，应当予以追缴或者责令退赔，又应判处耿永祥没收其全部个人财产。

需要注意的是，上面的犯罪数额作为犯罪情节在量刑时应予考虑。耿永祥犯罪数额"在十万元以上"，达到"180多万元"，显然属于"情节特别严重"，应当"判处死刑并没收财产"。在法官进行量刑推理时还要考虑量刑情节。量刑情节包括"法定情节"和"酌定情节"。法定情节是指法律明文规定在量刑时应予考虑的情节，如刑法所规定的"从重""从轻""减轻"和"免除处罚"的情节。《刑法》第386条中"索贿的从重处罚"，就属于法定量刑情节。耿永祥的犯罪行为中就有"索贿"行为，① 因而依法也应当"从重处罚"。另外，量刑情节还有酌定情节。酌

---

① 法庭查明："从1995年至1999年，耿永祥先后26次收受江阴市宏图装饰装潢公司经理丁永良人民币70万元；耿永祥于1998年年底向丁永良索要人民币20万元用于自己还债。"参见罗永祥受贿案，浙江省杭州市中级人民法院刑事判决书(2000)杭刑初字第107号。

定情节是指法律并没有明确规定,仅是根据刑事立法精神和有关刑事政策,由人民法院从审判经验中总结出来的,在量刑时由法官灵活掌握、酌情适用的情节。比如,判决书"鉴于耿永祥坦白交代态度较好,有悔罪表现,且案发后赃款赃物已基本退清,依法判处死刑,缓期二年执行,剥夺其政治权利终身,没收其全部个人财产"中的"坦白交代态度较好,有悔罪表现"和"案发后赃款赃物已基本退清"就属于"酌定情节",法官判处耿永祥死刑,缓期二年执行,应当是考虑到这一"酌定情节"后得出的判处结论。

由于量刑推理中,除了法定情节外还有酌定情节,从而表明法官在量刑时具有"自由裁量权"。所以,量刑推理不仅要进行形式法律推理,还要进行实质法律推理。但是应当注意,刑事法律推理是以形式法律推理为主的,不仅定罪推理是这样,量刑推理也是如此。因此,我们通常还是将量刑推理作为形式法律推理来分析。

形式法律推理的基本特点在于,依据同样的前提就应得出相同的结论。比如,根据同样的犯罪事实、同样的符合法律规范的假定条件情况,就应适用同样的法律规范,援用相同的法律条款,并得出相同的裁决、判处结论。在运用形式法律推理适用法律的过程中,不掺杂、不介入其他非法律因素,不因人而异地实行"区别对待"(discrimination)。因此,严格而又准确地运用形式法律推理,既可以充分体现"法律面前人人平等"和"依法审判"的原则,也可以保证法律的确定性、稳定性和可预见性,有利于维护司法的统一和一致,这无疑是达到法治尤其是形式法治所必需的。

2. 实质法律推理

所谓实质法律推理,就是在法律适用过程中,于某些特定场合,根据对法律或案件事实本身实质内容的分析、评价,以一定的价值理由为依据,而进行的适用法律的推理。

需要实质法律推理的特定场合是指如下几种情形:法律没有明文规定,出现法律漏洞;法律虽有规定,但法律规定本身过于抽象和概括,含糊不清;法律规定本身互相交叉或互相冲突;依照法律规定运用形式法律推理适用法律,明显违背法律精神或立法者的真实意图;由于法律的概括性与稳定性而使某些法律规定具有不可避免的僵化性和保守性等情形。上述情形下就需要进行实质法律推理。

这里所说的"一定的价值理由",通常是指法律规范之外的各种根据和理由,主要有法律适用者应当考虑的立法者意图、法律精神、法律的一般原则以及法理、国家政策、当前情势、社会公共道德和秩序等伦理道德和社会方面的因素。这些"价值理由"实际上是构建实质法律推理的主要依据。

由于各国法律制度以及法律文化传统上的差异,各国采用的实质法律推理形式或方法也不尽相同。结合我国司法实践来看,主要有依据下列五种"价值理由"为推理根据的实质法律推理：

(1) 根据法律基本原则进行的法律推理；
(2) 根据公共政策进行的法律推理；
(3) 根据法理或学说进行的法律推理；
(4) 根据最相类似的法律条文进行的法律推理；
(5) 根据利益衡量进行的法律推理。

根据利益衡量进行的法律推理,是最典型的实质法律推理方法。下面对此略加说明。"利益衡量"最早是西方自由法运动之后利益法学派为反对概念法学所喊出的口号。① 20 世纪 60 年代以来,在日本,利益衡量作为法律解释的方法或方法论而被大加宣扬。利益衡量就是指对对立或冲突双方的利益进行权衡、估量后,考虑应更注重于哪一方的利益。② 利益衡量的实质就是公平原则,它是法律适用的重要价值判断标准。法律原本是基于解决社会现实中发生的纠纷而确立基本准则的。作为法律受理对象的纠纷,总会在实质上涉及人们利益上的对立和冲突。作为纠纷的仲裁者或法官,无论是进行法律解释,还是对个案进行裁决,都必须对案件当事人之间对立的利益进行比较权衡并作出价值判断。比如在民事诉讼领域,作为平等主体之间的权利义务争执主体具有互换性,所以经常要依据充分的利益衡量以定胜负,根据立法目或法理等填补法律漏洞,并根据具体情况进行利益衡量,通过这样的实质法律推理方法来实现实质正义。

例如,朱虹诉陈贯一侵犯肖像权案就给司法人员提供了很大的利益衡量空间。关于公民的肖像权,原《民法通则》中只有第 100 条的简单规定："公民享有肖像权,未经本人同意,不得以营利为目的使用公民的肖像。"这不是一个很明确的规范。如何界定"以营利为目的"？构成侵犯肖像权的要件除"未经本人同意"及"以营利为目的"使用肖像外是否还有其他要件？1988 年《最高人民法院关于贯彻执行〈中华人民共和国民法通则〉若干问题的意见（试行）》第 139 条是这样规定的："以营利为目的,未经公民同意利用其肖像做广告、商标、装饰橱窗等,应当认定为侵犯公民肖像权的行为。"最高人民法院的司法解释意见除列举几种营利行为的表现形式外,对其他情形是否构成侵犯公民肖像权并未作出明确规定。此后,1991 年最高人民法院在《关于上海科技报社和陈贯一与朱虹侵害肖像权上诉案的复函》中指出："上海科技报社、陈贯一未经朱虹同意,在上海科技报载文介绍陈贯一对'重症肌无力症'的治疗经验时,使用了朱虹患病时和治愈后的两幅照片,其目的是为了宣传医疗经验,对社会是有益的,且该行为并未造成严重不良

---

① 参见杨仁寿：《法学方法论》,中国政法大学出版社 1999 年版,第 175 页。
② 参见梁慧星：《民法解释学》,中国政法大学出版社 1995 年版,第 316—338 页。

结果,尚构不成侵害肖像权。"

可以看出,最高人民法院首先将"以营利为目的"限定为以明显的、纯粹的谋取个人利益为目的(当然,在报纸上宣传医疗成果并附有地址很难说没有任何谋私利的意图);其次将侵权的构成要件上的法律漏洞填补为除了法定的两个要件外还包括"造成严重不良结果"。这三个要件是大前提,又根据本案的事实(法院认为朱虹因此受到的精神损害如果有的话,也构不成"严重不良"的程度),所以结论是陈贯一的行为不构成侵权。但该复函接下来指出:"在处理时,应向上海科技报社和陈贯一指出,今后未经肖像权人同意,不得再使用其肖像。"

显然,法院努力想在肖像权与言论自由(出版属于广义的言论自由)的冲突中寻找一个利益平衡点,但又颇令人费解:既然是"不构成侵权",为什么今后又"不得"这么做了呢?如果再有类似案件,法院该如何处理?若还是认为不构成侵权,这种"指出"就没有任何实际意义;若认为这么做了应承担法律责任,在双方没有合同约定的情况下,一方要承担一定的法律责任的原因只能是其行为构成侵权。这说明法律在保护公民肖像权和保护言论自由二者之间存在着利益上的冲突和矛盾。这同时表明利益衡量终究只是一种取舍或选择,并非两全的决定。

当两种均为正当的权利在实际生活中发生冲突时,司法人员应根据法律原有的权利配置或法理、政策、公平正义的法律意识,把握现实社会中占主要地位的利益及与其他利益的制衡关系,从而确定其中一种权利的相对重要性。这种相对重要的权利往往是社会中公民的基本权利,它的相对重要地位有一定的合理性和正当性,它应该是能够给社会带来巨大的实际效益的权利。当然,这些权利在给每个人和社会带来利益的同时,个人和社会也必定会为此支付一定的成本或代价。司法人员进行利益衡量就是要确定付出多少成本是合理的、必要的。言论出版自由是宪法赋予公民的基本权利,肖像权由民法予以保护,当两者相冲突时,对于我们这个正在改革追求更为开放的社会来说,司法人员必须确定一个更为重要的基本价值方向,即应当更多地或更优先保护这种科学讨论的自由。但是这并不意味着言论自由就是绝对的,它也应有限度和边界。关键是看,法律对言论自由的这种限制是否会对总体的、未来的言论出版自由构成实质性的或根本性的限制。本案中朱虹遭受的精神痛苦是否应是陈贯一行使言论出版自由而给他人和社会带来的利益而支付的必要成本?如果"必须经同意使用他人的肖像"会对言论出版自由构成长期实质性的、根本的限制,那么这一代价就是必要的;反之,则是不必要的,即陈贯一应当承担肖像权侵权责任。

法院裁判案件,表面上看好像是依演绎推理(其典型为三段论)根据法律规定联结确认的案件事实直接得出裁判结论的,但实际上,多数情形往往取决于实质内容上的价值判断。也就是说,必须结合待处理案件的特定情况,考虑到各种各样实质上的妥当性,即进行利益衡量或考虑。当然,在处理各种具体案件时,究竟应当注重这一方当事人的利益,还是应当注重另一方当事人的利益,这又是一个相当复杂和极其艰难的问题。在实际操作上,企图提出一种似乎能适应任何情况的万应良方或共同准则的做法是不切实际的、荒谬的。现实中的法官需要对不同案件的不同情况进行具体分析。总之,在处理具体案件时,应当在结合具体案件事实和法律条款的基础上,对双方当事人的利益以及它们与社会利益等利益关系进行各种细微的权衡与考量,并据此作出综合判断,根据利益衡量进行实质法律推理,才能得出妥当、合理亦即具有可接受性的裁判结论。

尽管如此,法官在裁判案件时,也不能仅凭利益衡量就作出裁判结论,还必须加上现行法上的依据和理由,即法律构成要件,也就是说,还必须援用现有的法律条款,以便验证依据利益衡量所得出的结论是否具有妥当性、合理性,并增加裁判结论的合法性与说服力。[①]

因此,根据利益衡量进行的法律推理,虽然要衡量双方当事人的利益,涉及实质内容上的价值判断,属于实质法律推理的范畴,但在法律适用过程中,又绝不是单独地只根据利益衡量进行实质法律推理来作出裁判的。它总是渗透在形式法律推理过程中。这种渗透,使得整个法律推理结论不仅具有正当性、合理性方面的可接受性,而且又具有合法性方面的论证力。

由于实质法律推理不以或不仅仅以确定的某一法律条款作为推导依据,还必须以一定的价值理由作为隐含的或显现的附加依据(前提)进行推导。因此,实质法律推理一般不涉及推理的结构形式——当然,不涉及推理的结构形式,并不意味着它没有结构形式——而是涉及基于对法律规定或案件事实本身实质内容的分析、评价为基础的价值判断。因而,实质法律推理是一种涉及实质内容和一定价值理由的非形式推理,是一种推理结构更加复杂、层次更高的实质推理,远不是单纯采用形式逻辑(传统的或现代的)的方法就能给予研究、刻画的推理。因此,对实质法律推理的研究和刻画就不宜单纯采用形式逻辑的形式化方法,而应积极吸收并采纳各种非形式逻辑的方法如论辩方法或论证方法等进行描述。

应该指出的是,法律推理中实质推理的类型,远不止上面列举的五种。这里仅列出了较为常见的几种,并且上面的实质推理分类也非严格意义上的划分,对此所作分类仅具有相对意义。实际上,这些实质推理相互之间本身就是相容的,并非相互排斥的关系,在实际法律适用过程中确实也是可以同时并用的。

[①] 参见梁慧星:《电视节目预告表的法律保护与利益衡量》,载《法学研究》1995年第2期。

第二节 事实推理

本书将获得法律推理大前提的推论称作法律规范推理,获得法律推理小前提的推论即确认案件事实的推论称作事实推理。① 法官通过事实推理,确定证据的取舍及证明力的大小,并基于证据的推论确认案件事实,从而为法律推理建立小前提。这里的事实推理包括两个相互联系又有所区别的思维和推论过程,一个是侦查人员侦破案件的侦查推理,另一个是公诉人员在法庭上运用证据认定案件事实的诉讼证明,两者共同构成事实推理的必要组成部分。

一、侦查中的侦查推理

侦查是刑事诉讼活动中的一个重要阶段。具体说,侦查是公安机关、人民检察院在办理案件过程中,依照法律进行的专门调查工作和有关的强制性措施。在案件侦查过程中,办案人员要大量运用逻辑推理,特别是对案件性质、作案人、作案活动过程等基本案情,都要借助已经查明的案情对未知案情作出推论或推断。在侦查工作中通常将这样的推论或推断称为侦查推理。

(一)侦查推理与侦查假说

所谓侦查推理,就是指在逻辑原理的指导下不断运用刑事侦查理论知识和侦查实践经验,针对与犯罪事件有关的事实、现象进行判断,通过已知的事实或已被证实的判断,进一步揭示出犯罪事实或犯罪人的推理。概而言之,侦查推理就是一般逻辑推理在侦查实践活动中的运用。

侦查推理的特点表现为,侦查工作往往是对已经发生的、时过境迁的既往犯罪事实的逆向探索或回溯性探索,目的在于探求未知的案件事实,确定犯罪事实是否发生,并借助于证据材料,查明犯罪人,为起诉和审判作准备。由于侦查活动中运用侦查推理的目的是探索未知案情,为案件侦查工作指明方向、限定范围的,因此,侦查推理所获得的结论也就具有推测的性质。这种具有推测性质的推论在科学哲学与科学方法论中一般称为假说,运用于刑事侦查中的假说,诉讼法学界通常称之为侦查假设或侦查假说。侦查推理与侦查假说具有密切联系,概而言之,侦查假说是侦查推理的主要推论形式。接下来便结合侦查实践中的具体案例对侦查假说作简单介绍。

侦查假说亦称侦查假设,是指案件发生后侦查人员根据已知事实材料及相

---

① 刑事诉讼、民事诉讼、行政诉讼三大诉讼之中,数刑事诉讼中的事实推理最为重要,因为它涉及公民的自由和生命权,民事诉讼、行政诉讼中的事实推理更多地涉及公民的财产权及部分人格权,相对于自由与生命权而言,其重要性要低一些。因此,本节主要考察刑事诉讼中的事实推理,尽管它对民事诉讼和行政诉讼也具有借鉴意义,但彼此存在较大的差异,这是需要在此加以说明的。

关科学知识和办案经验,对案件中需要查明的问题作出的推测性解释。侦查假说是一种工作假说,是假说方法在侦查活动中的具体运用。侦查假说对于侦查工作起着导向作用,甚至可以说侦破案件的全过程也就是侦查假说的提出、推演、检验、修正和证实的过程。

　　侦查假说是针对案情提出的,而案情可分为两种:一是案件的个别情节,二是案件的基本情节。因此侦查假说也相应地分为两种:一是关于案件个别情节的假说。侦查工作要求对每个刑事案件应当查明犯罪性质、犯罪动机、犯罪目的、犯罪时间及地点、作案的工具及手段、实施犯罪行为的人等情况。当以上这些案情不能直接运用已知的事实材料推出时,就需要对其作出假说,来推测这些个别情节,形成"关于犯罪人的假说""关于案件性质的假说""关于犯罪手段的假说""关于作案时间、地点的假说"等。其中,关于作案人的假说和关于案件性质的假说最为重要,直接关系能否正确确定案件侦查方向,从而缩小侦查范围,准确及时地破案。二是关于案件基本情节的假说。这种假说是对案件所要查明的基本情节即犯罪性质、目的、动机、作案过程及作案人所作出的一种概括性假说。关于案件基本情节的假说,是将关于案件个别情况的各个假说概括起来而形成的关于这个案件整体情况的尽可能完整的假说。

　　一个秋天傍晚,几个刑警冒雨赶到黄石市利源煤矿招待所,他们刚接到住宿该招待所的客人电话报警:"住210室的浙江温州商人江水生4.98万元现金及其他财物被盗。"该招待所由于管理不善,闲杂人员可以自由出入,此前曾多次发生住店客人被盗案件。在对210室的现场勘查中,刑警们看到,此房间门锁早已损坏,房门一推就开。刑警们还了解到,被盗现场210室内原来曾有两个一模一样的手提航空皮箱:一个装满衣服等一般生活日用品,放在未上锁的写字台内,且柜门半敞,极易被人发现。然而该皮箱纹丝未动。另一个则装满近5万元巨额现金和少量其他财物,用一条密码钢丝锁锁在床铺底下内侧的床架上,非常隐蔽,极难被人发现。然而,此皮箱却被盗贼准确地窃走了。刑警们还找到了被盗贼拉开后丢弃在现场的密码钢丝锁,经查看,外表竟没有一点破坏的痕迹。但是,将该锁重新锁上后,却可以用力拉开。这样一把号称坚固保险的钢丝锁,为何竟经不起用手一拉呢?技术员到商场买来一把同样品名的密码钢丝锁作为样本进行拉拽实验,结果是,两个壮汉手拉脚抵,拼尽全力也无法将样本锁拉开。技术员将现场锁和样本锁同时拆卸分解,将两把锁的内部零件逐一地进行同类项比对。结果,刑警们惊讶地发现:与样本锁相比,现场钢丝锁内少了一个非常关键的零件——卡簧![1]

---

[1] 参见赵志飞:《奇案疑踪与侦查逻辑36案》,中国人民公安大学出版社2003年版,第48—55页。

刑警们对该案的个别情节分别作了如下推理：

如果是外来人员乘虚而入顺手作案而不是熟悉身边情况的人蓄谋所为，那么犯罪分子就不会只窃取存放隐蔽难以发现的钱箱而对容易发现的另一衣箱却视而不见；这个犯罪分子只窃取存放隐蔽难以发现的钱箱而对容易发现的另一衣箱却视而不见，所以，本案不是外来人员乘虚而入顺手作案而是熟悉身边情况的人蓄谋所为。

如果现场密码钢丝锁是好的，那么人们即使用强力也是拉不开的（例如，实验中由两个壮汉手拉脚抵，拼尽全力也无法将与现场密码钢丝锁同种类同型号的样本锁拉开）；现场密码钢丝锁被犯罪分子用强力拉开了，所以，现场密码钢丝锁不是一把好锁。

运用求异法推出现场密码钢丝锁被犯罪分子拉开的原因：

场合	先行情况	被研究现象
A(样本锁)	a b c d e（卡簧完好）	f（用强力拉不开）
B(现场锁)	a b c d —（卡簧被卸）	—（用力轻易拉开）

所以，现场锁卡簧被卸是犯罪分子能轻易拉开密码钢丝锁的原因。

经过上面这几个逻辑推理，侦查人员对该盗窃案的性质和作案人的条件及作案过程就可提出下面的侦查假说：

(1) 第一个推理结论可概括为"盗贼作案目标准确"。稍具逻辑思维能力并有一定生活经验的人，都可由此推知"盗贼是熟悉现金存放情况的人"。

(2) 又经第二个推理并经实验得知，"现场钢丝锁是人为破坏的"，据此，又可进一步推知"盗贼是具有能在受害人身边破坏钢丝锁条件的人"。

(3) 综合前面两个侦查推论(亦称个别情节的假说)，可以对本案的基本情节提出如下推测：

本案犯罪分子不是外来流动人员而是与受害人熟悉的人，作为本案作案人必须具备两个作案条件：一是熟悉现金存放情况，二是能在受害人身边破坏密码钢丝锁。这个作案人显然是早有盗窃预谋，事先利用与受害人有特别接近的机会，将密码钢丝锁上的卡簧卸掉，然后乘室内无人之机，撞门入室，直奔床铺底下，用力拉开密码钢丝锁，盗走装满现金的航空皮箱。

形成了上面这样的侦查假说，侦查人员的下一步侦查活动便有了明确的侦查方向。由于侦查目标明确了且侦查范围缩小了，接下来侦查人员就能按图索骥快速查找到符合条件的盗窃案作案人，及时侦破案件，大大提高办案效率。

当办案民警经过上面这样的逻辑推理和案情分析之后，该案侦查范围大为缩小，侦查人员随即立刻在失主身边的关系密切者当中寻查符合条件的人选。

果然，不到一天工夫，与失主江水生同行多日的老乡江水炳便进入民警的视野。办案民警迅速展开抓捕行动将江水炳抓捕归案，追回了被他盗走的航空皮箱及全部赃款。经过审讯，江水炳交代的作案过程竟与办案民警推演重现的作案过程完全一致。

侦查假说作为侦查推理的主要形式，在侦查工作中起着极其关键的作用。从一定意义上说，某个疑难案件之所以久侦不破，很可能就是因为侦查假说出现了偏差；而另一个案件之所以能及时破案，很可能就是由于侦查人员提出了符合案情实际的侦查假说，确定了正确的侦查方向。

侦查假说作为工作假说，既有赖于实践经验的积累，也需要科学理论的指导。接下来我们将对建立和验证侦查假说的相关问题作点讨论。

（二）侦查假说的建立

为了建立起符合案情实际的侦查假说，办案人员需要做大量前期准备工作。譬如要详尽地收集与案情有关的各种证据材料。确实可靠的证据材料是建立侦查假说的基础。从侦查工作实际出发，收集证据材料的主要途径有两个：一是现场勘查，即通过对案发现场的仔细勘察勘验，及时发现并提取现场的各种犯罪痕迹和微量物证，如指纹、毛发、脚印、血迹、精斑等；二是调查走访，向被害人、见证人及其他有关人员了解案情，收集各方面的证据材料。同时，还要运用科学知识和原理，对收集来的各种证据材料进行科学分析，揭示材料与案情之间的因果联系。如运用法医学知识，根据头发的成分推测人的性别、年龄、营养状况、职业等，根据尸斑、尸僵程度或胃内食物残渣，推测死亡时间；应用痕迹学知识，根据现场痕迹如脚印、步距等推测人的身高、体重、年龄、作案工具及作案过程等信息。

有了确实可靠的证据材料，经过分析推断便可提出侦查假说。在提出侦查假说时需要注意以下两点：一是提出的侦查假说必须能够解释有关的案情。这是作为假说的解释力要求。也就是说，所提出的侦查假说必须能够解释已发现的证据材料所呈现的案情，不能与已知案情相矛盾；此外，所提出的侦查假说，还要能对当时尚未发现的案情作出预测，并可以验证。二是提出的侦查假说必须尽可能全面完整。也就是说，提出侦查假说时，必须尽可能地考虑到案件全部的可能性，关于案件性质、作案人、作案时间、地点、工具及作案过程的假说，都要尽量反映案件中的所有可能情况，穷尽一切可能，不放过任何蛛丝马迹。一句话，有多少种可能，就应提出多少个侦查假说。

侦查假说通常表现为一个选言命题，全面完整即要求选言肢穷尽。在实践中，可以通过引入划分应当相应相称的规则，来建立表述侦查假说的选言命题。例如，若发现一具女尸，就其死亡性质可分为"正常死亡"与"非正常死亡"；若属非正常死亡，就其死亡原因可分为"自杀""他杀"与"意外致死"；若法医鉴定为他杀,则可将作案动机分为"情杀""仇杀""财杀""奸杀"与"政治谋杀",进而提出"本案或是情杀,或是仇杀,或是财杀,或是奸杀,或是政治谋杀"。这就是一个选言肢相对穷尽的侦查假说。

(三) 侦查假说的验证

侦查假说的检验分为经验检验和逻辑检验两种方式。经验检验用直接观察的方式进行;逻辑检验用逻辑推理的方式进行。这两种检验方式既可单独使用,亦可结合使用。对侦查假说进行逻辑检验分为两步:第一步,从侦查假说中推演出待验命题,并围绕待验命题收集证据材料;第二步,用收集来的证据材料验证待验命题的真假,并用推理推出侦查假说的真假,从而证实或推翻侦查假说。

有这样一个案子,某天晚上,青年女社员徐某某吃完晚饭后不久,她的邻居叫她端热水回来洗澡。徐端回热水后只擦了身子,随即关上大门,点上煤油灯,独坐堂屋做针线活。不久,突然从她家厨房里窜出一名歹徒,将煤油灯吹熄并在徐身上乱砍了20余刀,迅即从后门逃去。徐重伤未死。经现场勘查,侦查人员在徐倒卧处发现一把柴刀,上面还留有血迹。显然,这把柴刀是作案工具。经了解,这把柴刀是被害人家里自己用的,原放在厨房靠水缸的地面上。而水缸盖上面还放有一把菜刀,罪犯未曾动用。被害人家中衣物、橱柜等物未被翻动,也未发现现金、物资被盗。

侦查人员经过对现场痕迹物证的初步分析,提出了本案作为预谋杀人案的三个假说:谋财杀人;报仇杀人;奸情杀人。

接下来的工作就是对假说进行检验。为了检验假说,就必须从假说中推演出一系列的待验命题,然后,侦查人员进一步针对这些待验命题去收集证据材料,用以验证这些待验命题是否属实。从侦查假说中推演出待验命题,是以侦查假说为前件,以待验命题为后件,建立充分条件假言命题。

(1) 如果是谋财杀人,那么可以推出:① 被害人家里现金或衣物被盗;② 被害人家里橱柜被翻动。

(2) 如果是报仇杀人,那么可以推出:① 被害人有仇人;② 仇人对徐有报复杀人的动机;③ 仇人具有作案时间。

(3) 如果是奸情杀人,那么可以推出:① 徐过去或现在曾有恋人;② 徐的恋人有杀死徐的动机;③ 徐的恋人具有作案时间。

为了验证上述待验命题,侦查人员需要进一步收集证据材料。经过侦查人员的仔细调查,确认被害人家中衣物、橱柜均未被翻动,也没有现金或衣物被盗。徐某某婚前曾与不少小伙子谈过恋爱,但这些小伙子的作案嫌疑均被一一否定。这样原先的侦查假说因为待验命题不成立而被证伪,或者假说遭到否定。

当原有的侦查假说被否定之后,侦查人员必须通过重新分析已知的证据材料,提出新的侦查假说,并对新的假说继续进行验证。

当本案是预谋杀人的侦查假说遭到否定之后,侦查人员重新对作案现场进行了调查分析。这时他们想起了放在水缸盖上的那把菜刀。因为如果是预谋杀人,其目的是要置人于死地,就应该是自带凶器或者选用更易使人致死的凶器。可是,本案作案人不仅没有自带凶器,而且菜刀与柴刀同放一处,为什么不用锋利的菜刀而用并不锋利的柴刀呢?由此可以推知,本案应该不是预谋杀人。

不是预谋杀人,很可能就是临时起意行凶;作案人砍了二十余刀并未使被害人死亡,那可能意味着罪犯力量不够强大,可能是青少年作案。这样看来,作案人很可能是力量不够强大的青少年,且非预谋杀人而是临时起意行凶。根据这一新的侦查假说,重新确定了该案侦查方向。经过侦查人员的进一步摸排调查发现,本队中学生朱某具有作案嫌疑:朱某在案发的当天晚上 8 时到 10 时这段时间去向不明,具有作案时间;朱某曾有流氓活动;发现朱某的鞋子和现场留下的鞋印完全符合;从其交出的衣服、袜子上发现了几处点滴血迹,经技术化验,与被害人徐某某的血型相符。案件到此真相大白:原来朱某隐藏在徐某某家灶间内,想偷看徐某某洗澡,但徐某某后来没有洗澡而仅用水擦了擦身子,这令朱某极为扫兴,由于潜伏时间较长,肚子又痛,朱某就产生了行凶而逃的恶念。

本案侦查人员先是提出了作为预谋杀人案的三个侦查假说,但从假说中推出的待验命题均被否定,从而使侦查假说被推翻。从逻辑上说,推翻一个假说采用的是充分条件假言推理的否定后件式,即 H→E,¬E,∴ ¬H,因而具有必然性。推翻旧假说,就要提出新假说。侦查人员经过重新分析案情,并推断该案可能是青少年作案,通过调查发现中学生朱某情况反常,于是将朱某作为嫌疑人列入侦查范围。这实际上是提出了朱某是作案人的侦查假说。接下来便是从假说中推出待验命题,加以验证。

通过验证证实假说的推理不是必然性推理,其结论具有或然性,其推理形式为:

$$H \to E_1 \wedge E_2 \cdots \wedge E_n, \quad E_1 \wedge E_2 \cdots \wedge E_n, \quad \therefore H.$$

尽管结论不是必然的,但对于及时侦破案件却是很有用的。实践中通过决定性的验证,可以大大提高结论的可靠性。比如本案中,如果朱某是作案人,那么他的衣服上会沾有被害人的血迹;结果从其交出的衣服上发现了与被害人血型相同的血迹。虽然经过这样的验证,结论还不是必然的,但结合其他相关证据,完全可以将可靠性提高到接近百分之百。关于证据的可靠性问题,我们将在下文介绍。

二、审判中的诉讼证明

前面介绍的侦查推理,理所当然属于事实推理的组成部分。但在整个刑事诉讼活动中,侦查推理只是解决了案件事实的认识问题,这个认识活动的结论,能否得到法院、法官或陪审团的认可,关键要看在接下来的审判活动中,公诉人能否运用侦查阶段获得的证据材料,借助于严密的逻辑论证,在法庭上充分证明被告人的行为确实构成刑事犯罪,并运用逻辑与修辞等手法说服法官和陪审员接受其论证与主张,给被告人定罪量刑。

在刑事诉讼全过程中,查明案件事实都是办理刑事案件的关键所在。有了侦查阶段的前期大量案情调查工作和审查起诉阶段的庭审准备工作,接下来的法庭审判将是刑事案件事实认定的重要论坛和互动平台。在庭审阶段,诉、辩、审三方各自独立行使法律赋予的诉讼权利和职权,运用已经查明的证据材料,借助于逻辑论证,通过诉、辩双方的证明与反驳或者攻击与防守,在法官的主持下,就被告人的不法行为是否构成犯罪、构成何种犯罪以及应该接受何种刑罚制裁等问题,在法庭上展开充分的论辩。在论辩过程中,公诉方的诉讼证明至关重要,诉讼证明的好与坏将直接影响到法庭(包括法官和陪审员)对公诉人诉讼主张的接纳与否。因此,接下来,我们将重点探讨公诉人在法庭上的诉讼证明,从逻辑与修辞等方面阐述诉讼证明的逻辑因素和修辞效果,更好地为公诉人的事实推理提供理论指引。

公诉人的诉讼证明是刑事诉讼事实推理的主体部分,法官或陪审团最终确认案件事实基本上取决于公诉人在法庭上所作的诉讼证明。诉讼证明的成功意味着公诉人的事实推理说服了法官和陪审团。因此,公诉人的诉讼证明便成为刑事诉讼中事实推理的重要一环。

(一)事实与事实推理

事实推理的目标在于确认案件事实。那么,什么是案件事实呢?为了弄清楚什么是案件事实,我们得先从什么是事实开始讲起。

事实问题其实原本不是法学问题而是一个哲学问题。就是说,"事实"属于哲学范畴。我国知名学者彭漪涟教授在研究了中外哲学史上关于"事实"的各种观点后,提出了自己的事实观。即"事实乃是呈现于感官之前的事物(及其情况)为概念所接受,并由主体作出判断而被知觉到的。事实乃是关于感性经验的一种知识形式。一般地说,所谓事实,就是经验事实"[1]。简言之,"所谓事实乃是对呈现于感官之前的实际情况的一种陈述"[2]。具体说,事实只是对事物实际情况的一种陈述,是关于客观事物的知识,而不是指客观事物自身,即事实不是未进入人的认识领域而处于人的认识、经验之外的纯粹的"自在之物";一切事实都是经验事实,必须为人们所直接或间接观察到,然后由主体的概念所接受,并由

---

[1] 彭漪涟:《论事实》,载《新华文摘》1992年第2期。
[2] 彭漪涟:《事实论》,上海社会科学出版社1996年版,第71页。

主体作出判断而陈述出来。事实具有可靠性的特征,事实总是真的,即可靠的,不可能是假的。人们习惯上所说的"捏造的事实"(如刑事被告人伪造证据、证人做假证之类)并不是事实,因为事实是对事物感性呈现的实际情况的断定和陈述,而事物的感性呈现的实际情况是无法捏造的,能捏造的只能是事物被歪曲了的情况,而不是实际情况。因此,"某人捏造某事实"本身可能是一个事实,但"某人"所捏造的那个所谓"事实"绝不是事实。事实是不可能捏造的,也无法捏造。[①] 事实还具有不变性的特征,即事实一经发现或被创造出来就是不可更改的。事实具有不可重复性的特征。

在此基础上再来讨论什么是案件事实。案件事实是指呈现于诉讼主体以及当事人、见证人或知情人之感官之前的关于某一案件实际情况(简称案情)的陈述或断定,与之相对应的内容则是案件的实际情况(案情)。案件事实必须是已进入诉讼程序的事实,且必须与法律规范(或法律规定)相关,即必须是受法律制约或受法律评价的事实。一般说来,构成案件事实的基本构成要素,可分解为"七何"要素,即何事、何时、何地、何情(如何)、何故(为何)、何物、何人。

诉讼活动中,案件当事人、检察官、律师或证人对案件事实的反映或陈述,如刑事诉讼中控诉方(检察官或自诉人)依法指控的事实和民事诉讼中原告方(或反诉方)依法所主张的事实,在诉讼法学中一般称为"诉称事实"或"待证事实"。由于诉称事实的主体对案件实际情况的认识和主张存在差异,加上强烈的利己动机和个人好恶等因素的影响,诉辩双方都可能会自觉或不自觉地利用虚假陈述来夸大或缩小、歪曲甚至掩盖案件的实际情况。因此,诉称事实或待证事实与案件事实本身不是一回事。而在法律适用过程中,司法人员必须运用已有的证据材料对之进行证实或证伪,以判明这些待证事实是否就是现实社会生活中业已实际发生的案件事实。担任审判工作的法官尤其要注意运用诉辩双方提出的证据材料,来对案件事实进行确认,以查明案件真相。

在具体案件中,法官是如何运用证据查明案件真相并确认案件事实的呢?

我们说,法官认定事实是一个复杂的判断证据的过程。根据我国法律,法官对证据进行判断,必须经过三个阶段,即作出三个重要的判断。

(二)法官对证据的判断

在法庭上,法官必须对当事人提交给法院的证据进行判断。通常认为,法官主要对证据进行以下几个判断:

(1)合法性判断

法官首先要判断证据的合法性。所谓证据的合法性,是指按照法律的规定,可以用来在诉讼中作为证据使用、作为事实认定的根据的资格。程序法学上称

---

① 彭漪涟:《事实论》,上海社会科学院出版社1996年版,第73—74页。

为证据能力。法律关于证据的合法性是有规定的,法律规定什么样的证据是合法的,什么样的证据是不合法的。法官首先依据法律规定和最高法院的解释,判断证据的合法性,本案当事人双方提出的证据中,哪些是合法的,哪些是不合法的。然后剔除不合法的证据,留下合法的证据。证据的合法性,着重于证据的形式和取得方法,并不涉及其内容之真伪。

(2) 真实性判断

合法的证据不等于都是真实的,法官对合法的证据还要判断其真实性。即法官对证据进行判断的第二步,是真实性判断。原、被告双方提出的证据,哪些是真的,哪些是假的? 我们目前的诉讼中还存在着假证,有人制造假证、伪证,收买证人,篡改本来的证据,涂改、变造证据,这些做假证的手段在实际诉讼当中还很常见。因此,对于合法的证据,法官还要进行判断,判断它是真的还是假的。我们只采纳案件发生时与案件密切相关的真实的证据,对经过人工变造、伪造、篡改的证据,即不真实的证据,法庭当然不能采纳。关于如何判断证据的真实性即可靠性问题,我们在下文将作专门讨论。

(3) 内容、意义判断

合法的证据、真实的证据并不一定会被法官采信,因为这样的证据未必就能揭示案件事实真相。因此,法官接下来还要进一步判断证据材料的内容、意义,对合法真实的证据材料所承载的真实信息作出解读。经过对证据的真实性判断,剩下来的都是真实的证据。但是这个时候原、被告的证据还经常相反,怎么会这样呢? 原来这里面还有一个问题没有解决,就是拿到法庭上的这个证据究竟说明什么? 当事人拿到法庭上的物证其实仅仅是一个证据载体,这个证据载体到底表明了什么,在法律上意味着什么,都还需要法官进行判断。法官对真实的证据还要进行判断,即判断它的内容、意义,在法律上的意义是什么? 这是法官判断证据的第三步。在对证据进行判断的过程中,法官既要运用自己的知识和经验,更要运用逻辑推理。正如最高法院《关于审理行政诉讼证据若干问题的规定》第 54 条所说的那样:"法庭应当对经过庭审质证的证据和无需质证的证据进行逐一审查和对全部证据综合审查,遵循法官职业道德,运用逻辑推理和生活经验,进行全面、客观和公正地分析判断,确定证据材料与案件事实之间的证明关系,排除不具有关联性的证据材料,准确认定案件事实。"这里表明,法官判断证据要运用生活经验,更要运用逻辑推理。下面将对如何运用逻辑推理来判断证据的可靠性和充分性作点补充说明。

(三) 证据的可靠性与充分性

(1) 证据的可靠性

所谓证据的可靠性,即证据学上说的"证据的确实性"。它是在证据来源合法性的基础上进一步确定证据与案件事实的关联性和真实性。所谓关联性,是指证据与案件事实之间必须具有逻辑联系。所谓真实性,是指证据必须是客观存在的事实陈述,无论物质性证据材料还是意识性证据材料所提供的事实陈述,都应当是事物的实际情况,应当真实可靠。因此,对证据可靠性的判定,也就是判定鉴别证据本身的真伪(即证据所提供的事实的真或假),从逻辑方面来看,主要是判定证据的真伪与关联性。

判定证据的可靠性,主要有经验方法和逻辑方法。大致包括观察法、实验法、比对推理、对照印证法、矛盾判定法和充足理由判定法等。其中观察法、比对推理主要是判定物质性根据可靠性的方法,矛盾判定法和充足理由判定法主要是判定意识性根据可靠性的方法,而实验法和对照印证法则介于二者之间,既可用以判定物质性根据的可靠性,也可用以判定意识性根据的可靠性。下面以实验法为例说明如何运用实验来判定证据的可靠性。

实验判定法在刑事侦查中鉴别证据的可靠性时经常运用,在某些民事案件如侵权损害赔偿案件中也常采用。它是用人工的方法,模拟某一事件发生的条件或经过情况,用以甄别证据的真伪。司法实践中尤其是侦查工作中,为了判定在一定条件下能否听到某种声音或看到某种事物,在一定时间内能否完成某一行为,在某些条件下能否发生某种现象,在某种条件下使用某种工具是否可以留下某种痕迹等,就经常运用实验判定法来鉴别证据(实物证据或言词证据)的真伪。例如,下面这起案例就是运用实验法来判定言词证据的真实性的。

有这样一起杀人案件:被告人刘某某在与被害人李某的口角中,用双筒猎枪将李某打死。绥化市公安局经侦查认为,被告人的行为构成了过失杀人罪。其根据是:被告人供述,他是在被害人拽抢他手中的猎枪的情况下,无意中把枪碰响击中被害人的。而绥化市检察院经过侦查后发现,在场的三名见证人一致证实被害人没有抢枪。

负责审查起诉的公诉人为查明本案案情,仔细分析该案案情特点后认为:被告人的行为是故意还是过失,主要看三个在场见证人与被告人的言词证据,哪一个更可靠。

为了弄清案件真相,判别言词证据的可靠性,公诉人必须根据公安人员侦查过程中收集到的现场物证材料进行逻辑推断。这时,被害人被双筒猎枪击中腹部并留下 4 cm×3 cm 的伤口引起了公诉人的注意:因为要弄清被告人的行为是故意还是过失,关键是要弄清被害人是否抢被告人的枪,而这又与被害人中弹时与枪口的距离有关。换言之,如果被害人距离被告人较近,用手能够到枪筒,则有夺枪的可能;如果二人相距较远,被害人的手够不到枪筒,则可排除被害人抢枪的可能。实践证明,伤口的面积大小,是与射击距离成正比的。因此,对该案来说,已知被害人伤口的面积,通过侦查实验完全可以准确地推算出被害人中弹时与枪口的距离。于是,在报经检察院领导批准后,公诉人用被告人的那支猎枪,进行了一次射击实验。

实验仍用被告人使用剩下的猎枪火药,并以纤维板为靶子共开了两枪。结果表明:在被害人中弹身亡时与枪口的距离上,要想抓住枪筒,被害人即使伸直手臂也够不着。这就排除了被害人抢枪的可能性。

实验后,被告人在确凿的证据面前,不得不如实供认。原来,他是在被害人回头时开的枪,此时距被害人两米左右(证人也证实二人相距两米多远),为了减轻自己的罪责编造了被害人抢枪的情节。

通过侦查实验,弄清了事情真相和言词证据的真伪,最终以被告人犯有故意杀人罪将此案起诉到绥化市中级人民法院。①

对于意识性根据(如言词证据)的真实性,通常还采用矛盾判定法和充足理由判定法进行判断。为什么可以根据类似言词证据这样的意识性根据中是否存在逻辑矛盾来判定可靠性呢?这是因为逻辑矛盾总是歪曲反映现实而产生的。现实本身在特定的时间和条件下,不可能既是这样,又不是这样。所以包含逻辑矛盾的陈述,不可能是如实反映案件真实情况的陈述,因此仅凭言词证据中包含的逻辑矛盾,我们不用与客观现实对照,仅在思维领域就完全可以判定这样的陈述是虚假的。在法律适用过程中,对于包含有逻辑矛盾的意识性根据也是"不应当有的",如有,则不能轻易予以采信,应合理地加以排除。比如,林肯为其亡友的儿子小阿姆斯特朗所作的无罪辩护,就是通过揭露本案唯一的证人福尔逊的证言包含着无法摆脱的逻辑矛盾,从而推翻了指控小阿姆斯特朗有罪的唯一证据,赢得了这场诉讼。②

有些用来作为确认案件事实根据的意识性根据,其陈述的内容并不是对案件事实发生或经过情况的一种描述,而是对案件事实情况的一种推断。这种情况在"鉴定结论"和"证人证言"这两类言词证据中表现得尤为典型。但是这类情况下的推断,其真实性或可靠性往往或明或暗,或显或隐地依赖于推断的理由。经常会出现下面这种情况,即推断的理由本身是真实的,但是理由的真实性尚不足以证明(或推出)该推断的真实性,所以这样的一种推断属于真假未确定(即真假不定)的推断。我们虽然不能说它就是假的,然而也不足以证明它就是真的。因此,若要判定这种意识性根据(表现为对案件事实情况的推断而非描述)的可靠性,就必须借助于充足理由律(即理由必须真实且必须充分),这便是充足理由判定法。

所谓充足理由判定法,就是依据逻辑学中的充足理由律的要求,指出那些表

---

① 参见《检察员札记》,载《中国法制报》1982年1月2日。
② 参见王政挺主编:《中外法庭论辩选萃》,东方出版社1990年版,第66—68页。

现为对案件事实情况作出推断而非仅作描述的言辞证据,因其理由或者不真实或者不充分,无法合乎逻辑地推得该推断结论,从而在思维领域判定这样的意识性根据由于是真假不定的结论而不能视为真实证据的一种逻辑方法。下面试举一例说明。

  有一姓秦的小学女教师,某天深夜回家,路过一条僻静小巷时,被附近某厂工人徐某某拦路强奸,并抢去了手表。事隔数日后,秦某某向司法机关告发。案件审理中,被告徐某某辩解说,他不是强奸而是恋爱"过格",路遇时因感情不能控制而发生了两性关系,只是最近关系谈"崩了"。而秦某某却矢口否认:"从来没有同徐某某有过私人往来,更没有什么恋爱关系。只是因为徐某某的小妹妹在我们小学读书,有一次徐某某来开过家长会,所以知道他在某某厂工作。"办案人员根据调查材料,竟确认徐某某所述"系恋爱过格而发生了两性关系"属实。确认这一案件事实的根据是什么呢?一是徐某某同车间的几个青年工人的证言,他们都说徐某某确实最近正在"耍朋友"(谈恋爱),但大家不知那个女的是谁;二是工人杨某某的证言:"某日,我从后面亲眼看见徐某某同一青年女子,手牵着手进入电影院,那个女子穿的是紫红色灯芯绒上衣,同小学秦老师穿的有件上衣一样,所以我可以肯定那个女子就是秦老师。"①

  这里,杨某某证言中陈述的理由,以及基于这些理由而得出有关案件事实情况的推断,构成的推理关系并不成立,因为上述推断的推理形式不合乎逻辑:

    那天见到的那个人是穿紫红色灯芯绒上衣的人,
    秦某某是穿紫红色灯芯绒上衣的人,
    所以,秦某某就是那天见到的那个人。

  显而易见,上面这个推理貌似三段论但并非正确的三段论。因为三段论第二格 AAA 式属于无效推理形式。杨某某借助这样的推理得出的结论是颇成问题的。尽管所依据的前提为真,也不足以证明该推断为真。从逻辑上说,虽然该推断有为真的可能,但也不能忽视它存在着为假的风险。假如一开始该案办案人员能及时注意到这点,也就不至于会用这种真假未定的证言,作为确认案件事实的根据,从而也就不会轻率地对该案作出原来那样的错误结论了。后来由于被害人多次提出申诉,司法机关经过深入调查,终于查明秦某某所述的情况属实,从而否定了当初对案件事实的错误认定。

(2) 证据的充分性

  对案件事实的确认,依赖于确实(可靠)、充分的证据。因而衡量案件事实是

---

① 参见雍琦主编:《法律适用中的逻辑》,中国政法大学出版社 2002 年版,第 220 页。

否查清的关键,就是要判定证据是否确实(可靠)、充分。上面我们讨论了证据可靠性的判定方法。那么,如何判定证据是否充分呢?这就需要进一步讨论运用证据论证案件事实的推理形式及其逻辑性质,并把握判定证据充分性的思考方法。

说到证据的"充分性"或"证据充分",我国法学界不少人坚持认为:"所谓充分,是指具备足以证明案件真实情况的一定的证据量。这是对证据的量的要求。"①有人甚至更为极端地认为:"证据的充分性反映了证明要求中对证据量的规定。不论证据多么确定,如果不达到应有的数量,就不能认定案情。"②其实,把证据的"充分性"说成是"量的概念"或者"量化程度的概念",甚至把"证据的充分性"混同于"证据的齐全性",完全是对证据"充分性"含义的误解。

实际上,证据充分与否的问题,纯属逻辑问题。单纯的量,即使再多,也难以说明其为何"充分",更遑论证据的数量愈多就愈充分。要知道,证据的充分与否,实际上是就两种事物情况之间的关系所作的断定,这是一种在思维领域里依靠人脑的思考才能把握的逻辑关系。因此,证据的"充分性"绝不是一个数量方面的概念,而是由思维把握的关于两种事物情况之间制约关系(即条件关系)的概念。孤立地就一种事物情况自身来说,无所谓充分或不充分的问题。只有当我们把一种事物情况同另一种事物情况在思维中联系起来,考察它们之间的制约关系是否可由一种事物情况的真去推出另一种事物情况真的时候,才有所谓充分或不充分的问题。

就事物情况之间的制约关系而言,当"A"情况出现时,"B"情况就必然伴随出现,而不存在反例,亦即不可能发生"'A'出现而'B'不出现"这样的反例。在这种情况下,我们就把"A"看作是制约"B"出现的充分条件。在诉讼证明过程中,如何判定由一种事物情况推论另一种事物情况是否充分呢?应当怎样思考推论是否具有充分性呢?

首先,如果事实上"A"出现而"B"却可以不出现(包括出现与"B"相反或不相容的情况)时,那就说明"A"不是制约"B"出现的充分条件。在这种情况下,由"A"认定"B"就不具有充分性。简言之,要判定由"A"认定"B"是否充分,就取决于能否排除"A 而非 B"(即"虽然 A 出现,但是 B 却不出现")这种可能性。只要能证明不可能有"A 而非 B"(即"虽然 A 出现,但是 B 却不出现")这样的事例出现,就可以判定由"A"认定"B"是充分的。比如,由"一个数既能被 2 整除又能被 3 整除"(A),认定"这个数能被 6 整除"(B)。我们要判定这一认定是否充分,就取决于能否作出这样的证明,即当"一个数既能被 2 整除又能被 3 整除"(A)这

---

① 崔敏主编:《刑事证据理论研究综述》,中国人民公安大学出版社 1989 年版,第 80 页。
② 肖胜喜:《刑事诉讼证明论》,中国政法大学出版社 1994 年版,第 157 页。

一情况出现的时候,不可能出现"这个数不能被6整除"这种与"B"相反的情况。只要能排除出现这种相反情况的所有可能性,由前者认定后者就是充分的。

排除出现相反情况的所有可能性,在证据学理论中称为"结论的排他性",即"得出的结论是唯一的,排除了其他可能性"。① 因此,证据的充分性就表现为结论的排他性。对证据充分性的判定,也就是看是否已把全案证据(或全部的在案证据)连贯起来,形成证明体系,证明的结论是否具有排他性或唯一性。

其次,当事实上"A"对"B"是充分的,"B"对"A"则只是必要的,因此,不能简单地由"B"认定"A"。但是,当"B"出现时,我们已知它只可能由"A""C""D""E""F"等几种情况引起,而经过证明,"C""D""E""F"等其他几种情况在特定条件下不会出现时,这就意味着"B"只能由"A"引起。在这种情况下,由"B"就能认定"A",其结论就具有排他性,这样的认定也就具有充分性。譬如,教室里一盏日光灯突然不亮了,而我们知道,如果已知"灯管坏了"(A),那么必然地出现"日光灯不亮"(B)这样的情况。而在特定条件下,若要由"日光灯不亮"(B)去认定"灯管坏了"(A),如果只是简单地、轻率地作这样的认定,显然不能成立。但是,如果我们已知"日光灯不亮"(B),并已考虑到在特定条件下引起这一情况出现的各种可能性,如①"电路不通"(C);②"镇流器坏了"(D);③"启辉器坏了"(E);④"停电了"(F);⑤"灯管坏了"(A)。经过证明,"C""D""E""F"这几种可能性在特定条件下并不存在,在这个基础上由"日光灯不亮"(B),反推"灯管坏了"(A),这样的结论当然也具有排他性,因而这样的认定无疑也就具有充分性。②

综上所述,当我们由一种事物情况的存在或出现,去推论另一事物情况的存在或出现时,如何判定我们的这种认定是否具有充分性呢?一是当我们根据"A"认定"B"时,必须能排除"A出现而B却可以不出现"的可能性,否则,认定就不具有充分性;二是如果我们已知"A"对于"B"是充分的,而要由"B"去认定"A"时,则必须能够排除除"A"之外还可导致"B"出现的其余各种可能性如"C""D""E""F"均不存在,否则,这样的认定就不具有充分性(或排他性)。总之,要判定一个证据的认定是否具有充分性,关键要看它的结论是否具有排他性或唯一性。

(四)证据之解释

确认了证据是真实的和充分的之后,若要用它组成法律推理小前提,还必须对证据材料的意义作出说明和解释,特别是物质性根据如物证、书证等,因为它们都是"哑巴",不能直接告诉你它们所代表的法律意义。

当事人提交给法庭的物证,究竟意味着什么,是正当的行为还是侵犯他人合法权益的行为?比如,有的当事人甚至把酒瓶的标志也带上法庭。从证据学上

---

① 参见陈一云主编:《证据学》,中国人民大学出版社1991年版,第118页。
② 参见雍琦主编:《审判逻辑导论》,成都科技大学出版社1998年版,第240—241页。

讲,在法庭出示的酒瓶标志就是一个证据。原告可能用它来指控被告假冒商标,侵犯他的商标权。这些证据都必须经过合法性判断和真实性判断。经过了这样的合法性判断和真实性判断之后,这些证据就成了合法的证据和真实的证据。接下来,法官对这些真实合法的证据还要进行判断,判断证据的内容、意义,尤其是要判断这些证据在法律上的意义。判断证据的法律意义就是审判活动中所谓的证据解释。法官对证据作出解释的目的也是查明案件的事实真相。因此,证据之解释也同样属于事实推理范畴。

例如,在违约诉讼中,当事人提交的主要证据是合同,包括合同原件或复印件。同时,当事人还常常附上合同签订后双方签订的变更或修改合同的协议,以及履行合同中发送的电报、电传及信函等,这些都会成为法庭上的证据。这些证据经过了合法性判断和真实性判断之后,其合法性和真实性已得到证明。但这些证据的内容是什么,譬如合同书上某个条款、某段文字究竟表达什么意思,有时双方的理解可能完全相反。这时就需要担任裁判的法官对证据的内容和意义作出判断。当事人双方对作为证据的合同中的某个条款假如产生分歧,就必须由审理该案的法官来认定其意义和内容。判断一个合同的某一条款、文字词句的内容、意义,叫作合同的解释。① 由于当事人双方的理解相反,如果法官不通过解释确定合同某个条款的内容意义,就不能划分出双方的权利和义务,也就无法准确判断谁的行为是正当的,谁的行为是不正当的。

合同中使用的文字不清楚、不准确,需要法官作出解释。其他证据材料也会存在同样的问题,所以也经常需要法官作出解释,即前面所说的证据解释。例如,当事人作为证据提交法庭的某个酒瓶或某块牌匾,在侵犯商标权或名称权的案件中,也需要判断它的内容和意义。发生在哈尔滨的由黑龙江省高级人民法院作出二审判决的关于侵犯"狗不理包子"商标权的案件就很能说明问题。

"狗不理"包子是天津著名的老字号。作为一家国内知名的食品公司,狗不理控告黑龙江省哈尔滨市的天龙阁饭店侵犯了其商标权和名称权。由于天津"狗不理"既是注册商标,同时也是原告的企业名称,案件的事实认定涉及一个重要证据,就是天龙阁饭店大门上挂的一块牌匾,上面书写着:天津狗不理包子。对此牌匾的真实性及证据的合法性,原告、被告双方均不持异议,但对牌匾的内容和意义却产生了严重分歧。而恰恰在这个问题上,一审和二审的法官作出了完全相反的证据解释。

此案一审法院判决原告败诉。原告天津狗不理公司不服提出上诉。黑龙江省高级法院作出二审判决:撤销原判,改判原告胜诉。这两个判决,同样是在黑

---

① 参见梁慧星:《裁判的方法》,法律出版社2003年版,第15页。

龙江作出的,一个出自哈尔滨市中级人民法院,一个出自黑龙江省高级法院,对同一案件事实竟然作出了截然相反的判决。为什么会有如此不同的判决呢?两份判决书的焦点在于对这块牌匾即对物证的解释不同。一审法院的判决书认为,天龙阁饭店的牌匾上虽然有"天津狗不理包子"这几个字,但这并不表明它侵犯了原告的商标权和名称权,因为牌匾的内容意义不是宣传本店生产天津的狗不理包子,而是宣传狗不理包子的第几代传人。因为这牌匾下面还有一行小字:第几代传人×××。一审法院认为,虽然牌匾上有"天津狗不理包子"几个字,但更重要的是,在它下面有"第几代传人×××"。这块牌匾宣传的是本店的大厨师是天津狗不理包子的第几代传人,旨在表明人的身份。饭店门前挂一个牌匾表明大师傅是什么身份,这错在什么地方?它并没有侵犯"天津狗不理包子"公司的商标权和名称权。一审法院对这块牌匾的内容意义作出的解释认为,这块牌匾的内容意义在于宣传和表明被告大师傅的特殊身份,与法律上的侵犯商标权、名称权挨不上边。正是基于这样的解释,作出了原告败诉的判决。

然而二审法院却对此案作出了相反的判决:撤销原判,改判原告胜诉。改变的依据在于对牌匾的内容意义作出了不同于一审法院的证据解释。二审法院在判决书中认为,这块牌匾的内容意义不在宣传大师傅的身份,而是在于宣传本店经营的产品是天津狗不理包子。二审法院认为,如果牌匾的意义是宣传第几代传人,那么"第几代传人×××"应是大字,"天津狗不理包子"这几个字至少不应是大字,而在本案牌匾上有三行字,第一行"正宗"两个字是小字,第三行"第几代传人×××"也是小字,而唯独中间一行"天津狗不理包子"是大字。假如一般消费者从远处望去,很容易就认定该店经营的就是天津狗不理包子。因此,二审法院认为这块牌匾的内容意义并非宣传大师傅的特殊身份,而在于表明其所经营的就是天津狗不理包子,这当然侵犯了天津狗不理公司的商标权和名称权,故撤销原判改判原告胜诉。[①]

由此可见,建立法律推理小前提的推理,主要在于对证据材料进行判断,既要判断证据的合法性,也要判断证据的真实性和充分性,更要对证据的内容意义作出正确合理的解释。这一系列思维活动都不是简单的断定,而要经过理性的反思和逻辑的推理,我们把这些推理统称为建立法律推理小前提的推理即事实推理。事实推理重在确认案件事实,因此推理的可靠性问题就是法律推理过程中的重要一环,理应引起人们的高度重视。

---

① 参见马群祯:《天津狗不理包子饮食(集团)公司诉天龙阁饭店商标侵权案》,载珠海市非凡律师事务所编:《判例在中国》,法律出版社1999年版,第447—450页。

第三节 法律论证

法律推理或法律论证是法律逻辑的研究对象,因此,法律逻辑实际上可以被视为所有以法律推理或法律论证为研究对象的学科概称。①

法律推理与法律论证作为法律逻辑的研究对象,二者之间存在密切的联系,这是毫无疑问的,但两者之间同样存在着明显的差别,这也是不容忽视的。如何理解法律推理与法律论证之间的差别呢?其实,我们可以这样来考虑,实际部门的法律工作者如法官、检察官或律师等在处理具体案件时必须进行法律推理,他们的法律推理可能要经历两个截然不同甚或相反的思维过程,即:一是为该案件找到法律解决方案;二是为找到的法律解决方案进行论证。前者通常叫作法律推理,后者应该叫作法律论证。为案件寻找法律解决方案的思维过程和为找到的法律解决方案进行法律论证的思维过程,都是法律逻辑或法学方法论共同关注的问题。我们可以这样来概括:法律推理与法律论证均有广义与狭义之分,狭义的法律推理是指为具体案件事实寻找裁判结论的思维活动,通常以法律直觉的形式完成。狭义的法律论证是为裁判结论寻找充足法律理由的思维活动,完全以逻辑论证的形式实现。

一、法律论证的必要性和功能

(一)法律论证的必要性

理性是人类追求的目标,也是人类交往过程中梦寐以求的至高境界。现代社会更是以崇尚理性作为基本标志。各种社会规范如法律规范、道德规范、政治规范等的制定与认可,其目的皆在于对某种程度的理性的追求。作为衡量一个社会民主、文明程度的重要标尺的理性,在现代社会有着举足轻重的崇高地位。那么,何为理性?西方不少哲人如亚里士多德、卢梭、康德、黑格尔等都曾给出过理性的定义。但实事求是地说,理性实际上是一个很难被定义甚至不可能被定义的术语。尽管如此,我们还是可以共享判断某行为是否理性的根本标准,这个标准就是,某行为是否建立在好论证的基础之上。如果某行为是建立在好论证的基础之上的,我们就说这个行为是理性的。相反,若某行为不是建立在好论证的基础之上,则该行为是非理性的。接下来,如何评价论证的好坏便成为实现理性的关键环节。

追求理性需要论证,追求法律理性则需要法律论证。法律理性是法律追求的目标,也是法治意欲达到的理想境界。但法律理性毕竟是一个抽象目标。什

---

① 参见熊明辉:《诉讼论证》,中国政法大学出版社 2010 年版,第 69 页。

么样的法律裁决、法律决定或法律请求才具有法律理性,这本身是一个很难回答的问题。或许它与评价的主体相关,因为不同主体完全可能依据自身的偏好或价值取向去评判,并形成自身特有的法律理性观。偏好往往因人而异,如何才能运用这种变化多端的偏好去实现法律理性呢?退一步说,即使不考虑主体偏好问题,主体价值取向同样是一个主观性颇强的问题,希冀凭借主观性颇强的价值取向去实现法律理性,这同样也是很难的,甚至是不可能的。在法律人看来,法律公正与法律理性是休戚相关的。凭借偏好和价值取向这类主观性颇强的标准,不仅无法确保法律理性的实现,更难以保证法律的公正性。

正是在法律人的苦苦寻觅中,法律论证终于崭露头角,让法律人看到法律理性的曙光。法律发展史表明,法律论证在实现法律理性的过程中一直充当着无可替代的角色。正因如此,法治国家才将法律论证置于法律制度层面。譬如,1973年2月14日,在德国宪法法院第一审判庭发布的一项决议(法律续造的决议)中规定:所有法官的司法裁判必须"建立在理性论证的基础上"。[①] 正如德国学者阿列克西所言:"对论证理性的要求可以延伸至法律职业人参与讨论的任何场合。……什么是普遍的理性论证以及什么是理性的法律论证,有关这个问题就绝不仅仅是令法学理论家们或哲学家们感兴趣的问题。它对于从事日常实务的法律职业人也是十分迫切的,同时也是每一个参与公共事务的公民很关心的一个事情。法学是否具有科学性,法官的判决是否具有正当性,均取决于法律论证的可能性。"[②]阿列克西之所以出版《法律论证理论》这本著作,主要任务就是考察:理性的法律论证如何理解?它是否可能以及在什么程度上是可能的?

法律理性所体现的是法律所固有的规则性及其内在的逻辑力量,以及据此而来的明晰、确定和可预测性。法律理性不仅是一种实质理性,而且更多的是一种形式理性。即在实体和程序两个方面,法律均具有强烈的形式主义的、程式化的色彩。在实体层面上,法律规则具有逻辑意义上的严格性与确定性,而凡此严格性与确定性,通常对应于或者说应当对应于其所由来的各自事实,而且常常是确凿的、一般性的事实,也是被格式化了的"法律上的"事实;在程序层面上,法律强调马克斯·韦伯所说的诉讼过程的"明确要件标记"及其仪式性,追求程式化所烘托出来的象征效应。[③] 如何保证这种形式的、程序的理性呢?著名学者许章润有过精彩的论述,他说:"就司法的制度安排及其内在的运思方式而言,公平正义是法律的永恒价值追求,与此相应,法律的形式理性首先表现为程序公正的理念与制度设置,作为理念的程序公正藉诸作为制度的程序公正,体现并保证了

---

① 参见〔德〕罗伯特·阿列克西:《法律论证理论》,舒国滢译,商务印书馆2019年版,"德文版序"。
② 同上。
③ 参见许章润:《以法律为业:关于近代中国语境下的法律公民与法律理性的思考》,载《金陵法律评论》2003年第1期。

公平正义这一法律价值的实现。在此过程中,法律推理与法律论证是法律从业者经常使用的两大运思方式。法律推理的必要,在于规则与事实间存在着永恒的紧张,而常常以实在法规定与具体个案的某种程度和形式的不相协调表现;法律论证的必要,则在于法意与人心(情)间同样存在着永恒的紧张,而有着曲相连通的必要。"①

可见,法律理性承载着法律的精神与公平正义的价值理念。借助法律理性实施公平正义,必然离不开以法律推理和法律论证为主要形式的逻辑的出场。假如将推理视为寻找纠纷解决方案的思维而将论证视为替裁判结论寻找理由的思维的话,那么论证的好坏就成为衡量法律理性是否得以实现的一把标尺。一份判决书、一份起诉书、一份答辩状,都是典型的论证性语篇。它们是否体现了法律理性的光芒,关键则要看语篇所承载的逻辑力量。

自古以来,理性与逻辑就存在着密切的联系。理性背后似乎总是有逻辑在支撑。逻辑乃理性之本。正如卡多佐所言:"除非有某些足够的理由(通常是某些历史、习惯、政策或正义的考虑因素),我并不打算通过引入不一致、无关性和人为的例外来糟蹋法律结构的对称。如果没有这样一个理由,那么我就必须符合逻辑,就如同我必须不偏不倚一样,并且要以逻辑这一类东西作为基础。"②博登海默说得更加明确:"形式逻辑是作为平等、公正执法的重要工具而起作用的。它要求法官始终如一地和不偏不倚地执行法律命令。"③

(二)法律论证的功能

法律论证作为论证,同样具有证成功能和反驳功能。法律论证的证成功能是指要运用真实可靠的证据证明己方的法律事实及其所支持的法律主张成立。法律论证的反驳功能是要指出对方的法律主张不成立。当然,在实际论辩过程中,仅指出对方的主张不成立是不够的,还必须同时提出与对方主张相反的主张,并加以证明。

法律论证的证成功能是保证法律公平公正的基石,颇受西方法学家的重视。强调法律论证及其证成功能的不仅有德国学者的法律论证理论和专著,而且还有其他国家大量的法律论证(或译法律论辩)理论及专著。目前已经译成中文出版的除了德国学者阿列克西的《法律论证理论》外,还有荷兰学者菲特丽丝的《法律论辩导论》。④ 实际上,不仅大陆法系国家重视法律论证及其证成功能,而且

---

① 许章润:《以法律为业:关于近代中国语境下的法律公民与法律理性的思考》,载《金陵法律评论》2003年第1期。
② 〔美〕卡多佐:《司法过程的性质》,苏力译,商务印书馆1998年版,第18页。
③ 〔美〕博登海默:《法理学:法律哲学与法律方法》,邓正来译,中国政法大学出版社1999年版,第496—497页。
④ 参见〔荷〕菲特丽丝:《法律论辩导论》,武宏志等译,中国政法大学出版社2018年版。

普通法系国家也同样重视法律论证及其证成功能。譬如，英国学者麦考密克著有《法律推理与法律理论》一书，专门讨论法律论辩（或法律论证）中的推理和论证，并且特别强调法律推理或法律论证的证成功能。如麦考密克在该书前言中便说："在这本书中，我将试图描述和解释在司法判决及提交到法庭的请求和抗辩中涉及的法律争论。"① 英美法系国家法学家所说的 legal reasoning，国内学界一般翻译为"法律推理"，其实也可以译为"法律论证"，因为 legal reasoning 就是指法官为司法判决寻找正当理由或原告为其诉求寻找法律理由及被告对原告主张进行抗辩时寻找法律理由的思维活动，在我们看来，这就是不折不扣的法律论证。正因如此，麦考密克在著作中提到的 legal reasoning 也的确相当于我们所说的法律论证。

麦考密克在该书中指出："本书旨在对法律推理做出阐述。我将法律推理视为实践理性得以应用的一个分支。所谓实践理性，亦即人们运用理性决定在特定情势下如何行动才算正当。本书表达了一个简单的思想，尽管它广受抵制，但实质合理。这一思想是，适用规则的过程对于法律活动来说是中心环节，所以研究这一过程中的理由构成，对于解释作为实践理性之分支的法律推理的角色来说，是至关重要的。"同时强调："本书依然坚信，某种形式的演绎推理是法律推理的核心所在。当然，这并不意味着法律推理完全或只能借助演绎推理进行，……本书致力于完成的一个富有魅力和挑战性的任务，就是重构与非演绎性的法律推理相关的各种因素。""因此，在'法治'观念下强调尊重法律合理性的现代法律模式内，适用规则的逻辑就成为法律的核心逻辑。"② 接下来，麦考密克讨论了法律推理或法律论证的基本公示"R＋F＝C"（或"规则加事实等于结论"）。该公式本身并不具有必然性，而是需要借助于逻辑来论证其正当性，也就是借助于逻辑来实现法律论证的证成功能。

麦考密克围绕上述公式就法律推理或法律论证进行了阐述。他认为，规则是潜在的规范性命题，它确保一旦确定了特定情势或具体的有效事实，那么相应的特定结果将要发生或得到执行。也就是说，"只要 F 表示的情形发生"，相应的结果通常也是稳定的，即"C 所表示的结果必然发生"。"我们可以把这种逻辑用公式表示为'只要 F 所表示的情形发生，那么与之相关的 C 必然会发生'。"③ 对此，麦考密克解释道，法律过程会把焦点放在任何可被公式化以适应上述模式的规则上面，它首先把自己的活动目标设定为，如果要相信那个主张的话，那么需

---

① 〔英〕麦考密克：《法律推理与法律理论》，姜峰译，法律出版社 2005 年版，"前言"。
② 同上。
③ 同上。

要考察是否存在证明 F 情形已经发生的根据。"一方会提出事例证明那个抽象的 F,然后通过举例方式证明 C 同样契合当下的情形,在此过程中,他会提出附带诉求的主张,认为裁判者应当采取行动或作出结论了。对方则可能希望通过任何可能方式来质疑、对抗或千方百计地拒绝该主张,以及挑战包含其中的请求所赖以成立的构成要素。裁判者必须在对抗的双方间作出裁断,并给出据以裁判的理由,以使得裁判在可预见的法律秩序框架中获得正当性。"①

法庭裁判属于决策,而决策需要理由,一如人们作出正当行为时需要进行理性地思考。因此,在麦考密克看来,"如何寻求规则以证明选择的正当性,就成为至关重要的事情"②。麦考密克将此称为"法律论证的证成功能"(译者翻译为"法律论辩的证明功能"亦可)。接下来,作者作了解释。法律论辩的特征应当是法律论辩为实现其功能而必须具备的基本特征。法律论辩的功能到底是指什么呢?他说:"实际应用中的论辩通常是用来说服他人的,论辩的目的是说服特定的听者做些什么,因此,论辩或多或少地要与听者和主题相关。""劝说的最为现实的目的,是实现其证明功能,至少在表面上要言之成理,使人信服。"③如果一位公民控告他人,例如就其所声称的由他人实施的伤害行为要求赔偿,一个逻辑上的条件是他必须证明自己的主张是可信的;如果另一方拒绝承担责任,他必须再行证明对方的抗辩错在何处,相应地,对方还要证明其责任豁免请求的根据何在。只要两者之间确实存在争议焦点,展现在裁判者或法庭面前的所有争议,都必须在证据基础上得出某些关于到底发生了什么的结论,并且根据这些结论判别是主张一方有理还是抗辩一方有理。司法文书中的推理,实际上是用来为所发布的法庭指令提供理由的,这类指令只有在确认事实和相关法律规则以及参酌其他考量因素之后才能得以成立。"这样,甚为重要的问题就成了对主张、抗辩和判决要给出(被认为合理和恰当提出的)好的论证理由;而值得我们深入研究的,就是这样一个作为证明过程的论辩过程。"④

大陆法系国家法律论证的证成功能更加明确和清晰。德国学者诺伊曼认为:"法律者们当论证。作为法官,根据各程序法的明确规定,他们负有义务论证他们的裁判。只有当裁判依据合理的论证,他们才满足了这项证立义务。为了在法院为其委托人活动获得有利的判决,作为刑事辩护人或民事诉讼当事方代理人的法律者必须进行论证。""进行论证的人,必须使人信服。……法律者的武

---

① 〔英〕麦考密克:《法律推理与法律理论》,姜峰译,法律出版社 2005 年版,"前言"。
② 同上。
③ 同上书,第 12—13 页。
④ 同上书,第 14 页。

器是论证,作为法律者,他必须设法使其他人信服。"①

国内学者熊明辉在其法律逻辑著作《诉讼论证》中,将国内外学界广为讨论的"法律论证"概念进行了提炼和概括,并用"诉讼论证"这一更为明确和清晰的概念取代"法律论证",同时对诉讼论证进行了深入的逻辑分析。关于诉讼论证的功能,熊明辉明确区分为以下三种:"一、证明己方的法律主张成立,即证成功能;二、证明对方的诉讼论证不成立,即反驳功能;三、说服目标听众接受论证者的法律主张,即说服功能。"②

二、法律论证的逻辑性和分类

(一)法律论证的逻辑性

法律论证离不开逻辑,并且需要借助逻辑推理进行证明和反驳。虽然在法律论证过程中,演绎推理起着决定性的作用。但把所有法律论证都视为演绎推理的应用,显然也并不符合法律思维的实际。法官常用的两类法律论证(即法律发现的论证——狭义的法律推理,法律事实的论证——以证据为基础的事实推理),虽然有演绎推理在起作用,但相当多的推理或论证不是演绎推理,而属于非演绎推理。这就表明,法律论证的逻辑性不能等同于演绎推理的形式逻辑。用今天的话来说,法律论证体现的逻辑性,应该是指非形式逻辑意义上的论证有效性。这是学习和应用法律论证必须首先加以明确的问题。

从非形式逻辑视角探讨法律论证的特点或特征,应该主要关注以下三个特征:

(1)似真性

"似真性"来源于英文 plausibility,形容词为 plausible(似真的)。也有学者将 plausibility 译为"合情性",相应地将 plausible reasoning 译为"合情推理"。在传统逻辑教科书中,人们通常将论证分为演绎论证和归纳论证两种类型,甚至认为除了这两种类型之外没有别的类型的论证。在演绎论证和归纳论证中,前提封闭性是论证分析和论证评价的前提条件,即对这种论证的评价仅仅是抽象评价。事实上,作为自然语言论证的法律论证,其前提并非总是封闭的,相反,多数情况下前提是开放的,就此而言,法律论证看上去既不是演绎的,也不是归纳的。那么,从逻辑上讲,论证除了演绎论证和归纳论证之外,还有没有第三种类型呢?不少学者对此问题展开了探讨,并得出了这样的结论:除了演绎论证和归

---

① 〔德〕诺伊曼:"法律论证理论大要",载郑永流主编:《法哲学与法社会学论丛》(2005 年卷),北京大学出版社 2005 年版,第 3—4 页。
② 熊明辉:《诉讼论证》,中国政法大学出版社 2010 年版,第 89 页。

纳论证外,还存在第三种类型的论证。这第三种论证是什么？不同学者从自身角度分别给出各不相同的回答。譬如,皮尔斯将第三种论证称作"溯因论证"或"回溯论证"(abductive argument),沃尔顿将其称为"推定论证"(presumptive argument),雷歇尔称之为"似真论证"(plausible argument,又译"合情论证")。

必须加以说明的是,普通法系国家传统中,类比论证被认为是一种最主要的法律论证方式。如美国学者博登海默,就将法律推理分为分析推理(analytical reasoning)与辩证推理(dialectical reasoning)。其中,分析推理是指演绎推理、归纳推理和类比推理。① 博登海默将类比推理当作不同于演绎推理和归纳推理的第三种推理来处理。论证的分类是以推理类型为基础的,因此,沿着博登海默的思路,便可相应地将论证分为演绎论证、归纳论证和类比论证。事实上,在西方主流逻辑教科书中,类比推理通常被纳入归纳推理中。对于法律论证,情况也是如此。虽然表面看来,类比论证是法律论证的一种模式,但实际上这一论证过程被不少学者②看作先后两个步骤的合成:第一步,将多个判例的判决经过总结概括,上升为一般性法律规则,这里使用了归纳论证;第二步,再将一般性法律规则运用于当下的案件,即运用演绎论证推导出裁判结果。可见,普通法传统中的类比论证其实只是归纳论证和演绎论证的一种组合运用,并非是一种独立于演绎论证和归纳论证之外的第三种论证。

(2) 可废止性

"可废止性"来源于英文 defeasibility,又被称为可改写性或可证伪性。

"可废止的"(defeasible)本是财产法中的术语,指"财产上的法律利益可能在一系列不同的意外事件中被终止或'废止'(defeat),但如果这样的意外事件不出现,这些利益将维持不变"。1949 年,英国法学家哈特在《责任与权利的归结》一文中将其扩展为一切概念的性质,即概念的初显性(prima facie)适用在例外情况下可被终止。例如,合同的成立要件要求至少有两个缔约人且双方达成合意,但符合这些要件的合同并不都是有效的,如果涉及欺诈、胁迫、乘人之危、重大误解、违反公共利益等因素,合同就是无效或可撤销的。哈特建议,法科学生不仅要学习合同的成立条件,还应该"学会如何理解语词'除非'(unless)"。随后哈特在《法律的概念》一文中又将这一理念同规则相关联:一个有例外(除非)

---

① 〔美〕博登海默:《法理学:法律哲学与法律方法》,邓正来译,中国政法大学出版社 1999 年版,第 491 页。

② 如哈特认为:"法院从过去判例中抽出规则是归纳推理,而将抽出的规则适用于当前的案件是演绎推理。"(〔英〕哈特:《法律推理问题》,刘星译,载《法学译丛》1991 年第 5 期)再如考夫曼认为:"类推是一种演绎法与归纳法混合的形态。"(〔德〕考夫曼:《类推与"事物本质"》,吴从周译,学林文化事业有限公司 1999 年版,第 77 页)

的规则依然是规则,且例外的清单并不能被完全提前确定。例如,你已承诺隔天去拜访一位朋友,"应当信守承诺"的规则对你提出了行动的要求,但若此时恰好身边有人重病需要你看护,前一规则就可能因为更强的理由(生命安危)遭遇例外。不过,哈特的这一理念在法学界并未引起太多关注,甚至连他本人后来似乎也怀疑其正确性。如今法学界对该议题的关注明显受益于其他学科影响。受哈特等启发,英国哲学家图尔敏在《论证的运用》一书中将这一理念改造成为他创立的论证模型中的关键要素,这个关键要素即"反驳"(rebuttal)或例外条件,它表示的是推论保证(warrant)的权威不得不被排除的情况。例如,在百慕大出生的人是英国公民(保证),而哈利出生在百慕大(根据),可以得出哈利是英国公民的结论,但这一保证是有例外的,如果哈利的双亲都是外国公民或者哈利已经归化成为美国公民(反驳),前一结论就被废止了。到了20世纪70年代,在美国哲学家波洛克等人的带动下,可废止性逐渐成为认识论的主流观念。后来在逻辑学家那里,可废止性与道义逻辑、条件句以及信念变迁相关联。一些学者开始从逻辑与论证的角度研究法律的可废止性,进而探讨了法律论证的可废止性。[①]

在法律论证中,刑事法律论证、民事法律论证、行政法律论证虽然在需要确证的事实以及确证的程度上各有不同,但都会遇到事实问题。随着举证过程中证据数量增加,论证的结论可能会被改写、证伪或废止。有时即使由证据认定的事实没有变化,但不同法官对同样事实的法律评价或许不同,当然还会出现例外情况或者其他一些无法得出论证结论的情况。这就表明法律论证具有可废止性。

(3) 非单调性

"非单调性"的英文为"non-monotonicity",是一个典型的逻辑术语。非单调性是相对于单调性而言的。单调性的基本思想是,如果我们给论证增加了新的前提,该论证的结论仍然是真的,就称该论证是单调的。从这个意义上讲,演绎论证具有单调性。既然法律论证本质上是一种似真论证,这就决定了法律论证具有非单调性。非单调性的基本思想是,假如我们给论证增加了新前提,论证的结论不再为真,而是可能为假,则该论证就是非单调的。需要注意的是,非单调性是人工智能逻辑中的一个核心概念。将非单调逻辑运用于法律领域已成为最近国际人工智能研究的一个主要方向,不少人工智能专家纷纷将目光投向人工智能和法领域,研究了基于非单调逻辑的法律论证问题,主要成果有:戈登的《诉答博弈:程序性公正的人工智能模型》、哈格的《人工智能与法律中的论辩模型》、洛德的《对话法律:法律证成和论证的对话模型》、普拉肯的《建构法律论证的逻辑工具》、瑞斯兰的《人工智能与法律:走向法律推理模型的基石》、沙托尔的

---

① 参见宋旭光:《论法学中的可废止性》,载《法制与社会发展》2019年第2期。

《一个简单的非单调对抗性法律推理的计算模型》,等等。

(二) 法律论证的分类

关于法律论证的类型,经典的划分是以下两种:一是将法律论证划分为形式法律论证和实质法律论证,这主要源于法学家通常将法律推理划分为形式法律推理和实质法律推理。① 二是将法律论证划分为制定法法律论证和判例法法律论证,这同样基于将法律推理划分为制定法推理和判例法推理。② 当然,根据不同的划分标准,人们可以将法律论证划分为不同的类型。例如,麦卡锡将法律论证划分为基于规则的法律论证和基于案例的法律论证;阿列克西将法律论证的整个流程划分为内部证成和外部证成;外部证成主要功能是证成法律解释、漏洞补充、利益衡量等方法所形成的法律推理大前提的合理性、正当性或可接受性,而内部证成处理的是前提对结论的推出或支持关系,等等。

基于法律应用角度的论证,主要有以下两类法律论证:一是法律发现或法律解释中的法律论证;二是事实发现或证据推理中的法律论证。

以上两类法律论证的运用,可以借鉴图尔敏的法学论证模型以及佩雷尔曼的新修辞学论证理论。有鉴于此,从法律论证理论准备的角度,下文将重点介绍对西方法律论证理论产生较大影响的图尔敏的法律论证理论及佩雷尔曼的法律论证理论。

三、图尔敏的法律论证理论

(一) 分析论证与实质论证

英国哲学家图尔敏于1958年首次出版了《论证的运用》一书并因此在论证理论学界声名大振。在该书中,图尔敏首次介绍了一种"论证布局"的新模型。图尔敏的新模型使用了全新的研究进路,即对主张可以通过对反主张的反击来实现自身证成这一现象进行分析。图尔敏新模型用论证布局的新概念即"主张"(claim)、"证据材料"(ground)、"保证"(warrant)、"模态限定词"(modality)、"反驳"(rebuttal)以及"支撑"(backing)等,取代了传统形式逻辑分析论证时采用的"前提"(premises)、"结论"(conclusion)这些既有概念。图尔敏关于逻辑以及日常推理的观点对论证理论产生了较大影响,他被公认为是现代论证理论的奠基人之一。③

贯穿图尔敏全部学术著述的一个中心论题,就是关于日常生活及学术研究

---

① 参见雍琦主编:《法律适用中的逻辑》,中国政法大学出版社2002年版,第62页。
② 参见王洪:《法律逻辑学》(第2版),中国政法大学出版社2016年版,第83页。
③ 参见〔荷〕范爱默伦等:《论证理论手册》,熊明辉等译,中国社会科学出版社2020年版,第237页。

中的各类主题的断言与意见能被证明的方式。图尔敏特别感兴趣的是用于支持这种断言与意见的论证的理性评估的规范,他经常追问是否存在可以用来评估所有领域的普遍适用的论证规范系统?或者说,是不是对不同领域的论证应当适用不同的评估规范系统?图尔敏在《论证的运用》中比较系统地陈述了他自己对论证评估问题所作的深入思考。图尔敏批判了将推理等同于逻辑推断的传统观点。在图尔敏看来,评估实际思维中的实践推理的标准和价值不能套用纯粹抽象的和形式的标准,同样,评估论证可靠性的标准在很大程度上也不是抽象的和形式的,而是依赖于论证的问题本身性质。

图尔敏认为,存在着根本不同的论证评估规范。这些规范既包括适用于日常论证及不同学科内容的论证评估规范,也包括形式逻辑中所使用的形式有效性标准。而图尔敏坚信,逻辑学评估论证所使用的形式标准,不适宜运用于实际生活中的论证的评估。

在图尔敏看来,符合逻辑学形式有效性标准的论证并不能代表日常实践中发生的论证。事实上,除了在逻辑学和数学等学科的学术专著中,我们很难在其他地方看到这样的论证。这些专著也往往不会讨论发生在日常生活或学术领域中的论证。假如我们采用形式有效性标准来评价这些论证,那么大多数在日常生活或学术研究中完全可以接受的论证,将被评估为无效。导致这种情况的原因在图尔敏看来,乃是因为这些在日常生活或学术研究中完全可以接受的论证都是些非分析性的论证,或者如图尔敏所称呼的属于"实质的"论证。

图尔敏说的"实质"论证,到底是指什么样的论证呢?在《论证的运用》于2003年再版时,他告诉人们所谓"实质"论证指的是那些结论并非推演出来的论证(即结论并非从前提中演绎推出)。用非图尔敏语言表达,就是指那些结论未包含在前提中的论证(因为演绎论证实际上是结论包含在前提中的论证,结论没有超出前提的新信息)。图尔敏分析了造成这种情况的原因,即这些(实质)论证结论是基于与结论从属于不同"逻辑类型"的前提而建立的,后来他还对这些类型作了进一步区分。图尔敏认为,这种论证通常不具有形式有效性,因为其结论不是必然的,或者更确切地说,图尔敏认为,某些实质论证的结论必然性来自证据材料,这种来自前提内容本身的必然性并非逻辑学意义上的必然性。

图尔敏认为,对于论证可靠性来说,逻辑学意义上的形式有效性既非必要条件亦非充分条件。在他看来,为了证成某个主张,我们需要一个"另一层面意义上"的"形式有效性"。可靠性论证,就是具有更广义"有效性"的论证。图尔敏所说的这种论证(argument),或者我们所说的论辩(argumentation),按照某种适当程序进行,同时符合论证所涉领域所要求的具体可靠性要求。在图尔敏看来,就前提能否证成其结论这一问题来说,并不存在单一的能够普遍适用于所有论证的逻辑规范。最终,评估标准还是取决于论证问题自身的性质。例如,我们在某次讨论中试图就"今年夏天将会又热又干燥"这一断言达成理性共识,那么我们就必须选择适用气象学评估标准,而不再是逻辑学评估标准。图尔敏的这一主张对于法律逻辑领域的法律论证评估的确具有十分重要的指导意义。

由此可见,图尔敏扩大解释了经典逻辑的论证有效性概念。这对逻辑学研究产生了深远影响。特别是随着非形式逻辑(即论证逻辑)的产生与发展,今天的逻辑学家不再局限于单纯研究形式有效的推理形式系统,而不顾及该论证所适用的领域了。因为这些发生在不同领域或学科背景中的论证并非分析论证,而是实质论证。这样,构成论证前提与结论的命题之间可以存在逻辑类型上的差异。尽管在这些论证中毫无疑问地存在会导致这些论证出现形式瑕疵的不可逾越的逻辑断层,但是,诚如图尔敏所指出的,实质论证并非具有天然缺陷,或者换言之,分析论证的理想模型并不适用于评估此类的论证。[①]

(二) 图尔敏论证模型

图尔敏建立的新论证模型影响很大,一般称之为图尔敏论证模型。

图尔敏论证模型是根据对法律过程中各阶段进行类比,然后对论辩程序提出的一种解释。也就是说,逻辑中准几何学的形式概念被图尔敏改变为程序的概念,它与法律实践中的形式有类似的内容。对形式的程序解释,导向更为恰当的论辩模型。论辩类似于诉讼程序。法律裁判是理性讨论的具体形式,即程序和论辩规则以特殊方式被制度化。在1958年《论证的运用》第1版中,图尔敏运用法律程序进行类比,把一个主张的辩护刻画成由按照某种固定顺序必须走完不同阶段所构成的一种程序。在法律中,各种形式的诉讼程序在它们的形式方面是类似的。在一个法律诉讼过程中,无论诉讼主张的性质如何,事情的进展顺序都是相同的。不管是民事诉讼还是刑事诉讼,在所有法律程序中都可以切分出相类似的若干阶段。譬如在法律程序中都有一个初始阶段,原告提出自己的控告或主张。接下来的阶段,便是提出用来支持控告或主张的证据。还有一个最终阶段,一个最后决定(裁定、宣判)被给出。当然,在细节方面也许有点差异,但该法律程序的一般结构及其作用的性质在所有法律案件中基本上都是相同的。

图尔敏认为,一个论证的诸阶段可以采用类似于法律程序诸阶段的方式加以刻画。一个论辩过程的第一步是一个特殊主张(claim,简称C)被提出来,它类似于法律过程中提出主张或控告。第二步是那个主张所基于的证据材料(da-

---

[①] 更多内容请参见〔荷〕范爱默伦等:《论证理论手册》,熊明辉等译,中国社会科学出版社2020年版,第243—246页;武宏志等:《非形式逻辑导论》,人民出版社2009年版,第154—164页。

ta,简称 D)被提出来。作为该主张之基础而提出来的证据材料,可比作法律中提出的证据。虽然已有某些证据材料,但该主张很可能遭到提出如下问题之人的质疑:"你是怎么得出那个主张的?"遇到此类质疑,论证者不必提出另外的新证据,而是要提出不同类型的命题来佐证,这类命题就是:规则、原则或推论许可(inference-licenses),图尔敏称之为保证(warrant,简称 W)。图尔敏把保证构想成某种不同于证据材料和主张的东西,保证表明从证据材料到主张的那一步是"正当的"。保证可以比拟为法律规则或法律原则,它表明基于证据材料的法律主张是"合法的"。按照图尔敏的说法,证据材料和保证的区别对应于法庭上事实问题和法律问题之间的区别。①

图尔敏论证模型需要借助于图示加以说明。接下来参照图尔敏所举的一个例子制作一个初步的简单论证模型。为了表明"证据材料"和"保证"所起到的作用,下面将引入程序问题,这类问题由挑战者的提问所引起。

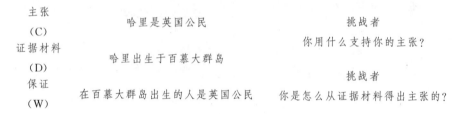

可以通过图 8-1 来系统地展示上述例子中的论证。

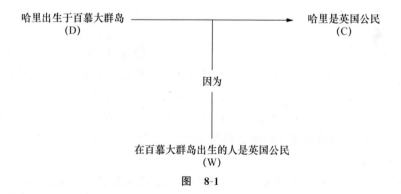

图 8-1

对于上面这个论证模型示例,还需作如下说明:该例子中,我们假定该保证是无例外的普遍规则,暂不讨论保证的准确性问题。而实际论证中的普遍规则经常是有例外的。假如一个规则存在例外,则会削弱保证的强度。若遇到这种

---

① 参见〔荷〕伊芙琳·T.菲特丽丝:《法律论辩导论:司法裁决辩护理论之概览》,武宏志等译,中国政法大学出版社 2018 年版,第 70—71 页。

情况,就必须插入例外或反驳(rebuttal,简称 R)。① 这样一来,主张本身就需要借助模态限定词(qualifier,简称 Q)来加以削弱。② 如果保证的权威性不能够获得及时的接受,则需要引入支撑(backing,简称 B)。也就是说,对于一个完整的论证过程来说,上述三个步骤都是必要的。接下来,将在图尔敏模型中进一步解释这些步骤的作用。由于论证中上述三个步骤的出现,图尔敏模型随之发展为扩展模型。扩展模型包含了六个要素。下面将沿用基本模型的例子来对扩展模型的要素进行解释和说明。跟前面一样通过引入挑战者的质疑来展示新要素的作用:

主张(C)	哈里是英国公民	挑战者:你用什么支持你的主张?
证据材料(D)	哈里出生于百慕大群岛	挑战者:你是怎么从证据材料得出主张的?
保证(W)	在百慕大群岛出生的人是英国公民	
模态限定词(Q)	这是一种应然的情况	挑战者:什么情况下不能适用这一普遍规则?
反驳(R)	如果他的父母是外国人,或者如果他已归化入籍成为美国公民,或者入了其他排斥双重国籍国家的国籍	挑战者:你从 D(某人出生于百慕大群岛)得到 C(某人应当是英国公民)这一结论的依据是什么?
支撑(B)	法律明文规定:……	

扩展模型包含的这六个要素中,主张(C)、证据材料(D)以及保证(W)这三个要素是存在于每一个论证之中的。但这并不意味着保证总会以明示的方式出现,它也可能是隐含在论证之中的(如作为预设或省略前提)。事实上,这同样十分常见。但反驳(R)、模态限定词(Q)以及支撑(B)则不一定会在每一个论证中出现,它们只会在需要它们时才会出现。③

(三) 图尔敏模型与法律论证

现在,我们来看看图尔敏模型以及法律论证两者所说的论证之间到底有何

---

① 图尔敏的这一设想显然受到哈特关于可废止性以及反驳之必要性的影响。
② 当然,模态限定词通常会削弱但并不必然会削弱主张。诚如图尔敏所说:"有些保证可以使得我们可以毫不犹豫地接受某个主张。假如给定适当的证据材料这些保证将使我们得以在合适的情况下用'必然地'这一副词对论证的结论加以模态限定。"(Toulmin, S. E. *The Uses of argument* [M]. Cambridge University Press, 2003, p.93)
③ 参见〔荷〕范爱默伦等:《论证理论手册》,熊明辉等译,中国社会科学出版社 2020 年版,第 253—256 页。

关系？图尔敏模型以及法律论证中都具备在命题的证成过程中起到不同作用的步骤，并且这些步骤必须依照特定的程序进行。从这一现象来看，图尔敏模型和法律论证两者所说的论证之间是存在明显的关系的。图尔敏认为，除此之外，两者还存在更多的相似之处。主张相当于刑事诉讼中的检察机关提出的指控，证据材料相当于证据，保证相当于案件相关的法定或约定的规范内容，支撑则可以类比为法条或者法律专著中与本案相关的理论内容。法律论证，也像一般的论证那样，需要就特定的法条、规范或者规则可以在何种程度上适用于具体情况这一问题加以讨论。这一问题又可以细分为：是否必须适用特定的法条、规范或者规定？是否存在会导致不能适用的例外情况？规则是否需要加以弱化才能加以适用？

在图尔敏模型中，预设即假定的证据材料准确无误，或用法律用语来说，这个案件是已决案，那么，在图尔敏看来，论证有效性是基于什么产生的呢？图尔敏没有明确地回答这个问题，但他似乎认为，如果论证是依据必要程序进行的，那么这个论证就"有效"。也就是说，如果该论证已经或可以套用本模型呈现，同时关键是，从证据材料到主张这一步骤所提供的保证充分并且被认为具有权威性，那么论证就"有效"了。①

保证是否充分，要看其是否能证成从证据材料到主张的这一步骤，并由此确保主张的准确性，从而明确主张中是否要引入模态限定词。图尔敏认为，保证是决定论证有效性的关键要素，因为保证明示了从证据材料到主张步骤的合理性以及原因。保证是否具有权威性，则要看其是否能获得及时的接受，或者从其支撑处获得权威。《论证的运用》一书详细阐述了上述观点，不过有时阐述得比较隐晦。

那么从这个角度来说，论证形式在何种程度上决定了其有效性呢？在图尔敏模型中，论证的形式和有效性又在何种程度上是领域不变或者领域依赖的呢？

图尔敏在 2003 年再版的《论证的运用》中是这样回答上面第一个问题的："然而，有一点是我们必须首先关注的，那就是如果给予正确的保证，那么所有的论证都可以用'证据材料；保证，所以，结论'这一形式来表现，同时因此该论证会获得形式有效性。确切地说，也就是，任何能以这一形式表现的论证，都可以简单地从其形式获得有效性……"②图尔敏继续说道："从另一方面来说，如果我们以支撑替换掉保证……那么，在我们这一论证中就没有必要再讨论形式有效性的问题了。"③图尔敏认为，在上面的论证模型中，保证作为普遍性前提，可以有

---

① 图尔敏在《论证的运用》中，甚至改变了传统的"演绎"和"有效"的用法，这也许是哲学家批评图尔敏的论述混乱的理由。参见武宏志等：《非形式逻辑导论》，人民出版社 2009 年版，第 185 页。
② Toulmin, S. E. *The Uses of Argument*[M]. Cambridge University Press, 2003, p.110.
③ Toulmin, S. E. *The Uses of Argument*[M]. Cambridge University Press, 2003, p.111.

不同的解释,而且这种解释必定影响到论证的有效性。任何论证都可以表达为"证据材料;保证,所以结论"的形式。无条件的保证"任何一个A肯定是一个B"可以被用于形式有效的推论中。但另一方面,如果我们用支撑代换掉保证,即以另一种方式解释普遍前提,那将不再有把形式有效性用于我们论证的任何余地。一个形式如"证据材料;支撑,所以,结论"的论证,为了实践的目的完全适宜,但不再是形式有效的。因为一个是重言式的分析性论证,另一个是非重言式的实质论证。(参见后面彼得森的例子)

图尔敏对于第二个问题的回答则是,论证形式是领域不变的。基本上,不论是法律论证还是其他领域中的论证都能以相同的形式呈现。图尔敏认为,论证有效性不完全是领域不变的,它既有领域不变的一面,又有领域依赖的一面。在一定程度上,有效性体现了形式的作用,即程序必须准确无误地被实施。从这个意义来说,有效性是领域不变的。但同时在一定程度上,论证的有效性主要取决于保证,因而导致有效性本质上是领域依赖的。①

最后,保证从支撑获得权威性,支撑因领域不同而各有不同。例如,像哈里例子中那样,在法律领域,支撑可能指的是某条法律规定。但是,如在下文彼得森例子中那样,在其他领域支撑可能指的是人口普查结果,还可能是指审美规范、道德判断、心理模式或者数学公理。在不同的论证领域,我们都需要明确哪些保证可被认为是权威,以及它们需要得到什么样的支撑。

在《论证的运用》一书出版30年后,图尔敏是这样评价自己早年提出的领域依赖性观点的。他说:"如果我现在重写该书的话,我将会进一步拓展该书的内涵,以表明不仅'保证'以及'支撑'是领域依赖的;甚至论证所发生的场合、面临的风险以及作为人类活动的'论证'的语境细节也应当包含在内。"②

图尔敏认为,论证的形式是领域不变的,法律论证、每一领域的论辩原则上都能被表达成相同的形式,论证的有效性有领域不变和领域依赖的方面。有效性部分地是形式的功能(程序必定被正确地实施),在这个意义上,有效性是领域不变的。但有效性也部分地被保证决定,因此,最终它是领域依赖的。保证从支撑获得其权威,而支撑可能在不同论辩领域变化。在每一个领域,必须决定哪个保证可被视为权威的以及它们必须支持的方式。图尔敏认为传统逻辑对论证大、小前提的区分混淆了前提的不同功能。大前提可能是保证,也可能是支撑;保证和小前提的组合可能构成形式有效的三段论。分析性论证的结论,基本上包括和前提一样的信息,包括在结论中的信息不存在不确定性,因此对于一个论证根本不必要。实质论证的结论包括新信息,保证变成有保留的,但论证仍是

---

① 图尔敏认为,有效性本质上是领域依赖的这一观点,表明了原则上来说每个论证领域都可以主张其领域所使用的论证是理性的。图尔敏所要求的唯一条件就是,该论域所涉的保证必须具有权威性。
② 〔荷〕范爱默伦等:《论证理论手册》,熊明辉等译,中国社会科学出版社2020年版,第261页。

"有效的"(非传统逻辑的有效,而是图尔敏论证的"有效")。

由此可见,图尔敏对于"形式"和"有效性"及这两者之间关系的概念,完全不同于他所批评的形式逻辑的相应观点。图尔敏认为,经典三段论对于"大前提"和"小前提"的区分过于简单,容易造成混淆。在他看来,这两种前提的作用是极为不同的,甚至我们都不应当将它们统称为"前提"。接下来,图尔敏借用了彼得森的例子来阐述自己的观点。

(1) 彼得森是瑞典人。
(2) 没有瑞典人是罗马天主教徒。
所以,肯定(3) 彼得森不是罗马天主教徒。

在图尔敏三段论中,(1)是小前提,(2)是大前提。图尔敏认为,大前提隐含了一个重要的区别,那就是它既可以被解释为保证(W),也可以被解释为支撑(B)。这两种不同的解释在下面对该示例的"扩写"中表现得更为鲜明:

(2a) 瑞典人可被视为肯定不是罗马天主教徒。
(2b) 在籍的瑞典籍罗马天主教徒人数几乎为零。

把大前提解释为保证(W)还是支撑(B),对于作为证据材料(D)的小前提来说,其产生的作用极为不同。(2a)表示的是 W 型解释,(2b)表示的是 B 型解释,这两种解释所起到的作用是不同的。在三段论中,大前提并没有考虑到保证和支撑两者起到的不同作用,因而它实际上隐藏了问题本身的复杂性。

图尔敏认为,从逻辑学角度来看彼得森的例子,"小前提(1);大前提(2),所以,结论(3)"的形式,使得这一论证具有有效性。他指出,若对大前提进行 W 型解释(2a),那么论证是形式有效的;但若对大前提进行 B 型解释(2b)的话,问题就出现了。在 B 型解释中,即使该解释是完全可接受的,但论证仍明显不具有逻辑学角度的形式有效性。因此,我们只能从更广义的角度说这一论证是可靠的。图尔敏对此的结论是,以(2b)作为前提的论证的有效性并非来自其形式特性,同理,以(2)或(2a)作为前提的论证有效性也同样不取决于其形式:"一旦我们揭示出论证的可靠性是来自于后一类型解释的支撑时,论证有效性源自'形式特性'的这一主张,在几何学意义上就失去了似真性。"图尔敏认为,逻辑学家之所以没有意识到这个问题,是因为大前提的模糊性隐藏了保证和支撑之间存在的重要区别。因此,论证有效性最终取决于支撑的这一事实就被遮盖了。[①]

图尔敏的这一观点,对于法律论证来说非常重要。在图尔敏看来,在形式逻辑中盛行有效性的几何学解释,即结论蕴涵于前提之中,这样的论证形式就是有

[①] 参见〔荷〕范爱默伦等:《论证理论手册》,熊明辉等译,中国社会科学出版社 2020 年版,第 259—262 页;武宏志等:《非形式逻辑导论》,人民出版社 2009 年版,第 180—187 页。

效的。这样的论证表明结论仅仅是前提的"变形",或者说,"结论不过是对构成前提各个部分的简单洗牌和重组而已"。图尔敏认为,这就是分析论证的实质。图尔敏并不赞同分析论证就是所有论证的范式。他认为,适用于分析论证的形式有效性取决于其构成形式或形式结构,与其内容无关,其有效性是领域不变的。但日常生活中的论证,包括法律论证、道德论证等,往往并非分析论证而是实质论证,其有效性是领域依存的,就是说这些论证的有效性往往取决于自身的内容或权威性,它们不同于分析论证。实质论证也能够实现论证的目的。正如图尔敏所认为的那样,我们没有理由认为这些实质论证就是"天然的较不理性的,甚或认为它们是非理性的"。图尔敏的结论是,将逻辑学源自几何学的分析论证的有效性评价标准,无例外地适用于所有论证这一做法事实上并不可取,特别是,将这样的有效性概念适用于日常论证也是非常勉强的,因为这会使得逻辑在日常论证评估中变得无关紧要。图尔敏的这些真知灼见,对于我们今天讨论法律论证及其评估问题仍然颇有启发意义。

1979年,图尔敏及其合作者雷克、雅尼克进一步就图尔敏模型在法律领域的运用作了系统阐述。图尔敏甚至强调,既然在数学之外论证的有效性并不取决于其语义形式而取决于它们辩护的争论过程,那么,那些想知道实践推理的逻辑学家们应当从数学那里走开,转过身去研究法学。在图尔敏看来,论证内容的可接受性不仅取决于论证的主题,还取决于目标听众。① 这一点或许受到佩雷尔曼的新修辞学的启发。接下来,就介绍佩雷尔曼的新修辞学。

四、佩雷尔曼的法律论证理论

(一)佩雷尔曼新修辞学诞生的背景

佩雷尔曼是比利时哲学家。1958年,他与助手奥尔布赖切斯—泰提卡发表了《新修辞学:论论证》,这是论证理论领域一本开创性著作。该书英译本 *The New Rhetoric: A Treatise on Argumentation* 于1969年一出版就大受欢迎,风靡英语世界。人们借用其书名将佩雷尔曼与泰提卡的论证理论称作"新修辞学"。在论证理论朝着一门独立学科发展的进程中,佩雷尔曼与泰提卡的新修辞学,跟图尔敏同年在《论证的运用》中提出的论证模型,均已载入史册,成为推动论证理论进一步发展的重要一环。

佩雷尔曼毕业于布鲁塞尔自由大学,学的是法律和哲学专业,博士论文选题是论弗雷格,后晋升为逻辑学、伦理学和形而上学教授。其助手泰提卡同样在布鲁塞尔自由大学修读了多学科(涵盖文学、社会学、社会心理学及统计学等),后毕业于社会科学与经济学专业。1948年,两人相遇相识,决定对修辞与论证问

---

① 参见熊明辉:《诉讼论证》,中国政法大学出版社2010年版,第53页。

题开展合作研究。佩雷尔曼撰写了关于正义、法律、论证以及修辞等主题的著作与论文。接下来,我们将集中介绍佩雷尔曼与泰提卡的代表作,并就新修辞学对法律论证理论颇有影响的几个方面一一加以介绍。

佩雷尔曼之所以提出新修辞学,这一想法的源头乃出于其对"价值判断逻辑"的一贯兴趣。在从教执业早期,他就对逻辑理性与价值判断之间的不确定关系有浓厚兴趣,并撰写了题为"论知识的随意性"的评论,发表后似乎没能得到学界的多少回应。此后,佩雷尔曼将逻辑理性与价值判断的关系作为自己研究的主题。20世纪40年代,他陆续发表了多篇文章,其中涉及多种哲学问题,特别是关于法律方面的,一系列文章都紧扣他确定的主题。他还研究了实体法基础并得出结论:程序法的可能性要依赖于具体价值判断。例如,人最好能得到平等对待,确定人的境遇是否类似以及认定"情况是否属实"所需要的准则,也要建立在价值判断基础上。其他与价值判断有关的例子,如在某些情况下,人们无法完全为自己的行为负责或者根本不能为自己的行为负责,对这种情形应该如何评价? 在打算作出判决时必须兼顾被告人及社会总体多方的利益,这种情形又该如何评价?

佩雷尔曼前期研究的工具是逻辑经验主义哲学。这种哲学采用的是现代形式逻辑的分析方法。这种分析方法在佩雷尔曼看来并不能解释关于价值判断的实际运用问题,他对此颇感失望。因为在逻辑经验主义哲学中,"理性的"(rational)与"合理的"(reasonable)被严格地用来表示那些能够通过经验观察被验证或在形式逻辑系统内能够演绎出来的陈述或命题。然而在实践中,律师像哲学家和其他语言使用者一样,极少对他们的论点提出完美的形式证明,而更为普遍的情况往往是,律师们仅仅是在努力对自己的论题或主张进行证成。这些证成方面的尝试在佩雷尔曼看来,很可能应被视为是理性的,而逻辑经验主义者却把基于价值判断的论证看作不是理性的,这一观点将使"理性决定"观念变得毫无意义。因而程序法作为对基于价值判断规则的系统运用就不再具有理性基础。

逻辑经验主义的上述消极后果促使佩雷尔曼在现代形式逻辑之外去探寻一种新的逻辑。这种逻辑有可能对价值进行论证,使价值选择不再简单地依赖兴趣、激情、偏见和神秘基础上的非理性选择或证成。在二战期间,作为年轻哲学家的佩雷尔曼见证了罪恶之平常和命运之无常。现在,他要与自由意志和人类行为无常的概念做斗争。他感到最近的历史已经提供了足够的证据,这些令人深感悲惨的暴行正是由于背后那些主观任意态度所导致的。然而对现有哲学文献的批判性研究并没有为他提供这样一种逻辑:"我赞同通过各种类型的存在主义对实证主义者的经验主义和理性主义观念论所做的批判,但我并不满足于其纯主观方案或承诺等证成行为。"①

佩雷尔曼通过早期哲学研究得出如下结论:旨在对选择、决定和行为进行证成的论证,是与形式论证并列的一种理性活动,现有的哲学理论并不能给予其满意解释。基于这一结论,他认为,迫切需要一种新的理论能够处理这样的论证,这种理论可以作为形式逻辑的一种补充。将要提出的这个理论应当关注那些论辩,这样的论辩是一种站立于形式论证旁边的理性活动,它是形式论证的补充,价值在其中作为一部分起作用的论辩,既不能被经验检验或形式证明解决,也不能通过把二者结合起来而得到解决。它一定是一种论证理论,在此基础上,有可能表明选择、决定和行为如何可以根据理性而得到证成。

经过进一步思考与探究,佩雷尔曼于1949年宣布,他苦苦寻觅迫切期望的那种论证理论很快就要破土而出了。接着佩雷尔曼与泰提卡合作,花费了10年时间来从事此项研究工作。在一些提纲性文章和局部研究之后,他们两人以一种内容广泛的概述形式在1958年出版了其研究成果:《新修辞学:论论证》。1969年英译本出版,在世界范围引起强烈反响。

该理论取名"新修辞学",也反映出了它的灵感来源。关于佩雷尔曼和泰提卡心中的这种可能的论证理论,形式逻辑与相关哲学方法几乎帮不了忙,也提供不了可以推进研究的工具。相反,经过他们的探索,最终重新回归古典论辩学和修辞学,也就是由亚里士多德和其他学者在古代提出的那些古典学科。

正如在古典修辞学中一样,"听众"这个观念在新修辞学中也起着举足轻重的作用。新修辞学假定,论证总是用来在那些所预期的人身上产生具体效果。论证者展开论证的目的是影响听众,或者使他们相信点什么,应当按照实现这一目标的实效性标准来设计论证。这意味着,论证中所使用的技巧,需要适应听众的参照系。为了实现这一目标,论证者必须使自己尽可能与听众一致,必须根据听众的知识、经验、期望、意见、规范来构思论证。佩雷尔曼和泰提卡十分强调这一点,这也标志着他们的论证理论属于一种修辞理论。这种精心建构的理论用来对知识提供一种系统考察,在论证中,对于要对其进行演说的听众而言,应当产生说服效果是必要的。

但也要看到,佩雷尔曼和泰提卡的新修辞学与古典修辞学之间也有一些不同。譬如,新修辞学研究的对象范围要比古典修辞学更为广泛。后者主要涉及在法律语境、政治或特殊情况下进行的演讲,而新修辞学既要处理书面论证也要处理口头论证,并预设论证可以与任何主题有关,可向任何范围的听众发表。在佩雷尔曼和泰提卡看来,新修辞学的论辩成分是如此充实,以至于也可以称这种

---

① 转引自〔荷〕范爱默伦等:《论证理论手册》,熊明辉等译,中国社会科学出版社2020年版,第306页。

理论为新论辩术或新论辩学(new dialectics)。然而,假如他们真的这么做了,把他们的这种理论叫作"新论辩学"就会令人产生困惑。在佩雷尔曼和泰提卡看来,与新修辞学相比,不仅因为古典论辩学与分析推理密切相关,而且也因为古典论辩学与黑格尔所引入的辩证法(dialectics)这个术语具有不同的用法,极有可能引起严重误解。诚如佩雷尔曼所指出的:"称'这种理论'为修辞学,不应该有什么犹豫,因为一个多世纪以来,在我们的文化环境中,已把辩证法(Dialectics)定位为黑格尔的观念,而且修辞学仅仅是传统上关注听众的学科。"① 佩雷尔曼和泰提卡将其理论嵌入修辞学而非论辩学传统,但并不否定论辩学。因为在他们看来,论辩学是一种与论证技巧相关的理论,而修辞学则是一门实践性学科,这说明可以如何使用这种论辩技巧来使听众信服或者说服听众。

(二) 新修辞学的主要特征

佩雷尔曼在为《不列颠百科全书》(1977年)撰写的"修辞学"辞条中,将修辞学分为"文学修辞学"和"哲学修辞学"。后者就是"新修辞学"。当然,佩雷尔曼对于被理解为一种表达艺术的(文学的、言语的)修辞学,不存在什么哲学兴趣。作为新修辞学的提倡者,佩雷尔曼认为,修辞学是一种实践学科,其目的不在于生成艺术的作品,而是通过演讲向一个听众实施说服行为。新修辞学本质上是一种论辩理论,其对象是研究推论技术,这种技术为的是激发或加强人的心灵对那些为了让他们赞成而提出的论点的执着。它也考察允许论证开始和发展的条件和由这个发展产生的效果。这个定义在某种程度上指明了新修辞学是古典修辞学的继续,但也在某种程度上指明了它不同于古典修辞学。

就新修辞学瞄准听者的所有类型而言,新修辞学延续了亚里士多德修辞学。它包括了亚里士多德在《论题篇》中分析的古代所谓的辩证法(通过问答手段讨论和辩论的技术,尤其是处理意见分歧);包括了亚里士多德限制为和形式逻辑分析性推理相区别的辩证推理。这个论辩理论名为"新修辞学"是因为,修辞学和辩证法是亚里士多德有关辩证推理研究的两个主要分支(分别在《修辞学》和《论题篇》中讨论)。选择修辞学似乎更为周全,因为黑格尔和马克思曾在一种十分不同的意义上使用"辩证法"。此外,"听众"这一概念完全没有出现在《论题篇》中,它仅是在《修辞学》中起明显作用。② 然而,"听众"这一概念对理解论辩性推理至关重要。

佩雷尔曼认为,新修辞学与现代传统(即纯粹的文学修辞学)是对立的,因为它与修饰的或审美价值的语篇的形式无关,而只是关心它们是说服的手段。这样构思的修辞学有一种哲学意味,因为它构成对实证主义经验论哲学的一个回

---

① See Chaim Perelman and L. Olbrechts-Tyteca. *The New Rhetoric*: *A Treatise On Argumentation*[M]. John Wilkinson and Purcell Weaver (trans.). University of Notre Dame Press, 1969, p.5.

② 参见〔比〕佩雷尔曼:《逻辑学与修辞学》,许毅力译,载《哲学译丛》1988年4期,第58—61页。

应。实证主义经验论者宣布所有价值判断即那些关涉人的行为的后果的判断都不是理性的,因为这种判断既无经验的根基,也无演算的根基,既不以演绎为基础,也不以归纳为基础。实证主义经验论者等于放弃让哲学家阐述一种指导公共生活和私人生活中的人生智慧的期望。新修辞学可以提供与此不同的选择,给局限于演绎证明和经验归纳的传统逻辑提供一个补充工具:新修辞学添加了论辩的技术。这样既方便人们证实和证明其信念,也方便人们为其决定和选择辩护。因此,新修辞学阐述的是一种对实践推理的分析不可或缺的价值判断的逻辑。

新修辞学是要运用于人所共知的理性思维领域如法律推理等重要领域,当然不是要让这些思维领域变成非理性领域。那些呼唤理性的人们必须借助于论证来促使别人相信其主张已得到证成,正是这种观念构成了新修辞学的理论前提。

必须使用论证来证成其主张的要求同样适用于哲学推理。通常情况下,哲学家不会提供自己观念正当性的形式证明。相反,他们对自己所持观念的合理性总是试图运用论证来加以证成。是哲学家们希望以论证来使听众相信这就是哲学家自己作出的选择。有一些哲学家希望借此说服一个具体思想流派或专家的支持者,另一些哲学家希望借此说服一般意义上的人。同样的证成尝试也被用于说服非分析思维领域如法律领域的非法律人,但已作了必要修改。非分析思维中的论证总是指向说服听众而且设计新修辞学的目的就是要公平对待被说服的听众,这是新修辞学的本质特征。新修辞学理论之要旨在于,根据对非分析思维的分析,要使不同思想家以及不同思想体系的人物之间那些看似矛盾的主张,整合成为符合理性的综合体。

佩雷尔曼和泰提卡对非分析思维之合理性分析的灵感源泉,除了来自古典论辩学和修辞学外,也来自德国数学家、逻辑学家和哲学家弗雷格与比利时社会学家和哲学家杜普雷。

弗雷格对新修辞学的影响主要在方法论方面。如同弗雷格在对数学推理进行描述性分析基础上提出了逻辑理论一样,佩雷尔曼和泰提卡在对法律、历史、哲学和文学领域价值判断推理进行描述性分析基础上提出了新修辞学。他们没有阐述价值判断逻辑的先验可能结构,而是打算探讨不同思想学派的学者在实际上是如何论证其价值的,目的在于以此方式来探索一种价值判断逻辑的形态。

如上所述对方法论的选择,其结果使得新修辞学成为描述性的论证理论而非规范性的论证理论。佩雷尔曼和泰提卡并没有提出规范,他们认为论证者应当坚持只是描述那些实践中能够成功的各种论证。同时佩雷尔曼还主张,新修辞学不仅仅是一种描述非形式论证实践的理论,这种论证理论还应该尽可能将不同主张纳入合理的视域,与其相应,新修辞学还应尝试创建合并各种非分析思维形式的统一理论框架。

杜普雷对新修辞学的影响,应当从构成该理论基础的理性角度来分析。杜普雷的社会学有一个预设,即社会团体是建立在其成员拥有共同价值观基础上的,而价值观在这些社会团体形成中起着至关重要的作用。佩雷尔曼和泰提卡的理性观深深打上了这个观念的烙印,体现为新修辞学的目的在于公平对待反映社会现实的多样性价值,即承认价值观是多元的。

(三) 听众的主导作用

新修辞学属于论证理论。佩雷尔曼和泰提卡将其创立的这种论证理论界定为"研究使我们能够引入或者强化内心对所赞同论题的认同度的论辩技巧的论证理论"。① 就是说,新修辞学不关心论证的形式,而特别强调听众内心对论证论题的认同及不同的认同程度。因此,听众的认同度便是新修辞学关注的中心。佩雷尔曼和泰提卡认为,认同既是一个相对的概念,因为一个人认同的论题而另一个人可能并不认同,又是一个渐进的概念,因为对论题的认同度可能会有所不同,譬如,某人可能"百分之百"地赞同某个主张,但也可能只是"在某种程度上"赞同某个主张。借助于新修辞学这种论证理论进行论证后的结果,可能强化赞同论证论题者的赞同度,即它可能使一个论题在某种程度上变得更容易接受,也可能使一个论题被全面接受。

既然认同是新修辞学的中心,而对认同的测量评估又取决于作为评估者的听众及所持有的价值判断,那么新修辞学对论证技巧的描述便从"听众"开始。在这方面新修辞学与形式逻辑根本不同。在形式逻辑中论证的说服力要根据前提与结论之间的关系来决定,就是说,一个有效的演绎推理得出的结论应该是不可抗拒的。但在佩雷尔曼和泰提卡看来,日常语言中的论证并不是不可抗拒的。它使用的符号(包括语词和句子)一般是多义的,整个前提使得结论的可接受程度或大或小。然而在新修辞学那里,涉及判决的论证的可靠性,就不再是有效性问题而是似真性问题。就此而言,涉及判决的论证的可靠性最终取决于目标听众。

以认同度为核心的新修辞学始于"听众",对这种论证理论框架的说明也应从界定和分析"听众"开始。根据佩雷尔曼的观点,论证与证明最大的不同在于,证明理论强调人工语言的使用和事理的自明性的发觉,而论证理论则重视人与人之间通过一般语言的使用而对他人内心产生的影响。所以,正如佩雷尔曼所强调的,社会科学及所有人文学科皆应以论证为方法,因此对听众的分析,在人文学科研究中便有不可或缺的重要性。那么何谓"听众"? 佩雷尔曼认为,必须

---

① See Chaim Perelman and L. Olbrechts-Tyteca. *The New Rhetoric: A Treatise On Argumentation*. John Wilkinson and Purcell Weaver (trans.). University of Notre Dame Press, 1969, p.4.

从论证的要素和论证的目标来界定听众。由于论证的目标在于引致或增进听众内心对于说话者所提出的意见之遵从,因此佩雷尔曼和泰提卡将"听众"定义为"说话者在论证过程中所企图影响之人"。从新修辞学的实践目的来看,听众作为论证中所试图说服的对象,因此当说话者面临说服他人的考验时,最为基本的考量,乃是正确地建构起听众的概念,即准确了解所欲说服的对象。

为了促成听众对论证者所提论题的认同,论证者对听众的了解必须尽可能准确。论证者在建构听众时面临的主要问题是,你所面对的听众可能是异质的,往往涉及不同方面的人,他们有着不同的意见。此外在口头论证中,论证者对听众的建构往往会受制于论证过程中对已言说内容积极或消极反应所产生的态度变化,这些细微之处论证者必须关注到。论证者必须对听众的知识情况以及可用以影响听众的技巧等有所了解。所有论证者必须判断自己希望在什么程度上影响到你的听众。

根据听众类型的不同可以将新修辞学的论证区分为说服论证和信服论证。让某个具体人或某群人赞同的论证称为说服论证;而假定可被任何理性人接受的论证称为信服论证。相应地,佩雷尔曼与泰提卡将听众区分为特殊听众与普遍听众。特殊听众是由特定人或特定人群组成,而普遍听众则被认为是由全体理性人组成。说服论证寻求来自特殊听众的赞同;信服论证则寻求来自普遍听众的赞同。由于论证中只有某些现实听众或其他听众可被说服而采取行动,所以说服论证显然与特殊听众相联系。普遍听众的构成是由论证者在其意识中形成的理性人的观念所确定的。因此,普遍听众的赞同以及随之而来的信念变化,与其说是一种经验事实,不如说是论证者所欲主张的权利要求。

论证者必须自己想清楚,是否要将自己的听众纯粹视作特殊听众或者普遍听众。换言之,论证者是想要说服听众还是想要让听众信服。佩雷尔曼和泰提卡特别关注以下两种具体情形:一是反省,论证者将自己视作为听众;二是对话,听众是单个对话者或单个读者。以上两种情形下的听众都可被视为类似于普遍听众,这样,由论证者自己想到的批评以及由对话者或读者提出的批评就可以被视为代表了一种普遍理性。

反省可能会导致自我批评以及拒绝自己不合理的思路,尽管论证者可能认为这个过程是一个令人信服而不是说服的过程,即别人也许并不赞同这一反省。

给予单个对话者或读者的论证,必须被视为对话的一部分,即使受话人采取被动态度,以无声作为回应。在受话人与论证者的沟通中,也必须考虑受话人的反应,如皱眉、点头等。即使听众反应冷漠,力图获得成功的论证者也应预见可能有的反驳并尝试予以回应。

假如对话者真的作出回应,或许提出一个反论证,这便意味着开始了正式的对话。例如,柏拉图著作中描写的苏格拉底的对话,情形始终如此,双方的话语实际上是一个接一个的问与答。在这一系列问与答的过程中,苏格拉底所面对的对话者便可以看作普遍听众的代表。柏拉图似乎认为苏格拉底对话方法乃是导向真理的途径,在这里不应把对话方的反驳与赞同视为特殊听众或任意听众作出的偶然反应。

佩雷尔曼和泰提卡还进一步区分出启发式对话与争论式对话。他们称前者为讨论,称后者为辩论。但要在实践中将二者区分开来并非易事。在讨论中,论证者将对话者视作普遍听众,试图通过论证令对方信服。在辩论中,论证者把对话者视为特殊听众,试图通过论证说服对方。新修辞学假定,论证总是服务于修辞目的,使某个具体观点更容易被听众所接受。佩雷尔曼和泰提卡主张,论证者为了使论证的修辞效果最大化,总是会提出支持自己意见的理由,这些理由可以被看作是由论证者使其主张合理化而提出的,目的在于对听众成功证成其观点。这种对自己所持主张的合理化未必与论证者实际上持有何种观点及为何持有那个观点没有关系。为了迎合需要令之信服或加以说服的听众,论证者的论证要尽可能与论证发生的背景或语境相适应。例如,假定法官依据模糊而不清晰的思考(或直觉),或许已得出了关于某被告人行为背后的犯罪意图的结论,但是在宣判被告人有罪时,他会在法律论证中隐去这一判断。更明显的例子如,被告律师力图向法院提出具有可接受性的论证,他设计这一论证的意图只是为了确保他的当事人不被法院判为有罪,但是凭律师的直觉他或许真的相信当事人是有罪的。

佩雷尔曼和泰提卡阐述的普遍听众概念,对从事论证研究的学者影响很大,成为他们长期争论不休的话题。当然毋庸讳言,在设计新修辞学时,他们更感兴趣的不是论证者本身是否正确,而是有没有将论证者置于正确的论辩背景或语境之中。他们把可靠论证与实效论证等同起来,把论证的实效性设计为获得预期听众认可的程度,或者说在论证指向普遍听众的情况下论证便可视为获得了这样的认同。他们提出的对论证质量评价的标准,亦非论证理论家所拟定的论证评估准则,而是论证的预期听众评估论证所用的标准,或者是适用于预期听众为普遍听众的那些人的标准。

(四)论证的出发点

前文介绍了新修辞学的总体思路,接下来将从技术层面讨论这一论证理论的关键概念。本来是要提出在实践中可以成功的论证技巧,但佩雷尔曼和泰提卡其实并未描述这样的论证技巧,他们将注意力集中到他们认为能使论证更有说服力的论证型式方面。在佩雷尔曼和泰提卡看来,如果这些论证型式可以成功运用于论证技巧,它们就是符合评估论证的听众的论证前提,所以首先要对这些可以作为论证出发点或共识对象的前提进行阐述。

新修辞学中构成论证出发点的前提可分为两类:一是与实在有关的前提;二

是与偏好相关的前提。与实在有关的前提是指论证者所主张的得到普遍听众认可的前提。这类前提包括事实、真理和假定。至于什么是与偏好有关的前提？回答是与特定听众的喜好有关的前提。这类前提包括价值观、价值层级和论题（见图 8.2）。

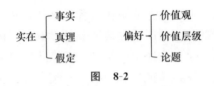

图 8-2

"事实"和"真理"不属于讨论的前提。事实是关于实在的陈述，它被每个理性的人所认可，因而无须进一步证成。真理也是如此。"假定"这一术语用来指称事实之间更为复杂的联系。假定是关于什么是正常或通常事件过程的推定。假定更多地被认为是得到了普遍听众的认可。然而，与事实和真理不同，人们的预期或假定这类陈述需要得到验证或证实。"价值观"是特定听众之所以选择某物、某个行动而非其他选择时依赖的前提，或者说，价值观是听众作出选择的准则，例如，"人身安全非常重要，我要投票给将提供更多警察的政党"。价值观也是形成意见的前提和基础，如"我喜欢葡萄汁甚于可乐，因为我更喜欢自然产品"。论证者不仅在事物、行动或条件中作出选择时依赖价值观，而且作出选择之后在证成时也要依赖价值观。在许多情况下，涉及特定行为的过程，只有在与行为过程有关的价值观上具有共识方可在行为方面达成共识。

价值观是听众在作出接受什么或不接受什么决定时的出发点。听众的价值观可能因人而异或因群体而异。实际上颇为典型的是，有的时候某个特定的听众就是持有某种特定的价值观。例如，对于一个建设项目而言，如果这名听众是潜在投资者，则他会是适用盈利价值的典型，如果这名听众是艺术爱好者，则他会是适用审美价值的典型。佩雷尔曼和泰提卡认为，第一眼看上去仿佛普遍的价值观，假如对其加以精确限定，它或许会失去普遍性。每一个人都在追求善，但经过仔细考察会发现，其实关于什么是善？不同的人会有不同的回答。

"价值层级"一般是论证中比价值观本身更为重要的前提。不同的听众或许会持有不同价值层级中的同一套价值观。由于价值层级来源于人们对价值观的相应权重，所以，价值层级会因听众而异，比价值观本身差异更普遍。价值层级通常比价值观更具有因听众而异的较为鲜明的典型性。

"论题"则是用来给价值观排序的前提，并表达特定听众的偏好。例如，它可能是特定听众偏好持久而甚于短暂的论题。譬如有这样一个论题：友谊高于爱情，这是一个价值层级的基础，因为相对于爱情，友谊才更为持久。论题构成论证可资利用的宝库，它是应用价值和价值层级的基础。论题具有极其普遍的性质，可用作抽象证成，即用来作为给特定听众证成的论证中提出的理由证成。例如，对于"你应该接受这份工作，而不是等待你可能永远等不来的机会"，要证成该论证中提出的理由，也许可以运用已有论题"一鸟在手胜过二鸟在林"来完成。

随后讨论质的论题和量的论题。这方面佩雷尔曼和泰提卡赞同亚里士多德的观点。诉诸量的论题如，当我们说选择一个特定行动是因为该行动将会让最大多数人从中受益时便是："政府应当把一切私人财产和公园国有化，这样对每个人都会有好处。"诉诸质的论题如，当我们宣称必须采取一定行动是因为这是最佳选择时便是："我知道很多学生无法忍受多项选择题考试，但我仍然认为多项选择题考试是个好主意，因为还没有其他方式可以既快速又可靠地检验学生是否掌握这些必要知识。"

事实、真理、假定、价值观、价值层级以及论题在论证中均可用作凝聚共识的前提。作为构成论证出发点的前提，并不需要总是提前明确地得到说明。许多情况下，这些论证起点在论证过程中甚至只有在论证完成之后经过仔细检查才能看出来。但作为出发点的这些前提不论是否提前得到说明，假如听众不同意，这样的论证也就不会成功。

佩雷尔曼和泰提卡认为，在作为论证出发点的前提上缺乏共识，可能有三个层面的原因：前提的状况；对前提的选择；对前提的口头陈述。首先，一旦对前提的状况缺乏共识，尽管论证者提出某事物作为事实，但听众还是希望看到其证明，譬如，"你一直说劳拉病了，但是她真的病了吗"；或者假如论证者假定了一种价值层级，但听众不认可其存在，譬如，"如果安拉喜欢，她可以说波旁威士忌比苏格兰威士忌好，但我觉得，所有威士忌都是一样的"。其次，如果在前提的选择上缺乏共识，如论证者在论证中选用的事实，听众并不认为与论证相关，或者宁愿论证中没有被提及，像"当然哈里去过印度尼西亚，但这与我们谈的内容有什么关系呢"？最后，如果对前提的口头陈述缺乏共识，例如，论证者提出一些事实（这些事实得到认可且被认为与听众有关），但在这样的口头陈述中存在偏见或者隐含听众无法接受的内涵，像"你一直说的恐怖分子，我宁愿称他们为自由战士"等。在实际论证过程中，我们可能会遇到比上述更多的层面同时缺乏共识的情形。

让共识成为论证的出发点，这是任何论证取得成功的关键因素。因此，成功的论证要求论证者事先仔细考虑你的听众可能会将某些前提归于什么状况以便谨慎挑选你的论证前提，这些前提应当表述明确，并注意选择正确的措辞，这样做的论证者才是明智的。论证者不应该简单地假定你的听众所不赞成的价值观，也不应陈述那些被听众看作无关紧要的事实，更不要使用在听众看来或许具有偏见的倾向性措辞。这三种情形都会阻碍论证者获得成功。共识本身就是论证得以成功的修辞手段。论证者完全可以从听众并不赞成的前提来开始论证，但他们这样做时必须意识到，这类前提要求论证者自己提供支持性论证，因此不宜作为论证者与听众的共同出发点。

（五）论证型式的分类

讨论了达成的共识作为论证出发点之后，佩雷尔曼和泰提卡探讨了论证型式。他们认为，论证型式是特殊种类的论题（希腊语为 topoi；拉丁语为 loci），即论证型式这个概念是在古典修辞学意义上理解的，意味着其被视为一般型式，可能会帮助论证者为其立场找到论据。可见，论证旨在增强听众对论证者所持立场（即论题）的认同度，如果论证型式与听众偏好一致或者与论证者归于构成普遍听众的理性人的偏好一致，这样的论证就能有效地运用论证技巧。在此意义上，新修辞学对可增加论题可接受性的论证技巧要素作了概括介绍。

佩雷尔曼和泰提卡将其设想的论证技巧要素概括为两个不同的过程：关联与分解（见图8.3）。关联是将听众此前认为独立的元素联结起来，而分解在于将此前听众视为整体的某物分解为独立的元素。

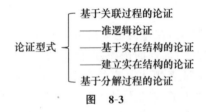

图 8-3

在提出基于关联过程的论证时，论证者在两种或更多种陈述之间构建了一种具体论证关系。例如，当论证者说"读书好，因为你会从中学到很多"时，他创建了基于前面独立元素"读书"和"学习"之间关联的论证关系，使用"因为"这个词表明，"你会从读书中学到很多"这个陈述对于"读书好"这个陈述具有证成功能。

可以通过不同方式形成基于关联关系的论证。佩雷尔曼和泰提卡区分了三种类型的关联关系：准逻辑关系、基于实在结构的关系以及建立实在结构的关系。

基于分解过程的论证，是通过否定听众先前持有的观点而证成意见。这种否定是通过将一个概念从它起初属于其一部分的另一个概念那里区别出来而形成。分解总是在于，将认为在概念上是整体的某物分成两个或多个元素。

对佩雷尔曼和泰提卡在书中加以区别的各种具体论证型式，我们就不作详细介绍了，感兴趣的读者可以参阅英文版原著。

总之，我们认为，佩雷尔曼和泰提卡提出的新修辞学论证理论，在论证理论研究方面,的确作出了开创性研究,至今仍令人耳目一新。

第四节 法律概念

法律概念是法律的基本构成要素。一些中外法学家将法律概念形象地称为法律的"砖石"。从适用法律的角度看,法律概念又是对具体案件进行司法归类并在此基础上适用法律规定、进而通过法律推理得出裁决、判处结论的中介和支柱。在司法实践中,许多案件的争议往往是由于双方当事人对某个法律概念的不同理解所造成的。因此,从研究法律推理的角度出发,我们不仅要讨论法律推理、事实推理和法律论证,还必须对法律概念进行必要的分析。

一、法律概念的含义及特点

(一)法律概念的含义

所谓法律概念是指出现在法律规范中用以指称那些应由法律规范调整的事件或行为的法律专门术语。

例如,法律文本中的"公民""法人""合同""遗嘱""债""财产所有权""起诉""答辩""故意""过失""自首""不可抗力""民事法律行为"等概念就是法律概念。

掌握法律概念,必须注意它与法学概念之间的区别和联系。

首先,法律概念与法学概念间有着本质区别。法律概念与法学概念虽然都与法律现象有关,但前者存在于法律条文之中,是法律的基本构成要素,它是国家意志的体现,具有法律的约束力和强制性;后者主要存在于法学理论研究与教学中,它是法学专家学者的创见,在得到国家法律认可之前,不具有法律的约束力和强制性。例如,"合同""民事权利""不可抗力""犯罪未遂""正当防卫"等,都是存在于我国现行法律条文之中并具有法律效力的概念,所以都是法律概念;而如"自然法""正当程序""所有权权能""婚内强奸""性贿赂"等,都是法学专家学者在法学的教学和研究中创立的反映社会法律现象的概念,它们虽与法律有关,但是并不存在于法律条文之中因而不具有法律上的效力,不属于法律概念,而仅仅是法学概念。

其次,法律概念与法学概念的区别也不是绝对的,二者之间存在着密切联系:有不少概念既是法律概念又是法学概念,如"自然人""法人""诚实信用""时效""善意""刑事责任"等;而法学概念一旦得到国家认可即可转化为法律概念,如"单位犯罪",原本只是个法学概念,但现已进入我国《刑法》中,成为法律概念。

(二)法律概念的特点

法律概念的特点是相对于普通概念而言的。具体说,可概括为以下几方面:

(1) 法律概念的内涵和外延一般是国家以法律形式加以规定的，因而具有主观规定性。

在法律中，几乎所有的法律概念，特别是刑法中的罪名概念，其内涵都是通过规定方式确立的。在形成法律概念过程中，立法者并非要掌握该对象的一切特征，故仅把该对象中某些重要的、对法律规定有意义的特征摄入概念内涵，舍弃其余特征，或者对法律规定来说，其余特征都被视为不重要。例如，我国《民法典》第17条规定："十八周岁以上的自然人为成年人。"该条"成年人"概念的设定内涵只包含两个特征：第一，所涉及者仅是自然人；第二，必须年满十八周岁。这两个特征必须纳入法律概念的内涵，至于"成年人"的其他特征，法律通常不予考虑。

(2) 表达法律概念的语词是约定的并与法律概念保持一一对应关系。

一般情况下，概念与语词之间不是一一对应关系。但在法律中，考虑到概念与语词间这种并非一一对应的复杂关系可能会给严肃的法律文本的理解造成困难和歧义，立法者在立法过程中对法律概念的表达问题一般都会给予特别关注，尽可能选择没有歧义的语词用来表达法律概念，如我国诉讼法中相当多的法律概念就选用了单义性的语词作为其表达形式，如"公诉""自诉""起诉""申诉""抗诉""拘传""原告人""被告人""公诉人""财产保全""先予执行""取保候审""监视居住""移送管辖""指定管辖""诉讼中止""诉讼终结"等。由于这类语词不是日常语言中的通用语词，进入法律领域才被赋予一定含义用来表达确定的法律概念。这些概念或语词已经成为法律中的专门术语，离开法律语境一般不再用来表达别的概念。这样的法律专门术语，其实颇类似于现代逻辑中的人工符号语言，其语词与它表达的概念之间实际上是一一对应的关系。

二、法律定义的种类及特殊形式

在法律文本中，经常看到法律概念的定义，在充分展示判决理由的法院判决书中，更是充满着法律概念和其他概念的定义。法院判决书中的法律概念的定义，可能直接源自法律文本中的法律概念定义，也可能是根据法律文本所演绎出来的定义，同样具有合法性并具有法律效力。在本节中，为了方便起见，我们暂且将法律文本中和法院判决书中出现的对法律概念的定义简称为法律定义，并对此进行实证性分析和考察。

(一) 法律定义的作用与特点

法律定义作为定义，当然具有许多普通逻辑意义上的定义的性质或特点，但作为一般定义方法在法律领域的运用，必然会具有一些与普通定义不同的性质和特点。对法律定义的性质和特点作专门考察研究，揭示其中的规律性，不仅可以丰富法律逻辑的研究内容，而且能够对法律人运用法律定义解决司法实践中的诸多问题提供帮助。正因为如此,英国著名法学家哈特在1953年接替古德哈特就任牛津大学法理学教授时,选择了《法学中的定义和理论》作为就职演说的题目。①

1. 法律定义的作用

在普通思维中,定义是被人们普遍使用的一种逻辑方法。通常认为,定义在普通思维中具有三方面的作用:一是综合作用,即通过定义把人们对事物的已有认识总结、巩固下来,作为以后认识活动的基础;二是分析作用,即通过定义揭示一个语词或概念的内涵和外延,从而明确它们的使用范围,进而弄清楚某个语词或概念的使用是否恰当,有无逻辑错误;三是交流作用,即通过定义使人们在理性的交谈和对话中,对所使用的语词或概念获得共同的理解,从而避免因误解而导致的无谓争论,以提高人们交际的成功率。②

定义在法律的制定和实施中应用广泛。制定法律文件时,对一些至关重要或者被赋予了与日常用语不同的特定含义的概念,若不通过定义使之明确,与之相关的法律规定就会显得含混不清;法律适用过程中,司法人员若不通过定义以揭示相关法律概念的内涵或外延,就无法论证对具体案件司法归类的合理性。

在谈到定义方法在法律中的作用时,英国法学家哈特说:"此类常见的定义一次要做两件事情,一件事情是通过提供一个代号或公式来把被定义的词转换成其他易懂的用语,另一件事情是通过揭示该词所涉及的事物的特征(既包括此事物与同类事物的共有特征,也包括使之与其他种类事物区别开来的特征)来划定它的范围。"③按照哈特的说法,法律定义应当具有两方面作用:一是明确法律概念内涵,二是明确法律概念外延。

2. 法律定义的特点

第一,法律文本中的法律定义,通常有两种表现形式。

法律概念都存在于法律之中,所以有关法律概念的定义当然也都源于法律。法律文本中的法律定义通常有以下两种表现形式:

一种情况是,相关法律概念的定义直接存在于法律文本之中。

(1) 保险合同是投保人与保险人约定保险权利义务关系的协议。(《保险法》第10条)

(2) 法人是具有民事权利能力和民事行为能力,依法独立享有民事权利和承担民事义务的组织。(《民法典》第57条)

(3) 本法所称首要分子,是指在犯罪集团或者聚众犯罪中起组织、策

---

① 参见张文显:《二十世纪西方法哲学思潮研究》,法律出版社1996年版,第94页。
② 参见陈波:《逻辑学是什么》,北京大学出版社2002年版,第206页。
③ 〔英〕哈特:《法律的概念》,张文显等译,中国大百科全书出版社1996年版,第15页。

划、指挥作用的犯罪分子。(《刑法》第97条)

(4) 合同是民事主体之间设立、变更、终止民事法律关系的协议。(《民法典》第464条)

另一种情况是,相关法律概念的定义并非直接存在于法律文本之中,而是按有关法律条文的内容演绎得出的。例如,根据《消费者权益保护法》第2条和第3条的规定,可以演绎获得"消费者"和"经营者"的定义如下:

(1) 消费者就是为生活消费需要购买、使用商品或者接受服务的人。
(2) 经营者就是为消费者提供其生产、销售的商品或提供服务的人。

又如,根据《民法典》第1018条和第1019条的规定,可以演绎获得"侵犯自然人肖像权"的定义为:

侵犯自然人肖像权是指未经肖像权人同意而使用其肖像的行为,也称为"不当使用他人肖像的行为"。

《刑法》分则中的罪名定义基本上都是以这种方式演绎获得的。这样的定义由于其实质内容事实上也直接取自法律条文,所以仍然具有法律条文的效用。

正因为法律定义都存在于法律之中,所以它们与法律一样,也都是国家意志的体现,具有强制性和权威性。这一特点使法律定义与一般定义有了明确的区别。

第二,法律文本中的法律定义,在表述形式上也与一般定义不同。

一般定义,往往被定义概念在前,定义概念在后,联结词用"就是"来充当。但法律定义的被定义概念与定义概念的位置并无固定格式,联结词也一般不用"就是",大多用"是""都是""是指"这类词来表示。具体有两种情形。

其一,凡属内涵定义,大多定义概念在前,被定义概念在后,用"是""都是"作为联结词。

(1) 国家工作人员利用职务上的便利,侵吞、窃取、骗取或者以其他手段非法占有公共财物的,是贪污罪。(《刑法》第382条)
(2) 国家工作人员利用职务上的便利,索取他人财物的,或者非法收受他人财物,为他人谋取利益的,是受贿罪。(《刑法》第385条)
(3) 为谋取不正当利益,给予国家工作人员以财物的,是行贿罪。(《刑法》第389条)
(4) 组织、领导犯罪集团进行犯罪活动的或者在共同犯罪中起主要作用的,是主犯。(《刑法》第26条)
(5) 凡具有中华人民共和国国籍的人都是中华人民共和国公民。(《宪法》第33条)

将定义概念置前,被定义概念置后,常可省略表示属概念的语词(如例(1)(2)(3)省略了"行为",例(4)省略了"人"或"犯罪分子");而用"是""都是"作为联结词,使整个定义可直接当作直言命题使用。这种表达形式,既使法律行文简洁紧凑,又方便司法人员在适用法律中直接用作大前提进行三段论法律推理。[①]

其二,凡属外延定义,大多被定义概念在前,定义概念在后,用"是指"作为联结词。

(1) 本法所称票据,是指汇票、本票和支票。(《票据法》第 2 条)

(2) 本法所称司法工作人员,是指有侦查、检察、审判、监管职责的工作人员。(《刑法》第 94 条)

(3) 财产所有权是指所有权人对自己的不动产或者动产依法享有占有、使用、收益和处分的权利。(《民法典》第 240 条)

(4) 书面形式是合同书、信件、电报、电传、传真等可以有形地表现所载内容的形式。

以电子数据交换、电子邮件等方式能够有形地表现所载内容,并可以随时调取查用的数据电文,视为书面形式。(《民法典》第 469 条)

上述定义即是外延定义,通常是用列举或划分的方法表达的,因此一般采用"是指"作为联结词。有时遇到外延开放的概念,无法穷尽所有子项,这时就需要在后面加上概括性的文字,并用"等"字表明子项未穷尽。

(二) 法律定义的基本类型

根据不同的标准,定义可以区分为不同的类型。例如,概念都有内涵和外延,明确概念可从内涵着手,也可从外延着手,于是根据定义的目的(明确概念内涵还是明确概念外延),可将定义分为内涵定义和外延定义;另外,被定义项可以是某个语词或概念所代表的事物,也可以仅仅是该语词本身,也就是说,通过定义可以揭示概念或语词内涵方面的构成性质,也可以仅仅说明该语词的字面含义,因此根据定义是否涉及概念或语词所代表的事物或性质,可将定义分为真实定义和语词定义。

由于内涵定义、外延定义和语词定义在法律中得到广泛运用,下面我们结合法律文本中的有关实例着重讨论这三种定义。

1. 内涵定义

内涵定义,就是明确法律概念内涵的定义。也就是,通过揭示该概念指称的那类对象的构成性质来明确概念的内涵的定义方法。例如,"刑讯逼供罪"这一

[①] 国内外法学家基本上公认法律推理的基本模式是三段论:法律规定为大前提,案件事实为小前提,司法裁决便是结论。参见〔意〕贝卡里亚:《论犯罪与刑罚》,黄风译,中国大百科全书出版社 1993 年版,第 12 页;王泽鉴:《法律思维与民法实例》,中国政法大学出版社 2001 年版,第 201 页。

概念,其内涵方面的构成性质包括:
　　T_1:实施这种行为的犯罪主体是司法工作人员;
　　T_2:犯罪者主观上具有逼取口供的目的(故意);
　　T_3:犯罪者为获取口供而采用了肉刑或变相肉刑的手段;
　　T_4:犯罪行为的对象是被指控或被怀疑犯罪的人。
"刑讯逼供罪"的定义则可基于上述内容完整表述为:

　　　　司法工作人员对犯罪嫌疑人、被告人使用肉刑或者变相肉刑,逼取口供的违法行为是刑讯逼供罪。

　　内涵定义最常用的方法就是属加种差定义。它源于亚里士多德关于属概念和种概念的理论。

　　属加种差定义,可用下面公式表示为:

　　　　　　被定义项＝种差＋属概念

　　属加种差定义的思维过程如下:先确定被定义项所隶属的类,以表明它与同类事物具有的共同特征,同时也划定确立种差的对象范围。然后指出被定义项指称的对象,在其属概念外延范围内与其他种概念指称的对象的根本差别,即种差。种差与属概念结合而成的复合概念,即为定义项。被定义项与定义项通过"就是"这类词联结,形成一个完整的定义表达式。

　　实际上,运用属加种差的方法下定义的过程,也是对概念进行概括与限制的运作过程,即先对被定义项进行一次概括,确立它的属概念,然后再对这一属概念进行限制,直到将其限制到与被定义项外延相等为止。

　　例如,《刑法》第236条规定的"强奸罪",立法者若用属加种差方法下定义,就先要通过对"强奸罪"进行概括,获得其属概念即"与妇女发生性交的行为",这是它与同类事物如"通奸""嫖娼"具有的共同特征,也是下一步确立种差的对象范围。接下来,就是找出它与同类事物的种差,即"违背妇女意志,使用暴力、胁迫或者其他手段,强行发生性交"。把种差与属概念相加得到定义项,再用"是"联结,便获得"强奸罪"的定义为:

　　　　违背妇女意志,使用暴力、胁迫或者其他手段,强行与妇女发生性交的行为是强奸罪。

　　属加种差定义方法,在《刑法》中表现得比较明显,且易于找到其属概念和种差,掌握这种定义方法,无疑有助于我们准确地理解和分析《刑法》条文。但是,这种定义方法并非《刑法》所独有,其他法律中也很常见。例如,我国《反不正当竞争法》对"不正当竞争"所下的定义、《公司法》对"公司债券"所下的定义、《劳动法》对"未成年工"所下的定义等都运用了属加种差定义方法。

(1) 本法所称的不正当竞争行为,是指经营者在生产经营活动中,违反本法规定,扰乱市场竞争秩序,损害其他经营者或者消费者的合法权益的行为。(《反不正当竞争法》第 2 条)

(2) 本法所称公司债券,是指公司依照法定程序发行、约定在一定期限还本付息的有价证券。(《公司法》第 153 条)

(3) 未成年工是指年满 16 周岁未满 18 周岁的劳动者。(《劳动法》第 58 条)

在属加种差定义中,由于种差可以从不同方面进行归纳,因此,属加种差定义也有不同类型。主要有以下几种:

关系定义,即以事物之间(或种概念之间)的特殊关系作为种差的定义。

(1) 投保人是指与保险人订立保险合同,并按照合同约定负有支付保险费义务的人。(《保险法》第 10 条)

(2) 保险人是指与投保人订立保险合同,并按照合同约定承担赔偿或者给付保险金责任的保险公司。(《保险法》第 10 条)

发生定义,即通过描述被定义对象的形成过程以构成种差的定义。

(1) 本法所称律师,是指依法取得律师执业证书,接受委托或者指定,为当事人提供法律服务的执业人员。(《律师法》第 2 条)

(2) 格式条款是当事人为了重复使用而预先拟定,并在订立合同时未与对方协商的条款。(《民法典》第 496 条)

功用定义,即以某种事物的特殊用途作为种差的定义。

(1) 本法所称集体商标,是指以团体、协会或者其他组织名义注册,供该组织成员在商事活动中使用,以表明使用者在该组织中的成员资格的标志。(《商标法》第 3 条)

(2) 本法所称证明商标,是指由对某种商品或者服务具有监督能力的组织所控制,而由该组织以外的单位或者个人使用于其商品或者服务,用以证明该商品或者服务的原产地、原料、制造方法、质量或者其他特定品质的标志。(《商标法》第 3 条)

2. 外延定义

外延定义,就是明确法律概念外延的定义方法。日常思维中通过列举一个概念的外延,也能使人获得对概念的某种理解或认识,以明确该概念的意义和适用范围。但一般不将它看作定义,而是称作划分。由于日常思维中揭示概念的外延仅仅出于认识的需要,通常以自然分类为基础,而立法中揭示法律概念的外延,是为划定不同对象的法律界限而作出的主观规定。这种主观规定明显有别于划分,它并非出于认识事物的目的,而是出于法律上识同别异的需要。这种揭示法律概念外延的方法,被现代定义理论称为外延定义。在法律中,外延定义也是一种常用的定义形式。

外延定义有穷举定义和例举定义。在法律文本中,这两种定义方法都是常用的外延定义。

A. 穷举定义

如果一个法律概念所指的对象数目很少,或者其种类有限,立法者通常可以对它下穷举的外延定义。

(1) 本法所称的发明创造是指发明、实用新型和外观设计。(《专利法》第 2 条)

(2) 本法所称票据,是指汇票、本票和支票。(《票据法》第 2 条)

(3) 本法所称公共财产,是指下列财产:(一)国有财产;(二)劳动群众集体所有的财产;(三)用于扶贫和其他公益事业的社会捐助或者专项基金的财产。(《刑法》第 91 条)

(4) 近亲属是指夫、妻、父、母、子、女、同胞兄弟姐妹。(《刑事诉讼法》第 106 条)

(5) 本法所称公司是指依照本法在中国境内设立的有限责任公司和股份有限公司。(《公司法》第 2 条)

(6) 船舶所有权,是指船舶所有人依法对其船舶享有占有、使用、收益和处分的权利。(《海商法》第 7 条)

B. 例举定义

有时一个概念外延的对象数目很大,或者种类很多,无法穷尽的列举,于是就举出一些例证,以帮助人们获得关于该概念所指称的对象的一些了解。这在立法中也是很常用的方法。

(1) 本条例所称不动产,是指土地、海域以及房屋、林木等定着物。(《不动产登记暂行条例》第 2 条)

(2) 本法所称的作品,是指文学、艺术和科学领域内具有独创性并能以一定形式表现的智力成果,包括:(一)文字作品;(二)口述作品;(三)音乐、戏剧、曲艺、舞蹈、杂技艺术作品;(四)美术、建筑作品;(五)摄影作品;(六)视听作品;(七)工程设计图、产品设计图、地图、示意图等图形作品和模型作品;(八)计算机软件;(九)符合作品特征的其他智力成果。(《著作权法》第 3 条)

(3) 本法所称重伤,是指有下列情形之一的伤害:(一)使人肢体残废或

者毁人容貌的;(二)使人丧失听觉、视觉或者其他器官机能的;(三)其他对于人身健康有重大伤害的。(《刑法》第 95 条)

(4) 著作权包括下列人身权和财产权:(一)发表权;(二)署名权;(三)修改权;(四)保护作品完整权;(五)复制权;(六)发行权;(七)出租权;(八)展览权;(九)表演权;(十)放映权;(十一)广播权;(十二)信息网络传播权;(十三)摄制权;(十四)改编权;(十五)翻译权;(十六)汇编权;(十七)应当由著作权人享有的其他权利。著作权人可以许可他人行使前款第五至第十七项规定的权利,并依照约定或者本法有关规定获得报酬。著作权人可以全部或者部分转让本条第一款第五项至第十七项规定的权利,并依照约定或者本法有关规定获得报酬。(《著作权法》第 10 条)

3. 语词定义

在普通思维中,常常只涉及表达概念的语词的词源、意义、用法等,而不涉及该语词或概念所代表、指称的事物或对象。这样的定义通常称作语词定义。在法律中,语词定义也是较为常用的定义方法。

(1) 本法所称的著作权即版权。(《著作权法》第 57 条)

(2) 本法所称产品是指经过加工、制作,用于销售的产品。(《产品质量法》第 2 条)

(3) 民法所称的"以上"、"以下"、"以内"、"届满",包括本数;所称的"不满"、"超过"、"以外",不包括本数。(《民法典》第 1259 条)

(4) 本编所称子女,包括婚生子女、非婚生子女、养子女和有扶养关系的继子女。

本编所称父母,包括生父母、养父母和有扶养关系的继父母。

本编所称兄弟姐妹,包括同父母的兄弟姐妹、同父异母或者同母异父的兄弟姐妹、养兄弟姐妹、有扶养关系的继兄弟姐妹。(《民法典》第 1127 条)

(5) 本法所称违反国家规定,是指违反全国人民代表大会及其常务委员会制定的法律和决定,国务院制定的行政法规、规定的行政措施、发布的决定和命令。(《刑法》第 96 条)

由于语词定义只是"以词解词",虽然可以使人们通过较熟悉的语词的含义去理解被定义概念,在一定程度上可以起到明确概念的作用,但它本身并未显示出被定义概念的内涵或外延,并不是严格意义上的定义。因此,语词定义也称为名义定义,有别于前面所讲的真实定义。

(三) 法律定义的特殊形式

前面介绍了法律定义的基本类型,它们的结构并不复杂,且在普通思维中也很常用,所以分析起来并不费力。然而,在法律定义中还常能见到不少特殊的定

义形式,归纳起来,大致有以下六种情况:

1. 析取型定义

如果被定义的法律概念,其指称的对象包括了两种以上的不同类型,并各自具有其独有特征而不能作总的概括,定义项中就只能分别列出其种差项。这样的各个种差项之间,就具有"或者"一词表示的选择性的逻辑关系,即析取关系(可用逻辑符号表示为"∨")。这样的法律定义,我们称之为析取型定义。

若以"LA"表示被定义的法律概念,"B"表示它的属概念,"T_1""T_2"、……"T_n"等表示种差项,则其定义结构可用公式表示如下:[①]

$$LA = 具有性质(T_1 \vee T_2 \vee \cdots\cdots \vee T_n)的 B$$

析取型定义在法律中大量存在。

(1) 技术合同是当事人就技术开发、转让、许可、咨询或者服务订立的确立相互之间权利和义务的合同。(《民法典》第843条)

(2) 应当预见自己的行为可能发生危害社会的结果,因为疏忽大意而没有预见,或者已经预见而轻信能够避免,以致发生这种结果的,是过失犯罪。(《刑法》第15条)

(3) 债权是因合同、侵权行为、无因管理、不当得利以及法律的其他规定,权利人请求特定义务人为或者不为一定行为的权利。(《民法典》第118条)

(4) 在犯罪过程中,自动放弃犯罪或者自动有效地防止犯罪结果发生的,是犯罪中止。(《刑法》第24条)

(5) 国家工作人员利用职务上的便利,挪用公款归个人使用,进行非法活动的,或者挪用公款数额较大、进行营利活动的,或者挪用公款数额较大、超过三个月未还的,是挪用公款罪。(《刑法》第384条)

上面的定义都是析取型定义。(1)的被定义概念是"技术合同",定义概念有四个种差项,分别揭示了被定义概念的四种不同类型的根本特征,即:一是当事人就技术开发订立的合同;二是当事人就技术转让订立的合同;三是当事人就技术咨询订立的合同;四是当事人就技术服务订立的合同。(2)的被定义概念是"过失犯罪",定义概念有两个种差项,分别揭示被定义概念的两种不同的根本特征,即:一是应当预见而没有预见,以致发生危害社会结果的行为;二是已经预见而轻信能够避免,以致发生危害社会结果的行为。(3)的被定义概念是"债",定义概念有两个种差项,即:一是按照合同的约定而在当事人之间产生的特定的权利和义务关系;二是依照法律的规定而在当事人之间产生的特定的权利和义务

[①] 参见雍琦主编:《审判逻辑导论》,成都科技大学出版社1998年版,第52页。

关系。(4)的被定义项是"犯罪中止",定义概念有两个种差项,即:一是犯罪过程中自动放弃犯罪的行为;二是犯罪过程中自动有效地防止犯罪结果发生的行为。

由于析取型定义列出的各个种差项,是被定义法律概念指称的不同类型对象分别具有的根本特征,因此依据这类定义认定具体对象时,只要被认定的某对象具有其中任一种差项揭示的根本特征,即可肯定它是被定义概念所指称的对象;只有某对象不具有全部种差项所揭示的根本特征,才可予以否定。

析取型定义是否正确,取决于列出的种差项类型是否恰好等于被定义法律概念指称对象的类型。如果列出的种差项有所遗漏,即列出的种差项少于被定义法律概念指称的对象类型,就会犯"定义过窄"的错误。例如,有人给"劣药"下定义说:"所谓劣药,就是指药品成分含量不符合国家药品标准或者超过了有效期的药品。"然而根据我国《药品管理法》第98条的如下规定:"有下列情形之一的,为劣药:(一)药品成分的含量不符合国家药品标准;(二)被污染的药品;(三)未标明或者更改有效期的药品;(四)未注明或者更改产品批号的药品;(五)超过有效期的药品;(六)擅自添加防腐剂、辅料的药品;(七)其他不符合药品标准的药品。"对照后便不难看出,上述定义犯了"定义过窄"的错误。

反之,如果列出的种差项类型多于被定义法律概念指称的对象类型,即把不属于该概念指称的某种对象具有的特征,也作为种差项列出,这样就扩大了该概念的适用范围,会犯"定义过宽"的错误。

2. 合取型定义

如果被定义的法律概念指称的对象共同具有若干种差项表明的性质,并且这些不能作总的概括的各个种差项表明的性质组合成一个整体后,才成为被定义法律概念指称的对象的根本特征,这样的各个种差项之间,就具有"并且"一词表示的逻辑关系,即"合取"关系(可用逻辑符号表示为"∧")。这样的法律定义,我们称之为合取型定义。

若以"LA"表示被定义的法律概念,"B"表示它的属概念,"T_1""T_2"、……"T_n"等表示种差项,则其定义结构可用公式表示如下:①

$$LA = 具有性质(T_1 \wedge T_2 \wedge \cdots\cdots \wedge T_n)的 B$$

合取型定义在法律中大量存在。

(1) 不可抗力是不能预见、不能避免且不能克服的客观情况。(《民法典》第180条)

(2) 法人是具有民事权利能力和民事行为能力,依法独立享有民事权利和承担民事义务的组织。(《民法典》第57条)

(3) 借款合同是借款人向贷款人借款,到期返还借款并支付利息的合

---

① 参见雍琦主编:《审判逻辑导论》,成都科技大学出版社1998年版,第54页。

同。(《民法典》第 667 条)

(4) 犯罪以后自动投案,如实供述自己的罪行的,是自首。(《刑法》第 67 条)

(5) 本法所称的商业秘密,是指不为公众所知悉、具有商业价值并经权利人采取相应保密措施的技术信息、经营信息等商业信息。(《反不正当竞争法》第 9 条)

上面的定义都是合取型定义。(1)的被定义概念是"不可抗力",定义概念包括三个种差项:一是不能预见,二是不能避免,三是不能克服。这些种差项揭示的都是被定义概念所反映对象的基本特征,而只有这些特征糅合在一起,才是这一对象的根本特征。(5)被定义概念是"商业秘密",定义概念包括四个种差项:一是不为公众所知悉,二是能为权利人带来经济利益,三是具有实用性,四是权利人已经采取了保密措施。只有当被认识对象同时具有上述特征时,它才能称为"商业秘密"。

合取型定义当然也要做到定义概念与被定义概念的外延相同,但它在这方面的情况与析取型定义有所不同。在析取型定义中,如果列出的种差项少于应有的种差项,就会犯"定义过窄"的错误;多于应有的种差项,则会犯"定义过宽"的错误。而合取型定义在这一点上恰好与其完全相反。就(5)而言,在这一合取型定义中,定义概念部分含有四个种差项,如果遗漏其中的一项(如漏掉第 1 项"不为公众所知悉"),则会出现"定义过宽"的错误,如果增添一项,则会出现"定义过窄"的错误。

3. 内涵外延型定义

如果对某个法律概念,既要明确其内涵又要明确其外延,这时通常采用内涵外延型定义。由于法律对概念的确定性有较高要求,因此在法律文本及法律解释中,常会见到这种内涵外延型定义。

(1) 本法所称票据权利,是指持票人向票据债务人请求支付票据金额的权利,包括付款请求权和追索权。(《票据法》第 4 条)

(2) 可以用于证明案件事实的材料,都是证据。

证据包括:(一) 物证;(二) 书证;(三) 证人证言;(四) 被害人陈述;(五) 犯罪嫌疑人、被告人供述和辩解;(六) 鉴定意见;(七) 勘验、检查、辨认、侦查实验等笔录;(八) 视听资料、电子数据。证据必须经过查证属实,才能作为定案的根据。(《刑事诉讼法》第 50 条)

(3) 本法所称药品,是指用于预防、治疗、诊断人的疾病,有目的地调节人的生理机能并规定有适应证或者功能主治、用法和用量的物质,包括中药、化学药和生物制品等。(《药品管理法》第 2 条)

(4) 经商标局核准注册的商标为注册商标,包括商品商标、服务商标和集体商标、证明商标。(《商标法》第 3 条)

(5) 要约邀请是希望他人向自己发出要约的表示。拍卖公告、招标公告、招股说明书、债券募集办法、基金招募说明书、商业广告和宣传、寄送的价目表等为要约邀请。

商业广告和宣传的内容符合要约条件的,构成要约。(《民法典》第 473 条)

(6) 进出境运输工具,是指用以载运人员、货物、物品进出境的各种船舶、车辆、航空器和驮畜。(《海关法》第 100 条)

上面的定义都属于内涵外延型定义。因为它们不仅揭示了概念的内涵,说明了概念所指称事物的构成性质,同时也揭示了概念的外延,指出了哪些事物属于被定义概念所指称的事物。如(1)作为"票据权利"的定义,既从内涵方面用属加种差的方法下了一个内涵定义,即"票据权利就是持票人向票据债务人请求支付票据金额的权利",又从外延方面用列举方法下了一个穷举的外延定义,即票据权利"包括付款请求权和追索权"。从逻辑上讲,任何概念都有内涵和外延,而明确概念既要明确概念的内涵,又要明确概念的外延。就此而言,法律中大量采用的内涵外延型定义,才是比较完整的定义。

4. 肯定否定型定义

定义一般不能采用否定形式,但由于法律要求释义精确、缜密、精细,因此常采用肯定和否定相结合的形式,给法律概念下定义。

(1) 一切危害国家主权、领土完整和安全,分裂国家、颠覆人民民主专政的政权和推翻社会主义制度,破坏社会秩序和经济秩序,侵犯国有财产或者劳动群众集体所有的财产,侵犯公民私人所有的财产,侵犯公民的人身权利、民主权利和其他权利,以及其他危害社会的行为,依照法律应当受刑罚处罚的,都是犯罪,但是情节显著轻微危害不大的,不认为是犯罪。(《刑法》第 13 条)

行为在客观上虽然造成了损害结果,但是不是出于故意或者过失,而是由于不能抗拒或者不能预见的原因所引起的,不是犯罪。(《刑法》第 16 条)

(2) 为了使国家、公共利益、本人或者他人的人身、财产和其他权利免受正在进行的不法侵害,而采取的制止不法侵害的行为,对不法侵害人造成损害的,属于正当防卫,不负刑事责任。正当防卫明显超过必要限度造成重大损害的,应当负刑事责任,但是应当减轻或者免除处罚。

对正在进行行凶、杀人、抢劫、强奸、绑架以及其他严重危及人身安全的暴力犯罪,采取防卫行为,造成不法侵害人伤亡的,不属于防卫过当,不负刑

事责任。(《刑法》第20条)

(3) 被判处有期徒刑以上刑罚的犯罪分子,刑罚执行完毕或者赦免以后,在五年以内再犯应当判处有期徒刑以上刑罚之罪的,是累犯,应当从重处罚,但是过失犯罪和不满十八周岁的人犯罪的除外。(《刑法》第65条)

(4) 为谋取不正当利益,给予国家工作人员以财物的,是行贿罪。因被勒索给予国家工作人员以财物,没有获得不正当利益的,不是行贿。(《刑法》第389条)

(5) 著作权法所称创作,是指直接产生文学、艺术和科学作品的智力活动。为他人创作进行组织工作,提供咨询意见、物质条件,或者进行其他辅助工作,均不视为创作。(《著作权法实施条例》第3条)

(6) 本法所称淫秽物品,是指具体描绘性行为或者露骨宣扬色情的淫秽性的书刊、影片、录像带、录音带、图片及其他淫秽物品。有关人体生理、医学知识的科学著作不是淫秽物品。包含有色情内容的有艺术价值的文学、艺术作品不视为淫秽物品。(《刑法》第367条)

上面的定义都是肯定否定型定义。从内容上看,(1)把属于违法而在情节上显著轻微危害不大的行为和不是出于故意或者过失的行为,排除在"犯罪"这一概念之外,以使人们能明确区分罪与非罪的界线。(2)将对正在进行行凶、杀人等严重危及人身安全的暴力犯罪进行防卫造成不法侵害人伤亡的行为,排除在"防卫过当"之外,也使人们对"正当防卫"与"防卫过当"的界限有更明确的认识。(3)采用除外判断形式,将"过失犯罪者"和"不满十八周岁的人犯罪"排除在"累犯"这一概念之外,使人能更准确地把握"累犯"这一概念的内涵和外延,不致在具体适用法律条文时发生差错。从形式上看,上面的肯定否定型定义,都是前肯定后否定,其间用"但是""不是""除外"等来表示转折。在这种定义形式中,肯定部分实际上是个完整的属加种差定义,定义形式为:Dp 就是 Ds。否定部分用"不是""不属于""不视为""除外"这样的否定词来表示 Dp 的一部分不属于 Ds。如果将 Dp 中不属于 Ds 的那部分用 X 来表示,那么肯定否定型定义的逻辑形式就是:

除 X 外,Dp 就是 Ds

其逻辑含义至少有三层:(1) X 属于 Dp;(2) X 不属于 Ds;(3) 非 X 的 Dp 都属于 Ds,并且 Ds 都属于非 X 的 Dp。

曾经有逻辑学者把"除 X 外,S 就是 P"的判断形式称作除外判断。在法律文本中,"除 X 外,Dp 就是 Ds"的结构类似于除外判断,所以,我们也可将肯定否定型定义称作除外定义。用肯定和否定相结合的方法下定义,这在传统逻辑和现代逻辑中都尚未提及,而法律文本中又很常见,所以在探索法律逻辑时,对此应认真加以研究。

5. 复合型定义

在需用法律加以规范的事物或现象中,经常会出现主体、客体及行为等相互之间错综复杂的情况,对这些复杂情况立法者有必要加以综合概括,从而形成概括性的法律概念定义。这时种差项之间既非单纯的析取关系,亦非简单的合取关系,而是既有合取又有析取的复合型关系。如果一个法律概念的种差项之间存在着合取与析取的复合关系,这样的定义称作复合型定义。

(1) 合同是民事主体之间设立、变更、终止民事法律关系的协议。(《民法典》第 464 条)

在上述示例(1)中,由于根据《民法典》第 2 条关于民法调整范围的规定,民事主体包括平等主体的自然人、法人和非法人组织,这样一来,合同的定义实际上是:"合同是平等主体的自然人、法人和非法人组织之间设立、变更、终止民事法律关系的协议"。因此,构成定义概念的种差项实质上是具有析取逻辑关系的复合命题,其肢命题为:

T_1:自然人之间设立民事法律关系;

T_2:法人之间设立民事法律关系;

T_3:非法人组织之间设立民事法律关系;

T_4:自然人与法人之间设立民事法律关系;

T_5:自然人与非法人组织之间设立民事法律关系;

T_6:法人与非法人组织之间设立民事法律关系;

T_7:自然人之间变更民事法律关系;

……

T_{12}:法人与非法人组织之间变更民事法律关系;

T_{13}:自然人之间终止民事法律关系;

……

T_{18}:法人与非法人组织之间终止民事法律关系。

如果仍用 B 表示属概念"协议",LA 表示被定义概念即《民法典》中的"合同",则该复合型定义的逻辑结构可以用下面的形式来表示,即:

$$LA = 具有性质(T_1 \vee T_2 \cdots\cdots \vee T_7 \cdots\cdots \vee T_{17} \vee T_{18})的 B$$

由此可见,这种复合型定义最终仍可以通过逻辑分析归类于析取型定义,这是复合型定义的逻辑属性。但从法律思维和日常语言运用角度考虑,将这类定义简单归于析取型定义,容易使人将它看作简单的析取定义而加以运用,无法全面把握该定义的准确含义,所以我们仍主张将这种定义与析取型定义区分开来,并用复合型定义的名称来称呼它。

6. 省略型定义

在刑法中,有时为了考虑行文的简洁紧凑,常用省略形式将几个相互之间有联系的罪名合成一个罪名,并用一个定义的表达形式来概括表达,这样形成的定义称为省略型定义。例如,依照《刑法》第363条的规定,我们可以给出如下定义:

制作、复制、出版、贩卖、传播淫秽物品罪就是以牟利为目的,制作、复制、出版、贩卖、传播淫秽物品的行为。

很明显,这一定义的被定义概念其实包含有五个罪名,而定义概念也分别揭示了这五个罪名各自不同的构成性质。从语句形式上看,好像是一个定义,而从逻辑上分析,其实包含了五个定义。这五个定义分别是:

D_1:制作淫秽物品罪就是以牟利为目的制作淫秽物品的行为;

D_2:复制淫秽物品罪就是以牟利为目的复制淫秽物品的行为;

D_3:出版淫秽物品罪就是以牟利为目的出版淫秽物品的行为;

D_4:贩卖淫秽物品罪就是以牟利为目的贩卖淫秽物品的行为;

D_5:传播淫秽物品罪就是以牟利为目的传播淫秽物品的行为。

这些定义可以分别写成如下逻辑形式:

D_1:Ds_1 就是 Dp_1;

D_2:Ds_2 就是 Dp_2;

D_3:Ds_3 就是 Dp_3;

D_4:Ds_4 就是 Dp_4;

D_5:Ds_5 就是 Dp_5。

由此可见,省略型定义确实是由若干个定义采用省略的表达形式表达出来的定义。这种省略型定义的逻辑形式可表述为:

Ds_1、Ds_2、……、Ds_n 就是 Dp_1、Dp_2、……、Dp_n

这样的省略型定义在《刑法》中还有不少,诸如第125条"非法制造、买卖、运输、邮寄、储存枪支、弹药、爆炸物罪",第127条"盗窃、抢夺枪支、弹药、爆炸物、危险物质罪",第171条"出售、购买、运输假币罪",第253条"私自开拆、隐匿、毁弃邮件、电报罪",第312条"掩饰、隐瞒犯罪所得、犯罪所得收益罪",第347条"走私、贩卖、运输、制造毒品罪",第359条"引诱、容留、介绍卖淫罪"等。这种省略形式的定义,除法律行文外,在其他场合是难以见到的。

上述法律定义中的特殊形式仅是一些典型形式,法律文本中还有其他形式,有待继续研究。

三、法律中的模糊概念

1. 模糊概念在法律中存在的必要性

在法律文本中，随处可以见到诸如"情节轻微""数额巨大""手段恶劣""诚实信用""合理期限"等内涵和外延都不十分确定的概念。它们就是人们通常所称的模糊概念。

例如，表示时间的"傍晚"、表示年龄的"老年"、表示性质的"高""矮""快""慢"、表示数量的"多数""巨大"等，就其内涵而言具有模糊性，就其外延而言，其外延的边缘部分极其模糊，因而属于模糊概念。

模糊概念在日常生活中有其独特的作用。法律中也大量运用模糊概念。

2. 模糊概念在法律中的作用

模糊概念在法律中的作用大致有以下几方面：

（1）用于列举事物。当法律要列举的事物很多，又无法一一列举或无须一一列举时，常常使用"其他……"或"以及其他……"等模糊概念来表示。

（2）用于表示事物的数量。因为法律中有相当一部分数量（数额）不必也不能采用具体数字予以明确，所以往往要用"数额较大""数额巨大""数额特别巨大"等模糊概念来表示。

（3）用于表示犯罪情节与后果的轻重程度。因为犯罪情节与后果的轻重程度是无法量化的，所以法律中常常用"情节轻微""情节严重""情节特别恶劣""重大伤害""重大损失""严重后果""严重危害""重大伤亡事故""后果特别严重"等模糊概念来表示。

（4）用于表示时间和空间。因为法律所提及的时间和空间范围大多是不确定的，所以常用"必要时""在一定时期内""在特定时期内""部分地区""个别地区""合理期限内"等模糊概念来表示。

（5）用于表示事物的状态。因为事物的状态各式各样，也难以确切刻画，所以法律常用"感情破裂""危急情况""紧急状态"等模糊概念来表示。

（6）用于表示处分、制裁的情态。因为处分、制裁的情态不能量化，也难以确切刻画，所以法律中常用"酌情给予行政处分""酌情处罚""从轻处罚""减轻处罚""从重处罚""严厉惩处"等模糊概念来表示。

（7）用于表示犯罪的动机和目的。因为犯罪的动机各式各样，难以划一，所以法律中常用"以营利为目的""为他人谋取利益""为谋取不正当利益"等模糊概念来表示。

（8）用于表示那些性质相近或界线不明的事物（现象）。这类模糊概念在法律中最普遍。如"伤害""欺诈""胁迫""善意""恶意""过错""侮辱""诽谤""剽窃"

等。可以毫不夸张地说,法律中多数条文都是由这些模糊概念构成的。离开了模糊概念,成文法律就根本无法制定出来。

法律中运用模糊概念的情况,当然远不止这些,但主要的则是以上八个方面。

3. 模糊概念在法律中的清晰化处理

模糊概念对法律表述的简明概括起到很大作用,但是法律中模糊概念运用过多,就会使法律条文的含义不确定,从而使法律缺乏可操作性。因此有必要运用各种方法对模糊概念进行清晰化处理,以减少或降低概念的模糊性。

法律中对模糊概念的清晰化处理有许多方法,这里仅介绍立法中对模糊概念加以限制的三种方法,即:附加约定,行文制约,聚合互见。

(1) 附加约定

附加约定,是指立法者在制定具体法律过程中,必须运用某个模糊概念时,在运用概念之前或之后专门附加一段说明或解释,就相关概念的含义和适用对象等作出具体而明确的规定,从而使概念得以明确的方法。例如,《刑法》中的"重伤"就属于模糊概念,其内涵和外延很不明确。但"重伤"在《刑法》中是一个使用频率极高的重要概念。在很多情况下是否致人重伤,直接关系到对犯罪嫌疑人的定性和量刑。因此,对于什么是"重伤",法律必须作出明确界定。为此,我国《刑法》第95条,对"重伤"作了较为具体的规定:

> 本法所称重伤,是指下列情形之一的伤害:
> (一) 使人肢体残废或者毁人容貌的;
> (二) 使人丧失听觉、视觉或者其他器官机能的;
> (三) 其他对于人身健康有重大伤害的。

虽然还含有"其他""重大"这样的模糊概念,但这时的"重伤"含义要明确得多。

(2) 行文制约

行文制约,是指立法者在制定法律过程中,不得不使用模糊概念时,通过相关上下文的帮衬和制约,使模糊概念的含义和界限得到相对明确的揭示,从而使该概念内涵和外延变得清晰起来的方法。例如,我国《刑法》第279条规定:

> 冒充国家机关工作人员招摇撞骗的,处三年以下有期徒刑、拘役、管制或者剥夺政治权利;情节严重的,处三年以上十年以下有期徒刑。
> 冒充人民警察招摇撞骗的,依照前款的规定从重处罚。

"从重处罚"原是个模糊概念,但在上述条文中,由于上下文的帮衬和制约,其含义界限获得了相对的明确,那就是:犯罪嫌疑人的犯罪情节若属于分号前所说的那种情况,则他会被判刑接近3年;若属于分号后所说的那种情况,则他会被判刑接近10年。

(3) 聚合互见

聚合互见,是指立法者在制定法律过程中,将一部法律中的模糊概念按类别聚合成一个系列,并经互相对比,让各自的含义界限在这种系列对比中得到一定显示的方法。例如,在经济犯罪中经常涉及数额大小,但《刑法》条文对数额的规定又不宜过于具体,因此通常要使用模糊概念来表示数额大小。在涉及经济犯罪的案件中,表示数额大小的概念主要有:

数额较大——数额巨大——数额特别巨大……

由于在同一条文中,这些模糊概念经过聚合形成了一个概念系列,在这一概念系列中,左右概念通过聚合对比,概念的含义范围在这种对比中得以显示。所以,用聚合互见的手法使模糊概念的模糊程度得到一定的控制,这在法律文本中特别是《刑法》条文中是较为常见的。

由此可见,通过立法途径对模糊概念进行清晰化处理,是与法律创制同步进行的,其本身可以说就是法律创制过程必不可少的一个组成部分。

思考题

1. 逻辑与法律的关系是什么?请分别从逻辑对法律、法律对逻辑两方面说明。
2. 法律逻辑主要研究哪些内容?从什么角度研究?与法理学研究有何不同?
3. 为什么说研究法律逻辑仅靠形式逻辑是不够的?
4. 什么是法律推理?狭义的法律推理具有哪些特点?
5. 什么是形式法律推理?什么是实质法律推理?请举例说明。
6. 什么是演绎法律推理?什么是类比法律推理?请举例说明。
7. 什么是定罪推理?什么是量刑推理?请举例说明。
8. 法律推理的主要作用是什么?请举例说明。
9. 什么是事实推理?怎样建立法律推理的小前提?
10. 什么是司法归类?价值判断对司法归类有何作用?
11. 如何找到裁判的法律依据?如何构建法律推理的大前提?
12. 什么是侦查推理?什么是侦查假说?
13. 刑事侦查活动中通常有哪两类侦查假说?各自的特点是什么?
14. 什么是事实?事实有哪些特点?

15. 什么是案件事实？案件事实具有哪些特征？
16. 何为诉讼证明？刑事诉讼中公诉人在法庭上如何证明被告人有罪？
17. 何为证据解释？为何要进行证据解释？
18. 如何判断证据的可靠性？试举例分析。
19. 如何判断证据的充分性？试举例分析。
20. 如何理解法律论证的必要性？
21. 从非形式逻辑视角分析法律论证,其逻辑性体现为哪三个特征？
22. 法律论证主要有哪两大功能？请举例说明。
23. 图尔敏论证模型包含哪六大要素？请举例说明。
24. 图尔敏论证模型对法律论证研究有何启发？
25. 佩雷尔曼的新修辞学关注"听众"将对法律论证研究有何启发？
26. 新修辞学中构成论证出发点的前提分为两大类,具体包括哪六个要素？
27. 什么是法律概念？它与法学概念有何区别与联系？
28. 法律定义的特殊形式有哪些？请举例说明。
29. 法律中模糊概念存在的必要性是什么？模糊概念在法律中有何作用？
30. 立法中对模糊概念进行清晰化处理主要有哪些方法？请举例说明。

课程视频

拓展阅读书目

1. 〔德〕克卢格:《法律逻辑》,雷磊译,法律出版社 2016 年版。
2. 〔以〕霍尔维茨:《法律与逻辑》,陈锐译,中国政法大学出版社 2015 年版。
3. 〔德〕阿列克西:《法律论证理论》,舒国滢译,商务印书馆 2019 年版。
4. 〔英〕麦考密克:《法律推理与法律理论》,姜峰译,法律出版社 2005 年版。
5. 〔德〕拉伦茨:《法学方法论》,陈爱娥译,商务印书馆 2003 年版。
6. 〔美〕亚狄瑟:《法律的逻辑》,唐欣伟译,法律出版社 2007 年版。
7. 〔奥〕塔麦洛:《现代逻辑在法律中的应用》,李振江等译,中国法制出版社 2012 年版。

8.〔荷〕菲特丽丝:《法律论辩导论》,武宏志等译,中国政法大学出版社2018年版。

9.〔荷〕贝克斯:《论证、故事与刑事证据》,杜文静等译,中国政法大学出版社2020年版。

10.〔加〕沃尔顿:《法律论证与证据》,梁庆寅等译,中国政法大学出版社2010年版。

11.雍琦主编:《法律适用中的逻辑》,中国政法大学出版社2002年版。

12.王洪:《法律逻辑学》(第2版),中国政法大学出版社2016年版。

13.熊明辉:《诉讼论证:诉讼博弈的逻辑分析》,中国政法大学出版社2010年版。

14.缪四平:《法律逻辑:关于法律逻辑理论与应用分析的思考与探索》,北京大学出版社2012年版。

综合练习题

综合练习题

各章练习及综合练习题参考答案

法律逻辑—各章练习题参考答案　　法律逻辑—综合练习题参考答案

主要参考文献

1. 陈波:《逻辑学导论》(第4版),中国人民大学出版社2020年版。
2. 陈波:《逻辑学是什么》,北京大学出版社2002年版。
3. 陈慕泽:《数理逻辑教程》,上海人民出版社2001年版。
4. 〔荷〕范爱默伦等:《论证理论手册》(上册),熊明辉等译,中国社会科学出版社2020年版。
5. 〔荷〕菲特丽丝:《法律论辩导论》,武宏志等译,中国政法大学出版社2018年版。
6. 〔美〕汉密尔顿等:《数理逻辑》,朱水林译,华东师范大学出版社1986年版。
7. 江天骥:《归纳逻辑导论》,湖南人民出版社1987年版。
8. 江天骥主编:《科学哲学名著选读》,湖北人民出版社1988年版。
9. 金岳霖:《逻辑》,三联书店1961年版。
10. 金岳霖主编:《形式逻辑》,人民出版社1979年版。
11. 《逻辑学》编写组:《逻辑学》(第2版),高等教育出版社2018年版。
12. 缪四平:《法律逻辑:关于法律逻辑理论与应用分析的思考与探索》,北京大学出版社2012年版。
13. 彭漪涟:《事实论》,上海社会科学院出版社1996年版。
14. 彭漪涟主编:《逻辑学导论》,华东师范大学出版社2000年版。
15. 《普通逻辑》编写组编:《普通逻辑》(增订本),上海人民出版社1986年版。
16. 王洪:《法律逻辑学》(第2版),中国政法大学出版社2016年版。
17. 王洪主编:《逻辑导论》(第2版),中国政法大学出版社2016年版。
18. 王莘主编:《逻辑》,北京大学出版社2009年版。
19. 王莘主编:《逻辑思考》,北京大学出版社2009年版。
20. 武宏志、周建武、唐坚:《非形式逻辑导论》,人民出版社2009年版。
21. 熊明辉:《诉讼论证:诉讼博弈的逻辑分析》,中国政法大学出版社2010年版。
22. 雍琦主编:《法律适用中的逻辑》,中国政法大学出版社2002年版。
23. 袁正校主编:《逻辑学基础教程》,高等教育出版社2007年版。
24. 周礼全:《逻辑:正确思维和有效交际的理论》,人民出版社1994年版。
25. 周礼全:《模态逻辑引论》,上海人民出版社1986年版。

26. Chaim Perelman and L. Olbrechts-Tyteca. *The New Rhetoric: A Treatise On Argumentation* [M]. John Wilkinson and Purcell Weaver (trans.). University of Notre Dame Press, 1969.

27. Stephen Toulmin. *The Uses of Argument* [M] (Updated ed.). Cambridge University Press, 2003.

后　　记

《法律逻辑》是2021年华东政法大学校级本科规划教材建设项目,得到华东政法大学教务处和文伯书院领导的关心与支持。饮水思源,我校法律逻辑的教学与科研自始至终得到学校领导的重视。自1979年华政恢复招生以来,法律逻辑课程建设受到本校历届党政领导的高度重视。自1979年开始,逻辑学课程一直是人文素养基础必修课,在全校所有本科生中开设,必修课学时为72学时,直到2003年9月,学校由长宁校区拓展到松江区,该课程才由72学时调整为54学时,一直保持至今。同时,在华政逻辑教研室老前辈施荣根教授等的带领下,教研室全体同仁,齐心协力,让华政的逻辑教学在法学专业及其他专业学生素质教育中发挥了重要作用,逻辑学成为华政校园中最受学生欢迎的基础课程之一。逻辑教研室历年来多位教师被全校学生评为"我心目中的最佳教师"。

华政法律逻辑研究生招生培养工作同样得到历届学校党政领导的重视。经过华东政法大学学术委员会审核批准,上海市学位办备案,华政法律逻辑方向硕士研究生于2010年正式开始招生,招生方向设置在二级学科硕士点诉讼法学学科内。十多年来,二十多位法律逻辑方向硕士研究生完成学业,毕业后走上法律工作岗位,成为新一代检察官、法官、律师和各类银行、企业法务工作者。曾经的法律逻辑教育让毕业生在就业竞争、工作创新、事业开拓等诸多方面领略到了逻辑素养的后劲。目前,法律逻辑团队有四位硕导,并将继续扩大硕导队伍。导师的科研也为研究生培养创造了良好的条件。如杜文静导师,已经第3次获得国家社科基金法律逻辑研究项目。总之,法律逻辑团队近十年里出版了近十本法律逻辑或逻辑学著作,在全国也产生了一定的影响。

这本《法律逻辑》新教材,也充分汲取了华政十余本法律逻辑或逻辑教材的精华,并经过法律逻辑团队全体教师的共同努力而完成。本教材由主编提出编写大纲,然后召开团队全体教师讨论会,就教材编写中的诸多细节问题充分讨论,最后形成一份共同意见,于2022年6月1日前完成全部书稿,提交学校教材委员会审核。

本教材撰写过程中参考并借鉴了国内多本影响较大的法律逻辑和逻辑教材,在此谨对每一本教材的作者深表感谢!

后 记

本教材由缪四平任主编,各章节撰稿人分别为:

第一至三章、第八章、第四章第一节、第三节(三)、第五章第一至四节、第七章第二节、第四至六节,练习题(各章及综合)和参考答案,由缪四平撰稿;第四章第二节、第三节(一、二),由杜文静撰稿;第六章、第五章第五节,由周君撰稿;第七章第一节、第三节,由段世磊撰稿。初稿完成后,由主编进行了统稿,并对极个别文字做了适当调整。

由于编者水平有限,加上时间匆忙,不当之处在所难免,欢迎专家和读者批评指正。

缪四平

2022 年 5 月 31 日于沪上